Arcandors Absturz

Der Wirtschaftsjournalist und Historiker Hagen Seidel lebt in Düsseldorf und leitet das dortige Korrespondentenbüro der *WELT*-Gruppe. Er ist Experte vor allem für Konsumthemen. Über kein anderes Unternehmen hat er so oft und so viel geschrieben wie über KarstadtQuelle und Arcandor.

Hagen Seidel

Arcandors Absturz

Wie man einen Milliardenkonzern ruiniert:
Madeleine Schickedanz, Thomas Middelhoff,
Sal. Oppenheim und KarstadtQuelle

Campus Verlag
Frankfurt/New York

Bibliografische Information der Deutschen Nationalbibliothek.
Die Deutsche Nationalbibliothek verzeichnet diese Publikation in der
Deutschen Nationalbibliografie. Detaillierte bibliografische Daten
sind im Internet unter http://dnb.d-nb.de abrufbar.
ISBN 978-3-593-39249-3

Das Werk einschließlich aller seiner Teile ist urheberrechtlich geschützt.
Jede Verwertung ist ohne Zustimmung des Verlags unzulässig. Das gilt
insbesondere für Vervielfältigungen, Übersetzungen, Mikroverfilmungen
und die Einspeicherung und Verarbeitung in elektronischen Systemen.
Copyright © 2010 Campus Verlag GmbH, Frankfurt am Main
Umschlaggestaltung: Hißmann, Heilmann, Hamburg
Umschlagmotiv: dpa Picture-Alliance, Frankfurt
Satz: Campus Verlag, Frankfurt am Main
Druck und Bindung: Beltz Druckpartner, Hemsbach
Gedruckt auf Papier aus zertifizierten Rohstoffen (FSC/PEFC).
Printed in Germany

Besuchen Sie uns im Internet: www.campus.de

Für Martina und Fritz

Inhalt

Vorwort 9

Ein Dienstag im Juni 2009 14

Jahrzehnte im Aufwind: Arcandors Ahnen 17

Das Jahr 2003 29

Das Jahr 2004 37
   Schlaglicht: Die Ära Wolfgang Urban – auf der Suche nach dem Konzept 41
   Schlaglicht: Die Karstadt-Immobilien und der Anlageberater Josef Esch 52
   Schlaglicht: Krise von unten: drei Karstadt-Verkäuferinnen berichten 73

Das Jahr 2005 89

Das Jahr 2006 104
   Schlaglicht: Aktion Tafelsilber 106

Das Jahr 2007 120

Das Jahr 2008 130
   Schlaglicht: Sal. Oppenheim – und Jos. Esch 145

Schlaglicht:	Thomas Middelhoff – der bewegte Mensch	159
Schlaglicht:	Thomas Middelhoff – der bewegende Manager	164

Das Jahr 2009 195

Schlaglicht: Madeleine Schickedanz – ein Opfer mit Verantwortung 224

Schlaglicht: Karl-Gerhard Eick – der 15-Millionen-Euro-Mann 238

Das Jahr 2010 257

Schlaglicht: Klaus Hubert Görg – der Resteverwalter 260

Ausblick 284

Die Lehren aus dem Debakel 290

Quellen 294

Dank 295

Register 296

Vorwort

Lauter nette Leute. Lauter Unschuldige. Und vor allem lauter Herren habe ich bei den Recherchen für dieses Buch gesprochen, die sich alle erschüttert geben über das Schicksal, das der Handels- und Touristikkonzern Arcandor erlitten hat. »Das hätte nicht sein müssen«, sagen viele von ihnen. Und doch rutschte Arcandor in eine der spektakulärsten und größten Insolvenzen der Bundesrepublik. Der Konzern wurde zerschlagen, Tausende langjährige Mitarbeiter verloren ihre Arbeitsplätze. Und jene Herren, die sich jetzt so betroffen geben, saßen jahrelang an den Steuerhebeln des Unternehmens. Sie hätten die Katastrophe eigentlich verhindern sollen.

Doch auch im Jahr nach der Insolvenz ist den wenigsten Verantwortlichen eine tiefere Reflexion oder eine ehrliche Aufarbeitung des eigenen Anteils am Geschehen anzumerken. Dabei hätten sie sich eine Zeit des Nachdenkens durchaus leisten können, denn die meisten haben ihre Büros bei Arcandor mit Zahlungen in Millionenhöhe verlassen. Dank des Arcandor-Geldes müssten sie nie wieder arbeiten.

Eine Mitschuld an Arcandors Absturz weisen die meisten weit von sich. Fast wie abgesprochen wirken die Rechtfertigungsversuche, die bei nahezu allen ehemaligen Führungskräften gleich klingen: Allenfalls in vereinzelten Punkten hätten sie vielleicht falsch entschieden, aber die wesentlichen Entscheidungen waren richtig. Die anderen haben versagt, oder die Umstände waren gegen sie – das ist der Grundtenor der meisten dieser Gespräche. Davon jedoch finden weder die Mitarbeiter, die ihre Jobs verloren haben, eine neue Stelle, noch erhalten die Lieferanten oder Dienstleister, deren Rechnungen nicht bezahlt wurden, einen Ausgleich.

Und so versuchen viele derer, die Verantwortung tragen, im Nachhinein, Fakten zu verdrehen oder wegzulassen, zu leugnen oder zu vergessen, um möglichst sauber aus der Sache herauszukommen. Die Grenze von der einseitigen Darstellung zur dreisten Lüge wurde in den Gesprächen zu diesem Buch mehr als einmal überschritten. In vielen Fällen mag dennoch die Reinwaschung zunächst gelungen sein, wenn auch nur aus Mangel an Gegenbeweisen.

Doch mittlerweile kommen immer mehr Fakten über Entscheidungen zutage, die zwischen fehlender geschäftlicher Weitsicht und Verantwortung auf der einen sowie Gier und Selbstbedienungsmentalität auf der anderen Seite angesiedelt sind. Die Untersuchungen der Staatsanwaltschaft, die zu vielen Punkten bereits laufen, werden helfen, noch mehr Licht ins Dunkel zu bringen. Der riesige Schaden, den Management und Eigentümer bei Arcandor angerichtet oder zumindest nicht verhindert haben, macht es erforderlich, ganz genau hinzuschauen.

Dieses Buch will erstmals versuchen, den Absturz eines Unternehmens mit einstmals 100 000 Mitarbeitern, die begangenen Fehler und die Verantwortlichkeiten differenziert und im Zusammenhang der vergangenen Jahre darzustellen. Es zeigt an vielen Beispielen, wie man nicht mit Verantwortung für Menschen und Werte in einem Unternehmen umgehen sollte. Es macht – im Wechsel von chronologischer Darstellung und vertiefender Untersuchung – anschaulich klar, dass das Verschieben von Problemen und finanziellen Belastungen in die Zukunft nichts mit klugem Wirtschaften zu tun hat.

Und es zeigt, dass man mit der weit verbreiteten Alleinschuldthese – »Thomas Middelhoff hat Arcandor zerstört!« – nicht zum Kern des Problems vordringt. Das war durchaus etwas komplizierter. Die Voraussetzungen für den Niedergang schufen Manager und Eigentümer, bevor Middelhoff überhaupt auf der Bildfläche auftauchte.

Mit einem Neustart der Warenhauskette Karstadt unter neuen Eigentümern ist die Geschichte noch lange nicht zu Ende. Sie wird mutmaßlich über Jahre vor den Gerichten fortgesetzt werden – die Parteien haben längst begonnen, sich dafür zu munitionieren. Die einen sammeln Beweise dafür, dass – unjuristisch gesprochen – einige im Unternehmen über Jahre »Dein« und »Mein« verwechselt haben oder – wie ein Anwalt sagt – ihr Sozialprestige mithilfe der Firmenkasse anzuheben versuchten. Die anderen scharen die besten Strafverteidiger der Republik um sich, die bereits die Abwehrstrategien vorbereiten. Diese Auseinandersetzung wird schmutzig werden und sehr persönlich.

Doch der Großteil der Vergehen, die Arcandor die Existenz kosteten, ist gar nicht justiziabel. Denn es sind Managementfehler. Nicht zuletzt sie sollen in diesem Buch beleuchtet werden. Die meisten meiner Gesprächspartner – es waren zum größten Teil die wesentlichen Entscheidungsträger der vergangenen Jahre, nur wenige verweigerten sich – hatten bei ihrem Ausscheiden aus dem Unternehmen Verschwiegenheitserklärungen unterschrieben, nach denen sie nicht über Arcandor-Interna reden dürfen. Sie taten es glücklicherweise dennoch. Allerdings unter der Voraussetzung, dass ihre Aussagen nicht mit ihren Namen in Verbindung gebracht werden. Daran habe ich mich aus Gründen des Quellenschutzes gehalten. Die Chance, auf diese Weise eine lebhafte Innenansicht einer der größten deutschen Firmenkatastrophen zu bekommen, schien mir dieses Zugeständnis wert.

Hagen Seidel
im Juli 2010

Die KarstadtQuelle AG im Jahr 2003 – ein Konzern in Zahlen

Basisdaten

Gesamtumsatz:	15,2 Milliarden Euro
Vorsteuer-Gewinn (Ebitda):	464 Millionen Euro
Wert an der Börse:	2,3 Milliarden Euro
Mitarbeiter:	101 000 insgesamt

Der Aktienkurs

Aktienkurs am Jahresende:	19,60 Euro
Höchster Kurs 2003:	25,90 Euro
Niedrigster Kurs 2003:	10,17 Euro

Die größten Aktonäre

Pool Madeleine Schickedanz:	36,40 Prozent
Riedel Holding & Co. KG:	12,24 Prozent
Allianz AG:	13,61 Prozent
KarstadtQuelle AG:	9,70 Prozent
Streubesitz:	28,05 Prozent

Die Chefs

Vorstandschef:	Wolfgang Urban (seit 2000)
Aufsichtsratschef:	Hans Meinhardt (seit 1999)

Die KarstadtQuelle AG im Jahr 2003 – die vier Geschäftssparten

Stationärer Handel

   180 Warenhäuser,
    32 Sporthäuser,
   305 Fachgeschäfte der Marken SinnLeffers, Wehmeyer, Runners Point, Golf House, Schaulandt, World of Music (WOM) und LeBuffet (Gastronomie)
   6,9 Milliarden Euro Umsatz
59 000 Mitarbeiter

Versand

Universalversender Quelle und Neckermann, Spezialversender u. a. Hess Natur Textilien, Baby Walz, Madeleine, Elegance, Onlinehandel
   8,0 Milliarden Euro Umsatz
35 000 Mitarbeiter

Dienstleistungen

Anteil am Touristik-Konzern Thomas Cook, Anteil am Shoppingsender HSE 24, KarstadtQuelle Financial Services (Bank und Versicherungen), Anteil am Bonuskartenprogramm »Happy Digits«, Konzern-Logistik und Konzern-IT
  1,4 Milliarden Euro Umsatz
6 100 Mitarbeiter

Immobilien

90 Prozent der Karstadt-Immobilien, dazu Logistik- und Verwaltungsobjekte. Karstadt Hypothekenbank AG.

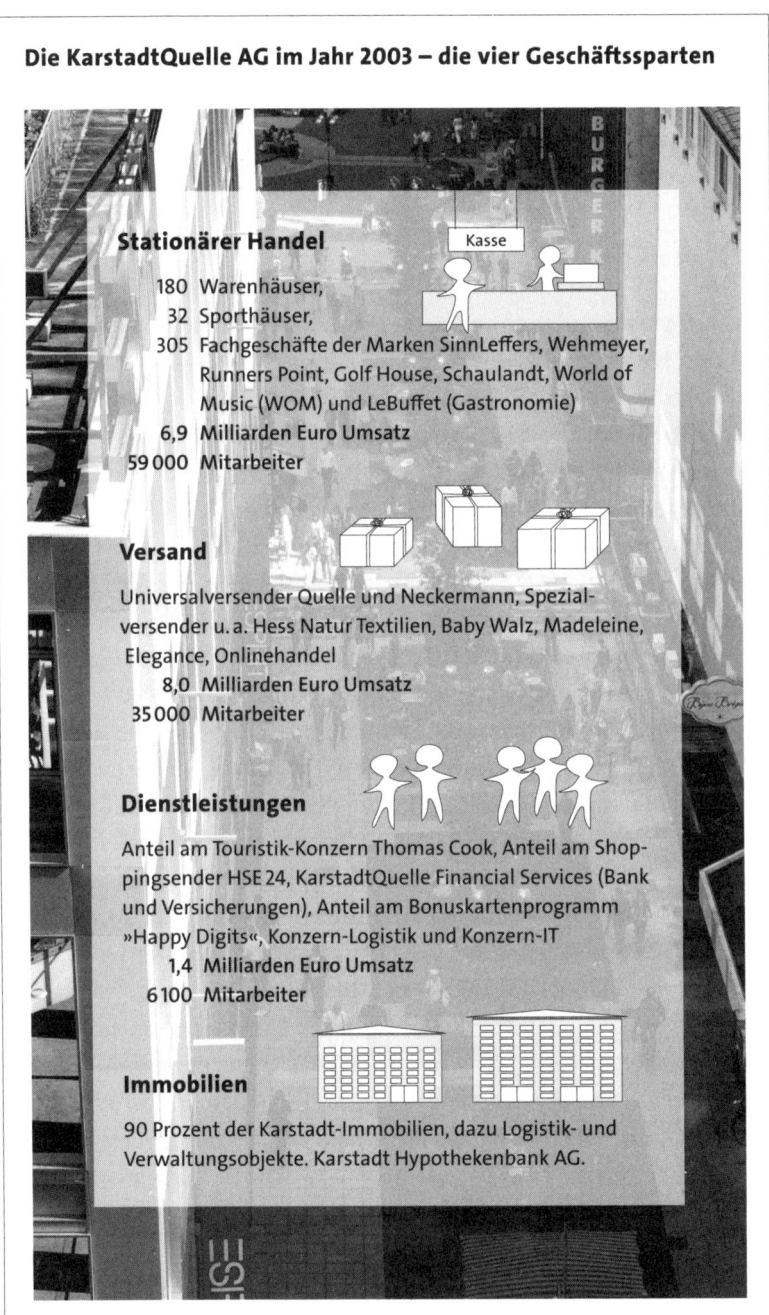

Ein Dienstag im Juni 2009

Die Nacht war wieder einmal kurz gewesen. Bis in die frühen Morgenstunden hatten sie in der Arcandor-Zentrale in Essen-Bredeney versucht, das Unausweichliche zu verhindern. Doch eine echte Chance hatten die Vorstandsmitglieder von Arcandor und ihre Berater nicht mehr. Nur der Mut der Verzweiflung hatte sie noch so lange in den Büros gehalten und in immer neue Konferenzen getrieben.

Nach wenigen Stunden Schlaf waren sie jetzt, am frühen Dienstagmorgen, wieder da und versuchten, sich mithilfe des Kaffees im Pappbecher aus der Starbucks-Filiale im Erdgeschoss auf Betriebstemperatur zu bringen. Doch die Luft war raus, die Stimmung im Siebziger-Jahre-Bau an der Autobahn 52 war noch gedrückter als in den Tagen zuvor. Nicht einmal die Politiker wollten ihnen mehr helfen, trotz des Wahlkampfes. Erst hatte Berlin am Montag die staatliche Bürgschaft für Arcandor, später auch den Rettungskredit abgelehnt. Aber ohne Sicherung durch die Bundesregierung wollten die Banken die Kredite nicht verlängern. Vorstandschef Karl-Gerhard Eick, der noch kurz zuvor, auf einer knallroten Leiter stehend, seine Mitarbeiter per Megafon zum Durchhalten aufgefordert hatte, sah den Überlebenskampf als verloren an.

Damit war klar: In den nächsten Stunden würde das passieren, was Management und Eigentümer – in stetig wechselnder Besetzung – über die vergangenen fünf Jahre zu verhindern versucht hatten: Jemand würde sich die von den Vorstandsmitgliedern unterschriebenen Papiere unter den Arm klemmen, ins nahe gelegene Amtsgericht Essen fahren und die vorläufige Insolvenz für Arcandor und die Versandsparte Primondo, für den Versender Quelle und die Warenhauskette Karstadt beantragen. Diese Aufgabe übernahm der Sanierungs- und Insolvenzberater Horst Piepenburg. Er verließ am Vormittag dieses 9. Juni 2009 mit den Unterlagen die Arcandor-Zentrale durch den Hinterausgang und betrat durch einen Seiteneingang das Gericht, um – möglichst unentdeckt von Fernsehteams, Fotografen und Reportern – das letzte Kapitel der Arcandor-Geschichte einzuläuten. Kurz nach 14 Uhr ist die Insolvenz Fakt.

Mehr als 40 Konzernunternehmen werden in die Insolvenz rutschen, weil fast alle Firmen des Essener Konglomerates finanziell zusammenhängen. Die Jahre des Hoffens und Bangens um den Konzern und um die Arbeitsplätze enden mit dem schlechtesten Ergebnis, das nur denkbar ist: Viele tausend Mitarbeiter – oft jahrzehntelang hier beschäftigt – verlieren ihre Jobs bei Karstadt, Quelle und den weniger bekannten Konzernfirmen. Auch andere Unternehmen wie die Deutsche Post, die für Arcandor Millionen Pakete transportiert hatte, müssen nach der Katastrophe Stellen streichen. Lieferanten, Reinigungsunternehmen, Krankenkassen oder Finanzämter – sie alle verlieren Geld, viel Geld. Der Sturz des Essener Konzerns trifft somit weite Teile der deutschen Wirtschaft. Am Ende summieren sich die Forderungen auf die gigantische Summe von 19 Milliarden Euro. Doch davon bekommen die Gläubiger später nicht einmal 3 Prozent ausgezahlt.

Diese Zahlen sind das eine. Wer die Folgen von Arcandors Absturz sinnlich erfahren möchte, sollte sich die riesigen, bereits jetzt heruntergekommenen Gebäuden von Quelle in Nürnberg und Fürth anschauen. Oder eines der geschlossenen, leer geräumten Karstadt-Häuser besichtigen: Ödnis auf tausenden Quadratmetern, wo sich einst jeden Tag Tausende Menschen tummelten. Und in der Mitte, wie eingefroren, die Rolltreppen, die sich nicht mehr bewegen, weil sie niemanden mehr in die Spielwarenabteilung, die »Damenoberbekleidung« oder ins Restaurant befördern. Bonjour tristesse statt »Schöner shoppen in der Stadt«.

Nicht jede Konzerntochter allerdings lässt sich in diesen Junitagen des Jahres 2009 mit der Muttergesellschaft in den Abgrund reißen: Der an der Londoner Börse notierte Tourismuskonzern Thomas Cook, an dem Arcandor 52,8 Prozent hält, ist nicht vom Desaster betroffen. Auch die Spezialversender Baby Walz oder Hess Natur und der Shoppingsender HSE bekommen keinen Besuch vom Insolvenzverwalter. Sie schreiben schwarze Zahlen und hängen nicht direkt am Finanztropf der Essener Zentrale.

Arcandor – das ist dennoch eine der größten Pleiten der Nachkriegszeit, wenn nicht sogar die größte. Eine Vielzahl von Managementfehlern hatte über Jahre hinweg jenes Unternehmen zerstört, das den deutschen Einzelhandel so lange Zeit geprägt hatte. Wer den Fall Arcandor genauer betrachtet, muss sich sogar wundern, dass das Unternehmen angesichts der Fülle von Fehleinschätzungen überhaupt bis zu diesem 9. Juni 2009 durchgehalten hatte. Denn der Absturz kam mit Ansage.

Jahrzehnte im Aufwind: Arcandors Ahnen

An jenem Tag im Juni war das Schicksal eines Konzerns besiegelt, den es zwar als »KarstadtQuelle« oder »Arcandor« nur zehn Jahre lang gab, dessen Firmen aber über Generationen elementare Bestandteile des Lebens der Deutschen waren. Quelle, Neckermann, Hertie oder Karstadt – diese Namen gehörten zu Deutschland, sie waren jedem geläufig. Viele der Gebäude dieser Firmen prägen die Gesichter der Innenstädte überall im Land, Wertheim und das KaDeWe in Berlin waren nur die bekanntesten.

In guten Zeiten drängte sich eine Million Menschen pro Tag in den Konsumtempeln, für die Rudolph Karstadt 1881 mit der Eröffnung seines ersten »Manufactur-, Confections- und Tuchgeschäftes« in Wismar die Grundlage geschaffen hatte. Oscar Tietz gründete im Jahr darauf in Gera sein Geschäft, aus dem einmal Hertie werden sollte. Und Abraham Wertheim, dessen Häuser später ebenfalls zu Karstadt/Hertie gehören würden, war in Stralsund bereits seit 1873 am Markt. Ein halbes Jahrhundert später startete Gustav Schickedanz in Fürth sein überaus erfolgreiches Versandhaus Quelle.

Alle diese Marken gehörten schnell zum Alltag der Menschen, über viele Jahrzehnte hinweg. Nahezu jeder kann mit diesen Firmen eigene Konsumerlebnisse verbinden. Diejenigen, die den Krieg noch erlebt hatten, werden die Zeit nach der Währungsreform nie vergessen, als nach all der Not plötzlich die Warenhäuser voll waren und man wieder jeden gewünschten Artikel bekam. Und nirgends zeigte sich es so deutlich, dass es wieder aufwärts ging, wie auf den Etagen von Karstadt oder Hertie und den Konkurrenzketten Kaufhof und Horten – Wirtschaftswunder zum Anfassen.

Es war die große Zeit der großen Kaufhäuser und der großen Universalversender, die auch das platte Land mit Waren versorgten, wo das

Angebot an Läden mit breiter Produktpalette noch spärlich war. Die Karstädter, Quelle-Gründer Gustav Schickedanz oder Josef Neckermann hatten die Konsumbedürfnisse der Deutschen erkannt. Sie erfüllten sie, kamen aber mit ihren Lieferungen der Nachfrage kaum hinterher. Die Firmen waren Goldgruben für ihre Eigentümer. Jahrelang genossen diese das Gefühl, die Könige des deutschen Einzelhandels zu sein. Vielleicht zu lange.

Sonst hätten sie wohl früher und konsequenter auf die neue Konkurrenz reagiert, die seit den siebziger Jahren auf den grünen Wiesen vor den großen Städten heranwuchs: die Einkaufszentren. In ihnen war viel mehr Platz als im Haus von Karstadt oder Hertie in der Innenstadt, es gab noch mehr Auswahl. Plötzlich wurde es schick, außerhalb der City Einkäufe für die ganze Woche zu tätigen. Ein Auto hatte inzwischen ohnehin fast jede Familie, und vor den großen Einkaufszentren konnten die Kunden kostenlos parken, so lange sie wollten. Das lockte. Die Warenhäuser in den oftmals wenig einladenden Fußgängerzonen verspürten die ersten Umsatzrückgänge. Zudem etablierten sich für viele Warengruppen Verbrauchermärkte und Fachmarktketten wie etwa DM oder Rossmann für Drogerieprodukte. Mit größerer Auswahl und niedrigeren Preisen machten sie den Fachabteilungen der Warenhäuser die Kunden abspenstig.

Die Vorstände der Warenhausunternehmen wussten nicht recht, wie sie mit den neuen Einkaufsvorlieben der Deutschen umgehen sollten. War die Landflucht der Stadtkundschaft vielleicht nur eine Mode, die bald vorübergehen würde? Nur selten sprangen die Innenstadt-Kaufleute auf den Zug auf und eröffneten eigene Läden in den Einkaufszentren oder probierten ganz neue Ladenvarianten. Bei Karstadt etwa hielt man sich lieber an das, was in der Vergangenheit so erfolgreich funktioniert hatte: Warenhäuser und Versand. 1977 hatte der Konzern unter seinem Topmanager Walter Deuss den – praktisch konkursreifen – Versender Neckermann übernommen und sich damit auch ein Kataloggeschäft und deren Touristikaktivitäten einverleibt. Das jedoch machte die Probleme von Karstadt nur noch schlimmer: Denn die Neuerwerbung bescherte ihrem Eigentümer zehn Jahre lang nichts als rote Zahlen.

Das Grundproblem blieb: Die jungen Handelsformen Einkaufszentrum und Fachmärkte nahmen den konventionellen Massenanbietern

Warenhaus und Universalversender weiterhin Jahr für Jahr Marktanteile ab. Walter Deuss allerdings, seit 1982 die Nummer eins bei Karstadt, glaubte trotz der Erfahrungen mit Neckermann weiter an das Althergebrachte. Er wollte von Expansion ins Ausland, an der sich andere Handelskonzerne wie Douglas bereits versuchten, nichts wissen. Stattdessen setzte er noch stärker als bisher auf die klassischen Innenstadt-Warenhäuser: 1994 fusionierte er mit der bereits maroden Kette Hertie, nicht zuletzt als Reaktion auf die kurz zuvor erfolgte Übernahme von Horten durch den Konkurrenten Kaufhof. Mit dem langjährigen Mitbewerber Hertie holte sich Deuss zwar einige der besten deutschen Warenhäuser – unter anderem das Kaufhaus des Westens, KaDeWe, in Berlin oder das Alsterhaus in Hamburg – ins Unternehmen, aber auch zahlreiche vernachlässigte Filialen.

»Deuss führte das Unternehmen in erster Linie nach Immobilien- und weniger nach Handelsgesichtspunkten«, erinnert sich einer seiner Konkurrenten. Folglich wurden selbst Häuser, die jahrelang keine Chance auf die Rückkehr in die schwarzen Zahlen hatten, nicht geschlossen. Denn das hätte den Wert der Immobilie empfindlich gedrückt. Zudem wäre der Konzernumsatz gesunken, was die Einkaufskonditionen möglicherweise verschlechtert hätte. Scherzhaft hieß es im Markt, Deuss leite einen der größten deutschen Immobilienkonzerne mit angeschlossenem Warenhaus. Die Immobilien waren das Pfund und die Lebensversicherung des Handelskonzerns, Milliardenwerte hatte Deuss im Laufe der Jahre für Karstadt hier angesammelt.

Das Eigentum an den Warenhausgebäuden erweist sich als Segen und Fluch zugleich. Im Laufe der Jahre wird immer klarer werden, dass diesem Konzern mit seinen Immobilien ausgerechnet das Wertvollste, was er hatte, zum Verhängnis werden wird. Diese Milliardenwerte zu Geld zu machen stand immer wieder im Zentrum des Interesses von Managern, Eigentümern und Beratern. Hätten sie nur halb so viel Energie für die Stärkung des Geschäftes mit Socken, Töpfen, Kosmetik oder Waschmaschinen aufgewandt wie für die Plünderung des Immobilienschatzes – KarstadtQuelle/Arcandor wäre ein erfolgreicheres Unternehmen geworden als jenes, das wir kennen. Vielleicht sogar eines, das im Juni 2009 keine Insolvenz hätte anmelden müssen. Doch der Geschäftsführung schien der Einzelhandel – das eigentliche Kerngeschäft KarstadtQuelles also – zumeist nicht mehr als notwendiges Übel, das gebraucht wurde, um die Geldmaschine Immobilien am Laufen zu halten.

Sale-and-lease-back-Geschäfte gab es unter Deuss allerdings noch nicht. »Gebäude zu verkaufen und zurückzumieten war für uns ein ganz heißes Eisen, das wir nicht in die Hand genommen haben«, sagt Guido Sandler, Aufsichtsratschef zunächst bei Hertie und dann zwischen 1993 und 1999 bei Karstadt. Und doch wurden unter Deuss, wie Sandler bestätigt, Gebäude verkauft, wenn der Betrieb dort nicht fortgesetzt werden sollte. Das hatte einen wunderbaren Effekt auf die Bilanz: Denn die Erlöse aus den Immobilienverkäufen konnten dem operativen Ergebnis zugeschlagen werden. Und damit war es selbst dann völlig legal möglich, ein positives Ergebnis auszuweisen, wenn bereits Geld verbrannt wurde. Somit gab es nach außen keinen Druck, etwas Grundsätzliches am Geschäft zu ändern. Doch unter der Farbe rostete es weiter. Und gleichzeitig wuchs bei den Immobilien der Investitionsstau – bereits hier wurde auf Kosten der Zukunft Geld gespart.

»Deuss hat selbstverständlich recht, wenn er heute gern darauf hinweist, dass er immer schwarze Zahlen abgeliefert hat. Aber man sollte wissen, dass sie oft nur mithilfe von Immobilienverkäufen zustande gekommen sind. Mit dieser Methode ist es fast unmöglich, in die roten Zahlen zu rutschen, wie schlecht das operative Geschäft auch immer laufen mag«, sagt einer, der damals dabei war. Fielen die Karstadt-Manager irgendwann selbst auf ihre Bilanzkosmetik herein? »Es ist manchmal notwendig, anderen Sand in die Augen zu streuen«, erklärt ein Manager, »aber man darf sich um Himmels willen niemals den Sand in die eigenen Augen streuen. Das führt ins Unglück.« Doch in Essen regierten fortan die Sandmänner.

Noch aber hatte Karstadt in der Branche einen exzellenten Ruf, galt als bombensicher finanziert und gut geführt. Und so war in der Ära Deuss die Stimmung im Unternehmen gut, davon erzählen die Älteren noch heute sehnsüchtig. »Wir hatten das Gefühl: Hier bei Karstadt kann uns nichts passieren! Das war fast so etwas wie ein Beamtenstatus«, berichtet eine langjährige Mitarbeiterin. Entlassungs- oder Filialschließungsexzesse wie in anderen Konzernen hatte es bei »Papa Deuss« – wie der Chef intern genannt wurde – nicht gegeben. »Die Leute haben es immer gut gehabt bei ihm, er hat ihnen nichts weggenommen«, erinnert sich ein Betriebsrat. »Die standen zu ihm und waren ihm dankbar für seine Verlässlichkeit.« Obwohl Deuss – sein zweiter interner Spitzname war wegen seines Auftretens und des Nachnamens schlicht »Gottvater« – in einer Welt des Luxus, des Schönen und des Genusses lebte, die von jener seiner Mitarbeiter mit dem Einzelhandels-Tariflohn weit entfernt war, mochten die meisten Mitarbeiter ihren Chef. Mancher Beobachter kritisierte im Gegenteil sein Harmoniebedürfnis gegenüber dem Betriebsrat und den Wunsch nach guter Stimmung im Laden. Die Arbeitnehmervertretung habe zu viele Mitspracherechte, was den Betrieb träge und unflexibel mache.

Schlussendlich brachte Deuss das Kunststück fertig, sich 18 Jahre lang auf dem Chefsessel zu halten, egal wem das Unternehmen gehörte und wer gerade dem Aufsichtsrat vorsaß. Die Hertie-Stiftung etwa übernahm Aktienpakte von der Deutschen Bank und der Commerzbank und wurde mit 30 Prozent der Anteile der größte Einzelaktionär. Mit deren Repräsentanten, vor allem Aufsichtsratschef Guido Sandler, lag Deuss 1997 über Kreuz. Nach Ansicht des Chefkontrolleurs sollte der Vorstandschef rund 50 der 240 Filialen schließen. Doch dieser Schnitt schien Deuss zu tief. Es kam zum Machtkampf. Auf einer außerordentlichen Aufsichtsratssitzung am 22. März 1997 in Frankfurt/Main wollte Sandler Deuss abberufen lassen. Doch als sich abzeichnete, dass Sandler nicht die Mehrheit bekommen würde, wurde die Sitzung wieder abgesagt. Deuss blieb im Amt. Und bei der Hertie-Stiftung reiften Pläne über einen Verkauf der Karstadt-Aktien.

Auch Deuss machte sich auf die Suche nach einem neuen Großaktionär, der die Hertie-Stiftung und die beiden Banken ersetzen könnte, die ihm nicht mehr wohlgesonnen waren. Er fand ihn im Kreis seiner Jägerfreunde: Hans Meinhardt, ein erfahrener Manager und Vorsitzender des Gesellschafterausschusses von Schickedanz, zeigte Interesse. Der Familie gehörte der Versender Quelle, der Ende der neunziger Jahre allerdings seine besten Zeiten hinter sich zu haben schien. Schon länger suchten Schickedanzens nach einem Partner für ihre Geschäfte. Mit dem französischen Pinault-Konzern waren Verhandlungen gescheitert, der vorbereitete Börsengang wurde mangels Erfolgsaussicht wieder abgeblasen. Die Idee lautete jetzt, den größten deutschen Warenhauskonzern Karstadt mit dem Großversender zusammenzulegen und so den

Kunden sowohl stationär also auch per Katalog erreichen zu können. Das Konzept schien überzeugend, vor allem wegen des Arguments, dass allein die Immobilien von Karstadt mehr wert waren als das ganze Unternehmen. Das operative Geschäft gab es quasi ohne Kosten obendrauf, was sollte da schiefgehen? In einer Geheimaktion beschlossen die Quelle-Erben den Kauf der ersten 20 Prozent Karstadt-Aktien an nur einem Wochenende.

Mit umgerechnet rund 900 Millionen Euro soll die Hertie-Stiftung für ihre Karstadt-Aktien von Schickedanz und Anhang einen hohen Verkaufspreis bekommen. »Dieser Aktionärswechsel war ein genialer Schachzug von Deuss. Er hatte die Hertie-Stiftung, die Deutsche Bank und die Commerzbank, die ihn eigentlich alle drei weghaben wollten, durch seinen Freund Meinhardt und den harmlosen Großaktionär Schickedanz ersetzt, der ihn weitgehend in Ruhe lassen würde«, sagt einer, der damals ganz nah dran war.

Mitte 1999 war es dann so weit: Der neue Konzern KarstadtQuelle startete mit 113 000 Mitarbeitern und einem Jahresumsatz von umgerechnet 15 Milliarden Euro sowie einem Börsenwert von 3,3 Milliarden Euro – es war die bis dahin größte Verschmelzung im deutschen Handel. Madeleine Schickedanz und Jens Riedel, Chef der ebenfalls zur Schickedanz-Familie gehörenden Riedel Holding, waren die bestimmenden Aktionäre dieses Handelsriesen, nachdem sie die Aktien der Hertie-Stiftung, der Deutschen Bank und der Commerzbank übernommen hatten. Madeleine Schickedanz hatte dazu Kredite in dreistelliger Millionenhöhe bei der Kölner Bank Sal. Oppenheim aufgenommen – der Beginn einer verhängnisvollen Geschäftsaffäre, wie sich später zeigen wird. Schickedanz-Mann Meinhardt wurde Aufsichtsratsvorsitzender, der Karstädter Deuss blieb Vorstandschef.

Für Schickedanz jedoch ergab sich durch den Einstieg ein grotesker Nebeneffekt: Plötzlich besaß die Familie indirekt wieder einige ihrer früheren, maroden Quelle-Warenhäuser, die sie einst glücklich an Hertie hatte verkaufen können. Doch jetzt gehörte Hertie zu KarstadtQuelle, und KarstadtQuelle gehörte maßgeblich Schickedanz. Man sieht sich eben zweimal im Leben.

Die Integration von Karstadt und Quelle blieb allerdings schon im Anfangsstadium stecken. Statt sofort zu versuchen, ein neues gemeinsames Unternehmen aufzubauen, ließ das Management zu viele Doppelstrukturen bestehen. Die neuen Konzerngeschwister leisteten sich folglich viel teure Individualität auch dort, wo mehr Uniformität gegenüber den Kunden durchaus nicht geschadet hätte – im sogenannten Backoffice: Eine systematische Vernetzung von Datenverarbeitungs- oder Warenwirtschaftssystemen wurde nicht im erforderlichen Maße vorgenommen, der Einkauf nicht wirklich zusammengelegt. Eine klare strategische Abgrenzung zwischen den beiden Konzernversendern Quelle und Neckermann suchte man vergebens, die Geschwister kämpften eher gegeneinander als miteinander gegen den gemeinsamen Konkurrenten Otto. Von einem Wir-Gefühl war nichts zu spüren.

Dass Deuss als Hauptverantwortlicher diese Entwicklungen zumindest geduldet hat und nicht darauf drängte, die Basis für ein neues Konzernbewusstsein zu legen, ist sein größtes Versäumnis. Denn derlei grundlegende organisatorische Veränderungen, die im Idealfall ein ganz neues Unternehmen schaffen, lassen sich in der Regel nur unmittelbar nach einem Zusammenschluss umsetzen. Passiert das nicht, lässt sich der Trott aus der Zeit vor der Fusion später kaum noch austreiben.

Dieses Problem bekamen vor allem die Nachfolger von Deuss zu spüren. Die ererbten Versäumnisse trugen dazu bei, dass Wolfgang Urban scheiterte. Und noch Thomas Middelhoff kämpfte erfolglos gegen die internen Strukturprobleme, die aus der Fusionszeit rührten.

Dazu kam, dass man neue Manager von außen, die weder eine Schickedanz- noch eine Karstadt-Vita aufwiesen, im Topmanagement des Fusionskonzerns vergeblich suchte. Mit solchen »unparteiischen« Entscheidungsträgern lassen sich Veränderungen oft leichter umsetzen, weil sie nicht einem bestimmten Lager oder einer bestimmten Seilschaft zuzuordnen sind und – insbesondere schmerzhafte – Entscheidungen sich nicht mit ihrer Herkunft in Zusammenhang bringen lassen. Bei KarstadtQuelle jedoch wurden beinahe alle kritischen Stellen intern besetzt – und zwar zumeist mit Leuten aus dem Umfeld von Karstadt-Mann Deuss.

Über Schickedanz war mit Wolfgang Urban, einem früheren Topmanager beim Karstadt-Konkurrenten Kaufhof, der potenzielle Nachfolger von Deuss ins Unternehmen gekommen. Deuss erweckte zunächst den Anschein, den Neuen zu dulden, weil er ihn nicht verhindern konnte.

Monatelang war Urban Vorstand ohne Ressort. Die Position eines stellvertretenden Vorstandsvorsitzenden, die seine Kronprinzenrolle manifestiert hätte, wurde nicht geschaffen.

»Deuss hat die Fusion nicht entschlossen genug betrieben. Synergien wurden zwar geplant, aber es gab kein wirkliches strategisches Verschmelzungskonzept«, sagt einer, der später im Konzern Verantwortung trug und mit den Versäumnissen fertig werden musste. Vor allzu drastischen Einschnitten insbesondere bei Quelle scheuten die Konzernmanager noch viele Jahre nach der Fusion zurück: Der Versender war aus Essener Sicht Schickedanz-Land, und da ließ man lieber laufen, was (aus dem Ruder) lief. »Da hieß es: Don't touch«, berichtet ein Manager. Die Versender betrieben zum Beispiel bis zum Schluss in Nürnberg und Fürth mehr als 30 einzelne Verwaltungsstandorte, deren Zusammenlegung Kosten gespart hätte. Auch die drei großen Versandlager in Leipzig, Fürth und im österreichischen Linz blieben im Betrieb, obwohl keines von ihnen annähernd ausgelastet war. »Die Fusion«, stellt der bereits zitierte Versandmanager fest, »hat nicht die Marktbedeutung gestärkt« – ein niederschmetterndes Urteil angesichts des finanziellen Aufwandes und der Erwartungen.

Längst hatte sich auch bei den Großaktionären Ernüchterung und Enttäuschung eingestellt. Bereits im Jahr nach der Verschmelzung verloren die Eigentümer die Geduld: Nach 33 Jahren im Vorstand und 18 Jahren als Chef gab Aufsichtsratschef Meinhardt am 20. Juli 2000 auf der Hauptversammlung die Demission von Deuss zum 30. September bekannt. »Wir haben uns in der Tat geirrt«, räumte Deuss mit Blick auf die Planverfehlungen im Jahr der Fusion ein. Für 1999 hatte er ein Ergebnis von umgerechnet 705 Millionen Euro versprochen, herausgekommen waren nur 503 Millionen Euro. Für das laufende Jahr waren 969 Millionen Euro angepeilt, tatsächlich würde es mit 515 Millionen Euro wohl nur knapp die Hälfte werden. Die Synergien aus der Fusion hatte sein Vorstand ebenfalls zu optimistisch berechnet. Aktionäre und Analysten warfen Deuss zudem vor, viel zu spät mit der Wahrheit der schlechten Zahlen herausgerückt zu sein.

Deuss war wegen der Demission tief gekränkt und lehnte später den Einzug in den Aufsichtsrat ab. Auch offizielle Abschiedsfeiern nach mehr als drei Jahrzehnten im Topmanagement fanden nicht statt. Einen Dienstwagen samt Fahrer konnte Deuss behalten und ein Büro auf Konzernkosten nutzen, das war damals so üblich bei KarstadtQuelle. Doch das Büro lag in einem Nachbargebäude auf dem Gelände der Konzernzentrale, der Exchef soll die Hauptverwaltung nie wieder betreten haben.

Jahre später erst wurde publik, dass sich Deuss beim Abschied seine Ansprüche auf das Altersruhegeld vom Konzern hat versichern lassen: gegen eine Insolvenz. Und das im Jahr 2000, als wohl niemand der 113 000 KarstadtQuelle-Mitarbeiter an so etwas auch nur dachte – niemand außer ihrem ehemaligen Chef. Als die erschreckende Vorsorge von »Papa Deuss« mitten in der Krise 2006 bekannt wurde, sorgte das für helle Empörung im Konzern.

Seine Nachfolger mussten ausbaden, dass Deuss so wenig experimentierfreudig gewesen war. Die Konkurrenten dagegen hatten sich weiterentwickelt: Metro pushte die internationale Expansion der Großhandelssparte Cash & Carry und begann mit Media Markt und Saturn, den Markt für Unterhaltungselektronik in Europa zu bestimmen. Douglas ging mit seinen Parfümerien ebenfalls ins Ausland und baute den Filial-Buchhandel zum zweitgrößten Standbein aus. Die neuen Fachmarktketten – unter anderem Drogeriemärkte wie DM oder Rossmann – waren bald in ihren Kategorien Marktführer und Innovationstreiber – und nicht mehr die Warenhäuser, die weiterhin versuchten, alles unter einem Dach anzubieten. Zudem war bei den jungen Wilden oft die Beratung besser und der Preis niedriger.

»Deuss hätte noch das Geld gehabt, durch eigene Investitionen den neuen Fachmarktketten etwas entgegenzusetzen. Die Nachfolger schon nicht mehr«, meint ein alter Kaufhaus-Profi. Die weitgehend auf Warenhäuser und Universalversand in Deutschland festgelegte Konzernstruktur trug somit wesentlich zur späteren KarstadtQuelle-Krise bei. Denn gerade von diesen Handelsformen, die Deuss favorisierte und in die er investierte, wandten sich die Kunden ab. Sie trugen ihr Geld zu jüngeren Marken.

Die Veränderungen, die am Markt stattfanden, wirkten fast immer gegen die Warenhäuser und Großversender. Discounter wie Aldi und Lidl waren nicht mehr aufzuhalten. Sie lehrten die Verbraucher, immer stärker auf den Preis zu achten – zunächst bei den Lebensmitteln, später auch bei anderen Konsumgütern. Fachmarktketten gab es bald für alle möglichen Produktgruppen, die die Kunden in den Jahren zuvor noch bei Karstadt, Hertie oder auch Kaufhof/Horten erstanden hatten. Media Markt und Saturn etwa – zwei Ketten aus dem Hause der Kaufhof-Mutter Metro – begannen, den Markt für Unterhaltungselektronik aufzurollen, auf dem die Karstadt-Marken WOM und Schaulandt immer mehr an Bedeutung verloren. Daneben begann das Internet, im Handel mit dem Endverbraucher eine Rolle zu spielen.

Unter dem Strich gaben die deutschen Konsumenten immer weniger ihres Geldes für das alltägliche Leben aus. 1992 hatten sie laut Statistischem Bundesamt für Produkte wie Lebensmittel, Kleidung oder Möbel noch 40,5 Prozent ihres frei verfügbaren Einkommens investiert, 2008 waren es gerade noch 28,2 Prozent. Stattdessen ging das Geld jetzt ins neue Auto, wurde für den Urlaub gebraucht oder auf dem Sparkonto geparkt. Wohin auch immer die Verbraucher ihre Milliarden trugen – die Warenhäuser und die Universalversender mit dem dicken Katalog bekamen davon immer weniger.

Damit trafen die Veränderungen des Ausgabeverhaltens die wichtigsten Umsatzbringer des KarstadtQuelle-Konzerns frontal. Einziger Hoffnungsträger war die Reisesparte. 1997 hatten Karstadt und Lufthansa das gemeinsame Touristikunternehmen Condor & Neckermann (C&N) gegründet, aus dem später Thomas Cook hervorging. Buchen ließen sich die Urlaubsreisen unter anderem im Karstadt-Haus. Das Deuss-Management hoffte, dass die Urlauber dann auch ihren Koffer und die Badeausrüstung gleich noch bei Karstadt erstanden, wenn sie denn schon einmal da waren. »Frequenz produzieren« nennen das die Händler.

Doch erst einmal wurde jetzt Frequenz im Vorstand produziert. Seit Herbst 2000 versuchte der neue Chef Wolfgang Urban in kürzester Zeit nachzuholen, was in der Ära Deuss unterblieben war: Er kaufte sich in neue Geschäftsfelder ein. So übernahm er die Textilkette SinnLeffers, obwohl es mit Wehmeyer bereits eine Modekette im Konzern gab und Textilien auch bei Karstadt die größte Warengruppe waren. Klare Profilierungen konnte er allerdings beiden Anbietern nicht verpassen, der Sinn der Zwei-Marken-Strategie blieb unklar. Hobby-Golfer Urban übernahm auch die Ausrüsterkette GolfHouse. Noch sportlicher wurde es mit dem Einstieg ins Deutsche Sportfernsehen DSF und mit der Übernahme mehrerer Fitnessstudios. Karstadt wurde Deutschlands Sportartikelhändler Nummer eins. Auch beim jungen deutschen Ableger der amerikanischen Kaffeehauskette Starbucks hatte sich der Konzern unter Urban eingekauft; Karstadt hielt die Mehrheit. So groß und breit aufgestellt wie unter Wolfgang Urban, dem Chef von 100 000 Mitarbeitern, war der Konzern nie zuvor und nie wieder danach.

Doch Urban hatte es eindeutig übertrieben. Durch seine Zukäufe drohte die Gefahr der Verzettelung. Vor allem aber verbrannten fast alle Neuerwerbungen ebenso wie Thomas Cook Monat für Monat Geld. Und die von Deuss geerbten Probleme – schwindende Umsätze und niedrige Gewinne in den klassischen Sparten Warenhaus (»Besser Karstadt«) und Universalversand (»Erst mal sehen, was Quelle hat«) – bestanden weiter. Wenigstens die Spezialversender liefen gut: Baby Walz, Elegance, Hess Natur oder Madeleine.

Bei Quelle durfte Urban keine wesentlichen Veränderungen vornehmen, dem hätten die Firmenerben nicht zugestimmt. Zu größeren Einschnitten ins Ladennetz von Karstadt oder den Fachgeschäften allerdings, auf die er besseren Zugriff hatte, konnte sich Urban nicht entschließen. Jede Schließung hätte ja kurzfristig den Umsatz gedrückt und wahrscheinlich die Einkaufskonditionen verschlechtert – wenn auch mittelfristig die Profitabilität des Unternehmens gesteigert. Schließlich aber einigte er sich mit den Arbeitnehmervertretern auf den Abbau von 7 000 Jobs in den Karstadt-Warenhäusern. Darunter jedoch litt auf dramatische Weise der Service, auf den man bei Karstadt immer so stolz gewesen war und der einen Wettbewerbsvorteil gegenüber den Billigkonkurrenten darstellte. Die Kunden fühlten sich plötzlich verloren in den Weiten der Haushaltswarenabteilungen.

Während Urban beim Personal sparte, beteiligte er sich gleichzeitig an immer neuen Rabattaktionen, die die spärlichen Gewinne weiter schmälerten. Um einen Teil des dadurch verschenkten Geldes wieder hereinzuholen, wählte Urban durchaus brachiale Methoden: So teilte er seinen Lieferanten ultimativ per Post mit, dass er deren Rechnungen um ein paar Prozent kürzen werde. Sollten sie damit nicht einverstanden sein, würden ihre Produkte bei KarstadtQuelle nicht mehr verkauft.

Wer so mit seinen Geschäftspartnern umgeht, steckt ganz offensichtlich in einer ernsten Krise. Die war im Jahr 2003 in der Branche nicht mehr zu vertuschen, auch wenn Urban es mit allen Mitteln versuchte. Die Öffentlichkeit jedoch ahnte noch kaum etwas davon, wie schlecht es KarstadtQuelle bereits ging.

Deshalb lohnt es sich, ab Mitte 2003 genauer hinzuschauen. Wie konnte es passieren, dass durch einzelne Fehler, die kein Unternehmen einfach so umwerfen, im Laufe der Jahre ein Giftcocktail entstand, der im Juni 2009 schließlich tödlich wirkte?

Das Jahr 2003

Juli 2003

Wolfgang Urban steht im Weinkeller des Dortmunder Karstadt-Hauses. Inmitten einer Runde Journalisten erklärt der Vorstandschef seine Welt. Ein wenig angespannt zwar, wie so oft, aber erkennbar stolz. So viel hat er an seinem KarstadtQuelle-Konzern in den vergangenen drei Jahren verändert, so viele Unternehmen hat er dazugekauft, dass es höchste Zeit ist für diesen Termin. Die Journalisten schreiben ja sonst weiterhin nur über die Marken Karstadt und Quelle, ohne seine Neuerwerbungen zu würdigen, die den Konzern doch in die Zukunft führen sollen.

Deshalb haben seine Mitarbeiter die Medienmenschen vor einem Kleinbus versammelt, um sie in einer Art Sightseeing durch Europas größten Waren- und Versandhaus-Konzern zu führen: Am Vormittag steht professionelles Kaffeetrinken auf dem Programm in der neuen Filiale der US-Kaffeehauskette Starbucks im Düsseldorfer Medienhafen. Weiter geht es zu einem der Textilwarenhäuser von SinnLeffers in Essen, dann zum gerade frisch renovierten Superkaufhaus »Karstadt Arkaden«. Das nimmt mit 30 000 Quadratmetern einen großen Teil des Rhein-Ruhr-Einkaufszentrums in Mülheim/Ruhr ein und ist der ganze Stolz des Chefs. Nach dem Besuch des dortigen Restaurants mit dem verheißungsvollen Namen »Himmelreich« fährt Urbans Karstadt-Express nach Hagen, zum Textilhändler Wehmeyer und zur Laufsportkette Runners Point. Anschließend wird noch das Karstadt-Sport-Haus in Dortmund abgehakt, einschließlich der gerade zur Übernahme anstehenden Fitnessstudios. Fehlt nur noch der Sport-Fernsehsender DSF, an dem Karstadt seit Neuestem ebenfalls beteiligt ist. So bunt ist inzwischen allein die Welt der stationären Geschäfte von KarstadtQuelle. Und dann gibt es ja noch den Versand mit Quelle und Neckermann und den Tourismus mit Thomas Cook.

Urban hat seit seinem Amtsantritt im Jahr 2000 hohe dreistellige Millionenbeträge für die Diversifikation ausgegeben, damit Karstadt-Quelle nicht mehr so stark wie bisher von Karstadt und Quelle abhängig ist. Genau das scheint grotesk und wirft ein Schlaglicht auf ein Hauptproblem des Konzerns: Der Hauptverantwortliche scheint selbst nicht mehr an die wichtigsten, sogar namengebenden Kerngeschäfte zu glauben. Doch statt sie umzukrempeln und von Grund auf neu auszurichten, kauft er Randgeschäfte dazu und weicht somit auf Nebenkriegsschauplätze aus.

Bei der Präsentationsrundreise durch KarstadtQuelle-Land ist es den Spartenchefs vorbehalten, von den Erfolgen ihrer Marken – nichts anderes ist beabsichtigt – zu berichten. Von Wolfgang Urban keine Spur. Denn der Chef, der gern und unüberhörbar mit zwei Handys gleichzeitig hantiert, hat tagsüber zu viel zu tun. Deshalb ist der impulsive Verkäufer Nummer eins nur beim abendlichen Ausklang mit edlen Speisen und Weinen im rustikalen Gewölbe zugegen.

Zwischen den einzelnen Gängen sagt er ein paar Worte zur Handelskonjunktur, die in Deutschland zu dieser Zeit nicht gerade boomt. Die Kunden sind von der unklaren Wirtschaftspolitik der Regierung unter Kanzler Gerhard Schröder, von steigenden Benzinpreisen und vom Irakkrieg verunsichert. In dieser Situation tragen sie ihr Geld lieber aufs Sparbuch statt ins Warenhaus, allenfalls noch zu Aldi oder Lidl. Die Aktien der großen Einzelhändler – nicht nur von KarstadtQuelle, sondern auch von Metro oder Douglas – sind wegen des depressiven Umfeldes im vergangenen Jahr bereits abgestürzt. Und für das Jahr 2003 erwartet der Handelsverband HDE einen weiteren Umsatzrückgang der Branche um 1,5 Prozent.

Urban räumt ein, dass auch sein Unternehmen angesichts dieser Umstände hat Federn lassen müssen. Der Umsatz sei im vergangenen Jahr leicht, der Gewinn sogar deutlich gefallen. Aber jetzt entwickle sich das stationäre Geschäft »sehr gut«. Und der Versandhandel laufe »sehr erfreulich«. Handlungsbedarf indes leugnet er nicht: Urban kündigt an, die hohen Investitionen in die Warenhäuser fortzusetzen. Allein im Hamburger Alsterhaus sollen 25 Millionen Euro verbaut werden, um für zahlungskräftige Kunden noch attraktiver zu werden. Der Konzern will vom Sport- und Wellness-Trend profitieren und bereitet sich schon jetzt auf die Fußballweltmeisterschaft 2006 in Deutschland vor. Urban, früher Abwehrspieler bei Arminia Bielefeld, hat eine Lizenz für den Verkauf offizieller Fanprodukte erworben. Er will auch »Ausgliederungen« von Firmenteilen prüfen und die internen Abläufe, die der Kunde nicht sieht, optimieren, um Geld zu sparen. Da ist wohl noch immer reichlich Sand im Getriebe.

Zum Schluss lässt der Gastgeber im Gourmetgewölbe noch einen Rotwein servieren, dessen Flaschenpreis jenseits der 1000-Euro-Grenze liegt. Das folgende Raunen seiner Gäste hatte Urban sich erhofft – will er mit dem finalen Edeltropfen doch zeigen, dass Karstadt längst nicht mehr der Wühltischladen ist, für den ihn viele halten. Der Chef möchte rüberbringen, dass inzwischen viele Kunden mit gehobenem Geschmack und überdurchschnittlich gefüllten Geldbörsen bei Karstadt shoppen. Die Öffentlichkeit habe das nur noch nicht bemerkt. Das zu ändern bekommt Urban auch künftig Gelegenheit: Wenige Tage nach der Medienrundfahrt verlängert der Aufsichtsrat unter seinem Vorsitzenden Hans Meinhardt seinen Vertrag. Und das gleich bis 2009. Dass das zum Schicksalsjahr des Konzerns werden wird, ahnt jetzt noch niemand.

Meinhardt, einst Chef des Gabelstapler- und Industriegasekonzerns Linde, ist einer dieser typischen Multimanager der sogenannten Deutschland AG, in der zahllose Firmen über Mandate ihrer Repräsentanten oder über Finanzbeteiligungen miteinander verbandelt sind. Meinhardt führt auch den Aufsichtsrat der Beiersdorf AG und leitete den Schickedanz-Gesellschafterausschuss. Er war es, der die Quelle-Familie mit Karstadt zusammenbrachte. Ohne Meinhardt geht nichts im Konzern. Sein Stellvertreter im Aufsichtsrat ist Wolfgang Pokriefke, der Gesamtbetriebsratschef von Karstadt. Auch Leo Herl sitzt im Kontrollgremium, der dritte Ehemann von Madeleine Schickedanz, und Ingo Riedel, Chef der ebenfalls zur Schickedanz-Sippe gehörenden Riedel Holding. Klaus Zumwinkel, Chef der Deutschen Post und früherer Quelle-Manager, ist Teil des Rates, der Aufsicht über den Vorstand führen soll, ebenso Topmanager wie Jürgen Weber von der Lufthansa, Martin Kohlhaussen von der Commerzbank, Diethard Breipohl von der Allianz, Gunter Thielen von Bertelsmann oder Hero Brahms von Linde. Ulrich Hocker vertritt auf der Arbeitgeberbank die Deutsche Schutzgemeinschaft für Wertpapierbesitz (DSW), auf der anderen Seite sitzt unter anderem Franziska Wiethold von der Bundeszentrale der Dienstleistungsgewerkschaft Ver.di.

November 2003

Bei der Präsentation für das dritte Quartal muss Vorstandschef Urban zugeben, dass Umsatz und Gewinn eingebrochen sind. Die Geschäfte laufen so schlecht, dass der Konzernchef sogar sein so oft wiederholtes Gewinnversprechen für das Gesamtjahr zurücknehmen muss. »Mindestens 250 Millionen Euro« – das werde das Unternehmen nun doch wohl nicht verdienen. Die Gründe für den Abwärtstrend seien die allgemeine Kaufzurückhaltung und der heiße Sommer, lässt er erklären. Die Reisetochter Thomas Cook gerät gar in die roten Zahlen: Die Terrorangst, der Irakkrieg und die Lungenkrankheit SARS führen dazu, dass die Buchungszahlen einbrechen. Das Topmanagement von Thomas Cook tritt daraufhin zurück. Die Börse reagiert auf solche Gewinnwarnungen allergisch: Der Aktienkurs, der zwischenzeitlich über 25 Euro geklettert war, stürzt auf 20 Euro. Vor allem aber stürzt die Glaubwürdigkeit des Managements und seiner Prognosen bei den Anlegern. Und das ist mittel- und langfristig noch viel schlimmer.

Großaktionärin Madeleine Schickedanz, die als eine der reichsten Frauen Deutschlands meist in einer ihrer Villen in der Schweiz lebt, macht sich in ihrem Alpenidyll indes schon seit Längerem Sorgen um den Bestand ihres Familienerbes. Mit über 4 Milliarden US-Dollar taxiert sie das US-Magazin *Forbes* noch. Doch mit jedem Kurssturz ihres Hauptinvestments KarstadtQuelle wird ihr Vermögen kleiner.

Madeleine Schickedanz mischt sich selbst nicht ins operative Geschäft ein, das hatte sie sich als junge Frau geschworen. Bei diesem Entschluss wird sie bleiben, eisern, bis zum bitteren Ende. Sie nimmt allenfalls Einfluss auf die Auswahl des Spitzenpersonals. Vor allem dann, wenn sie der Ansicht ist, im Chefbüro sitzt der Falsche. Offenbar sind ihr inzwischen auch Zweifel darüber gekommen, ob ihr Vertrauter Meinhardt als Oberkontrolleur noch das richtige Händchen für die Personalien hat. Schickedanz beginnt, die Ära nach Meinhardt und Urban vorzubereiten.

Dafür ruft sie ihren Berater Josef Esch zur Hilfe. Esch hatte sich vom jungen Bauunternehmer zum hochkarätigen Finanzverwalter und Dienstleister für Millionäre und Milliardäre entwickelt. Man könnte diesen Josef Esch aus Troisdorf bei Köln eine schillernde Figur nennen – wenn er nicht so unsichtbar wäre. Es existieren kaum Fotos von dem Mann, dem die Reichen vertrauen, er gibt keine Interviews und tritt nur äußerst selten öffentlich auf. Der Unsichtbare arbeitet seit Jahren eng mit Sal. Oppenheim zusammen. Die Kölner Privatbank finanziert Eschs Kunden oft und gern die Investitionen in seine – zumeist extrem steuersparenden – Projekte. Esch zählt zu seinen Kunden nicht nur Madeleine Schickedanz und ihren ersten Angestellten Wolfgang Urban, sondern auch Thomas Middelhoff. Der ehemalige Chef von Bertelsmann und seine Frau haben hohe Summen aus ihrer Gütersloher Zeit bei Esch angelegt. Mehrere Millionen sind in Oppenheim-Esch-Fonds geflossen, denen unter anderem die Immobilien der Karstadt-Warenhäuser in Potsdam, Karlsruhe, Leipzig und das Oberpollinger in München gehören.

Schickedanz bittet Josef Esch, diskret Kontakt zu seinem Mandanten Nummer acht, Thomas Middelhoff, herzustellen. Esch gibt gern den Dienstleister für alle Fälle: Dank seiner Vermittlung besucht Herr Middelhoff Frau Schickedanz zum Kaffeetrinken in ihrer elterlichen Repräsentationsvilla in Nürnberg. Der Manager mit ebenso guten Manieren wie Kontakten in die globale Finanzszene sowie langer Erfahrung in Familienunternehmen macht offenbar einen guten Eindruck auf die Quelle-Erbin. Seit seinem Rausschmiss bei Bertelsmann arbeitet er erfolgreich beim Private-Equity-Unternehmen Investcorp in London. Er kauft und verkauft Firmen und macht damit Millionen. Investcorp war zuvor bei Gucci und Tiffany engagiert, beim Feuerlöscherhersteller Minimax und bei Gerresheimer Glas.

Bei diesem ersten Gespräch mit Middelhoff ist Schickedanz vorsichtig und zurückhaltend. Welche neuen Chancen sich denn ihrer Quelle durch das Internet bieten, möchte sie bei Kaffee und Kuchen von Middelhoff wissen. Der Mann gilt seit seiner Bertelsmann-Zeit als Internet-

Experte. Er kaufte und verkaufte damals für das Familienunternehmen Anteile am amerikanischen Online-Konzern AOL und erzielte damit in kürzester Zeit Milliardengewinne. Davon erzählt er noch heute gerne. Middelhoff ist ein guter Zuhörer und ein schneller Denker. Er skizziert sofort ein paar Ideen für eine Quelle-Online-Strategie. Schickedanz fasst Vertrauen, die beiden vereinbaren ein zweites Treffen.

Beim nächsten Mal wird die Großaktionärin deutlicher: Die Firmenehe aus Karstadt und Quelle funktioniere nicht richtig, vertraut sie ihrem Besucher an. Sie mache sich große Sorgen. Und schließlich fragt sie Middelhoff charmant und Hilfe suchend, ob er sich vorstellen könne, Aufsichtsratsvorsitzender zu werden. Damit wäre er der mächtigste Mann in Europas größtem Waren- und Versandhauskonzern. Und Nachfolger des Denkmals Meinhardt.

Middelhoff ist von diesem Angebot überrascht. Doch schnell erkennt er die Chancen: Als Retter von KarstadtQuelle könnte er die Schmach seiner Entlassung bei Bertelsmann wettmachen, zum Teil jedenfalls. Die Probleme des Handelskonzerns, der ihn bisher nie besonders interessiert hatte, scheinen ihm lösbar, wenn dort nur erst ein echter Könner am Ruder ist. Bei KarstadtQuelle würde ihm wohl auch – anders als bei Bertelsmann – niemand reinreden, wenn er Finanzmarktinstrumente einsetzen würde, von denen die Eigentümer zuvor kaum gehört haben dürften. Den Aufwand für diesen Zusatzjob hält der Vielarbeiter mit dem geringen Schlafbedürfnis zudem für überschaubar. Die Woche über würde er weiterhin in London oder sonst wo in der Welt für Investcorp Geschäfte machen. »Und KarstadtQuelle mache ich am Wochenende zu Hause«, sagt er sich.

Der Gründer von Investcorp, Nemir Kirdar, hat zwar keine Einwände gegen Middelhoffs neuen Nebenjob. Aber er warnt ihn: »Du bist verrückt, wenn du das machst. Da kommst du nicht mehr raus.« Middelhoff aber hat Feuer gefangen. Er sagt Madeleine Schickedanz zu, sich im kommenden Mai auf der Hauptversammlung in den Aufsichtsrat wählen zu lassen. Und kettet sich damit für Jahre an das Schicksal der Milliardärin und ihres maroden Unternehmens.

Als er sich näher mit den Problemen der Firma beschäftigt und mit Beratern spricht, wird ihm schnell klar, dass kleinere Reparaturen nicht ausreichen werden, um das Vermögen seiner Auftraggeberin zu retten.

Etwas Grundsätzliches muss passieren. Middelhoffs mittelfristiger Masterplan: Er will Partner für alle drei Geschäftsbereiche – Warenhaus, Versand und Touristik – finden, weil die Sparten auf sich allein gestellt wohl nicht zukunftsfähig sind. Die Immobilien sollen verkauft werden und Milliarden einbringen. Denn ein Investor, der sich sowohl im Immobilienwesen als auch im Betrieb eines Warenhauses auskennt und der dann auch noch einen Kaufpreis von mehreren Milliarden Euro zahlen kann – der dürfte schwer zu finden sein. Dazu gibt es den Plan, KarstadtQuelle von der Börse zu nehmen. Denn eine Zerlegung außerhalb des Rampenlichts und der strengen rechtlichen Vorschriften des Parketts dürfte leichter und schneller gehen. Das ist ein Aufgabenpaket, wie es Middelhoff reizt – nicht Klein-Klein, sondern Groß-Groß. Offiziell verkündet wird dieser Zerlegungsplan nie. Im Gegenteil: Tauchen entsprechende Gerüchte auf, folgt sofort das Dementi: »Es gibt keine Zerschlagung«, heißt es dann.

November/Dezember 2003

Wolfgang Urban indes ahnt nichts davon, dass weit entfernt von seinem Essener Chefbüro die Konzernrevolution von oben vorbereitet wird. Er hat genug mit dem Weihnachtsgeschäft zu tun, das in diesem Jahr auf jeden Fall gut werden muss, wenn der Druck auf ihn nicht weiter steigen soll. Die letzten beiden Monate sind im Einzelhandel traditionell die wichtigsten und umsatzstärksten des gesamten Jahres. Bei den Warenhäusern aber entscheidet der Verlauf des Weihnachtsgeschäftes üblicherweise sogar darüber, ob es zu einem Gewinn für das Jahr reicht oder nicht. Denn bis in den Herbst stecken die Kaufhäuser meist in den roten Zahlen.

In diesem Jahr erliegen die Händler wegen der schwachen Einzelhandelskonjunktur ihrem Rabattreflex noch früher als sonst. Sie versuchen, sich mit Preisabschlägen von bis zu 70 Prozent die wenigen Kunden abzujagen. Das jedoch drückt die ohnehin mageren Renditen von 1 oder 2 Prozent weiter. Wolfgang Urban, der nach außen die Rabattitis seiner Branche gern geißelt, dreht kräftig mit an der Preisschraube, obwohl sich sein Unternehmen das am wenigsten leisten kann. Und es ist abzusehen, dass der Essener Konzern eines der Hauptopfer der selbst verursachten Wertevernichtung werden dürfte: Denn bei Textilien ist der Preisverfall am stärksten. Und genau das ist die größte Warengruppe von KarstadtQuelle.

Das Jahr 2004

Januar 2004

Die Quittung für seine Alles-muss-raus-Strategie bekommt Urban, als die Zahlen für das Weihnachtsquartal vorliegen: KarstadtQuelle hat in der wichtigsten Shoppingzeit des Jahres 6,8 Prozent an Umsatz verloren. »Die Verbraucher sind verunsichert«, sagt Urban entschuldigend. Aber in ihrer Verunsicherung vermeiden die Verbraucher offenbar vor allem Einkäufe bei Karstadt, SinnLeffers, Wehmeyer, Quelle oder Neckermann. Muttergesellschaft KarstadtQuelle schließt das Jahr 2003 mit einem Umsatzminus von 3,4 Prozent ab. Konkurrent Metro dagegen nimmt 4 Prozent mehr ein. Der gesamte deutsche Einzelhandel verliert im Schnitt rund 0,7 Prozent an Umsatz – also gerade ein Fünftel dessen, was KarstadtQuelle einbüßt.

Kein Wunder also, dass die Medienberichterstattung kritischer wird: Jetzt erscheinen Zeitungsartikel über eine ausgewachsene Krise mit Überschriften wie: »KarstadtQuelle: Ein Konzern baut ab«[1]. Urban wird als einer der Hauptverantwortlichen ausgemacht, weil er bei seinen Firmenzukäufen die Probleme im Kerngeschäft Warenhaus und Universalversand nicht beseitigt hat.

März 2004

Jetzt muss Urban vor der Presse und den Analysten seine schlechten Zahlen rechtfertigen. Er versucht es mit einer nicht besonders tiefgreifenden Offensivstrategie und kündigt ein Restrukturierungsprogramm

---

1 *Die Welt* vom 17.02.20004.

mit dem Namen »Challenge« (Herausforderung) an. Dabei werde der »Gegenwert von 3 000 Stellen« eingespart, ohne dass es Entlassungen geben soll. Die Dividende, also die Gewinnbeteiligung der Aktionäre, will das Management trotz des deutlich verschlechterten Ergebnisses nicht kürzen.

Das gab es noch nie: Urban, der so oft als Käufer von Firmen von sich reden machte, schließt den Verkauf von Unternehmensteilen nicht mehr aus. Dieser Schwenk ist ein klarer Hinweis auf eine ernste Krise. Die Reaktionen auf das Bilanzdebakel lassen an Deutlichkeit nichts zu wünschen übrig: »Die Zahlen sind enttäuschend«, heißt es beim Bankhaus Lampe. »Karstadt bleibt ein schwacher Teilnehmer in einem schwierigen Markt. Wir sehen weiterhin wenig Grund, in KarstadtQuelle zu investieren«, urteilt ein Analyst der Bank HSBC Trinkaus & Burckhardt in Düsseldorf.[2] Von den 31 Bankanalysten, deren Urteil Karstadt-Quelle auf seiner Homepage veröffentlicht, raten jetzt gerade fünf zum Kauf. 16 empfehlen, sich von den Papieren zu trennen, die übrigen setzen auf Abwarten. Großaktionär Allianz hat bereits seinen Aktienanteil seit Jahresbeginn von 13,61 Prozent auf 10,5 Prozent reduziert. Gerüchte auf dem Börsenparkett und in den Zeitungen um eine bevorstehende Entlassung Urbans verstärken sich. Das Unternehmen dementiert.

Mai 2004

Hauptversammlung in der Düsseldorfer Stadthalle – diese Veranstaltung wird in den kommenden Jahren immer wieder zur öffentlichen Inventur des Konzerns am Abgrund werden. Hier stoßen Optimismus, Eigenlob und Rechtfertigungen vom Podium des Vorstands und des Aufsichtsrates auf Sorgen, Ängste und – bisweilen populistische – Vorwürfe der Anteilseigner unten im Publikum. Der Ärger des Investorenvolkes ist nachvollziehbar: Die Aktionäre haben seit Urbans Amtsantritt dreieinhalb Jahre zuvor fast die Hälfte ihres Einsatzes verloren. Und es sieht nicht so aus, als würde es besser.

Im Foyer hat Urban einen »Themenpark« aufbauen lassen, der zeigt,

---

2 *Die Welt* vom 20.03.20004.

was der Konzern alles Neues zu bieten hat, eine Art KarstadtQuelle-Messe: Die Eigenmarken »She« für Damenmode und »Yorn Casa« für »Lifestyle-orientiertes Wohnen« präsentieren sich, der Karstadt-Fifa-Shop für die Fußballweltmeisterschaft 2006, das Bonusprogramm »Happy Digits«, die Mastercard-Verkäufer und Versicherungsvertreter vom KarstadtQuelle Finanz Service. Dazu lächeln die Werbefiguren Claudia Schiffer und Günther Jauch für Quelle sowie Thomas Gottschalk für Neckermann von den Bildschirmen.

Im Saal tritt Wolfgang Urban jetzt ans Mikrophon. Er ist kein guter Redner. Man hat immer den Eindruck, er ist froh, wenn er es hinter sich gebracht hat. Auch heute hastet er durch seine 30-seitige Rede. Er verweist abermals auf die schlechten wirtschaftlichen Rahmenbedingungen in Deutschland, unter denen sein Unternehmen leide. Erläutert, wie sich die einzelnen Sparten seines Konzerns dabei geschlagen haben. Und versucht, mit der Vorstellung seines Restrukturierungsprogramms »Challenge« den Eindruck zu erwecken, dass das Management etwas gegen die Krise unternehme und die Situation im Griff habe. Und Urban besänftigt die Aktionäre, die als Eigentümer ja letztlich seine Arbeitgeber sind: Das Management werde angesichts der schwierigen Lage auf 15 Prozent seiner Bezahlung verzichten, verspricht er. Mehr noch: Er sichert den Anteilseignern eine unveränderte Dividende zu. Das ist ungewöhnlich: Weil der Konzern weniger verdient hat als im Vorjahr, müsste eigentlich auch die Gewinnbeteiligung für die Aktionäre gekürzt werden. Wird sie aber nicht. KarstadtQuelle zahlt mehr aus, als es sich eigentlich leisten kann. Bei den Banken – der Konzern ist mit fast 3,5 Milliarden Euro verschuldet – wird diese Großzügigkeit des Vorstandschefs mit Unverständnis registriert. Die meisten Kleinaktionäre dagegen nehmen das Geld gerne mit, auch wenn sie wahrscheinlich wissen, dass das dem Unternehmen schadet. Ob sie ahnen, dass es die letzte Dividende ist, die ihr Unternehmen jemals auszahlen wird? »Dieses Team«, schließt Urban seine Rede mit einem Blick in die Zukunft, »ist entschlossen, KarstadtQuelle wieder nach vorne zu bringen.«

Ob es nun an dieser Rede oder der Freude über die unangemessen hohe Dividende liegt – die erwartete Schimpfkanonade der Kleinaktionäre gegen den Vorstandschef, der viel wirbelt, aber wenig erreicht, bleibt aus. Nur wenige Kleininvestoren äußern sich skeptisch. Eine Vertreterin der Deutschen Schutzgemeinschaft für Wertpapierbesitz (DSW) immerhin kritisiert die hohe Gewinnausschüttung als »Friedensdividende« oder noch direkter als »Schweigegeld« für die Aktionäre. Damit trifft sie es ganz gut. Sie nimmt im Zusammenhang mit KarstadtQuelle auch als Erste im Saal das Wort »Sanierungsfall« in den Mund, allerdings ohne auf dem Podium oder im Publikum irgendeine Reaktion auszulösen. Der DSW jedoch kann man die Kritik an den falschen Weichenstellungen der Konzernverantwortlichen nur bedingt abnehmen: Die Schutzgemeinschaft sitzt selbst seit Jahren mit einem Mitglied im Aufsichtsrat. Sie ist somit zum Teil mitverantwortlich für die Zustände, die sie jetzt öffentlich beklagt.

Die Masse der Kleinaktionäre aber nimmt die Krise erstaunlich gelassen hin, fast apathisch. Urban kann zufrieden sein, er hat die Versammlung im Griff. Die meisten Teilnehmer sind schon längst am Buffet oder auf dem Weg nach Hause, als Aufsichtsratschef Hans Meinhardt den Tagesordnungspunkt »Ersatzwahl zum Aufsichtsrat« aufruft. Nichts Aufregendes eigentlich, Standard auf einer Hauptversammlung: Die Amtszeit zweier Kontrolleure ist abgelaufen, für sie werden Nachfolger bestellt. Auf Vorschlag der Großaktionäre – vor allem von Madeleine Schickedanz – wählen die Anteilseigner ohne lange Diskussion neben dem früheren Rewe-Chef Hans Reischl auch Thomas Middelhoff. Aus der Einigung von Schickedanz und Middelhoff beim Kaffeetrinken zu Nürnberg ist ein Mandat geworden.

Was bisher kaum jemand im Saal ahnt: Diese Personalentscheidung ist viel mehr als eine »Ersatzwahl«. Sie ist der Beginn der Ära Middelhoff bei KarstadtQuelle, in der im Konzern kein Stein auf dem anderen bleiben wird. Bereits in den Tagen nach der Hauptversammlung finden sich neue Gerüchte um eine bevorstehende Entlassung von Konzernchef Urban in allen Zeitungen und an der Börse, die mit immer mehr Einzelheiten garniert werden. Das deutet darauf hin, dass etwas dran sein dürfte. Ein solcher Chefwechsel könne »sehr schnell passieren«, sickert aus dem Aufsichtsrat durch. Nachfolger könne danach Christoph Achenbach werden, der Chef der Versandsparte. Achenbach, 46 Jahre alt, hat nie irgendwo anders gearbeitet als bei Quelle. Das mache ihn zum Hoffnungsträger von Firmenerbin und Großaktionärin Madeleine Schickedanz, spekuliert die Öffentlichkeit.

Schlaglicht: **Die Ära Wolfgang Urban – auf der Suche nach dem Konzept**

Diese Situation im Mai 2004 ähnelte auffallend jener, die Wolfgang Urban vier Jahre zuvor an die Spitze des Konzerns gespült hat. Damals wackelte der Stuhl von Konzernchef Walter Deuss, und jeder wusste es. Dessen Warenhaus-Vorstand Urban machten keinen Hehl daraus, dass er selbst gern Platz nehmen wollte. Er sah sich als Kronprinz des an zunehmendem Machtverlust leidenden Kaufhauskönigs. Als Deuss schließlich geschasst wurde, durfte tatsächlich Urban ins Chefzimmer am Ende des langen Ganges des Essener Vorstandsflügels einziehen. Urban hatte geschafft, was ihm bei seinem früheren Arbeitgeber Metro nicht gelungen war: die alleinige Nummer eins zu werden.

Urban war klar, dass er vieles anders machen musste als sein Vorgänger Deuss, der es nicht vollbracht hatte, die eingefahrenen und wenig einträglichen Wege von Warenhaus und Versand zu verlassen. Mit dem Neuen aber kam nun endlich richtig Leben in die Bude – allerdings mehr, als die Bude vertragen konnte.

Der neue Chef wirbelte zwischen 2000 und 2004, kaufte Firmen in neuen Märkten hinzu und hatte zu jeder Tag- und Nachtzeit neue Ideen. Die Ruhe, die Konsequenz und das Durchhaltevermögen, diese Ideen zu innovativen Angeboten für die Kunden und zu neuen Geldquellen für den Konzern zu machen, ließ er aber allzu oft vermissen. Weniger nachhaltig waren die Probleme, die die aufbrausende Persönlichkeit des Chefs nach sich zog. An diese Impulsivität erinnern sich ehemalige Mitarbeiter noch heute als Erstes, wenn sie den Namen Urban hören.

Wie ein Art Denkmal Urban'scher Wutausbrüche stand noch lange nach seinem Ausscheiden eine arg demolierte Stehlampe im Vorstandsflügel. Der Chef soll in seinem Ärger so stark daran gerüttelt haben, dass das Designerstück auffallend aus der Form geriet. Auch von fliegenden Kaffeetassen und Aktienordnern im Chefbüro ist die Rede. Der Mann muss ständig unter Strom gestanden haben und hatte unter Druck bisweilen seine Nerven nicht im Griff – aber wann stand er nicht unter Druck? Fast immer wirkte er hektisch und getrieben, oft telefonierte er mit zwei Handys gleichzeitig – meist brüllte er eher, als dass er hineinsprach. Das »Du«, in das er dann bisweilen verfiel, war aber keineswegs freundschaftlich gemeint.

Er hätte den Druck von oben nur weitergegeben, sagte Urban später – doch das wird die Angebrüllten und Gedemütigten kaum trösten. Der Druck rührte her von den immer schlechter werdenden Zahlen und vor allem von den Eigentümern. Schickedanz/Riedel, so erinnern sich Verantwortungsträger aus dieser Zeit, hätten immer auf hohe Ausschüttung gedrängt – kein Wunder, sie hatten sich mit der Karstadt-Quelle-Fusion hoch verschuldet –, seien aber zu strategischen Entscheidungen über die Zukunft kaum in der Lage gewesen. Hinzu kam der Druck, den sich Urban selbst machte: Er wollte es denen bei seinem früheren Arbeitgeber Metro, die seine Fähigkeiten nicht zu schätzen gewusst und seine Zuständigkeiten als Co-Chef beschnitten hatten, jetzt mal so richtig zeigen.

Doch das vertrauensvolle Delegieren wichtiger Aufgaben – das für einen erfolgreichen Chef in einem großen Konzern unverzichtbar ist – war nicht seine Stärke. Am liebsten übernahm er bedeutende Projekte selbst. Das jedoch überforderte zum einen die Kapazitäten Urbans, zum anderen frustrierte es seine engsten Mitarbeiter, weil sie nicht recht zum Zuge kamen. So war Urban monatelang nicht nur Konzernchef, sondern versuchte nebenher auch noch, die Warenhauskette Karstadt eigenhändig zu leiten. Auch auf einen Finanzvorstand verzichtete er über Monate. Obwohl Urban die Entscheidungswege im Unternehmen auf sich zuschnitt, mussten seine Mitarbeiter stets verfügbar sein. Wenn Urban etwa abends lange im Büro blieb, sollen es selbst die anderen Vorstandsmitglieder selten gewagt haben, vor »dem Alten« das Haus zu verlassen.

Und dann gab es diesen ganz anderen Wolfgang Urban: Todtraurig saß er dann in seinem Büro, am Boden zerstört, weil seine Pläne wieder einmal nicht funktionierten. Und alle gaben ihm die Schuld, obwohl er es mit äußeren Umständen zu tun hatte, die er nicht beeinflussen konnte: Die Handelskonjunktur in Deutschland lief nicht gut, das spürte vor allem Karstadt an rückläufigen Umsätzen und Gewinnen. Zudem waren sich die Firmeneigentümer aus dem Schickedanz-Clan oft in ihren Plänen nicht einig.

Zwischen diesen beiden Polen existierte ein dritter Wolfgang Urban, der den Kollegen wohl vollkommen ausgereicht hätte: »Der kleine Mann konnte ja einen ganzen Raum füllen. An guten Tagen war er eine beeindruckende Persönlichkeit. Er konnte auch richtig kumpelhaft sein, berichten mir viele Mitarbeiter«, erinnert sich Gesamtbetriebsratschef Hellmut Patzelt. Diese Eigenschaft mag aus seiner Vita herrühren: Denn der Mann, der Chef von 100 000

Menschen wurde, hatte seine Karriere einst als Lehrling an der Drehbank des Nähmaschinenherstellers Phoenix begonnen. Über den zweiten Bildungsweg und das Studium an der Fachhochschule hatte sich der Diplom-Betriebswirt den Einlass in die Chefetagen erkämpft.

Bei Metro/Kaufhof hatte er im Controlling begonnen, stieg zum Kaufhof-Boss auf und schließlich zu einem der beiden Leiter des Kaufhof-Mutterkonzerns Metro. Doch dann war seine Karriere dort abrupt beendet – unter nicht ganz geklärten Umständen. Als Gründe werden in der Branche Auffälligkeiten bei Dienstreiseabrechnungen genannt, persönliche Differenzen mit den übrigen Vorständen oder ein angeblicher Versuch, seinen Vermögensberater Josef Esch mit Kaufhof/Horten ins Geschäft zu bringen. Urban wechselte die Seiten, ging zunächst zu Schickedanz, wurde Chef von deren Kaufhof-Konkurrenten Karstadt und schließlich des gesamten KarstadtQuelle-Konzerns.

Auf diesem langen Weg war die Kumpelhaftigkeit seiner Blaumannzeiten der Vorsicht, Skepsis und dem Misstrauen der Anzugära gewichen. Er war weit weg vom einfachen Volk: »Urban war schon sehr abgeschottet. Er wusste gar nicht, was eine Verkäuferin verdient. Der war richtig schockiert, als er hörte, dass es für eine Vollzeitkraft nur 2000 Euro brutto sind«, erzählt ein Betriebsrat.

Und der Manager Urban?

Nach außen versuchte er, Entschlusskraft und Zielstrebigkeit zu demonstrieren. Enge Mitarbeiter wissen aber von seiner Unsicherheit und seinen Zweifeln an der Richtigkeit der getroffenen Entscheidung zu berichten. Dann wurden Pläne sprunghaft geändert und oft verschlimmbessert, wie später anhand der Planungen der Esch-Warenhäuser zu sehen sein wird. Oder er rief – gern per Handy aus dem Auto – Mitarbeiter am Tag vor der Unterzeichnung der Verträge für irgendein Projekt an, das längst alle Gremien durchlaufen hatte, und fragte den zuständigen Mann: »Tun wir das Richtige?«

Tun wollte er viel, das kündigte er gleich nach seiner Beförderung zum Konzernchef an: Mit einem Zehn-Punkte-Programm wollte er den Konzern in die Zukunft bringen: Zentrales Element sollte die »Multi-Channel-Strategie« sein. Dabei kauft der Konzern zentral mit hohem Mengenrabatt ein und vertreibt die Produkte dann differenziert im Warenhaus, per Katalog und Internet – nach dem Motto: ein Produkt, drei Vertriebswege und noch mehr Marken. Das sollte mit einem Minimum an Kosten ein Maximum an Marktabdeckung bringen – so ähnlich, wie es die Automobilindustrie mit ihrer Plattformstrategie macht. Die Warenhäuser sollten daneben Kosten senken, indem sie ihre Lagerfläche halbierten, Tätigkeiten zentralisierten, Konsumenten per Kundenkarte banden, die kleinen Häuser sollten ein neues Konzept und die Immobilien eine eigene Gesellschaft bekommen. Der Sportartikelhandel sollte seinen Umsatz verdoppeln, KarstadtQuelle mit der Übernahme der Mehrheit von SinnLeffers seine Stellung als führender Textilhändler weiter verbessern, Quelle und Neckermann den Versandhandel per Zwei-Marken-Strategie aufrollen und vieles mehr. »Urban konnte zupacken, er war sehr kreativ und konnte sein Umfeld für sich begeistern«, berichtet ein Mitarbeiter, »aber er verzettelte sich auch leicht.« In dieselbe Kerbe haut Ver.di-Gewerkschafterin und KarstadtQuelle-Aufsichtsrätin Franziska Wiethold in einer *Kontraste*-Sendung am 7. April 2004: »Wir haben seit Jahren angeprangert, dass sich dieser Konzern verzettelt. Wir haben immer wieder nachgefragt, wo bleiben die Investitionen ins Kerngeschäft, in die Warenhäuser? Und diese Fragen sind uns nicht beantwortet worden.«

Der Wechsel von Deuss zu Urban brachte also nicht die Rettung. »Eigentlich hatten wir tolle Voraussetzungen. Wir waren der einzige große deutsche Handelskonzern, der stationäre Läden in unterschiedlichen Formaten hatte, einen großen Versand und relativ früh Aktivitäten im Internethandel. Das ist fast eine Erfolgsgarantie, wenn man das gut kombiniert«, meint Betriebsrat Patzelt im Rückblick.

Drei trockene Kennzahlen machen den Misserfolg messbar: Zwischen seinem Amtsantritt und dem Ende des Jahres 2003 wollte Wolfgang Urban den Umsatz um 25 Prozent auf umgerechnet 18 Milliarden Euro steigern und das Ergebnis vor Ertragsteuern gleich auf 700 Millionen Euro verdreifachen. Tatsächlich lag der Umsatz Ende 2003 lediglich bei 15 Milliarden Euro und das Vorsteuerergebnis bei 465 Millionen Euro. Beide Werte waren gegenüber dem Vorjahr gesunken, der Gewinn sogar um fast 20 Prozent. Das Unternehmen hatte in diesen drei Jahren mehr als ein Drittel seines Wertes verloren, die Börsenkapitalisierung war von 3,8 Milliarden Euro kurz nach Urbans Amtsantritt auf 2,3 Milliarden Euro gestürzt. Zudem hatte die Deutsche Börse die Karstadt-Quelle-Aktie im ersten Urban-Jahr auch noch zugunsten stärkerer Papiere aus dem DAX in die zweite Börsenliga, den M-DAX, herabgestuft. Die Erfolgsbilanz eines Vorstandschefs, der die Versäumnisse seines Vorgängers ausbügeln wollte, sieht anders aus.

Woran lag es, dass Karstadt und Quelle gemeinsam nicht stärker waren als zuvor jeder allein? Vor allem das Kernstück der Urban-Offensive hat nicht gegriffen, das Multi-Channel-Konzept. »Es hat maßgeblich deshalb nicht funktioniert, weil die Egoismen der Menschen, die in diesem Unternehmen gearbeitet haben, nicht überwunden wurden«, meint Patzelt. »Die drei Formate verstanden sich als Konkurrenz ohne jeden Kooperationswillen.« Karstadt hat Quelle den Umsatz nicht gegönnt und umgekehrt, und ein Verkäufer in einem der Konzernläden kam schon gar nicht auf die Idee, einen Kunden auf die Bestellmöglichkeiten etwa bei Karstadt.de hinzuweisen. Lieber riskierte man, dass der Kunde sich an die Konkurrenz wandte. Hier für funktionierende Anreizsysteme zu sorgen wäre die Aufgabe der Führung unter Urban gewesen – auch gegen den Unwillen des Betriebsrates.

Das Problem jedoch liegt noch viel tiefer: »Es fehlte – wie so oft in der Wirtschaft überall auf der Welt – die Unternehmenskultur, die für ein solch anspruchsvolles Projekt wie Multi Channel nötig gewesen wäre. Vielleicht fehlte sogar die Erkenntnis und Bereitschaft, diese überhaupt erst zu schaffen. Daran etwas zu ändern wäre Aufgabe der Verantwortlichen gewesen. Sie waren diesem Problem offenbar nicht gewachsen, wenn es ihnen denn überhaupt wirklich bewusst war. Und so wurde immer wieder neues Geld in neue Firmen oder neue Konzepte investiert. Daraus wurde dann nichts Neues, Besseres, das Geld kam vielfach nicht zurück in das jeweilige Unternehmen. Über Jahre betrieben, muss solches Gebahren zwangsläufig zur finanziellen Auszehrung eines Unternehmens führen«, sagt Patzelt.

Zwar wurden gern teure Unternehmensberater engagiert, die Konzepte entwarfen, aber die Mitarbeiter mit ihren Erfahrungen wurden zu selten in Zukunftsprojekte eingebunden. So konnte es Urban nicht gelingen, die Trägheit und das Beharrungsvermögen aufzubrechen. Die Schaffung eines Karstadt-Quelle-Wir-Gefühls scheiterte – bewusst oder unbewusst – am passiven Widerstand der Mitarbeiter, denen das Management weder den Ernst der Lage noch die Chancen des neuen Doppelkonzerns vermitteln konnte. Noch als Arcandor 2009 auseinanderbrach, hatte es dieses Zusammengehörigkeitsgefühl der verschiedenen Konzernmarken nicht gegeben. Die Karstädter waren die Karstädter, die Quelle-Leute blieben die Quelle-Leute, und die Neckermänner verstanden sich weiterhin als Neckermänner und auf keinen Fall als Brüder oder Schwestern der Quelle. Und in der Crew von SinnLeffers verklärten viele die Zeit vor der Zugehörigkeit zum Essener Konzern.

Dass weder Deuss noch Urban die kulturellen Unterschiede im Vielvölkerkonzern KarstadtQuelle auch nur annähernd überwunden haben, ist eines der schwerwiegendsten Managementversäumnisse abseits von harten Zahlen und Konzepten. Das trügerische Gefühl, im Konzern eine sichere Zukunft zu haben, verhinderte zudem, dass sich die Erkenntnis für die Notwendigkeit von grundsätzlichen Veränderungen durchsetzen konnte. Der erforderliche Ruck blieb aus.

Doch auch bei den Konzepten lag vieles im Argen. So funktionierte der als Urbans wesentliches Einsparinstrument angekündigte zentrale Einkauf für unterschiedliche Ladentypen nie wie erhofft. Zu unterschiedlich waren die Anforderungen an Produkte, Logistik und Lieferrhythmen von Karstadt, Quelle, Wehmeyer, Schaulandt oder Hess Natur, als dass sich der Großteil der Produkte zentral einkaufen ließ. Die hohen Mengenrabatte, die bei der Abnahme von großen Stückzahlen von der Industrie winkten, provozierten allerdings immer neue Versuche in dieser Richtung. Und Urban war jemand, der fast jede Entscheidung vor allem unter dem Aspekt der Einkaufskonditionen für den Gesamtkonzern betrachtete. Doch was sich durch den zentralen Einkauf sparen ließ, verlor das Unternehmen allzu oft an anderer Stelle wieder, weil dieses System zu wenig die speziellen Warenanforderungen seiner unterschiedlichen Handelsketten berücksichtigte.

»Die Multi-Channel-Strategie im Einkauf ist eine tolle Idee. Ich kenne aber auf der ganzen Welt keinen Händler, der sie in großem Maße beherrscht«, sagt Lovro Mandac, seit vielen Jahren Chef des Kaufhof. Sein Mutterkonzern, die Metro, geht ebenso wie die Kölner Rewe inzwischen bei der Einkaufsstrategie den umgekehrten Weg: Beide Konzerne geben – oft nach harten inneren Kämpfen – ihren Vertriebssparten wieder mehr Freiheiten bei der Warenbeschaffung, um die speziellen Märkte besser bedienen zu können.

Im Handel, sagt eine alte Branchenweisheit, wird der Gewinn im Einkauf gemacht. Und wer schlecht einkauft, wird folglich mit hoher Wahrscheinlichkeit schlechte Ergebnisse erzielen. Das war ein Problem von KarstadtQuelle. Die Einkäufer des Konzerns waren bei der produzierenden Industrie sehr beliebt – und das ist alarmierend. »Wir haben uns immer gefreut, wenn die Einkäufer von Karstadt kamen, diese Verhandlungen waren fast harmonische Kaffeetrinken. Die haben die schlechtesten Preise akzeptiert. Die Einkäufer anderer großer Handelsketten dagegen kämpften mit allen psychologischen Tricks bis um den letzten Zehntelcent«, sagt der Vertriebschef eines größeren Konsumgüterherstellers.

Karstadt und Quelle waren zudem – wie allerdings viele andere Handelskonzerne auch – viel zu stark auf die Einkäufer ausgerichtet. Sie bestimmten in großem Maße, was in die Regale kam, und nicht die Verkäufer, die die Produkte an den Mann oder die Frau bringen mussten. Diejenigen, die zumeist schon nach einem Blick auf das T-Shirt, den Pullover oder die Hose wussten, ob dieser Artikel ein »Renner« oder ein »Penner« werden würde, wurden kaum einbezogen. »Die Ware wurde zentral bestellt, und wir mussten dann zusehen, wie wir sie irgendwie verkauft bekamen«, sagt eine langjährige Verkäuferin.

Dabei zeigten erfolgreiche Textilhändler längst, wie man den Einkauf effizienter gestalten und all zu viele Abschriften vermeiden konnte. Bei Zara etwa, der Marke der spanischen Inditex-Gruppe, bestellt beinahe der Kunde die Ware. Täglich werden aus allen Filialen die Detaildaten über die Artikel gesammelt, die sich gut verkauft haben. Sie werden sofort nachgeordert und schnellstens nachgeliefert, damit das sogenannte Out-of-Stock-Problem und das gefürchtete Verkäuferbekenntnis »Haben wir nicht mehr« möglichst selten auftaucht. »Bei Karstadt war es ja unmöglich, auf der Suche nach einer konkreten Zahl schnell auf den Boden des Ozeans herunterzukommen. Man blieb immer irgendwo stecken«, sagt ein langjähriger Karstadt-Verantwortlicher.

Zara, Esprit, S. Oliver oder H&M waren mit ihren Shop-Systemen einfach schneller und näher am jungen Kunden als Karstadt. Ihre Trendscouts hatten aus der großen Mode, der aktuellen Musik, aus dem Fernsehen oder dem Sport einfach besser herauskristallisiert, was die Kundschaft künftig tragen möchte. Und ihre Marken hatten einfach einen besseren Klang und waren angesagter als Karstadt-Eigenmarken wie »Yorn« oder »She«. Die Frage: »Warum soll ich zum Textileinkauf zu Karstadt gehen?«, konnten in der Ära von Wolfgang Urban wie später unter Thomas Middelhoff immer weniger Kunden beantworten, vor allem nicht die konsumfreudigen jungen Verbraucher. Sie besuchten lieber den Zara-, Esprit- oder H&M-Shop nebenan.

Diese bereits seit Jahren laufende Abwanderungsbewegung konnte Urban nicht stoppen. Vielleicht war sie auch gar nicht zu stoppen, weil sich schlicht die Einkaufsbedürfnisse der Kunden veränderten. Urban reagierte auf die konstanten Umsatzverluste der Warenhäuser – des Kerngeschäftes des Konzerns – nicht konsequent mit einer grundlegenden Überarbeitung des Geschäftsmodells »Alles unter einem Dach«. Immerhin wurden einige Produktgruppen – etwa Autozubehör – aus den Regalen genommen, um Platz für renditeträchtigere Sortimente zu schaffen. Daneben verstärkte Urban die Fremdvermietung an Marken wie Esprit oder Falke. Das mag in Einzelfällen eine gute Idee sein, um Topmarken ins Haus zu bekommen, die dann neue Käuferschaften anlocken. In großem Ausmaß – und Urban plante eine deutliche Ausweitung der Flächenvermietung – hat dieses Konzept etwas von der Kapitulation des Händlers, der seine Flächen nicht vernünftig betreiben kann und stattdessen lieber zum Vermieter wird.

Besonders gegen Ende seiner Amtszeit fuhr Urban deutlich mehr Rabattaktionen, als sich das Unternehmen leisten konnte. Damit wurde zwar der Umsatzabsturz einigermaßen aufgefangen, die ohnehin schon spärliche Rendite jedoch schrumpfte mit den Preissenkungen noch weiter. Um einen Teil des verlorenen Geldes wieder hereinzuholen, forderte Urban wie schon erwähnt seine Lieferanten ultimativ auf, die Rechnungforderungen an KarstadtQuelle um einen einheitlichen Prozentsatz zu kürzen. Andernfalls würden die Waren der unwilligen Zulieferer aus den Regalen fliegen. Die meisten Hersteller ignorierten Urbans Bettelbriefe. Diese machten aber endgültig klar, dass der Konzern in großen wirtschaftlichen Schwierigkeiten steckte. Viele von Urbans Aktionen entlasteten zwar kurzfristig die Bilanz, machten die Häuser allerdings nicht bedienungsfreundlicher, attraktiver oder gewinnträchtiger. Auch die Marke Karstadt wurde dadurch nicht gestärkt. »Ich hatte den Eindruck«, sagt Ver.di-Vize Margret Mönig-Raane, »Urban suchte verzweifelt nach einer Strategie, die trägt. Aber er ist damit gescheitert.«

Ebenso verhielt es sich mit seinen Zukäufen. Voller Energie stürzte er sich auf Akquisitionen von Randgeschäften, die jedoch alle in die Kategorie »Nice to have« fielen. Die Millionen, die er für SinnLeffers, das DSF oder die Fitnessstudios ausgab, standen für die dringende Überholung des Warenhausparks somit nicht mehr zur Verfügung. Hinzu kam, dass – wie so oft in der Geschichte des Unternehmens – die jeweiligen Chefs zwar gute Ideen hatten und zu deren Umsetzung auch kluge erste Schritte machten. Dann jedoch ließ das Management stets den zweiten Schritt vermissen: die Integrations- und Motivationsarbeit. Das war schon das Problem bei Deuss gewesen. Die Scheu vor der Mühsal der Ebene der kleinteiligen Integrationsarbeit – von der Überzeugung der Mitarbeiter über die Verschmelzung der Systeme bis zur Kontrolle der Ergebnisse – zieht sich wie ein roter Faden durch die Firmengeschichte, als stecke diese Schwäche irgendwie in den Mauern des Chefbüros in Essen. Der Deal an sich, die Übernahme einer neuen Kette oder eine Beteiligung, wurde bereits als Lösung angesehen, ohne dass die eigentliche Bewältigung der Probleme angegangen wurde.

Dafür, dass man auf halbem Wege stehen blieb, gab es zwischen 2000 und 2004 zahlreiche Beispiele. Drei seien hier erläutert:

Das Beispiel SinnLeffers: Die Textilkette sollte im Markt oberhalb von Karstadt platziert werden, während als Einstiegsmarke Wehmeyer diente. Mit dieser Drei-Marken-Strategie hätte der Konzern den Massenmarkt für Mode gut abgedeckt. Doch der Führung von SinnLeffers wurde durch den Anschluss an die Konzernsysteme so viel Freiheit etwa beim Einkauf genommen, dass sie sich von Karstadt gar nicht ausreichend nach oben absetzen konnte. Karstadt und SinnLeffers waren sich in den Augen vieler Kunden zu ähnlich. Wer Gehobenes wollte, ging etwa zum Konkurrenten Peek & Cloppenburg. Wie in anderen Fällen blieb der Plan im Anfangsstadium stecken, wurden Profilierungs- und Marktchancen nicht genutzt. Das für den Kauf der Kette investierte Geld konnte so niemals wieder hereingeholt werden.

Überhaupt war SinnLeffers/KarstadtQuelle eine merkwürdig unentschlossene Konstruktion aus Zentralisierung und Dezentralisierung. Während die Kette über Karstadt einkaufen musste, blieb die SinnLeffers-Zentrale in Hagen bestehen. Das verursachte Kosten und machte die Steuerung komplizierter, weil die Hagener gerne gegen die Essener Schwester arbeiteten. Beide Konstruktionen können durchaus Sinn machen: sowohl die komplette Integration und Steuerung über die Konzernzentrale als auch die weitgehende Eigenständigkeit unter dem gemeinsamen Konzerndach. Aber eine Zwitterlösung wie bei SinnLeffers ist nicht erfolgversprechend. Urban konnte sich offenbar nicht zwischen kurzer und langer Leine entscheiden. Oder hatte er sich beim Kauf verpflichtet, die SinnLeffers-Verwaltung nicht zu schließen?

Denn der Verkäufer war KarstadtQuelles klamme Hauptaktionärin Schickedanz. Urbans Übernahme von SinnLeffers haftete damit ohnehin der Makel eines Gefälligkeitskaufes an. Später ächzte die Kette unter hohen Mieten. Zu den Vermietern gehörten auch Firmen aus dem Schickedanz-Umfeld.

Das Beispiel Starbucks: Urban übernahm 85 Prozent der gerade gegründeten deutschen Tochter der US-Kaffeehauskette. Die Starbucks-Cafés in den Erdgeschossen der Karstadt-Häuser sollten vor allem jüngere Kunden in die Warenhäuser locken. Doch das Konzept ging nicht auf: Die Karstadt-Kunden wollten nicht für 3,50 Euro oder mehr einen Becher Kaffee neben der Strumpfabteilung kaufen. Urban aber hatte mit seinem Kaffee-Deal viele Quadratmeter der wertvollsten und umsatzstärksten Warenhausfläche an Starbucks vergeben, auf der er nun selbst keinen Handel mehr treiben konnte. Stattdessen kassierte er lediglich die Miete, die weit geringer war als der auf der attraktiven Erdgeschossfläche zu erzielende Umsatz und Gewinn aus eigenem Geschäft. Zahlreiche Starbucks-Filialen eröffneten zudem außerhalb der Warenhäuser, konnten folglich keinen einzigen zusätzlichen Kunden zu Karstadt locken. Stattdessen hatte die Warenhauskette über Jahre 85 Prozent der Anlaufverluste zu tragen. In der Konzernkrise 2005 nahm schließlich die amerikanische Starbucks-Mutter die lange von Karstadt gepäppelte Deutschland-Tochter dankend in ihre Arme.

Das Beispiel Fernsehen: Karstadt war zu 10 Prozent am Verkaufssender HSE 24 beteiligt und übernahm 2003 die Hälfte am Sportsender DSF. Als Deutschlands größter Textil- und Sportartikelhändler konnte es Sinn machen, sich über das Fernsehen einen weiteren Vertriebskanal zu sichern. Doch Karstadt-Quelle nutzte weder die Sendezeiten von HSE noch die von DSF, um im Wohnzimmer der Konsumenten präsent zu sein. Die Konzernmarken tauchten im Programm praktisch nicht auf. Wieder einmal fehlte der zweite Schritt in der Strategie; das für den Erwerb der Anteile eingesetzte Geld kam aus dem Geschäft nicht zurück. Beim Notverkauf des DSF an EM.TV 2005 erlöste Karstadt-Quelle aber immerhin fast 20 Millionen Euro, deutlich mehr, als es beim Erwerb 2003 ausgegeben hatte.

Wolfgang Urban war ein Mann des stationären Handels. Deshalb ist es nicht verwunderlich, dass er in den Sparten Versandhandel und Touristik keine tiefen Spuren hinterlassen hat. Bei der Reisetochter Thomas Cook hatte er einfach das Pech, dass in seiner Amtszeit das Geschäft mit den Flugreisen weltweit wiederholt Rückschläge hinnehmen musste. Ereignisse wie die Terroranschläge vom 11. September 2001 in den USA, der anschließende Irakkrieg oder die Lungenkrankheit SARS ließen die Buchungszahlen immer wieder zurückgehen, viele Plätze in den Condor-Fliegern und Betten in den Vertragshotels blieben leer. Zudem litt Thomas Cook schon immer darunter, dass die beiden Eigentümer zum Teil unterschiedliche Interessen hatten: Während die Lufthansa vor allem die Sitzplätze bei der Cook-Airline Condor verkaufen wollte, ging es KarstadtQuelle in erster Linie um den Absatz von Pauschalreisen, also Buchungen inklusive Hotel. Dieser Interessengegensatz konnte erst überwunden werden, als KarstadtQuelle viele Jahre später den Anteil der Lufthansa übernahm.

Im Versand hatte Urban mit der Erblast der verkorksten Fusion von Quelle und Neckermann zu kämpfen. Noch immer verstanden sich weder die Computersysteme noch die Manager der beiden Versender. Noch immer trafen sie sich, wenn es sich denn nicht vermeiden ließ, am liebsten auf »neutralem Gebiet«, also weder bei Quelle in Fürth oder Nürnberg noch bei Neckermann in Frankfurt. Die Idee, beide Marken vom selben Vorstand leiten zu lassen, führte auch zu keiner stärkeren Profilierung. »Wie soll ein Manager denn vormittags in Quelle-Kategorien denken und nachmittags in denen von Neckermann?«, fragten sich Beobachter, auch innerhalb des Unternehmens. »Die beiden Marken sollten gegeneinander kämpfen, man hatte ihnen aber die Füße zusammengebunden. Die strategische Konsequenz fehlte«, sagt ein späterer Versandmanager des Konzerns. Urban konnte weder die alten Konstruktionsfehler ausbügeln noch für profitables Wachstum sorgen.

Quelle hatte zum Beispiel im Jubiläumsjahr 2002 mit zahllosen Sonderaktionen den Umsatz auf rund 4 Milliarden Euro hochgeschraubt – auf Kosten der Rentabilität. Damit hatte sich der Versender unter seinem Chef Christoph Achenbach – mit dem Wohlwollen Urbans – selbst die Preise kaputt gemacht und sich den Schnäppchenjägern als williges Opfer dargeboten. Von nun an ging's bergab. Doch der Umsatzschub, der den Sonderaktionen geschuldet war, vernebelte den Blick auf die Hauptprobleme des Universalversenders: Die Marke wirkte angestaubt. Im beginnenden Internet-Zeitalter war Quelle mit dem 1000-Seiten-Katalog nicht mehr flexibel genug. Wegen der im Katalog für das nächste halbe Jahr ausgedruckten Preise konnte das Unternehmen auf Preissenkungen am Markt nicht oder nur mit einem neuen Spezialkatalog reagieren.

Während die kleinen Spezialversender (Hess Natur, Madeleine, Peter Hein) gute Geschäfte machten, war der Universalversand in Deutschland mit Quelle und Neckermann ein Fass ohne Boden. Zwischen 2004 und 2009 investierte der Konzern rund 1,5 Milliarden Euro zu deren Rettung – letztlich ohne Erfolg. Ende 2009 wurde Quelle Deutschland abgewickelt. Die Mehrheit an Neckermann war schon vorher verschenkt worden.

Schlaglicht: **Die Karstadt-Immobilien und der Anlageberater Josef Esch**

Die Immobilien waren auch unter Urban die Lebensversicherung und die Sparkasse von KarstadtQuelle. Mit ihren Milliardenwerten wurden gerne mal Schwächen im operativen Geschäft kaschiert. Wie viele Milliarden die Gebäude wirklich wert waren – darüber wurde immer wieder trefflich gestritten. Die vorsichtigen Rechner taxierten die Sammlung aus Warenhäusern, Lager- und Versandzentren sowie Verwaltungsgebäuden auf 2 Milliarden Euro, die Offensiveren wagten sich bis in die Regionen von 5 Milliarden Euro. Es fehlte einfach an Vergleichsmöglichkeiten, denn solche Riesenpakete werden nur selten verkauft.

So beruhigend die Milliarden in Stein für den Konzern auch waren: Der Zustand vieler dieser Wirtschaftswunderbauten oder jener Gebäude, die den Krieg halbwegs überstanden hatten, ließ zu wünschen übrig. Die neu aus dem Boden gestampften Einkaufszentren der Konkurrenz machten da einen viel besseren Eindruck. Eine Zahl aus einer späteren Phase mag einen Eindruck vom Zustand der Immobilien geben: Wären die 75 Häuser, die Karstadt 2005 an die spätere Hertie-Kette verkaufte, geschlossen und später neu eröffnet worden, hätten die Betreiber nach dem Gutachten eines anerkannten Immobilienmaklers rund 25 Millionen Euro investieren müssen, allein um die Sicherheitsvorrichtungen auf den aktuellen Stand der Technik zu bringen. Nur dann hätten die Behörden für die Gebäude eine neue Betriebserlaubnis erteilt. Elektrische Leitungen, Aufzüge, Brandschutz oder Treppenhäuser waren im Laufe der Jahre und Jahrzehnte vernachlässigt worden. Nur weil die Hertie-Häuser »Altfälle« waren, kamen die Eigentümer um diese Investition, die die Läden kein bisschen schicker gemacht hätten, herum. Eine vergleichbare Untersuchung über Karstadt-Häuser ist nicht bekannt. Es ist aber nicht anzunehmen, dass hier ein geringerer Investitionsstau bestand.

Urban wusste im Jahr 2001 um diese Problematik. Er kannte aber auch den Kassenstand seines Unternehmens, und der ließ solche Investitionen, die den Umsatz nicht steigerten, nicht zu. Urbans privater Anlageberater Josef Esch, ein Experte gleichermaßen im Bauen wie im Entwickeln und Finanzieren von Gewerbeimmobilien sowie in steuersparenden Geldanlagen, sollte den Ausweg aus dem Dilemma weisen. Die beiden kannten sich gut und duzten sich. Die Villa in Hürth bei Köln, in der Urban wohnte, war auch ein Esch-Projekt.

Und so sah der Plan aus: Esch legt mit der Kölner Bank Sal. Oppenheim, mit der er seit Ende der achtziger Jahre zusammenarbeitete, Immobilienfonds auf, in denen sich jeweils eine Karstadt-Immobilie befindet. Der Fonds kauft das heruntergekommene Gebäude, Esch renoviert es nach den Wünschen Karstadts oder baut gleich neu und vermietet es anschließend an den Konzern zurück. So bekommt das Unternehmen neue Konsumtempel mit allem Schnick und Schnack, ohne die dreistelligen Summen für den Bau aufbringen zu müssen. Die Investoren, die ihre Millionen in die Fonds einzahlen und letztlich das Geschäft finanzieren, bekommen nach Abzug der nicht umlagefähigen Nebenkosten und der Instandhaltungsrücklage rund 87,5 Prozent der Miete als Ausschüttung – und sparen jede Menge Steuern. Denn sie leihen sich den Großteil – meist 75 Prozent – ihrer Investitionen bei der Bank und können die Zinszahlungen beim Fiskus absetzen. Einige Investoren finanzieren gleich 100 Prozent ihres Einsatzes. Und Esch kassiert für seine Dienste ebenfalls Millionen. Fünf dieser Karstadt-Fonds legte Esch zwischen 2001 und 2003 auf, später sollten möglicherweise weitere folgen. Die Produkte mit Karstadt-Projekten in Potsdam, Leipzig, Karlsruhe, München und Wiesbaden waren schnell verkauft. Ähnliche Bauherrenfonds hatte Esch auch für die Kölner Messehallen, die Köln Arena und andere Großimmobilien aufgelegt. Zur Kundschaft gehörten reiche Familien wie die Schuhhändler-Dynastie Deichmann, Quelle-Erbin Madeleine Schickedanz und viele andere.

In die Karstadt-Fonds hatten auch die Eigentümer der am Geschäft beteiligten über 200 Jahre alten Kölner Privatbank Sal. Oppenheim investiert und ebenso Thomas Middelhoff. Er suchte eine konservative Anlagemöglichkeit für seinen Millionenbonus, den er von Bertelsmann für das gelungene Geschäft mit dem Internetunternehmen AOL bekommen hatte, und für die Millionenabfindung, die er kurz darauf nach dem Rausschmiss aus dem Gütersloher Familienunternehmen kassiert hatte. Er und seine Frau liehen sich bei der Bank Sal. Oppenheim 107 Millionen Euro und investierten sie größtenteils in die Oppenheim-Esch-Fonds, die ohne die Unterstützung von Wolfgang Urban niemals zustande gekommen wären.

Und genau das wurde zum Problem, als jener Investor Middelhoff 2004 zunächst Aufsichtratschef und später Vorstandschef bei KarstadtQuelle wurde. Zwar gab er sein Investment in die Karstadt-Immobilien sofort ordnungsgemäß zu Protokoll, doch riss die Kritik an seinem Doppelengagement nie mehr ab: Denn jetzt war Middelhoff einer der Eigentümer von Warenhäusern jenes

Unternehmens, bei dem er nacheinander die beiden wichtigsten Posten bekleidete. Man kann es auch schlichter ausdrücken: Er war praktisch Mieter und Vermieter in einem, was selbstverständlich den Verdacht einer Interessenkollision provozierte. Middelhoff weigert sich, die Fonds abzugeben. In diesem Fall entstünden ihm hohe steuerliche Schäden, erklärte er.

Doch der Skandal blieb. Zumal die Oppenheim-Esch-Fonds Karstadt auffallend hohe Mieten abverlangten. Wurde die Warenhauskette von den Fonds finanziell ausgequetscht? 788 Millionen Euro musste Karstadt laut Verträgen insgesamt an die Fonds zahlen. Eine Gleitklausel, nach der die Miethöhe auch vom Umsatz in den Geschäften abhängt – im Handel durchaus verbreitet –, gab es zunächst nicht. Laut Oppenheim-Esch hätte es schließlich auch in den Annuitätendarlehen, die die Investoren zu bedienen hatten, keine entsprechende Umsatz-Gleitklausel gegeben. Wegen der eher verhaltenen Geschäfte hätte Karstadt eine solche Regelung aber gut gebrauchen können. Doch da die Miete unveränderlich war, musste Karstadt in einigen Oppenheim-Esch-Häusern mehr als 20 Prozent des Umsatzes an den Eigentümer zahlen. 6 bis 8 Prozent sind im Einzelhandel durchaus üblich. Spätestens bei 10 Prozent aber beginnt nach Expertenmeinung die sogenannte »Todeszone«, die ein Warenhaus nicht mehr erwirtschaften kann. Weitere Fragen tauchten auf, weil Karstadt die alten Immobilien an die Fonds zum Teil zu auffallend günstigen Konditionen abgegeben hat. Mindestens ein Vorstoß in der Nach-Urban-Ära im Jahr 2005 ist gesichert, bei dem die Konzernführung versuchte, im Gespräch mit den Esch-Vermietern die Belastungen zu reduzieren – ohne Erfolg. Daraufhin musste das Unternehmen eine Rücklage von rund 125 Millionen Euro bilden, aus der dann monatlich Zuschüsse für die Oppenheim-Esch-Mieten überwiesen wurden. Erst nach der Insolvenz 2009 erklärte sich Oppenheim-Esch nach eigenen Angaben bereit, sich in den verbliebenen vier Karstadt-Projekten mit 65 bis 80 Prozent der vereinbarten Miete zufriedenzugeben. Das Haus in Wiesbaden wurde inzwischen nicht mehr von der Warenhauskette genutzt.

Nicht auszudenken, welche Belastungen auf das Unternehmen zugekommen wären, wenn Esch und Urban das Immobiliengeschäft deutlich ausgeweitet hätten. Urban hätte das jeweilige Objekt vorgeschlagen, die Entscheidung jedoch hätte bei Esch gelegen. Doch wegen des hohen Investitionsvolumens, das dafür nötig gewesen wäre, bestand Esch auf einem Rahmenvertrag. Darin wollte Esch unter anderem die persönliche Bindung der Vereinbarung an Wolfgang Urban als Vorstandsvorsitzender von KarstadtQuelle festhalten: ohne Urban auf dem Chefsessel keine Immobiliengeschäfte mit Esch mehr. Man brauche schließlich ein Vertrauensverhältnis unter Männern, und das habe nun mal zwischen »dem Josef« und »dem Wolfgang« bestanden, hieß es. Einleuchten will das nicht, schließlich werden auch andere Milliardengeschäfte zwischen Firmen ohne jede Bindung an bestimmte Personen abgeschlossen. Der Rahmenvertrag für weitere Geschäfte sollte nie zustande kommen. Es war nicht der einzige ungewöhnliche Deal unter Beteiligung der beiden, der letztlich nie besiegelt wurde. 2002 arbeiteten Josef Esch, Sal. Oppenheim-Mann Matthias Graf Krockow, Schickedanz-Gatte Leo Herl und Wolfgang Urban an einem Papier, mit dem sich die vier eine deutlich stärkere Einflussnahme auf KarstadtQuelle verschaffen wollten. Dabei ging es nicht nur um Immobilien-Geschäfte, sondern auch darum, über mehrere kleine Gesellschaften Aktienanteile zu erwerben. Was genau – außer dem Ziel, viel Geld zu machen – die vier dazu bewegte, bleibt unklar. Der Vertrag kam auch nie zustande: Erst zog sich Wolfgang Urban zurück. Und schließlich unterschrieben auch die übrigen Beteiligten das rätselhafte Papier nicht. Dass die Folgen des Vertrages zum Wohle von KarstadtQuelle ausgefallen wären, war jedenfalls nicht zu erwarten.[3]

Als beide Seiten noch auf den Rahmenvertrag hofften, passierte etwas Überraschendes, das bis heute Rätsel aufgibt: Esch überwies im Jahr 2002 rund 25 Millionen Euro an KarstadtQuelle, die auch in der Bilanz als Ertrag verbucht sind. Warum? Als Investition in zukünftige Geschäfte? Die genauen Hintergründe sind bis heute nicht geklärt. Angeblich habe Urban das Geld gebraucht, um irgendwo in der Bilanz ein Loch zu stopfen, und Esch sei, um seinem Geschäftsfreund zu helfen, »ins Obligo« gegangen. Diese geheimnisvolle Überweisung wird später ein wichtiger Punkt in der Argumentationskette derer werden, die Thomas Middelhoff vorwerfen, er habe 2004 im Zusammenhang mit den hohen Mieten nur deshalb nicht gegen Urban und Esch geklagt, weil er seinen persönlichen Finanzberater schützen wollte; die Aussichtslosigkeit juristischen Vorgehens sei lediglich vorgetäuscht. Denn wenn die Zahlung eine Art Vorschuss als Teil einer Vereinbarung gewesen wäre, stünden die Erfolgsaussichten für eine Klage gegen Esch nach Ansicht von Juristen gar nicht so schlecht. Dann hätte Middelhoff klagen müssen. Die Frage,

---

3 ARD, »Die Story: Karstadt – Der Ausverkauf«, 24.02.2010.

warum er letztlich nicht klagte, bildet einen der zentralen Streitpunkte der gesamten Arcandor-Krise.

Die Sache ist juristisch kompliziert: Ausgangspunkte sind die Mietverträge, die Urban mit Oppenheim-Esch abgeschlossen hat. Die hohen Mieten hatten zur Folge, dass KarstadtQuelle eine Rückstellung von 125 Millionen Euro zur Absicherung dieser Forderungen bilden musste.

KarstadtQuelles Wirtschaftsprüfungsgesellschaft BDO hatte im Zusammenhang mit der Abschlussprüfung für das Jahr 2004 auf die Problematik aufmerksam gemacht. Nach einem Rechtsgutachten des Frankfurter Professors Hans-Joachim Mertens, das Middelhoff als Aufsichtsratsvorsitzender daraufhin in Auftrag gab, habe Urban diese Mietverträge, so der frühere Konzern-Chefjurist Detlev Haselmann, nicht ordnungsgemäß durch den Vorstand und den Aufsichtsrat gebracht. Damit hätte Urban eine vorsätzliche Pflichtverletzung begangen, wegen der der Konzern seinen früheren Chef auf Schadenersatz hätte verklagen müssen – etwa auf die Rückzahlung der durch die »Pflichtverletzung« erfolgten Rückstellung. Die üblichen Versicherungen von Vorständen wären in diesem Fall nicht eingesprungen.

Ein Urteil des Bundesgerichtshofes (Arag/Garmenbeck)[4] besagt, dass der Aufsichtsrat in einem solchen Fall Schadenersatzansprüche »grundsätzlich zu verfolgen« hat. Davon dürfe er nur abweichen, »wenn gewichtige Gründe des Gesellschaftswohls dagegen sprechen und diese Umstände die Gründe, die für eine Rechtsverfolgung sprechen, überwiegen oder zumindest gleichwertig sind«.

In diesem Fall hätte das zutreffen können, etwa wenn der Klageschaden hätte größer werden können als die 125 Millionen Euro der Rückstellung. Nach Ansicht der damals Verantwortlichen um Middelhoff drohte diese Problematik, falls das Unternehmen Urban verklagt hätte. Die öffentliche Schlammschlacht nämlich hätte dem Unternehmen schwer schaden können, das sich 2005 wieder einmal in wichtigen Kreditverhandlungen befand. Geldgeber hätten durch den Rechtsstreit verunsichert werden und die Kredite verweigern können, auf die der Konzern keinesfalls verzichten könnte. Deshalb sah der Aufsichtsrat unter Middelhoff davon ab, gegen den früheren Vorstandschef Urban auf Schadenersatzzahlungen zu klagen.

Auch gegen Esch zog man nicht vor Gericht. Denn in diesem Fall hätte kei-

---

4 BGH 21.04.1997, II ZR 175/95.

nerlei Chance bestanden, einen Anspruch wegen der diskutierten Kompensationsleistungen erfolgreich durchzusetzen, sagt Haselmann. Es hätte im Gegenteil eher die Gefahr gegeben, dass im Fall einer Klage gegen Esch Aktionäre nun wieder gegen Middelhoff geklagt hätten, weil er Vermögen des Konzerns ohne Aussicht auf Erfolg verschleudere. Nur wenn Esch nachzuweisen gewesen wäre, dass er sich dem Konzern zu irgendwelchen Zahlungen, Geschäften oder Ähnlichem rechtswirksam verpflichtet hätte, hätte man genau das einklagen können. Doch gerichtsfeste Hinweise auf ein solches Kompensationsgeschäft habe es nicht gegeben. Zwar existierten laut Haselmann sogenannte »Eckpunktepapiere«, die als Hinweis auf irgendeine Art von Kompensationsgeschäft hätten gedeutet werden können – doch waren sie nicht unterschrieben, was sie juristisch wertlos gemacht habe. »Darüber hinaus war diese Eckpunktevereinbarung in den die Esch-Gruppe verpflichtenden Passagen so allgemein gehalten, dass ein klagbarer Anspruch nicht gegeben war. Dies hat Herr Prof. Dr. Hans-Joachim Mertens in seinem Gutachten ebenfalls so festgestellt«, meint Haselmann und fährt fort: »Ich habe Ostern 2005 alle entsprechenden Unterlagen durchgearbeitet. Ich habe gerade zwei Papiere gefunden: ein dreizeiliges Schreiben von Esch über diese Immobiliengeschäfte, das man aber kaum als Absichtserklärung werten kann, und einen Vertragsentwurf über weitere Immobiliengeschäfte zwischen Oppenheim-Esch und KarstadtQuelle. Der aber trägt keine Unterschriften.« Denn aus dem Rahmenabkommen war nie ein Vertrag geworden. Die Unterlagen wie auch die 25-Millionen-Zahlung von 2002 schienen den Verantwortlichen juristisch nicht schwerwiegend genug, um darauf eine Klage gegen Esch aufzubauen.

Haselmann indes räumt ein: »Ansprüche gegen Esch sind explizit nicht geprüft worden. Aus dem einfachen Grund, dass es auch nach den Mertens-Gutachten keine Anhaltspunkte dafür gab, die man genauer hätte überprüfen können.«

Mehrfach wurde auch der Aufsichtsratsbeschluss, Urban nicht zu verklagen, in den Folgejahren überprüft und bestätigt, bis die Sache verjährt war.

Bleibt als weiterer Streitpunkt der Umfang der Mietzahlungen. Bei Esch bestreitet man, dass es sich bei den Fonds-Objekten um auffallend hohe Mieten handelte. Die Miethöhe sei schließlich »eine Funktion des getriebenen Gesamtaufwandes« und habe auch weitere Posten wie die Inventarbeschaffung beinhaltet. »Letztlich aber haben wir Karstadt genau das gebaut und geliefert, was die Verantwortlichen bestellt haben«, erklärt Esch-Geschäftsführer

Lothar Ruschmeier, der frühere Kölner Oberstadtdirektor. Erklärt das, warum es im Leizpziger Karstadt-Haus Säulen aus echtem Marmor gibt?

Teilweise sei es in der Bauphase zu Umplanungen oder gar Konzeptänderungen durch das Unternehmen gekommen, was Mehrkosten verursacht und die Miethöhe beeinflusst habe.

Als die Esch-Planer etwa in das Pilotprojekt Potsdam einstiegen, sei ihnen aufgefallen, dass die vorhandene Planung die vorgeschriebenen Abstandsflächen zum Nachbargrundstück unterschritten hätte. Folglich hätte das Nachbargrundstück auch noch erworben werden müssen, was die Miete erhöht habe.

Urban wollte sich bis zum Abschluss der Arbeit an diesem Buch zu den Umständen der Mietverträge mit Oppenheim-Esch nicht äußern.

Mai 2004

Wenige Tage nach der glimpflich überstandenen Hauptversammlung klingelt eines von Urbans Handys. Der Vorstandschef puttet gerade auf dem Golfplatz. Aufsichtsratschef Hans Meinhardt meldet sich und bittet Urban in dürren, sehr sachlichen Worten für den folgenden Tag in sein Büro. Urban weiß, was das bedeutet: das Ende seiner Karriere bei KarstadtQuelle. Kurz darauf gibt das Unternehmen in einer Pressemitteilung die Trennung von Wolfgang Urban bekannt, verbunden mit dem in solchen Fällen üblichen Dank für die geleistete Arbeit. Offiziell hat Urban den Aufsichtsrat gebeten, ihn »aus gesundheitlichen Gründen von seinen Aufgaben zu entbinden« – und diesem Wunsch folgte das Kontrollgremium. Noch heute lässt Urban verbreiten, er sei nicht gefeuert worden, sondern habe sein Amt wegen der Folgen der Stressbelastung niedergelegt. Bleibt die Frage, warum er später für die Restlaufzeit seines Vertrages noch Millionen bekommen hat, wenn er denn von sich aus gekündigt hat.

Sein Nachfolger wird tatsächlich der bisherige Versandchef Christoph Achenbach. Für die Börse ist die Demission Urbans – wie schon der Abgang seines Vorgängers Deuss vier Jahre zuvor – eine gute Nachricht, die den Investoren wieder Hoffnung auf eine ernsthafte Sanierung gibt:

Der Aktienkurs steigt um bis zu 5 Prozent. Das ist die Höchststrafe für einen Manager: Erst verliert er seinen Job, und dann jubeln auch noch die Investoren und Analysten, mit denen er jahrelang zusammengearbeitet hat. Auch Middelhoffs Einstieg in den Aufsichtsrat wird begrüßt.

Achenbach scheint vielen Außenstehenden mangels Alternativen als der einzig mögliche Nachfolger, auch wenn über seine Erfolge bis dahin wenig bekannt geworden ist und er oft blass wirkt. Für das Büro von Schickedanz hat er mal gearbeitet. Der Erfolg soll überschaubar gewesen sein. Dennoch wechselte er zur Quelle, kam 1997 in den Vorstand und wurde 2001 Vorstandschef in Fürth. Viele Beobachter meinen, er wäre froh gewesen, wenn er das geblieben wäre. »Er machte sich mehr Gedanken darüber, wo und wie ein Problem auf der Tagesordnung einer Sitzung platziert werden soll, als um die Lösung des Problems«, sagt jemand, der ihn in Sitzungen erlebt hat. Achenbach ist kein Mann der Entscheidung, keiner, der mit der Faust auf den Tisch schlägt. Er gilt eher als Verwalter denn als Visionär – doch gerade einen durchsetzungsstarken Vordenker braucht der Konzern jetzt. Die Tür zu Achenbachs Chefzimmer ist meist geschlossen. Er ist kein Kommunikator, keiner, der Mitarbeitermassen motivieren kann. Gefühlsregungen lässt er sich selten anmerken, auf Fotos wirkt er verschlossen und steif. Nein, die großen, hell erleuchteten Bühnen in Essen und in den Finanzmetropolen London oder New York, auf denen er jetzt plötzlich auftreten muss – das ist nichts für Achenbach. »Er füllte diesen Posten nicht aus«, erinnert sich ein Verhandlungspartner aus der Finanzwelt. Ob er den Topjob in Essen hätte ablehnen können? Er hat es nicht getan.

»Es war Aufsichtsratschef Hans Meinhardt, der Achenbach als neuen Chef installiert hat«, versichert Thomas Middelhoff.

Dass Eigentümerschaft und Mitarbeitervertreter – trotz anders lautender öffentlicher Erklärungen – nicht voll hinter der neuen Nummer eins des Konzerns stehen, manifestiert sich im bald folgenden Vertragsstreit: Achenbach will vom Aufsichtsrat einen neuen, besser dotierten und fünf Jahre laufenden Vertrag als Vorstandsvorsitzender. Nach der Erfahrung mit Urban, der das Unternehmen gerade mit einem neuen Fünf-Jahres-Vertrag und Millionenansprüchen verlassen hat, lehnt das Aufsichtsgremium jedoch entrüstet ab. Achenbach muss weiterhin auf der Basis seines noch bis 2006 laufenden Vertrages als Chef der Versandsparte arbeiten, obwohl er jetzt den Gesamtkonzern leitet. Ist Achenbach von Anfang an nur ein Übergangskandidat für die Zeit, bis Middelhoff einen besseren gefunden hat?

Juni 2004

Mit dem Wechsel im Chefbüro ist die Zeit der Schönfärberei im Konzern erst einmal vorbei: KarstadtQuelle steckt in der Krise, das ist jetzt offenkundig, niemand bestreitet es mehr. Um aus der Misere wieder herauszukommen, dürften grundlegende Veränderungen im Konzern bevorstehen. Schon der Codename, unter dem Management und Berater gerade durchrechnen, mit viel vielen – oder besser: wie wenigen – Mitarbeitern man die Warenhäuser betreiben kann, lässt Übles befürchten: »Zero Base«. Gerüchte über die Streichung von 4000 Stellen und die Schließung von Warenhäusern, gar über den bevorstehenden Komplettausstieg des Konzerns aus dem Warenhaussegment machen die Runde. Die Dienstleistungsgewerkschaft Ver.di wirft der Konzernleitung Managementfehler vor: Vor lauter Kostendenken wären Investitionen in die Beratungsqualität versäumt worden. Und in den Rabattschlachten hätte man die möglichen Gewinne verbrannt. Da haben die Ver.di-Leute Recht. Doch die Gewerkschaft ist seit Jahren im Aufsichtsrat vertreten, und nach außen ist sie nicht als Speerspitze gegen diese »Managementfehler« aufgefallen. Viele Entscheidungen haben die Arbeitnehmervertreter mitgetragen oder zumindest nicht zu verhindern versucht. Auf Betriebsversammlungen aber reden Betriebsräte und Gewerkschaftsvertreter jetzt mit den Mitarbeitern über das, was kommen könnte. Zahlreiche Warenhäuser bleiben während der Versammlungen stundenlang geschlossen. Die Konzernleitung versucht zu beruhigen und dementiert einen Ausstieg aus dem Warenhausgeschäft. Ein Sprecher sagt, man denke lediglich über Einsparungen beim Urlaubsgeld nach.

Von jetzt an gibt es zahllose Spekulationen, fast jeden Tag eine neue. Als das *Manager Magazin* schreibt, irgendwelche deutschen Investoren wollten noch im laufenden Jahr mit 25 Prozent bei KarstadtQuelle einsteigen, schießt der Aktienkurs um 7 Prozent in die Höhe. Die Details des angeblichen Konzeptes klingen plausibel: Die Investoren planten, die Anteile der Allianz (10,5 Prozent) und der Familie Riedel (12,2 Prozent) zu übernehmen. Beide gelten tatsächlich als verkaufswillig. Man hört später nie wieder etwas von diesem Plan. Immer wieder kommen in den kommenden Jahren solche Mutmaßungen auf den Markt. Oft werden sie bewusst von Spekulanten oder Investoren gestreut, die versuchen, den Kurs zu treiben oder zu drücken – je nachdem, ob sie Aktien beziehungsweise Firmenteile kaufen oder verkaufen wollen. Thomas Middelhoff sagt im September in einem Interview mit dem *Spiegel*, jetzt gehe es für das Unternehmen »ums Überleben«[5]. Sofort wird er verdächtigt, den Kurs herunterreden zu wollen, damit seine Auftraggeberin Madeleine Schickedanz Aktien billiger nachkaufen könne. Die kauft tatsächlich und stockt ihren Anteil am Unternehmen deutlich auf. Aber war das wirklich das Ziel des Interviews? Die Gefahr einer Insolvenz ist nicht auszuschließen, schließlich ist das Eigenkapital fast aufgebraucht.

Doch Gerüchte bewegen nun mal Kurse: Und mit Schwankungen von ein paar Prozentpunkten lassen sich innerhalb kurzer Zeit Millionen verdienen – wenn man denn weiß, dass bald eine kursbewegende Äußerung in den Medien verbreitet wird. Und weil bei KarstadtQuelle – ebenso wie später bei Arcandor – bald nahezu jeder Spekulation eine gewisse Plausibilität beigemessen wird, sind im Umfeld des Unternehmens besonders viele diskrete »Dienstleister« unterwegs. Diese Agenturen oder Einzelpersonen werden gut dafür bezahlt, Medien und Finanzmärkte im Sinne ihrer Auftraggeber auf falsche Fährten zu schicken. Die Gier der Zeitungen nach Geschichten, die die Konkurrenz nicht hat, erleichtert den Gerüchteköchen ihren Job. Die Medien sind durchaus empfänglich für solche »Hinweise« und drücken bei der Wahrheitsprüfung schon mal ein Auge zu. KarstadtQuelle-Spekulationen gehen immer.

In der Essener Konzernzentrale werden derweil die ersten Weichen neu gestellt. Der Aufsichtsrat macht sein gerade erst gewähltes Mitglied Thomas Middelhoff zum Vorsitzenden und Nachfolger des langjährigen Amtsinhabers Hans Meinhardt. Mit ihm geht ein langjähriger Schickedanz-Vertrauter von Bord, mitten in der Krise. Bei einem Abschiedsessen im Bielefelder Haus von Middelhoff wird er später in Anwesenheit

---

[5] *Der Spiegel* vom 27.09.2004.

von Madeleine Schickedanz in einer Tischrede Fehler bei der Verschmelzung von Quelle auf Karstadt einräumen, die maßgeblich er betrieben hatte.

Mit den Folgen wird sich jetzt Middelhoff beschäftigen. Der neue starke Mann im Konzern beauftragt das Einzelhandelsteam der Londoner Investmentbank Rothschild, die Finanzen des Konzerns unter die Lupe zu nehmen. Denn beim Blick in die Bücher kommt ihm einiges seltsam vor: Aus den Zahlen lässt sich kaum erkennen, in welchen Sparten der Konzern Geld verdient und in welchen er es verliert. Kein Wunder: Der Posten des Finanzvorstands ist schon lange unbesetzt.

Das Ergebnis der Rothschild-Untersuchung ist erschütternd: Der Konzern steht finanziell am Abgrund, ohne dass das Management es bemerkt hat oder bemerken wollte. Eine Kapitalerhöhung scheint unumgänglich, um eine Überschuldung und damit eine Insolvenz zu verhindern. Karstadt gilt als größte Baustelle, die meisten der kleinen Filialen verdienen überhaupt kein Geld. Der Versand scheint in besserem Zustand zu sein. Es kommt jedoch der gesamte Konzern auf den Prüfstand, kündigt Achenbach bei einem Führungskräftetreffen an. Er hat jetzt 100 Tage Zeit, dem Aufsichtsrat eine Bestandsaufnahme und Konzepte zur Lösung der Probleme vorzulegen. Wie sehr die Zeit drängt, zeigt der Absturz bei den Umsätzen: Konzernsprecher Jörg Howe muss einräumen, dass die Geschäfte seit Mai noch schlechter laufen als geplant.

Juli 2004

Es wird ernst für die Mitarbeiter: Ohne das Ergebnis der Achenbach'schen Inventur abzuwarten, bestätigt ein Sprecher, dass bis Ende 2006 rund 4000 der 37000 Warenhausstellen – sie verteilen sich wegen des hohen Anteils an Teilzeitjobs auf 47000 Mitarbeiter – wegfallen und somit 95 Millionen Euro Personalkosten eingespart werden sollen. Einige Warenhäuser könnten gar geschlossen werden. Das Ganze solle »möglichst sozialverträglich« ablaufen, betriebsbedingte Kündigungen seien aber nicht auszuschließen. Damit kämen möglicherweise »beträchtliche Kosten« für Sozialpläne auf das Unternehmen zu. Kommentatoren sprechen von einem »Notprogramm ohne Perspektive«.

August 2004

Die Eigentümer des Unternehmens hatten es schon geahnt, doch jetzt gibt Achenbach es ihnen schriftlich: »Vor uns liegt harte Arbeit«, schreibt er im Aktionärsbrief zur Veröffentlichung der Halbjahreszahlen, »bei der Neuausrichtung wird es keine Tabus geben.« Randaktivitäten würden abgestoßen, kündigt er an, ohne Details zu nennen.

Der Umsatz war im ersten Halbjahr um 6 Prozent gefallen, der Verlust abermals um ein Drittel gestiegen, auf fast 400 Millionen Euro. Plötzlich jedoch erweisen sich nicht mehr die Warenhäuser als die größten Geldvernichter im Konzern, sondern Quelle und Neckermann. Der Versand vervierfacht seine Verluste fast. Zwar verliert auch die Konkurrenz Umsatz und Gewinn – dort aber liegen die Rückgänge nur bei einem Bruchteil von denen KarstadtQuelles. Das ist ein Schock für die Investoren: In den nächsten Tagen fällt der Aktienkurs um fast ein Viertel. Das bedeutet, dass der Wert des Unternehmens in kürzester Zeit um 450 Millionen Euro gesunken ist. »Die Einsicht hat sich durchgesetzt, dass die Restrukturierung eine längere Geschichte wird und mit hohen Kosten verbunden ist«, erklärt ein Analyst der Landesbank Rheinland-Pfalz die Anlegerflucht.

Madeleine Schickedanz jedoch hält ihrem Unternehmen die Treue: Mitten in der Krise kauft sie rund 5 Prozent der KarstadtQuelle-Aktien dazu und erhöht ihren Anteil damit auf 41,55 Prozent. Die Riedel Holding dagegen – ebenfalls Erben des Versandhauskönigs Gustav Schickedanz und zuletzt immer seltener mit Madeleine einer Meinung – bereitet den Rückzug vor. Dabei war es Jens Riedel als Clanchef, der 1999 zusammen mit Hans Meinhardt die Fusion mit Karstadt maßgeblich vorangetrieben hatte. Jetzt reduziert er seinen Anteil auf 9 Prozent, später verkauft er weitere Aktien. Das wird im Konzern mit Erleichterung aufgenommen. Denn Riedel soll inzwischen einer Zerschlagung des Konglomerats deutlich positiver gegenüberstehen als Madeleine Schickedanz. Sie hatte schon zuvor erklärt, dass sie dem Unternehmen während der Sanierung als Großaktionärin treu bleiben wolle. Mit dem jüngsten Zukauf untermauert sie diese Ankündigung. Am Markt heißt es jetzt, Schickedanz wolle die Mehrheit übernehmen.

Hinter den Kulissen arbeitet das Management um Achenbach mit

Hilfe zahlreicher Berater – vor allem einem Team von Roland Berger – am Sanierungskonzept. Achenbach möchte zum Beispiel die Wochenarbeitszeit der Karstadt-Mitarbeiter von 40 auf 42 Stunden erhöhen. Doch das bringt die Gewerkschaft, die bei Karstadt gut vertreten ist, auf die Barrikaden. Im September sollen Gespräche über die Arbeitsplätze beginnen.

Aufsichtsratschef Middelhoff beteiligt sich an den Gesprächen mit den 16 Kreditbanken. Dieses ungewöhnlich große Konsortium muss unbedingt die Kredite verlängern und das Unternehmen weiterhin mit Geld versorgen, wenn es nicht zu einer Insolvenz wegen Überschuldung kommen soll. Doch die Institute fordern neue Konzepte und Beiträge von Eigentümern und Mitarbeitern in Millionenhöhe. Daran arbeitet Middelhoff, der als Vertrauter der Hauptaktionärin nun der eigentliche Chef und Entscheidungsträger im Konzern ist.

September 2004

Der »historische Solidarpakt« ist fertig: Als solchen stellt Achenbach in der Essener Zentrale vor zahllosen Journalisten und Kamerateams die Einigung vor. Es ist das Wirtschaftsthema des Tages in Deutschland. Denn der Sanierungsplan wird das Gesicht des Konzerns von Grund auf verändern: »Die wirtschaftliche Situation zwingt uns zu den tiefsten Einschnitten, denen sich Karstadt jemals unterziehen musste«, sagt Achenbach.

Er und Middelhoff wollen fast alle in der Ära Urban zugekauften Unternehmen wieder abstoßen: Die Textilkette SinnLeffers und Golf House sollen weg, ebenso Wehmeyer und Runners Point, die schon vor Urban zum Konzern gehörten. Die 77 kleinen Warenhäuser unter 8 000 Quadratmetern Größe und die Logistikimmobilien stehen ebenfalls auf der Verkaufsliste. Der Konzern will sich auch von Urban-Errungenschaften wie der Mehrheitsbeteiligung an der deutschen Tochter der US-Kaffeehauskette Starbucks trennen, vom Anteil am Deutschen Sportfernsehen DSF und am Fernsehverkaufskanal HSE 24 sowie von seinen neuen Fitnessstudios. Nach Möglichkeit sollen die neuen Eigentümer die Mitarbeiter übernehmen. Die zum Notverkauf stehenden Firmen würden von der Größe her einen respektablen eigenen Konzern abgeben mit einem Umsatzvolumen von rund 1,9 Milliarden Euro – mehr als 10 Prozent des Gesamtumsatzes von KarstadtQuelle – und über 25 000 Mitarbeitern. In den verbleibenden Geschäftsbereichen von KarstadtQuelle sollen nach den Vorstellungen der Unternehmensleitung zudem 7 000 Stellen gestrichen werden. Die verbliebenen Mitarbeiter müssen mehr arbeiten oder auf Geld verzichten. Zusammen mit anderen Maßnahmen soll der Einspareffekt bis 2006 rund 360 Millionen Euro betragen.

Nach der Hochrechnung der Konzernführung kann die Verkaufsaktion von Firmentöchtern mindestens 1,1 Milliarden Euro in die Kassen bringen. Im Gegensatz zur üblichen Prognosepraxis des Hauses kalkulieren die Chefs in diesem Fall ungewohnt zurückhaltend. Denn die 77 zum Verkauf stehenden Warenhäuser stehen mit einem Wert von 450 Millionen Euro in den Büchern. Im Verkaufskonzept erwartet der Vorstand jedoch nur einen Erlös von 225 Millionen Euro. Dass die Konzernführung auf 50 Prozent des kalkulierten Wertes zu verzichten bereit ist, ist ein deutlicher Hinweis darauf, dass es sich um einen Notverkauf handelt: Die Firmen sollen um fast jeden Preis schnell aus der Bilanz, damit künftig jemand anderes ihre Verluste trägt. Ein schlechtes Geschäft? Tatsächlich ist es noch viel schlechter, sagt ein Banker, der die Verträge kennt. »Es gab zwar einen offiziellen Kaufpreis, unter dem Strich aber hat KarstadtQuelle noch Geld draufgelegt. Denn der Konzern gewährte den Käufern auch Verrechnungen, Belieferungen und sogar Verlustausgleichsgarantien«, berichtet jemand, der Einblick in die Verträge hatte. Wie so oft in diesem Unternehmen würde also ein positiver Einmaleffekt verkündet, der in der Folgezeit, geschützt von den Nebeln der Bilanz, teuer bezahlt werden muss. Middelhoff bestreitet das: »Es gab keine Nebenabsprachen.«

Grundsätzlich ergibt die Trennung von den Tochterunternehmen und den kleinen Warenhäusern aber durchaus Sinn: Der Konzern hätte ohnehin nicht die Mittel, um neben den Riesen Karstadt, Quelle und Neckermann auch noch Wehmeyer oder SinnLeffers zu sanieren. Zudem war die Bereinigung des inhomogenen Warenhausparks ohnehin längst überfällig. Mit den Übernahmen der vergangenen Jahre – Hertie, aber auch Neckermann hatte ebenfalls Kaufhäuser mitgebracht – war ein Portfolio mit Verkaufsflächen zwischen 60 000 Quadratmetern im Berliner KaDeWe und gerade 974 Quadratmetern in Niebüll entstanden. Ein solches Gebilde ist nach Überzeugung der meisten Fachleute nicht in einem Maße zu standardisieren, dass es sich auf Dauer mit attraktiven Gewinnen betreiben ließe. Die Anforderungen von Kunden und Märkten an den verschiedenen Standorten sind zu unterschiedlich – und die daraus resultierenden Differenzierungen im Auftritt kosten viel Geld. Diese Kosten drücken die Rendite. Bei Karstadt ist dieses Problem ganz besonders stark ausgeprägt: Die sogenannte »Flächenspanne« – also der Unterschied zwischen größter und kleinster Filiale – erreicht dort laut Achenbach einen Wert von 24. Bei der Konkurrenz, etwa dem Kaufhof, liegt der Wert nur bei vier bis fünf. Je höher die Zahl, desto komplexer und teurer ist der Betrieb.

Im Rettungspaket des Vorstandes ist neben der Reduzierung der Zahl an Baustellen im operativen Geschäft die Stärkung der Eigenkapitalbasis das zweite wesentliche, das noch dringlichere Element. Das Eigenkapital ist sozusagen das finanzielle Sicherheitspolster eines Unternehmens. Es steht dem Fremdkapital – also den Schulden – gegenüber. Zwischen 20 und 30 Prozent sollte das Eigenkapital betragen, damit Management und Mitarbeiter gut schlafen können. Bei KarstadtQuelle jedoch hat die Krise dazu geführt, dass die Eigenkapitalquote innerhalb eines Jahres von 14 Prozent auf 1 Prozent gefallen ist. Das heißt: Von 1,4 Milliarden Euro Eigenkapital blieben gerade 82 Millionen Euro. Ohne Gegenmaßnahmen muss der Vorstand bei diesen Zahlen innerhalb weniger Wochen Insolvenz anmelden, sonst macht er sich strafbar. Achenbach und Middelhoff wollen den Konzern schnellstens wieder mit Eigenkapital aufpolstern: 514 Millionen Euro sollen die Eigentümer aufbringen, um die Quote zumindest in die Nähe von 7 Prozent zu bekommen. Der Beschluss dazu muss in der zweiten Novemberhälfte auf einer außerordentlichen Hauptversammlung der Aktionäre fallen. Die Altaktionäre – allen voran Madeleine Schickedanz und die Dresdner Bank – sollen mit rund 280 Millionen Euro mehr als die Hälfte des Geldes aufbringen. Die auf dem Absprung befindlichen Riedels signalisieren wenig Interesse.

Die Quelle-Erbin jedoch hat keine Wahl. Würde sie sich verweigern, hätte das eine katastrophale Außenwirkung: Falls nicht einmal mehr die Haupteigentümerin an die Zukunft des Konzern glaubt und das mit finanziellem Einsatz untermauert – wer dann? Doch niemand muss sie überreden. Schickedanz hält es für ihre Pflicht, das Unternehmen in der Not zu unterstützen, und sichert nach Kreditgesprächen mit ihrer Bank Sal. Oppenheim ihren Beitrag zu.

Der finanzielle Befreiungsschlag wird KarstadtQuelle zunächst vor dem Insolvenzverwalter retten, aber er kostet: 4,2 Millionen Euro kalkuliert das Unternehmen als reine Emissionskosten. Dazu kommen noch Bankenprovisionen in Höhe von 16,1 Millionen Euro.

Mit diesen Werkzeugen also wollen Achenbach und Middelhoff die Finanzierung sichern, um Zeit und Spielraum für die Sanierung des Konzerns zu gewinnen: mindestens 1,1 Milliarden Euro Erlöse aus den Verkäufen der Tochterunternehmen, dazu 170 Millionen Euro aus einer Wandelanleihe und gut 500 Millionen Euro aus der Kapitalerhöhung. Zudem haben die Banken durchblicken lassen, die Kredite von 1,6 Milliarden Euro zu verlängern – allerdings unter den Bedingungen, dass die Kapitalerhöhung gelingt und die Mitarbeiter auf Geld verzichten. Dafür müssen Vorstand und Aufsichtsrat in den nächsten Wochen sorgen. Die Arbeit beginnt also erst jetzt wirklich, denn noch ist der Rettungsplan nichts als ein Plan – wenn auch einer, den die meisten Beobachter positiv beurteilen. Allerdings gilt das Konzept als sehr ehrgeizig und optimistisch, vor allem was die angestrebten Firmenverkäufe betrifft. Schließlich weiß jetzt jeder Kaufinteressent, dass KarstadtQuelle dringend Geld braucht und seine Tochterunternehmen unbedingt loswerden muss. Unter diesen Voraussetzungen können mögliche Investoren trefflich die Preise drücken.

Intern allerdings beschwört die geplante Verkaufsaktion Konflikte herauf, zum Beispiel mit den Angestellten. »Unsinnig und unzumutbar«[6] findet Margret Mönig-Raane, die stellvertretende Ver.di-Vorsitzende, das Konzept wegen der Konzentration auf Kosten- und Personaleinsparungen. Außerdem schwächt der Massenverkauf die Glaubwürdigkeit des bisherigen Managements ganz erheblich. Denn die Vorstände Achenbach, Helmut Merkel und Michael Gerard stimmen jetzt dafür, all jene Firmen wieder zu verkaufen, deren Erwerb für sehr viel Geld sie vor Kurzem unter Vorstandschef Urban noch mitgetragen hatten. Gleiches

---

6 *Die Welt* vom 30.09.2004.

gilt für die langjährigen Aufsichtsräte – sowohl für die von der Arbeitgeber- wie die von der Arbeitnehmerbank. Der 180-Grad-Schwenk innerhalb weniger Monate spricht nicht gerade für die Weitsicht des Führungspersonals. Dieser Makel haftet den Verantwortlichen ab sofort an. Keiner jedoch zieht Konsequenzen und tritt zurück.

Oktober 2004

Der, der die überlebensnotwendige Kapitalerhöhung durchbringen soll, kommt erst am 1. Oktober ins Unternehmen: Der 44-jährige Harald Pinger wird Finanzvorstand. Zuvor hatte er auf demselben Posten beim Gashersteller Messer Griesheim gearbeitet. An Messer Griesheim ist die Bank Goldman Sachs beteiligt, mit der Thomas Middelhoff gerne Geschäfte macht. Goldman dürfte Middelhoff mit dem Finanzvorstand ausgeholfen haben. KarstadtQuelle braucht dringend einen wie Pinger. Denn – wie schon gesagt: Urban hatte den Posten des Konzernfinanzchefs nach dem Weggang von Norbert Nelles im August 2003 ein Jahr lang unbesetzt gelassen. Dabei ist der Finanzvorstand gerade in der Krise der wichtigste Mann im Führungsgremium neben dem Vorstandschef. Mehr noch: Auch die Warenhaustochter Karstadt hatte keinen Finanzchef. Diese Lücke wird jetzt ebenfalls geschlossen: Den Posten übernimmt Jan-Christoph Maiwaldt, zuvor Leiter des Finanzressorts bei der Brillenkette Fielmann.

Pinger bekommt gleich viel zu tun, der Oktober wird der Monat der Krisenkonferenzen. Er verhandelt zusammen mit Middelhoff mit den Banken über die Verlängerung der Kredite. Gern würden die Manager das riesige Konsortium von 16 kreditgebenden Banken verkleinern, denn die Abstimmung ist bei dieser Anzahl extrem schwierig, zumal die Interessen zum Teil sehr differieren. Doch KarstadtQuelle ist nicht in der Situation, sich etwas aussuchen zu können. Das Unternehmen muss für jeden Kreditgeber dankbar sein. Hinter den geschlossenen Türen der Frankfurter Bankentürme geht es immer wieder um die Marktchancen von KarstadtQuelle, die Zukunftskonzepte, um Einsparmöglichkeiten und die Frage der Sicherheiten für neue Kredite. Viele Banken sehen nur noch wenig Chancen für den Konzern und würden lieber heute als morgen aussteigen. Doch inzwischen ist der öffentliche Druck auf die Geldhäuser deutlich gestiegen, den Arbeitgeber von 100 000 Menschen jetzt nicht im Stich zu lassen. Einige Bankhäuser – auch öffentlich-rechtliche Landesbanken wie die NordLB, die LBBW oder die Helaba – treten dennoch die Flucht an und verkaufen ihre KarstadtQuelle-Forderungen mit riesigen Abschlägen an Aufkäufer, die sich auf den Erwerb solcher Risikopapiere spezialisiert haben. Andere Kreditgeber sind optimistischer. BayernLB, WestLB und andere bleiben. Sie werden viele Jahre später tatsächlich ohne Schaden aus ihren Karstadt-Krediten herauskommen. Größter Kreditgeber ist mit fast 300 Millionen Euro die Bayerische Landesbank. Das Engagement der beiden öffentlichen Banken ist auch politisch zu erklären: In Nordrhein-Westfalen liegen die meisten der Karstadt-Warenhäuser und die Konzernzentrale, in Bayern befindet sich der Sitz der Versandsparte. Zu den weiteren bedeutenden Kreditgebern gehören die Dresdner Bank (200 Millionen Euro), die Commerzbank (100 Millionen Euro), die HypoVereinsbank, fast alle übrigen Landesbanken und die niederländische ABN AMRO.

Die Unruhe unter den Banken ist allerdings berechtigt. Denn bisher hatte jedes Institut allein seine Verträge mit KarstadtQuelle ausgehandelt und nur die üblichen Sicherheiten eingefordert. Die wesentlichen Beteiligungen und Wertgegenstände des Konzerns waren da noch nicht verpfändet. »Das war zu diesem Zeitpunkt unsere Lebensversicherung«, sagt ein KarstadtQuelle-Manager, »denn wenn sie die Kredite nicht verlängert hätten, wären wir in die Pleite gerutscht, und die Banken hätten keinen Cent von dem Geld wiedergesehen. Sie mussten also irgendwann verlängern.«

In eine solche Situation wollen die kreditgebenden Banken nie wieder kommen: Sofort bilden sie einen »Pool«, stimmen sich also bei ihrer Geschäftspolitik gegenüber KarstadtQuelle ab und legen ihre Hände auf fast alles, was zu verpfänden ist, vor allem auf den umfangreichen Immobilienbesitz und die 50-Prozent-Beteiligung am Touristikkonzern Thomas Cook. Die Geschäfte mit KarstadtQuelle werden ab sofort nicht mehr von den Bankern für normale Firmenkredite bearbeitet, sondern von den »Risk Managern«. Die beschäftigen sich nur mit den schwierigen Fällen, bei denen die Gefahr hoch ist, dass die Kredite platzen. Sie haben vor allem auf die Rettung ihres Geldes zu achten, weniger auf neue, sinnvolle Konzepte beim Kundenunternehmen. In diesem Kreis ist der Essener Konzern jetzt angekommen.

Die Teilnehmer an den Bankengesprächen sind immer mit einem Ohr auch bei den parallel laufenden Verhandlungen über die Kapitalerhöhung und die Einsparungen beim Personal. Nur wenn es hier Erfolge gibt, stellen die Institute die Verlängerung der Kredite in Aussicht. Die Verhandlungen mit Ver.di und den Betriebsräten drohen jedoch zum Stolperstein zu werden. In Sichtweite der Bürotürme von Commerzbank, Dresdner Bank und Goldman Sachs lehnt Ver.di nach einer Betriebsrätetagung in einem Restaurant im Frankfurter Hauptbahnhof eine »Sanierung auf Kosten der Mitarbeiter« strikt ab und fordert stattdessen Zugeständnisse der Banken. »Die haben an Karstadt in den letzten Jahren schließlich genug verdient«, sagt Gesamtbetriebsratschef Wolfgang Pokriefke in Kameras und Mikrophone. Auch die Eigentümer müssten »Millionenbeträge« investieren. Ver.di scheint allenfalls bereit, übertarifliche Leistungen wie Prämien oder Sonderurlaube für lange Betriebszugehörigkeit sowie Extra-Weihnachtsgeld im Gegenzug für den Verzicht auf betriebsbedingte Kündigungen zum Verhandlungsthema zu machen.

Konzernchef Achenbach drückt aufs Tempo: Bis Mitte Oktober muss es eine Einigung mit den Arbeitnehmern geben, um die Verhandlungen mit den Banken nicht zu gefährden. Der Gegenwind aus Frankfurt kann ihm gar nicht gefallen.

Führende deutsche Politiker haben die Geschehnisse, über die jetzt fast täglich in der *Tagesschau* berichtet wird, für sich entdeckt. Gerhard Schröder, Edmund Stoiber oder Klaus Wowereit kritisieren öffentlich »schwere Managementfehler« bei KarstadtQuelle. Staatliche Rettungsaktionen wie zuvor beim Baukonzerns Philipp Holzmann, der trotz Schröder-Initiative doch in die Insolvenz ging, soll es für KarstadtQuelle nicht geben. So sehen das auch viele Steuerzahler: Nach einer Emnid-Umfrage lehnt knapp die Hälfte der Deutschen finanzielle Unterstützung des Staates für KarstadtQuelle ab.

Stattdessen wird das Unternehmen jetzt zunehmend Gegenstand von Spekulationen über mögliche Kaufinteressenten. Als sich die amerikanische Investmentgesellschaft Blackstone kurzzeitig als Interessent für Teile des Konzerns ins Gespräch bringt, steigt die KarstadtQuelle-

Aktie um fast ein Viertel. Auch die US-Fondsgesellschaft Cerberus wird als Interessentin für die kleineren Warenhäuser genannt, ebenso die Hamburger Agiv Real Estate und die Immobiliengruppe Corpus. Otto in Hamburg soll sich für Teile des Portfolios interessieren, ebenso wie sich die Spedition Kühne & Nagel angeblich bereits die Lager und Logistikzentren anschaut. Bei jedem neuen Gerücht hüpft der Kurs, bei jedem Dementi fällt er wieder. Viele Unternehmen, die jetzt mit Übernahmegedanken auf KarstadtQuelle schauen, werden in den nächsten Jahren immer wieder als Interessenten auftauchen, vor allem nach der Insolvenz 2009.

Bei all den Treffen, Verhandlungen und Verlautbarungen vor laufenden Fernsehkameras droht das Tagesgeschäft in den Warenhäusern, den Fachgeschäften und bei den Versendern aus dem Blick zu geraten. Dabei lohnt der Blick gerade jetzt, denn die Krise führt inzwischen zu massiven Problemen: Die dauernden Negativschlagzeilen vertreiben die Kunden. Bei Karstadt sinkt der Umsatz mit rund 5 Prozent weiterhin stärker als bei der Konkurrenz. Bei Quelle brechen die Bestellungen insbesondere von teuren, langlebigen Produkten wie Kühlschränken oder Waschmaschinen regelrecht ein. Die Kunden fürchten um ihre Garantieansprüche im Falle einer Insolvenz. Und kaufen anderswo.

Gleichzeitig stocken die Gespräche zwischen Unternehmensleitung und Arbeitnehmervertretern um den Sanierungstarifvertrag. Bis Mitte Oktober gibt es kaum eine Annäherung. Die Zeit drängt, der Terminplan aus Tarifvertrag, Kapitalerhöhung und Kreditzusage droht aus den Fugen zu geraten. Immerhin tagen beide Seiten in der Essener Konzernzentrale weiter. Faktisch steuert der mächtige Aufsichtsratschef Thomas Middelhoff zeitweise die Verhandlungsdelegation, obwohl er gar nicht dabei ist. In den Verhandlungspausen liefert er per Telefon Ideen und gibt Einschätzungen.

Ver.di bleibt gegenüber den Forderungen der Manager nach längeren Arbeitszeiten und Personalkosteneinsparungen im dreistelligen Millionenbereich hart. Doch in den zahllosen Verhandlungsrunden stecken die Gewerkschaftsvertreter in der Zwickmühle: Leisten sie der Unternehmensleitung zu viel Widerstand und bieten sie zu wenig Verzicht an, wirft man ihnen vor, sie spielten mit der Existenz des Unternehmens und seiner Arbeitsplätze. Leisten sie zu wenig Widerstand und bieten sie zu viel Verzicht an, bekommen sie Ärger mit ihren Mitgliedern. Und von anderen Handelsunternehmen, die dann dieselben Zugeständnisse bei den Personalkosten für sich fordern, wie Ver.di sie Karstadt zugestanden hat. Deshalb will Ver.di auf keinen Fall Änderungen am laufenden Flächentarifvertrag akzeptieren.

Als die Gespräche in die Sackgasse geraten, greift Middelhoff zum äußersten Mittel: Er droht Ver.di mit seinem Rücktritt, falls es nicht umgehend ausreichende finanzielle Angebote gibt. Das erhöht den Druck enorm. Denn die Demission des Aufsichtsratschefs kann in diesem Augenblick nicht im Interesse der Gewerkschaft liegen. Sie bekäme in der Öffentlichkeit wegen ihrer Unnachgiebigkeit den Schwarzen Peter dafür zugeschoben, die Konzernführung in dieser Situation geschwächt zu haben. Die Mitarbeiter begleiten die Verhandlungen mit verzweifelten Aktionen wie Mahnwachen vor Karstadt-Filialen, etwa in Mainz oder Görlitz.

Endlich, nach fast 30-stündigen Verhandlungen, gelingt in letzter Sekunde die Einigung über Sanierungstarifvertrag und Beschäftigungspakt. Bei der Präsentation vor den Fernsehkameras draußen vor der Konzernzentrale sind beide Seiten um Gesichtswahrung bemüht: Statt der geforderten 7000 werden nur 5000 Stellen abgebaut. Offiziell verzichtet das Unternehmen auf die zunächst angedrohten betriebsbedingten Kündigungen, verweigert aber die von Ver.di geforderten Standortgarantien. Ver.di erreicht, dass für KarstadtQuelle offiziell unverändert der Einzelhandelstarif gilt – die Mitarbeiter bekommen aber so lange keine Tariferhöhungen, wie es dem Unternehmen schlecht geht und es an seine Aktionäre keine Dividende zahlt. Der Konzern spart damit innerhalb der nächsten drei Jahre 760 Millionen Euro Personalkosten und zeigt sich zufrieden.

Mit der Einigung rückt die Verlängerung der Kredite in greifbare Nähe. Von einer Umwandlung der bisherigen Kreditlinie von 1,6 Milliarden Euro in einen festen Kredit über 1,75 Milliarden Euro mit der Laufzeit von drei Jahren ist jetzt die Rede. Bisher hatte der Konzern alle drei bis sechs Monate neu verhandeln müssen. Die Kreditzusage gibt es aber nur dann, wenn das Beratungsunternehmen Roland Berger sein Gutachten über die Umsetzbarkeit der Sanierungsvorschläge bei den Banken durchbringt: »Wenn dabei nur eine der kreditgebenden Banken aussteigt, wird es sehr schwierig für das Unternehmen«, heißt es in Finanzkreisen. Die zweite Voraussetzung für den Kredit ist die Kapitalerhöhung. Doch auch hier sieht es gut aus: Die Großaktionäre Schickedanz und Allianz haben bereits zugesagt, mindestens die Hälfte der fast 100 Millionen neuen Aktien zu übernehmen und längere Zeit zu halten. Die Transaktionsbanken erklären sich bereit, selbst Aktien aus der Kapitalerhöhung auf ihre Bücher zu nehmen, falls das Interesse am Finanzmarkt nicht groß genug sein sollte. Allerdings bekommen die Institute die Papiere dann zum Sonderpreis.

Der Aktienkurs stürzt trotzdem auf den niedrigsten Wert seit der ersten Notierung der KarstadtQuelle-Aktie 1999 – weil der Konzern und die Banken als Mindestpreis pro neuer Aktie nur 5,75 Euro festgesetzt haben. Das entspricht gerade der Hälfte des Kurses vor Bekanntgabe der Kapitalerhöhungsdetails und wird dem Unternehmen als Schwäche und fehlendes Vertrauen in das eigene Angebot ausgelegt. Glaubt das Management, dass Investoren die neuen Aktien nur dann kaufen, wenn sie – wie im Schlussverkauf – einen Rabatt von 50 Prozent gewähren? Oder ist der niedrige Preis ein Zugeständnis an die Großaktionäre, die sonst noch viel mehr Geld ausgeben müssten?

Schlaglicht: **Krise von unten: drei Karstadt-Verkäuferinnen berichten**

Der Sanierungstarifvertrag von 2004 verlangte von den Mitarbeiterinnen und Mitarbeitern bei Karstadt, Quelle oder Neckermann die tiefsten Einschnitte, die es für sie bisher gegeben hatte. Sie verzichteten auf viel Geld in der Erwartung, ihr Unternehmen und ihre Jobs zu retten.

Darüber sprach ich Anfang 2010 im Sozialraum eines Karstadt-Warenhauses im Ruhrgebiet mit drei Mitarbeiterinnen, die nie in der Zeitung, aber jahrelang im Mittelpunkt der Krise standen. Für die Karstädterinnen war das Warenhaus, das viele Deutsche nur noch als Pleitefall Karstadt ansahen, seit den achtziger Jahren ihre berufliche Heimat. Sie haben alle Chefs seit Walter Deuss erlebt, alle Sanierungsprogramme, alle Stimmungsumschwünge – und alle »Sanierungstarifverträge« oder »Zukunftspakte«. Jetzt wollen sie erzählen.

Die Namen der drei Frauen zwischen 40 und 50 sind erfunden. Sie möchten anonym bleiben, aus Angst um ihre Zukunft. Zwei der Mitarbeiterinnen traf es besonders hart. Sie waren in Häusern beschäftigt, die Karstadt 2005 verkaufte und die dann unter der Marke Hertie firmierten. Bis Hertie 2008 in die Insolvenz ging und 2009 alle Häuser schloss.

Ein paar Monate beschäftigte Karstadt die ehemaligen Mitarbeiterinnen noch mit befristetem Vertrag als Aushilfe, im Frühjahr 2010 standen sie dann auf der Straße.

▶ *Im Herbst 2004 wurde der erste Sanierungstarifvertrag beschlossen, bei dem Sie für drei Jahre auf viel Geld verzichteten, um das Unternehmen zu retten. Haben Sie geglaubt, dass es etwas nutzt?*

EVA RADKE: Man hat das so hingenommen, was sollten wir anderes machen? Es ging ja um unsere Arbeitsplätze. Wir hatten halt gehofft, es hilft und nach den drei Jahren würde alles wieder besser.

▶ *Was hatte der neue Tarifvertrag für Folgen für Ihr Haushaltsgeld?*

DANIELA BACH: Jemand hat mal ausgerechnet, dass das jeden Vollzeitmitarbeiter im Jahr 2 000 bis 3 000 Euro gekostet hat. Es gab keine Zulagen mehr, keine Provisionen, keinen Extra-Urlaubstag für langjährige Betriebszugehörigkeit, nichts. Tja, dann wurde halt die Urlaubsreise verkürzt, das alte Auto musste weiter durchhalten und so weiter. Wir hatten ja keine Wahl. Man fragt sich nur, wo das ganze Geld geblieben ist, auf das wir verzichtet haben.

SILVIA HEIN: Wahrscheinlich bei Starbucks oder dem DSF, keine Ahnung ...

DANIELA BACH: Wir waren ja schon froh, dass sie nicht auch noch an unser Grundgehalt gegangen sind, dann wäre es richtig eng geworden jeden Monat.

▶ *Sie waren über all die Jahre mittendrin. Woran ist Arcandor, woran ist Karstadt gescheitert?*

EVA RADKE: Ich sag nur: Schuster, bleib bei deinen Leisten!

▶ *Was heißt das?*

EVA RADKE: Wenn die Herren da oben sich weiterhin auf das Warenhaus konzentriert hätten, dann wäre das auch gut weitergelaufen, und wir hätten überlebt. Aber die haben dann alles mögliche andere gekauft und für uns war kein Geld mehr da. Starbucks oder das Sportfernsehen DSF. Oder später Thomas Cook bei Middelhoff.

SILVIA HEIN: Und SinnLeffers. Als die von Karstadt übernommen wurden, ging es dort ja auch nur noch bergab. Die bekamen unsere Eigenmarken und unsere Systeme. Und hinterher hatten alle dasselbe Zeug. Das Profil von SinnLeffers war dann weg. Und in die Karstadt-Häuser wurde gar nichts mehr investiert. Ging ja auch nicht, der Urban hatte das Geld ja schon ausgegeben.

▶ *Es heißt auch immer, die Einkäufer hätten bei Karstadt zu viel Einfluss gehabt und nicht das beschafft, was die Kunden wirklich wollten. Dadurch seien viele zur Konkurrenz gegangen.*

SILVIA HEIN: Wir haben oft Ware bekommen, da wussten wir schon beim Öffnen der Kartons: Das verkaufst du nie, das ist ein Abschriftenkandidat! Und dann hast du davon nicht zwei Teile bekommen, sondern Hunderte. Und wenn du Pech hattest, kam das gleiche Zeug in der nächsten Saison wieder. Wir haben uns dann bei unserem Abteilungsleiter beschwert, aber der konnte ja auch nichts machen. Die Ware wurde zentral bestellt, und wir mussten zusehen, wie wir sie irgendwie verkauft bekamen. Und die ganzen Abschriftenartikel landeten auf den Wühltischen. Dann sah es bei uns aus wie bei Woolworth.

EVA RADKE: Da fragte auch keiner nach regionalen Unterschieden, das hat die überhaupt nicht interessiert. Die glaubten wohl, die Leute in Deutschland ziehen überall dasselbe an.

▶ *Wenn man jahrelang in einer Firma arbeitet, die in der Krise steckt, und diese Krise ständig in den Medien ausgebreitet wird – mit welchem Gefühl geht man dann morgens aus dem Haus?*

SILVIA HEIN: Mit Angst. Man hat immer Angst, dass heute wieder so eine Schreckensnachricht kommt. Und dass man sie dann auch noch von den Kunden hört. Die Kunden wussten ja immer mehr als wir. Wir sind dann an den Computer gestürzt und haben im Internet nach diesen Nachrichten gesucht. Und gehofft, dass das, was nun wieder kommen sollte, nicht einen selbst trifft.

Daniela Bach: Und dabei muss man freundlich zur Kundschaft sein und versuchen, das Beste rauszuholen. Obwohl es oft Tränenausbrüche gab, das war schon schlimm.

Eva Radke: Manche Kunden waren echt gemein, als bekannt wurde, dass Hertie nicht weitermacht. Das war echte Leichenfledderei. Manche sagten uns ins Gesicht: Ihr macht doch eh zu, warum nehmt ihr noch Geld dafür? Die wollten alles geschenkt haben, am liebsten wollten sie noch was dazubekommen.

Silvia Hein: Sofort nach dem Insolvenzantrag für Hertie hatten wir keine neue Ware mehr zum Auspacken. Die Lieferanten schickten nichts mehr oder holten sogar Ware wieder zurück, die noch nicht bezahlt war. Aber von der Ware lebt ein Warenhaus nun einmal. Wenn wir keine Ware mehr bekommen, dann sind wir tot. Und wir mussten dann irgendwie ein ganzes Regal mit drei Artikeln bestücken und kaschieren, dass wir ja eigentlich nichts mehr zum Verkaufen hatten. Und dann musst du dir von manchen Kunden auch noch anhören: Geschieht euch recht, dass ihr zumacht, hier gibt's ja keine Bedienung und keine Ware mehr! Aber wir Mitarbeiter konnten doch gar nichts dafür, das war doch wirklich nicht unsere Schuld.

Silvia Hein: Es gab aber auch andere Kunden. Die hatten echtes Mitgefühl mit uns und haben sich am Ende ganz freundlich verabschiedet.

▶ *War das mit den Problemen bei der Warenlieferung nach der Karstadt-Insolvenz auch so?*

Daniela Bach: Nein, das lief besser. Da gab es in den ersten beiden Tagen ein paar Schwierigkeiten, aber dann lief das wieder ganz normal. Bei Karstadt gab es keine leeren Regale. Das hat unser Insolvenzverwalter gut hinbekommen, da kann man nichts sagen.

Eva Radke: Ich glaube, der Insolvenzverwalter Görg bei Karstadt war ein ganz guter. Das war bei unserem bei Hertie ja nicht unbedingt so.

▶ *Warum?*

Silvia Hein: Letztlich hat der kein einziges Haus gerettet, auch wenn die Vermieter mit ihren hohen Mietforderungen viel Schuld daran tragen. Dass wir keine Abfindung bekommen haben, weil es kein Geld für einen Sozialplan mehr gab, lag ja auch nicht unbedingt am Insolvenzverwalter. Aber im

Umgang mit den Mitarbeitern hätte er vieles besser machen können: Wir wurden erst zum 31. Oktober 2009 gekündigt, bekamen aber schon seit unserer Freistellung Mitte März von Hertie kein Geld mehr. Nur noch von der Bundesanstalt für Arbeit. Und dann mussten wir auch noch zwei Monate hinter unserer Arbeitsbescheinigung herrennen. So lange wir die nicht hatten, bekamen wir kein Arbeitslosengeld. Das war schon sehr unfair. Am Ende hatten wir gar nichts.

▶ *Gehen wir doch mal zehn Jahre zurück, zum Anfang von KarstadtQuelle, und schauen uns die Vorstandschefs an. Wie hat sich das Klima in den Häusern im Verlauf der Krise verändert?*

EVA RADKE: Bei – wie nannten wir den noch? – »Papa Deuss«, glaube ich, da war es noch ganz gut. Bei Urban haben wir schon Angst bekommen. Und Middelhoff hat dann ja den Vogel abgeschossen. Zu uns sind irgendwann nur noch die Schrottmanager gekommen.

▶ *Haben Sie einen Ihrer Vorstandschef mal hier im Haus gesehen?*

DANIELA BACH: Bitte? Was glauben Sie denn? Hier war nie einer von denen. Die gingen vielleicht mal ins KaDeWe in Berlin oder ins Hamburger Alsterhaus, aber die kamen doch nicht zu uns in den Ruhrpott.

EVA RADKE: Wir hatten ja auch keinen Landeplatz für ihre Hubschrauber ...

▶ *Der Reihe nach: Wie war die Arbeit bei Walter Deuss? Der war Chef bis Herbst 2000.*

EVA RADKE: Da war die Welt fast noch in Ordnung, jedenfalls im Rückblick.

DANIELA BACH: Na ja, der hat ja auch nicht zu allem Ja und Amen gesagt, der musste auch seinen Job machen. Aber letztlich konnten wir uns bei Deuss nicht beklagen. Wir hatten das Gefühl: Hier bei Karstadt kann uns nichts passieren! Das war fast so etwas wie ein Beamtenstatus. Da waren wir ja auch noch richtig viele Leute. Für die Bestellungen gab es in den Filialen das Hauptbüro. Den Kollegen dort sagte man, was für Artikel man brauchte, und die kümmerten sich dann um die Bestellung und alles Weitere. Und für Reparaturen und Reklamationen gab es extra Leute. Die saßen den ganzen Tag hier und kümmerten sich um nichts anderes als Reklamationen. Kann man sich heute gar nicht mehr vorstellen. Die sind alle längst weg, heute machen wir das alles so nebenbei. Kein Wunder, dass die Kunden sagen: Früher war der Service bei Karstadt besser.

SILVIA HEIN: Die Menge an Arbeit bleibt ja, sie wird nur auf weniger Leute verteilt. Waren auszeichnen und für den Verkauf fertig machen und einräumen – so was mussten wir früher auch nicht machen, das kam regalfertig hier an. Abschriften zu machen war auch nicht unser Bier. Aber jetzt ist das alles unsere Aufgabe, mal eben so neben Verkauf und Beratung. Und die Verkäuferinnen bekommen dann den Ärger der Kunden zu spüren: Hier ist ja niemand, wie lange soll ich noch warten ...? So was muss man sich dann anhören.

EVA RADKE: Als ich Mitte der achtziger Jahre herkam, waren wir über 400 Leute, jetzt sind wie deutlich unter 200.

SILVIA HEIN: Früher war es in den Pausen sogar schwierig, in der Kantine einen Platz zu bekommen, so voll war das da. Heute passen wir alle an einen einzigen Tisch.

DANIELA BACH: Wir dachten immer: Mit weniger Leuten geht es jetzt nicht mehr. Und es ging immer mit noch weniger. Dieser Personalabbau ging, glaube ich, mit Urban los.

SILVIA HEIN: Nee, bei Deuss gab es auch schon so Fälle. Aber die fielen nicht so auf, weil das nicht so viele waren. Und die Leute bekamen noch richtig viel Geld mit nach Hause, die erhielten irre hohe Abfindungen. Damit konnte man wirklich eine neue Existenz starten. Und außerdem war die Arbeitslosigkeit damals noch nicht so hoch.

▶ *Was gibt es heute an Abfindungen?*

▶ EVA RADKE: Wenn man Glück hat, zweieinhalb Monatsgehälter. Oder, wenn man Pech hat und bei Hertie gelandet war wie wir, gar nichts. Keinen Cent.

▶ *Im Herbst 2000 löste Wolfgang Urban Walter Deuss ab. Was änderte sich für Sie?*

DANIELA BACH: Urban ging es immer nur darum, dass wir auch bloß arbeiteten und Umsatz machten. Umsatz, Umsatz, Umsatz. Alles andere sollten wir stehen und liegen lassen und wahrscheinlich abends machen. Und dann gab es dieses Video, das werde ich nicht vergessen. Ich bekomm jetzt noch einen dicken Hals, wenn ich daran denke!

▶ *Was für ein Video?*

DANIELA BACH: Ein Video von Urban, irgendwas zur Verkaufsförderung. Das wurde in allen Häusern gezeigt. Das vergesse ich nie: Herr Urban ohne Sakko und mit aufgekrempelten Hemdsärmeln zeigte dem Personal, wie man verkauft. Umsatz, Umsatz, Umsatz! Am liebsten wäre ihm gewesen, wir tragen den Kunden noch mit der Ware zur Kasse.

▶ *Was war so schlimm daran?*

DANIELA BACH: So tickt der Kunde nicht, der will selbst entscheiden. Als ich dieses Video sah, dachte ich sofort: Mit dem Mann wird das nichts! Ich mochte diese Art nicht.

EVA RADKE: Und ich habe gedacht: Oh Gott, beim Kaufhof hat er Schiffbruch erlitten, jetzt kommt er zu uns und soll uns retten. Man hörte ja später auch, dass der oft rumbrüllte und sich nicht im Griff hatte, so was geht gar nicht. Was das für Auswirkungen auf die Motivation der Leute hatte, können Sie sich ja denken.

SILVIA HEIN: Aber bei Urban gab es auch diese Mitarbeiteraktien zum vergünstigten Preis. Ich habe welche genommen. Kann ja nicht schaden, dachte ich mir.

▶ *Haben Sie die noch?*

SILVIA HEIN: Um Gottes willen. Längst verkauft.

DANIELA BACH: Und Urban hat dann diese ganzen anderen Firmen gekauft, Starbucks und so. Die hat der Achenbach dann später gleich wieder verkauft.

Eva Radke: Ach ja, Achenbach. Wie lange war der eigentlich da? Ein halbes Jahr oder so?

▶ *Zehn Monate.*

EVA RADKE: Kam mir kürzer vor. Der ist ja nicht so in Erscheinung getreten.

SILVIA HEIN: Der kam aber auf die Idee, die kleinen Häuser unterhalb von 8 000 Quadratmetern Fläche zu verkaufen. Als wir das hörten, haben wir sofort angefangen zu rechnen: Gehören wir dazu oder nicht? Dummerweise waren wir dabei. Wir wollten bei Karstadt bleiben, aber plötzlich gehörten wir nicht mehr dazu, sondern waren erst Karstadt kompakt und dann Hertie.

EVA RADKE: Bis dahin haben wir das mit der Krise auch gar nicht so realisiert. Wir haben immer gedacht: Die da in Essen machen das schon. Aber als die dann im Herbst 2004 dieses Verkaufsprogramm angekündigt haben, wurde uns schon ganz mulmig.

SILVIA HEIN: Damals habe ich mich zum ersten Mal in meinem Leben mit dem Thema Insolvenz beschäftigt. Was ist das überhaupt? Man hatte ja keine Ahnung von so was.

▶ *Wie war das für Sie, als Sie praktisch mit den kleineren Warenhäusern verkauft wurden?*

SILVIA HEIN: Schlimm. Ich war enttäuscht. Ich dachte, jetzt schieben sie uns einfach ab.

EVA RADKE: Ich dachte mir: Hauptsache, du hast deinen Job noch. Ob da über der Tür nun Karstadt, Hertie oder Tante Emma steht, war mir ziemlich egal. Ich hab vor allem gehofft, dass es weitergeht. Mein Mann ist ja auch bei Karstadt. Er hatte erst im selben Haus wie ich gearbeitet, dann ist er in ein größeres Haus gewechselt, das später nicht zu Hertie kam. Da haben wir immerhin mal Glück gehabt, der hat seinen Job noch.

SILVIA HEIN: Die Geschäftsführer bei Hertie versuchten am Anfang noch, uns Mut zu machen. Aber ziemlich schnell kam die Ernüchterung. Jeder konnte ja sehen, dass die neuen Eigentümer gar nichts ins Unternehmen investierten und auch die Geschäftsführer am ausgestreckten Arm verhungern ließen. Dass die dauernd ausgewechselt wurden, war ja auch kein gutes Zeichen. Am Ende wussten wir gar nicht mehr, wer jetzt eigentlich unser oberster Chef war.

▶ *Als Thomas Middelhoff im Mai 2005 vom Aufsichtsrat auf den Vorstandsvorsitz wechselte – wie kam er bei Ihnen an?*

(Kurzes Schweigen)

SILVIA HEIN: Im Fernsehen kam er ja immer wie eitel Sonnenschein rüber.

Eva Radke: Ich hab dem nicht geglaubt, was er sagte, vom ersten Augenblick an nicht. Für mich war das ein Schauspieler. Der dachte eher an sein eigenes Konto als an uns.

Silvia Hein: Dabei wäre der nichts gewesen, wenn wir nicht gewesen wären.

Daniela Bach: Aber das sehen die nicht ...

▶ *Bei all Ihrem Ärger über die Manager – haben Sie nie eigene Verbesserungsvorschläge gemacht?*

Daniela Bach: Doch, so was gab es. Ein Zehn-Punkte-Programm und eine Arbeitsgruppe von Mitarbeitern unter der Leitung des Gesamtbetriebsrates. Die haben Idee für die umsatzschwachen Filialen ausgearbeitet, damit die nicht geschlossen werden müssen. Die Vorschläge fanden auch wohl große Beachtung im Handel. Nur leider nicht bei unseren Vorstandsleuten. Die wussten ja alles besser oder haben lieber Roland Berger engagiert, als mal auf uns zu hören.

▶ *Dann kam im März 2009 noch Karl-Gerhard Eick als Chef. Hatten Sie da noch Hoffnung?*

Daniela Bach: Hoffnung hat man ja immer, die Hoffnung stirbt zuletzt. Eick hat ja wenigstens noch gekämpft für Karstadt und Arcandor, indem er versucht hat, die Staatsbürgschaft zu bekommen, das muss man ja auch mal sagen. Aber es hat leider nicht geklappt. Ich war sogar noch bei der Demo in Berlin für die Staatsbürgschaft. Da sind wir vom Warenhaus gemeinsam mit dem Bus hingefahren.

▶ *Zur Demo vor dem Wirtschaftsministerium, bei der zu Guttenberg noch zu den Demonstranten herausgekommen ist?*

Daniela Bach: Ja, genau. Es war den Versuch wert. Guttenberg hat auch seine Sprüche gesagt, was sollte er auch anderes machen. Aber geärgert habe ich mich über Herrn Westerwelle. Der hat gesagt: Wir kommen auch ohne Karstadt aus. Mag ja sein, aber ich komme auch ganz gut ohne Herrn Westerwelle aus.

▶ *Wenige Tage später war es vorbei. Wie haben Sie den 9. Juni 2009, den Tag der Insolvenz von Karstadt und Arcandor, erlebt?*

DANIELA BACH: Das weiß ich noch ganz genau. Wir hatten eine Teenie-Band zur Autogrammstunde im Haus, es war also richtig was los. Ich war gerade mitten im Aufbau der Tische, als ein Kollege kam und sagte: Insolvenz! Ich konnte es gar nicht glauben. Man hatte ja wochenlang drüber gesprochen, aber wenn es dann wirklich so ist, dann glaubt man es nicht. So ging es auch wohl vielen Kollegen, die waren einfach nur fassungslos. Und ich hatte den Eindruck, von diesem Moment an war es vollkommen still im Haus. Keiner hat mehr was gesagt, jeder war mit sich beschäftigt. Das war schrecklich.

▶ *Wie war das im Jahr zuvor bei Hertie?*

SILVIA HEIN: Ich arbeitete zu der Zeit in der Multimedia-Abteilung, die mögliche Insolvenz lag das ja schon eine ganze Zeit lang in der Luft. Und plötzlich lief die Nachricht im Laufband bei ntv über die Bildschirme, die wir in der Abteilung hatten. Die ersten Kunden kamen schon und sagten: Ihr macht zu? Dabei wussten wir das offiziell noch gar nicht. So was wünscht man seinem schlimmsten Feind nicht.

EVA RADKE: Für diesen Tag war bei uns eine Betriebsversammlung angesetzt. Was Genaues wussten wir noch nicht, aber wir ahnten ja was. Ich kam gerade zur Arbeit. Unser Abteilungsleiter sagte: Wenn die Jungs im Anzug mit den Koffern kommen, dann ist es aus mit uns. Noch wäre aber zum Glück keiner gesichtet worden. Ich hatte aber zwei von den Anzugträgern beim Reinkommen schon am Hintereingang gesehen. Ja, und ein paar Minuten später sagten die uns, dass wir uns was anderes suchen können. Da sind viele in Tränen ausgebrochen. Ich hatte bis zum letzten Tag nicht geglaubt, dass das tatsächlich passieren würde.

▶ *Wie haben Freunde und Bekannte reagiert?*

EVA RADKE: Die waren auch vollkommen fassungslos, dass dieses Unternehmen so vor die Wand gefahren wurde.

▶ *Wie sind jetzt Ihre Chancen auf dem Arbeitsmarkt?*

SILVIA HEIN: Schlecht, gerade hier im Ruhrgebiet. Es sind ja schon so viele Verkäuferinnen auf die Straße gesetzt worden. Vollzeitstellen gibt es im Handel ohnehin immer weniger. Und wenn man über 50 ist, wird es ganz schwierig.

EVA RADKE: Und wenn einem mal was angeboten wird, dann zahlen die unter Tariflohn. 6 oder 7 Euro die Stunde. Das überlegt man sich auch dreimal.

▶ *Nach den jahrelangen Negativ-Schlagzeilen: Sagen Sie Leuten, die Sie nach Ihrem Job fragen, dass Sie bei Karstadt sind? Oder sagen Sie: Ich bin Verkäuferin?*

SILVIA HEIN: Natürlich sagen wir: Wir sind bei Karstadt. Oder besser: Wir waren bei Karstadt. Klar, wir sind ja stolz darauf.

November 2004

Während Pinger und Middelhoff an Kredit und Kapitalerhöhung – also an der Zukunft – arbeiten, muss Achenbach zugeben, dass die Gegenwart immer trostloser wird. Schon wieder schockt das Unternehmen mit einer Gewinnwarnung: Im dritten Quartal sind Umsatz- und Ergebnis über Erwarten gesunken. Jetzt rechnet Achenbach für das Gesamtjahr schon mit einem Umsatzminus von 7 Prozent – während der gesamte deutsche Einzelhandel auf ein leichtes Plus hofft. Achenbach muss bereits einräumen, dass die Sanierung langsamer vorankommt als geplant. Der weiterhin verwendete Werbeslogan »Besser Karstadt« hat angesichts immer neuer Verschlechterung fast schon etwas von Selbstironie.

Immerhin gibt es an der Bankenfront Entspannung: Roland Berger bescheinigt vor Vertretern der kreditgebenden Banken, der Warenkreditversicherer und des Vorstandes, dass das angekündigte Sanierungsprogramm erfolgversprechend ist. Damit ist eine weitere Hürde für die Verlängerung der Kredite genommen. Die Börse ist erleichtert, der Kurs steigt wieder über die Grenze von 10 Euro. Roland Berger soll auch den Auftrag bekommen, die Restrukturierung zu begleiten. Jetzt wird die Kritik an Achenbach lauter, die bisher nur hinter vorgehaltener Hand zu hören war. Der Vorstandschef kenne sich im Unternehmen nicht so gut aus, wie es nötig wäre, heißt es. Sein Sanierungsprogramm sei unrealistisch optimistisch. Zudem stimmten darin Kalkulationen nicht. Achenbach kommuniziere nicht genug mit anderen Vorstandsmitgliedern und den Bankenvertretern. Der Vorstandschef wirke zu phlegmatisch, könne Mitarbeiter, Investoren und Öffentlichkeit nicht mitreißen, sei nicht durchsetzungsstark. Zudem wird Achenbach immer wieder vorgeworfen, dass er viele Entscheidungen der Ära Urban mitgetragen hat. Ein neuer Hoffnungsträger jedoch ist nicht in Sicht.

In der Düsseldorfer Stadthalle kommt es unterdessen zu einer weiteren Hauptversammlung. Dieses Mal ist es das außerordentliche Aktionärstreffen, bei dem die Kapitalerhöhung über 500 Millionen Euro beschlossen werden soll. Wenn das klappt, steht die Finanzierung des Unternehmens für die nächsten Monate und Jahre. Aktionäre, die noch immer nicht glauben wollen, dass der Konzern direkt am Rand der Klippe angekommen ist, sollten den Verkaufsprospekt für die Kapitalerhöhung lesen, einen DIN-A4-Wälzer von rund 300 Seiten. Danach ist das Unternehmen nicht einmal mehr 1,5 Milliarden Euro wert. Es wird gedrückt von fast 3 Milliarden Euro langfristigen Schulden und 4,3 Milliarden Euro kurzfristigen Verbindlichkeiten. Die Eigenkapitalquote ist mit 1 Prozent gerade noch messbar. Mit dem frischen Geld soll das Eigenkapital von 82 Euro immerhin auf knapp 600 Millionen Euro steigen. Das entspräche eine Quote von 6,8 Prozent – doch die wäre immer noch meilenweit vom Ziel entfernt, im Jahr 2006 auf »mindestens 25 Prozent« zu kommen.

15 Seiten des Prospektes nimmt allein das Kapitel »Risikofaktoren« ein, bei dem es sich laut Konzernsprecher allerdings um eine rein juristische Formalie handele, man müsse schließlich auf jedes denkbare Risiko hinweisen. Der Versuch, das Papier zu relativieren, ist verständlich angesichts des Inhaltes: Zum einen finden sich so grotesk-lapidare Zwischenüberschriften wie »Das Geschäft von KarstadtQuelle ist teilweise saisonal und vom Wetter abhängig« oder »KarstadtQuelle ist von der Veränderung des Kundengeschmacks und Markt- und Modetrends abhängig«. Zum anderen gibt es erstaunlich offene Eingeständnisse falscher Managemententscheidungen, bei denen sich wohl die Hausjuristen gegen die Öffentlichkeitsarbeiter und die Investor-Relations-Leute durchgesetzt haben: »Der KarstadtQuelle-Konzern hat in den Segmenten Einzelhandel und Versandhandel einen strukturellen Wettbewerbsnachteil«, »Der KarstadtQuelle-Konzern ist wesentlich von der Entwicklung der deutschen Konjunktur und dem Verbraucherverhalten

abhängig« oder »KarstadtQuelle hat eine rückläufige Ertragskraft infolge nachhaltigen Umsatzrückgangs bei weiterhin hohen Kosten; es ist nicht gesichert, dass das Restrukturierungsprogramm diese Entwicklung umkehrt«. Solche Risikopunkte sind direkte Folgen falscher Unternehmensausrichtung.

Wer die folgenden Sätze gelesen hat, kann sich nur wundern, dass die Kapitalerhöhung überhaupt durchgekommen ist: »Aufgrund der verstärkten Umsatzrückgänge, der schwachen Ertragskraft des Konzerns, erheblicher Verluste in den ersten neun Monaten des Geschäftsjahres 2004, des stark gesunkenen Eigenkapitals und der hohen Neuverschuldung sowie des dadurch notwendig gewordenen Restrukturierungs- und Refinanzierungsprogramms, dessen Erfolg nicht garantiert werden kann, ist die Anlage in Aktien der Gesellschaft mit einem erhöhten Risiko verbunden. Aufgrund der labilen Situation des Konzerns kann schon der Eintritt eines einzigen, für sich genommen möglicherweise geringfügigen Risikos zu einer deutlichen Verschlechterung der Lage des Unternehmens und schlimmstenfalls zu einer Insolvenz führen.« Nach der Lektüre dieses Beipackzettels voller möglicher Nebenwirkungen kann kein KarstadtQuelle-Aktionär mehr behaupten, man hätte ihn nicht gewarnt. Denn die beiden Sätze charakterisieren den Zustand des Konzerns zu diesem Zeitpunkt exzellent.

Die Hauptversammlung, auf der all dieses verhandelt wird, gerät zur Geduldsprobe, insbesondere für Versammlungsleiter Thomas Middelhoff. Er ist die dominierende Figur auf Unternehmensseite, Vorstandschef Achenbach wirkt neben ihm allenfalls wie eine Nummer zwei. Immer wieder versucht eine Vertreterin des »Vereins zur Förderung der Aktionärsdemokratie« (VFA) durch ungewöhnliche, bisweilen unsinnige Fragen das Treffen zum Platzen zu bringen. Denn falls die Unternehmensvertreter die Fragen nicht oder nicht vollständig beantworten, können alle Beschlüsse für nichtig erklärt werden. Wird die Versammlung nicht bis Mitternacht beendet, muss ein neuer Termin angesetzt werden. Derlei Zeitverzögerungen jedoch kann Karstadt-Quelle in seinem Überlebenskampf überhaupt nicht gebrauchen, wäre für eine weitere Hauptversammlung doch abermals ein wochenlanger Vorlauf notwendig.

Eine Aktionärsschützerin kritisiert die geplante Stärkung der Finanzdecke um 500 Millionen Euro als »die schlechteste Kapitalerhöhung aller Zeiten«. Der Preis sei viel zu niedrig. Es gibt, wie schon bei der Versammlung im Mai, Kritik an den früheren Vorstandschefs Deuss und Urban. Middelhoff meint zwar, es bringe »überhaupt nichts, in der Vergangenheit nach Schuldigen zu suchen oder die Probleme an einzelnen Personen festmachen zu wollen«. Doch Redner aus dem Aktionärsvolk sehen das ganz anders, sie wollen sich den Blick zurück nicht verbieten lassen: »Herr Deuss befand sich im Dornröschenschlaf. Sein Nachfolger war hyperaktiv. Beide haben es nicht geschafft, dem Schicksal von KarstadtQuelle entgegenzutreten«, sagt jemand. Eine weitere Rednerin urteilt über die Ursache der Beinahepleite: »Der Vorstand hat geschlafen, aber vor allem der Aufsichtsrat. Dessen Überwachung war offensichtlich völlig unzureichend.« Andere Redner beklagen sich über die »ungleich verteilten Opfer des Solidarpaktes: Wo sind die Opfer der Banken?« Finanzchef Pinger nennt zwar keine Zahl, muss aber einräumen, dass die Banken für ihren neuen Kredit sogar einen höheren Zins fordern als bisher: »Der Zins reflektiert das gestiegene Risikoniveau«, begründet der Finanzchef vielsagend trocken.

Ein Aktionär möchte wissen, wie viel Geld KarstadtQuelle dem im Frühjahr zurückgetretenen Vorstandschef Urban noch zahlt. Als Middelhoff nach einiger Zeit der Recherche antwortet, macht sich Empörung im Saal breit: Urban bekommt bis September 2007 – also noch fast drei Jahre lang – Monat für Monat 65 000 Euro. Obendrauf gibt es ein einmaliges Extra von 2 Millionen Euro für möglicherweise entgangene Boni und Tantiemen.

Gegen 21 Uhr, nach elf Stunden und mehr als 200 Fragen an Vorstand und Aufsichtsrat, ist es schließlich geschafft: Die Kapitalerhöhung wird mit deutlicher Mehrheit angenommen. Dennoch stehen Widersprüche von Kleinaktionären im Raum, die die rettende Kapitalerhöhung doch noch kippen könnten. Einige Tage später sind die beim Notar zu Protokoll gegebenen Proteste plötzlich vom Tisch. Ein KarstadtQuelle-Sprecher dementiert, dass »finanzielle Zuwendungen« dazu geführt hätten, dass die Aktionäre ihre Oppositionsrolle aufgegeben haben.

Als in den folgenden Tagen einzelne Banken eine Ablösung Achenbachs fordern, weil sie ihn für den falschen Mann halten, stärkt Middelhoff dem Vorstandschef öffentlich den Rücken. Tatsächlich aber hält er, ebenso wie Madeleine Schickedanz, die Nummer eins nicht für eine Idealbesetzung für das Unternehmen. Wie erwartet verlängern die Banken nach den geforderten Beschlüssen zum Sanierungstarifvertrag und der Kapitalerhöhung die Kredite. Doch das hat nicht zu unterschätzende Nebenwirkungen für das Unternehmen: Die Institute haben sich Teile des Grundbesitzes und des Tochterunternehmens Thomas Cook als Sicherung für die Kredite verpfänden lassen. Verstößt das Unternehmen gegen Kreditrichtlinien, können die Banken somit Thomas Cook verkaufen. Zudem bekommen die Geldhäuser weitgehende Kontroll- und Vetorechte, die bis in den Kern der Hoheitsrechte der Unternehmensleitung reichen: Ohne die Banken kann der Vorstand nicht mehr über Firmenverkäufe, Investitionen, den Rückkauf eigener Aktien oder neue Kredite entscheiden. Besonders das Mitspracherecht bei neuen Krediten ist bedeutend, weil das Management bereits mit den – nicht im Konsortium befindlichen – Banken Goldman Sachs und Barclays Bank über eine zusätzliche Kreditzusage über 500 Millionen Euro spricht. Dieser Kredit wird teuer: Weil er praktisch ohne Besicherungen auskommt, werden Zinsen in der Region von 12 bis 13 Prozent fällig. Die Banken des Kreditkonsortiums können dem Vorstand jetzt auch Mindestwerte für das Ergebnis oder die Eigenkapitalquote vorschreiben. Bei Verstößen droht die Kündigung der Kredite – was faktisch die Insolvenz bedeuten würde. Somit sind die Banken zum entscheidenden Machtfaktor im Hause KarstadtQuelle geworden.

Zudem kocht jetzt ein politisch hochbrisanter Dauer-Rechtsstreit hoch, der neue finanzielle Löcher in die Firmenkasse reißen könnte: Die Jewish Claims Conference (JCC) fordert 145 Millionen Euro von Karstadt-Quelle für ein Grundstück am »Lenne-Dreieck« in Berlin. Die Nationalsozialisten hatten einst das Grundstück der jüdischen Warenhaus-Dynastie Wertheim enteignet. Über mehrere Stationen war die begehrte Fläche im Herzen Berlins nach dem Mauerfall zu KarstadtQuelle gekommen. Später hatte der Konzern das Grundstück für 280 Millionen Mark weiterverkauft. Dieses Geld – oder zumindest einen Teil davon – fordert die JCC für Angehörige der Wertheim-Familie ein. Mehrfach schon hatten die Opfervertreter in ähnlichen Verfahren Recht bekommen. KarstadtQuelle hat für den Fall einer Verurteilung oder einer außergerichtlichen Einigung keine Rücklagen gebildet. Wegen dieses neuen

Risikos fällt der Kurs deutlich. Die Gerichte wollen erst im kommenden Jahr entscheiden.

Kurz vor Jahresende leiht sich KarstadtQuelle noch mehr Geld: Das Unternehmen hat die angekündigte Wandelanleihe am Markt platziert. Institutionelle Anleger zahlen über 170 Millionen Euro. Ursprünglich waren nur »mindestens 125 Millionen Euro« geplant. Die Verzinsung beträgt 4,5 Prozent. Nach fünf Jahren können die Zeichner ihre Anleihe in Aktien umwandeln – in bis zu 19 Millionen Stück zum Preis von 8,76 Euro. Keine gute Investitionsentscheidung der Anleger: Denn der Wandelzeitpunkt ist Ende 2009. Dann wird der Konzern längst insolvent sein.

Das Jahr 2005

Januar 2005

Christoph Achenbach kann zu Jahresbeginn, vier Monate nach der Ankündigung des Sanierungspakets, seinen ersten Verkaufserfolg verkünden. Die Deutsche Post übernimmt große Teile der Konzernlogistik, darunter 20 Lagerstandorte mit 3 000 Mitarbeitern. Die Post-Tochter DHL beliefert künftig die Warenhäuser sowie die Kunden von Quelle und Neckermann.

KarstadtQuelle erwartet durch dieses Geschäft neben dem Verkaufserlös von 200 Millionen Euro Einsparungen von 3 bis 5 Prozent. Nach einer Nachtsitzung präsentieren Achenbach und Post-Chef Klaus Zumwinkel das Ergebnis der Öffentlichkeit. Doch die Journalisten, die sehr kurzfristig eingeladen worden sind, und mit ihnen viele Konzernmitarbeiter wundern sich über die Art der Präsentation des Ergebnisses: Beim Vorstandschef keine Spur von Aufbruch, von Freude über den ersten Schritt der Umsetzung des ehrgeizigen Desinvestitionsprogramms. Achenbach sieht erschöpft und blass aus – tatsächlich wie der Verwalter, als der er gern beschrieben wird.

Da wirkt der Käufer schon dynamischer. Klaus Zumwinkel ist sozusagen ein Freund des Hauses. Der Erbe eines Handelsunternehmens, das 1971 an Rewe verkauft wurde, war einst Vorstand des Versenders Quelle, jetzt sitzt er im Aufsichtsrat von KarstadtQuelle.

In diesem Fall ist also der Vorstandschef des Käuferunternehmens gleichzeitig Aufsichtsrat beim Verkäuferkonzern. Nein, eine Interessenkollision sei darin nicht zu sehen, meint er. Bei Aufsichtsratsbeschlüssen zum Verkauf an die Post habe er sich immer herausgehalten. Das werde er bei Logistikthemen auch künftig so halten, wenn nötig, verspricht er.

März 2005

Wenn auch die Kunden weiter die Warenhäuser meiden und immer weniger bestellen, läuft immerhin der Verkauf der Tochterfirmen ganz gut an: Der Konzern konnte im Februar seine Medienbeteiligungen am Sportsender DSF, an der Internetplattform Sport1 und am Fernsehverkaufskanal Home Shopping Europe loswerden. Nun muss das Management die Abhängigkeit vom deutschen Markt reduzieren. Deshalb soll die Versandsparte ihren Auslandsumsatz in den Wachstumsmärkten Osteuropas deutlich steigern. Investitionen von 50 Millionen Euro sind geplant, damit Quelle und Neckermann in Russland, der Ukraine, Polen, Bulgarien, Rumänien, Litauen, Mazedonien und Serbien neue Geschäfte aufbauen können. Bisher erzielt der Versand jeden vierten Umsatz-Euro im Ausland. Im gesamten Konzern ist es nur jeder zehnte, was deutlich unter dem Durchschnitt der großen deutschen Händler liegt. Wegen der Umsatzeinbrüche im Jahr zuvor hat der ewige Konkurrent, die Hamburger Otto-Gruppe, KarstadtQuelle erstmals an Größe überholt. Otto kommt auf einen Umsatz von 14,36 Milliarden Euro, KarstadtQuelle auf einen von 14,2 Milliarden Euro. Das ist zwar ein unangenehmer Prestigeverlust für die Manager in Essen und Fürth, aber angesichts der zahllosen anderen Probleme fällt er kaum ins Gewicht.

Schließlich wird die Kritik der Banken an Achenbach immer lauter. Der Vorstandschef habe innerhalb eines knappen Jahres im Amt zu wenig erreicht, heißt es. Offensichtlich sei er überfordert. In der Zentrale werde trotz der Existenzbedrohung nach dem Motto »business as usual« gearbeitet. Achenbach fällt eine seltsame Entscheidung, die jedes Fingerspitzengefühl vermissen lässt: Mitten in der Existenzkrise zieht er mit seinem Vorstand aus der Konzernzentrale in ein Nachbargebäude – angeblich war es ihm in der Hauptverwaltung zu unruhig. Die Reaktionen der um ihre Jobs kämpfenden Mitarbeiterinnen und Mitarbeitern draußen in den Läden, den Lagern oder den Call-Centern kann man sich vorstellen.

Zudem endet Achenbachs Zweiteilung des dicken Hauptkataloges von Quelle in ein Mode- und ein Technikbuch verheerend: »Das hat Hunderttausende Stammkunden vertrieben und Millionen Euro an Umsatz gekostet. Davon hat sich Quelle nie wieder erholt«, kritisiert ein

Aufsichtsratsmitglied. Unzählige Negativ-Gerüchte sind über Achenbach im Umlauf. So habe er etwa abermals darauf gedrängt, dass sein Vertrag zu verbesserten Bedingungen verlängert wird. Kurz vor einer wichtigen Investorenpräsentation in den USA meldet er sich krank – wenig später soll er im Publikum einer live ausgestrahlten Fernsehshow gesehen worden sein. Im Aufsichtsrat wachsen die Zweifel, ob Achenbach seine selbst gesteckten Ziele noch erreichen kann. Der soll sich verfolgt gefühlt und in einem Brief an Middelhoff über Mobbing gegen sich geklagt haben. »Ich habe mich nie abfällig über Herrn Achenbach geäußert«, erklärt Middelhoff später. Einige seiner engsten Mitarbeiter taten das allerdings durchaus. Derweil hat Middelhoff, der offiziell weiter zu Achenbach steht, bereits im In- und Ausland die Suche nach einem Nachfolger in Auftrag gegeben.

Sätze zum Entsetzen: Wie Führungskräfte über Führungskräfte bei Arcandor sprechen

Achenbach beklagt also, dass sich andere Vorstandsmitglieder negativ über ihn äußern. Doch neben ihm werden auch andere zum Ziel verbaler Fundamentalkritik. Wie Arcandor-Manager über ihresgleichen reden, was Verhandlungspartner aus anderen Firmen von den Top-Entscheidern des Essener Konzerns halten, sagt viel über das Klima im Unternehmen. Die folgende Sammlung von Führungskräfte-Einschätzungen ist im Rahmen der Recherche für dieses Buch entstanden. Einige dieser Sätze zum Entsetzen sind so deutlich, dass sie als Beleidigungen aufgefasst werden könnten. Deshalb erscheinen alle anonymisiert, die verwendeten Buchstaben für die Personen sind zufällig gewählt. Die Zitate stammen von Verhandlungspartnern aus der Top-Liga und beziehen sich auf Herren – es ist keine Frau dabei –, die den Konzern als Vorstandsmitglieder der Muttergesellschaft Arcandor oder von Karstadt und Primondo/Quelle über Jahre gesteuert haben. In den meisten Zitaten reden Arcandor-Vorstände über Arcandor-Vorstände:

»Vorstand A war ein Choleriker.«
»Vorstand B war ein Autist.«

»Herr C ist dumm und sein Kollege D ist nicht besser.«

»Herr E wusste nicht, wovon er redete.«

»Herr F hat gar nichts kapiert.«

»Herr G mochte keine Zahlen. Und dann bekam er das Finanzressort.«

»Vorstand H konnte exzellent Präsentationen vortragen. Es durften nur keine Nachfragen kommen.«

»Vorstand I war nur eine willfährige Schachfigur von Herrn J.«

»Vorstand K hatte 'ne Macke.«

»Vorstand L verband in sich die seltene Mischung aus allergrößtem Ehrgeiz und großer Faulheit.«

»Vorstand M habe ich als Mischung aus Arroganz und Unkenntnis erlebt.«

»Ich glaube, Vorstand N nahm Tabletten, irgendwelche Psychopharmaka.«

»N soll Tabletten genommen haben? Das würde ich sofort unterschreiben.«

»Vorstand O war eine stinkfaule Sau.«

»Erst in den letzten Tagen vor der Insolvenz hat sich Vorstand P mal so richtig reingekniet. Das war das erste Mal.«

»Vorstand Q hat meiner Meinung nach eine narzisstische Persönlichkeitsstörung.«

»Vorstand R hatte meiner Meinung nach einen mentalen Defekt.«

»Vorstand S wusste offenbar gar nicht, wie das Unternehmen dastand, für das er Verantwortung trug.«

»Vorstand T füllte seine Position nicht aus.«

»Vorstand U machte einfach keinen seriösen Eindruck.«

»Ich habe immer gesagt, dass man V keinerlei Verantwortung übertragen darf. Und dann wurde er Vorstand. Und die, die ich vorher gewarnt hatte, taten mir Abbitte.«

»Herr W kannte seine Zahlen nicht und verstand keine Zusammenhänge.«

»Vorstand X behandelte Vorstand V vor aller Augen wie einen Schuljungen.«

»Vorstand Z war nie da und betrieb nur Management by Helicopter.«

April 2005

Achenbach hat genug. Nach nur zehn Monaten im Amt will er den Druck und die Angriffe gegen sich nicht mehr ertragen. Er bittet den Aufsichtsrat, ihn aus seinem Vertrag zu entlassen. Es gibt die üblichen Floskeln des Dankes und Bedauerns, und schon ist das Zwischenspiel Achenbach beendet. Das Bedauern Middelhoffs, der in ihm von Anfang an den falschen Mann zur falschen Zeit sah, dürfte sich in Grenzen gehalten haben.

Jetzt allerdings ist Aufsichtsratschef Middelhoff gefordert: Er muss schnellstens einen neuen Vorstandschef finden, der einem der schwierigsten Jobs der deutschen Wirtschaft gewachsen ist und der innerhalb einiger Wochen aus seinem bisherigen Vertrag aussteigen kann. Kein einfaches Unterfangen! Damit der Konzern in der Zwischenzeit nicht kopflos ist, soll zunächst Finanzchef Harald Pinger den Vorstand »koordinieren«. Pinger gilt als Hoffnungsträger Middelhoffs mit exzellenten Beziehungen zu den Banken, der ja bereits maßgeblich an der Umsetzung der 500-Millionen-Kapitalerhöhung beteiligt war. Aber er hat keinerlei Erfahrung im operativen Geschäft des Einzelhandels. Zudem muss er wegen der Doppelbelastung möglicherweise das derzeit so wichtige Finanzressort vernachlässigen, das vor seinem Einstieg so lange unbesetzt geblieben war.

Der künftige Konzernchef werde »nach einem klaren Anforderungsprofil international gesucht«, heißt es in einer Pressemitteilung. Mit Ron Sommer, dem früheren Chef der Deutschen Telekom, hatte es schon zuvor Gespräche über den Topjob gegeben. Doch Sommer fiel bei Madeleine Schickedanz durch. Headhunter wie Spencer Stuart fahnden jetzt nach einem Motivator und Kommunikator mit hoher Durchsetzungsfähigkeit, besten Beziehungen zu den Banken und möglichst mit internationaler Erfahrung. Innerhalb der nächsten zwei bis drei Monate soll er gefunden sein, kündigt Middelhoff an.

Schnell präsentieren die Headhunter intern eine lange Liste von Kandidaten, echten Topbesetzungen – aber es gibt auch schon Absagen. Der erfolgreiche Chef des Herzogenauracher Sportartikel- und Modeherstellers Puma etwa, Jochen Zeitz, hat bereits abgelehnt. Auch Procter & Gamble-Manager Paul Polmans kommt nicht zu Arcandor – der

Niederländer wird kurze Zeit später Finanzchef des weltgrößten Lebensmittelherstellers Nestlé und anschließend Vorstandschef von Unilever. Metro-Vorstand Stefan Feuerstein ist ebenfalls ein Topkandidat für den Vorstandsvorsitz, fällt aber trotz eines wohlwollenden Dossiers in Essen durch.

Gleichzeitig scannt Spencer Stuart den Markt nach einem neuen Chef für die Warenhaussparte Karstadt als potenziellem Nachfolger von Helmut Merkel. Dass die auf nobel getrimmt werden soll, lässt sich allein am Vorleben der Kandidaten für diesen Job ablesen. Darunter sind große Namen: Claus-Dietrich Lahrs, Geschäftsführer von Christian Dior Couture und später Boss von Hugo Boss; Thomas Grote, der langjährige President von Esprit und späterer Chef von Mexx; Heinz Hackl, Chef von Joop in Hamburg, dann Boss bei René Lezard. Hackl wird zwischen diesen beiden Engagements für ein paar Monate Einkaufschef von Karstadt werden. Neben einigen Managern von Handelsunternehmen fürs Volk – etwa von Rossmann-Miteigentümer Watson Europe oder der amerikanischen Tengelmann-Tochter A&P – sowie Konsumgüterherstellern wie Reckitt Benckiser stehen vor allem Führungskräfte von Premiumanbietern auf der Liste. Sie verdienen ihr Geld bei Gucci, Estée Lauder, LVMH oder IWC Watches. Wie sie aus dieser glitzernden Welt ins Dunkel des Karstadt-Konzern gelockt werden sollen, ist unklar. Die Namen dieser Kandidaten kommen mit diesem Buch erstmals ans Licht.

Trotz der entstandenen Verunsicherung begrüßt die Börse den Abgang des schwachen Achenbach: Der Kurs steigt. Weil die Karstadt-Aktie allerdings seit Monaten große Ausschläge nach oben und unten verzeichnet, nennen Aktienhändler sie inzwischen wenig schmeichelhaft ein »ziemlich volatiles Zockerpapier«.

Nur wenige Tage nach seiner Ernennung zum »Vorstandskoordinator« muss Harald Pinger auf der Bilanzpressekonferenz die Zahlen des Jahres 2004 präsentieren. Schon die Art des Vortrages dokumentiert die neue Zeit bei KarstadtQuelle: Das ist nicht mehr das biedere Zahlenvorlesen wie bei Urban. Pinger präsentiert fast amerikanisch, locker, aber sachlich.

Die Zahlen werden aber auch durch den lebendigeren Vortrag nicht besser: Der Umsatz sank im Urban-Achenbach-Jahr um 6,8 Prozent, unter dem Strich steht eine riesige rote Zahl: 1,6 Milliarden Euro Verlust.

Ohne die gigantischen Sanierungskosten hätte das Minus 190 Millionen Euro betragen. Im Vorjahr stand an dieser Stelle der Bilanz noch ein Gewinn von 107 Millionen Euro. Besserung ist nicht in Sicht: Im ersten Quartal des neuen Jahres stürzte der Umsatz sogar um 8,6 Prozent ab, vor allem Quelle machte desaströs schlechte Geschäfte: minus 14 Prozent in Deutschland!

Deutlicher als durch die Riesensumme von über 1,4 Milliarden Euro Restrukturierungskosten kann man kaum dokumentieren, dass in der Vergangenheit Riesenfehler gemacht wurden. Dafür wird jetzt bezahlt. Wie kommt dieser Wert zustande? Zum einen hat sich die Konzernführung jahrelang reich gerechnet: Werte des Konzerns, auch die ganzer Sparten, wurden viel zu hoch angesetzt und müssen jetzt auf die Realität heruntergeschrieben werden. Hinzu kommen Rückstellungen für Kosten, die durch die geplanten Standortschließungen und Abfindungen für die ausscheidenden Mitarbeiter entstehen. Lagerbestände, die noch mit hohen Werten zu Buche schlagen, die aber allenfalls zum Ramschpreis zu verkaufen sind, treiben die Restrukturierungskosten weiter in die Höhe. Ebenso wie die Position für eine Rückstellung »für drohende Verluste aus Immobilienprojekten (Esch-Projekte)«, wie es im Geschäftsbericht 2004 heißt. Es sind dies die Millionen für die hohen Mieten der Oppenheim-Esch-Häuser, die Wolfgang Urban abgeschlossen hatte.

Auf den verteilten Konzernunterlagen steht als Zeichen eines Neuanfangs nicht mehr »KarstadtQuelle«, sondern »KarstadtQuelle neu«. Das Neue jedoch ist aus den Zahlen nicht ablesbar. Berater Roland Berger aber sieht bereits bessere Zeiten anbrechen: »Das Grundkonzept von KarstadtQuelle hat sich bestätigt – die Umsetzung ist mit erkennbaren Erfolgen auf gutem Weg«, zitiert Pinger ein Gutachten des Beratungsunternehmens. Pinger will den Personalabbau beschleunigen, um die Einsparungen schneller zu erzielen. Noch im laufenden Jahr sollen 4000 Stellen gestrichen werden. Auf die Frage nach dem Einfluss von Middelhoff auf das operative Geschäft sagt er: »Den gibt es nicht.« Beim folgenden ungläubigen Gelächter der Journalisten verzieht er keine Miene. Auch Zerschlagungsgerüchte dementiert er kühl: »Es gibt keine Pläne, Karstadt und den Versandbereich voneinander zu trennen.« Madeleine Schickedanz kauft weitere Aktien zu.

Mai 2005

Thomas Middelhoff hat entgegen seiner Ankündigung keinen neuen Vorstandschef gefunden. Jetzt muss er bekannt geben, dass er den Posten selbst übernimmt. »Auf Bitten und aufgrund der Überredungskünste der Eigentümer und des Aufsichtsrates«, wie er sagt. Nach Achenbachs Abgang habe er keine Wahl mehr gehabt. »Die Sanierung von KarstadtQuelle ist ohnehin schon mit meinem Namen verbunden, egal ob als Aufsichtsratschef oder als Vorstandschef.« Und dann sagt Middelhoff einen Satz, der eine Vorhersage dessen ist, was kommen wird: Sollte diese Sanierung misslingen, »würde auch meine Reputation leiden«. Immerhin kennt Middelhoff das Unternehmen inzwischen gut und verliert als Vorstandschef keine weitere Zeit mit der Einarbeitung, wie das bei einer neuen Nummer eins von außen der Fall gewesen wäre. Er unterschreibt einen Drei-Jahres-Vertrag, während Urban noch über fünf Jahre verpflichtet worden war. Middelhoff ist damit der dritte Vorstandschef innerhalb von nur zwölf Monaten.

Die gescheiterte Bestellung des Achenbach-Nachfolgers von außen ist der erste Fall, in dem Middelhoff bei KarstadtQuelle eines seiner mutigen Versprechen nicht erfüllen kann. In den nächsten Jahren wird es weitere dieser Fälle geben – und das wird Middelhoff letztlich den Job kosten. Doch jetzt ist erst einmal ein neuer Aufsichtsratschef als Middelhoff-Nachfolger zu wählen. Es wird Hero Brahms, der seit Jahren im Kontrollgremium sitzt. Er war unter Detlev Karsten Rohwedder Finanzvorstand beim Stahlkonzern Hoesch, wurde Treuhand-Vize, für ein paar Monate Finanzchef bei Kaufhof und schließlich beim Industriegase- und Gabelstapler-Hersteller Linde. Damit ist nach Meinhardt also wieder ein Linde-Mann Chefkontrolleur.

Middelhoff macht wie immer Tempo und kündigt gleich auf seiner ersten Presse- und der anschließenden Analystenkonferenz als Vorstandschef an, die Konzernstruktur deutlich zu entschlacken und bei den Tochterfirmen eine Hierarchieebene zu streichen. Die Töchter Karstadt, Quelle und Neckermann sollen keine Aktiengesellschaften mehr, sondern deutlich weniger eigenständige GmbHs sein. Dadurch will er sich nicht nur eines direkteren Zugriffs versichern, sondern auch die Aufsichtsräte der Tochterunternehmen streichen. Das spart Zeit und

Geld. Auch die prestigeträchtigen Direktorentitel werden abgeschafft. »Das künftige Augenmerk richtet sich noch mehr auf die Umsatzentwicklung«, verspricht Middelhoff. Der Augenblick für den Angriff auf die so beliebten Erbhöfe in den Verwaltungsgebäuden und auf die Schwerfälligkeit des mittleren Managements ist gut gewählt, mit großem internem Widerstand muss dieses Mal nicht gerechnet werden: Wer sich in der aktuellen Krisensituation noch gegen derlei Veränderungen stemmt, wird schnell als Betonkopf abgestempelt, der nur an das eigene Wohl denkt, nicht aber an das der Firma.

Harald Pinger soll – seines Koordinatorenamtes wieder entbunden – als Feuerwehrmann die Versandsparte in Ordnung bringen. Der bisherige Versandchef und Achenbach-getreue Arwed Fischer dagegen muss »mit sofortiger Wirkung« gehen. Aber wie: Unmittelbar vor Beginn der Pressekonferenz, auf der all dieses verkündet werden soll, nimmt jemand in einer skurrilen Aktion im bereits gefüllten Saal auffällig unauffällig das Namenschildchen Fischers vom Podium. Dessen Karriereende bei Quelle ist damit für jedermann augenfällig. Die Entlassungen aber werden teuer: Fischer bekommt 2,8 Millionen Euro, Achenbach 1,5 Millionen Euro.

Fischer ist nur einer von vielen fliegenden Vorständen – wobei sich die Formulierung in diesem Fall nicht auf deren Dienstreisegewohnheiten bezieht. Zwischen 2003 und 2009 sind allein im Versandbereich des Konzerns 20 Vorstandsmitglieder ausgeschieden – oft nach gerade zwei- oder dreijähriger Unternehmenszugehörigkeit. Bei Karstadt waren es zwölf Vorstände. Und auf Konzernebene, also im obersten Führungsgremium, schieden in diesen 7 Jahren 14 Vorstandsmitglieder aus. Eine solche Fluktuation von nahezu 50 Top-Führungskräften, die fast immer mit Verunsicherung und Konzeptveränderungen einhergeht, kann kaum ein Unternehmen verkraften – auch nicht finanziell. Denn die meisten abgesägten Vorstände nahmen üppige Millionenabfindungen mit. Die hohe Wechselquote zeigt zudem, wie oft die Verantwortlichen bei der Personalauswahl danebenlagen.

Middelhoff listet auf seiner ersten Hauptversammlung als Vorstandschef überraschend deutlich die Fehler seiner Vorgänger auf. Nicht viele Neu-Chefs waschen die schmutzige Wäsche derart öffentlich: Die Fusion von Karstadt und Quelle 1999 sei nie wirklich umgesetzt worden, der Konzern habe kein tragfähiges Finanzgerüst gehabt, urteilt Middelhoff. Zudem sei es völlig unverständlich, dass ein solch großes Unternehmen über Monate hinweg keinen eigenen Finanzvorstand gehabt habe. Ohne die Sofortmaßnahmen des Middelhoff-Teams »hätte das Unternehmen mit einiger Wahrscheinlichkeit den Herbst/Winter 2004 liquiditätsmäßig nicht durchgestanden«, wäre also in die Insolvenz gerutscht. Jetzt dagegen sei die Wende zum Bessereren zu erkennen: »Der Sanierungskurs beginnt zu greifen«, behauptet Middelhoff. Aktionäre kritisieren neben den Fehlern der Vorstände vor allem die Untätigkeit der Aufsichtsräte, die die Manager kontrollieren sollten und das Desaster nicht verhindert haben.

Doch Middelhoff teilt nicht nur aus, er muss auch einstecken. Abermals erntet er heftige Kritik wegen seiner Beteiligung an den Oppenheim-Esch-Fonds. Doch Middelhoff ist sich keiner Schuld bewusst. Er wiederholt, dass er die Fonds lange vor seinem Eintritt bei KarstadtQuelle gekauft und den Besitz ordnungsgemäß angezeigt habe. Er sieht keinen Interessenkonflikt und somit keinen Anlass, sich von den Fondsanteilen zu trennen.

Auf die Frage eines Aktionärs bestätigt Middelhoff erstmals, dass Großaktionärin Schickedanz mit 50,0015 Prozent der Aktien jetzt die Mehrheit an KarstadtQuelle besitzt. Zu ihrem Konzept gibt es trotz Nachfragen von Aktionären keine Auskunft. Auch ihr Mann Leo Herl, der als Aufsichtsrat auf dem Versammlungspodium sitzt, äußert sich nicht. Middelhoff versichert lediglich, dass es keine Zerschlagung geben werde. Doch dieses Gerücht hält sich hartnäckig – und ist ja auch gar nicht so weit von den wahren Plänen entfernt.

Die Einzelteile sind deutlich mehr wert als das gesamte Unternehmen laut Kapitalisierung an der Börse, das ist schließlich nicht nur Middelhoff aufgefallen. Während alle KarstadtQuelle-Aktien rechnerisch jetzt für 1,9 Milliarden Euro zu haben wären, taxiert die Deutsche Bank den Erlös aus einem Einzelteilverkauf auf 5,7 Milliarden Euro – allerdings vor Abzug der Verbindlichkeiten. Allein die Immobilien seien 3 Milliarden Euro wert, heißt es in der Studie. Branchenkenner glauben, dass es genügend Private-Equity-Unternehmen gibt, die deshalb gern in Teile des Sanierungsfalls KarstadtQuelle investieren würden. Aber nicht wegen des Warenhausgeschäftes – sondern wegen der Warenhausimmobilien.

Juni 2005

Middelhoff dreht eine der seltsamsten Achenbach-Entscheidungen zurück und ordnet den Rückumzug des Vorstandes in den dritten Stock des Zentralgebäudes in Essen an, um »näher an den Mitarbeitern zu sein«. Nach dem Auszug des Achenbach'schen Führungsgremiums hatten sich die Sanierungsberater von Roland Berger im Haupthaus eingerichtet. Sie finden problemlos eine neue Bleibe, durch den Stellenabbau sind ja genügend Büros frei geworden.

KarstadtQuelle verkauft die 20 Läden der Golfsportkette Golf House an die Starnberger Beteiligungsgesellschaft Arques. Die 77 kleinen Warenhäuser und die 300 Fachgeschäfte des Konzerns sollen bis zum Herbst einen neuen Eigentümer gefunden haben. Die Verhandlungen laufen, sagt Middelhoff wie immer optimistisch. Der Vorstandschef ist aber mit der Zusammenarbeit mit den Betriebsräten nicht zufrieden. Von ihnen fordert er mehr Flexibilität etwa bei der Genehmigung von Sonntagsöffnungen. Jedes Haus hat einen eigenen Betriebsrat, der solchen Sonderverkaufszeiten zustimmen muss. Und das nicht oft tut. Dann bleibt der Laden geschlossen. Zudem verlangt Middelhoff mehr Freundlichkeit von den Mitarbeitern: »Wir müssen einen Mentalitätswechsel einleiten«, fordert er auf einer Betriebsräteversammlung. Mit der Mentalität seiner Mehrheitsaktionärin allerdings ist er durchaus zufrieden: Madeleine Schickedanz hat weitere 1,2 Millionen Aktien im Wert von 10,6 Millionen Euro übernommen. Das bringt wenigstens an dieser Front Ruhe. Der Kurs steigt daraufhin um 8 Prozent.

Juli 2005

Allerdings sackt das Papier schnell wieder in die andere Richtung. Mitte Juli muss die Aktie zeitweise vom Handel ausgesetzt werden, damit der Kurs nicht kollabiert: Denn KarstadtQuelle hat schon wieder seine Umsatz- und Ergebnisziele für das laufende Jahr nach unten korrigiert. Im Versandgeschäft seien die Probleme größer als angenommen, sagt Middelhoff wenige Wochen nach dem Rausschmiss des langjährigen Versandchefs Fischer. »Hier sind über Jahre hinweg Anpassungsmaßnahmen unterlassen worden, die jetzt schnell und konsequent umgesetzt werden müssen«, erklärt er zur Begründung. Spekulationen, nach denen die Versandmanager nicht immer die richtigen Zahlen an die Zentrale in Essen übermittelt hätten, dementiert der Vorstand in den nächsten Tagen nicht. Zu Middelhoffs Lieblingsformulierungen gehört zu dieser Zeit der Satz »Wir haben geliefert«. Diesen verwendet er, wenn er eine seiner Ankündigungen wahr gemacht hat. Jetzt hat er wieder »geliefert«: Die Textilkette Wehmeyer, die Fitnessstudios und der Logistikstandort Unna sind verkauft.

August 2005

Noch eine »Lieferung«, dieses Mal sogar eine ganz große: Mit einem Schlag bekommen 10 000 Konzernmitarbeiter neue Arbeitgeber: KarstadtQuelle gibt die nach einigen Einzelverkäufen verbliebenen 74 kleinen Warenhäuser mit maximal 8 000 Quadratmetern Verkaufsfläche, die Textilkette SinnLeffers und den Laufsporthändler Runners Point an Finanzinvestoren ab. Middelhoff bezeichnet den Verkauf als »Durchbruch für die Sanierung unseres Unternehmens«. Jetzt könne sich das Management auf die Sanierung des Versandes und der verbliebenen 89 Warenhäuser konzentrieren. Damit kann er das Verkaufsprogramm, das 1,1 Milliarden Euro bringen sollte, etwas früher abschließen als geplant. Insgesamt hat der Konzern jetzt bereits 25 000 Mitarbeiter abgegeben. Ein weiteres Programm beinhaltet den Verkauf der Karstadt Hypothekenbank und des Ratenkreditgeschäftes und soll weitere 1,3 Milliarden Euro bringen. Der Aktienkurs hat sich seit April um 45 Prozent erholt. Die Gewerkschaft Ver.di begrüßt, dass durch die Paketverkäufe eine »Rosinenpickerei« für einzelne Standorte vermieden werden konnte, bei denen die schwächeren Filialen vermutlich auf der Strecke geblieben wären.

Auch für die kleinen Warenhäuser mit rund 700 Millionen Euro Jahresumsatz ist jetzt eine Lösung gefunden: Sie gehen an den britischen Investor Dawnay Day, der auf Immobilien spezialisiert ist, und – als eine Art Juniorpartner – an den Einzelhandelssanierer Hilco, britische Tochter eines US-Konzerns. Das Konsortium soll rund 500 Millionen Euro gezahlt haben – ein hoher Preis für ein Portfolio größtenteils defizitärer und renovierungsbedürftiger Kaufhäuser in Klein- und Mittelstädten. Aber die Zeiten sind gut für Firmenverkäufer. Private-Equity-Unternehmen vor allem aus Großbritannien und den USA suchen händeringend Anlagemöglichkeiten für die Milliarden, die ihnen die Investoren in ihre Fonds anvertraut haben. Allerdings erwarten viele dafür extrem hohe Renditen von 20 bis 25 Prozent. An der Textilhandelskette SinnLeffers mit 67 Filialen und rund 500 Millionen Euro Jahresumsatz ist jetzt neben dem US-Finanzinvestoren HMD der frühere Tengelmann- und Grüner-Punkt-Manager Peter Zühlsdorff beteiligt. Runners Point geht zu 75 Prozent an die Hannover Finanz, die zuvor schon bei Rossmann und Fielmann engagiert war, und der Rest verbleibt für die beiden bisherigen Geschäftsführer.

Operativ läuft wenigstens das Zukunftsgeschäft Onlinehandel prächtig: Quelle.de, Neckermann.de oder Karstadt.de steigern ihren Absatz in den ersten sieben Monaten des Jahres um 9 Prozent auf 1,2 Milliarden Euro. Damit erzielt der Konzern jetzt fast jeden fünften Umsatz-Euro über das Internet.

September 2005

Thomas Middelhoff holt sich Verstärkung in den Vorstand, die er aus alten Bertelsmann-Tagen kennt: Er wirbt von seinem früheren Arbeitgeber Marc Oliver Sommer ab. Bei den Gütelohern war Sommer Vorstand der Buchclub-Sparte Direct Group und Geschäftsführer für Frankreich und Deutschland. Sommer, der Anfang 2006 Versandvorstand werden soll, ist gelernter Dirigent. Und Madeleine Schickedanz stockt ihren KarstadtQuelle-Anteil um weitere 1,17 Millionen Aktien auf. Der Stückpreis beträgt 10,72 Euro, sie gibt also abermals rund 12 Millionen Euro aus.

Unterdessen geht der Ausverkauf weiter: KarstadtQuelle gibt sein zweites Logistikpaket für 1,1 Milliarden Euro an den französischen Investmentfonds IXIS Capital Partners ab. Darin enthalten sind die Karstadt-Warenzentren in Unna, Essen und Berlin. Der frühere Quelle-Logistikstandort Leipzig bleibt in Konzernbesitz.

November 2005

Auch im dritten Quartal setzt sich der dramatische Umsatzverlust um fast 8 Prozent fort. Allerdings verbessert sich das Gesamtergebnis, zudem sinken durch die jüngsten Verkäufe Personalkosten und Schuldenstand. »Wir haben den freien Fall gestoppt«, verkündet Middelhoff. Er erklärt, dass er den Konzern bis Ende 2008 saniert haben will. Schon jetzt denkt er an Firmenzukäufe: Von der Lufthansa würde er gerne deren 50-Prozent-Anteil an der gemeinsamen Touristiktochter Thomas Cook und der Fluggesellschaft Condor übernehmen. Immer deutlicher wird, dass das Gemeinschaftsunternehmen den bereits erwähnten Konstruktionsfehler hat: Während die Lufthansa vor allem Plätze in den Flugzeugen verkaufen will, geht es Karstadt eher um den Absatz von Pauschalangeboten, also auch Hotelpaketen. Mit diesen gegensätzlichen Interessen blockieren sich beide Partner. Die Lufthansa zeigt jedoch wenig Interesse, Karstadt das Feld zu überlassen.

Dezember 2005

Viele verzichten in der Konzernkrise auf Ansprüche und Geld, vor allem die Mitarbeiter. Walter Deuss aber will nicht zurückstecken. Bei seinem unfreiwilligen Ausscheiden im Jahr 2000 hatte sich der frühere Vorstandschef bis zum Lebensende neben einem Büro einen Dienstwagen samt Fahrer zusichern lassen. 15 000 Euro für Überstunden des S-Klasse-Lenkers waren allerdings wegen der Firmenkrise in den vergangenen Monaten nicht überwiesen worden. Jetzt verklagt der Exchef das Unternehmen auf Nachzahlung. Obwohl Middelhoff wissen muss, dass Deuss im Recht ist – die Zahlungen sind vertraglich zugesichert –, lässt er es auf einen Prozess ankommen. Ihm kommt die Sache gerade recht, kann er sich doch in seinem Widerstand gegen Millionär Deuss endlich mit seinen Mitarbeitern solidarisieren. Und er hat die Außenwirkung der Verhandlung vor dem Essener Amtsgericht richtig eingeschätzt: Obwohl Deuss selbst nicht anwesend ist, stürzen sich die Medien auf das Thema. In der Belegschaft und der Bevölkerung ist die Empörung angesichts des kurz zuvor beschlossenen Gehaltsverzichtes der Mitarbeiter und des

Stellenabbaus groß. Deuss, so heißt es, habe einen wesentlichen Anteil an der Krise des Unternehmens, und jetzt will er auf keinen einzigen Euro verzichten! Ein Urteil wird erst im kommenden Frühjahr erwartet.

Middelhoff wagt sich jetzt aus der Deckung: Zeit und Markt scheinen ihm reif, wie im Masterplan vorgesehen das milliardenschwere Immobilienportfolio zu verkaufen. Mit der Vermarktung ließen sich die Bankschulden von rund 3 Milliarden Euro tilgen und anschließend die Zinszahlungen sparen, erklärt Middelhoff. Die Investmentbank Goldman Sachs ist bereits mit der Vorbereitung der Transaktion beauftragt. Der Markt ist tatsächlich gut für Immobilienverkäufe, wie kleinere Deals anderer Handelskonzerne zeigen. Die Investoren – zumeist Angelsachsen – suchen nach Anlagemöglichkeiten. Zwei Jahre zuvor war das noch anders. Damals gab der Handelskonzern Metro die Verkaufspläne für seine Immobilien mangels guter Angebote wieder auf. Experten taxieren den Wert der Karstadt-Warenhäuser, der Parkhäuser und der Verwaltungsgebäude auf 3 bis 3,5 Milliarden Euro. Nach dem Verkauf will Karstadt als Mieter in den Häusern bleiben. Die Aktie reagiert mit einem Kurssprung. Kritiker lehnen den Verkauf des »Tafelsilbers« jedoch ab, weil dadurch Bankschulden nur durch hohe Mietverpflichtungen ersetzt würden. Mit dem Immobilienbesitz verschwände zudem das letzte finanzielle Polster für Notsituationen. Karstadt würde sich den künftigen Vermietern ausliefern. Dabei ist es durchaus nicht unüblich, dass sich Einzelhändler zumindest von einem Teil ihrer Immobilien trennen. C&A oder Hornbach haben das auch gerade getan und die Gebäude dann zurückgemietet. Dieses Sale-and-lease-back-Verfahren macht aus gebundenem Kapital flüssige Mittel, die – je nach Zustand des Unternehmens – für die Expansion oder die Sanierung eingesetzt werden können.

Aber bei KarstadtQuelle ist das anders, Middelhoff will ja gleich alles abgeben. Damit geht er ein hohes Risiko ein. »Ohne seinen Immobilienbesitz wäre KarstadtQuelle wahrscheinlich vor Jahren in den Konkurs gegangen«, sagt ein für seine konservative Finanzpolitik bekannter Chef einer europaweit tätigen Handelsgruppe. »Jetzt verkauft Middelhoff das Tafelsilber, damit fällt das letzte Sicherheitsnetz weg. Wenn der Umsatz nicht steigt, wird es dramatisch.« Der Immobilienverkauf wird Middelhoffs wichtigstes Projekt für das folgende Jahr. Und eines der folgenreichsten für den Konzern.

Das Jahr 2006

Februar 2006

Seit Middelhoff Vorstandsvorsitzender ist, nutzt das Unternehmen positive Neuigkeiten oder Umstrukturierungsbeschlüsse viel offensiver als zuvor in der Öffentlichkeitsarbeit und bei der Bearbeitung der Finanzmärkte. Im Januar wurde bekannt, dass KarstadtQuelle erstmals seit Langem den Umsatzsturz stoppen konnte, jedenfalls bei den Warenhäusern. Im letzten Quartal 2005 kamen 1,2 Prozent mehr in die Kasse als im Vorjahresquartal. Oft bringen solche positiven Meldungen den erhofften Effekt: Der Kurs steigt. Manchmal kann Middelhoff ein und dieselbe Meldung sogar zweimal verkaufen. Auf wundersame Weise wird die Aktie dann tatsächlich gleich zweimal teurer. Der Erfolg kann sich sehen lassen: Middelhoff hat den Unternehmenswert an der Börse auf 4,5 Milliarden Euro gesteigert. Ende 2004 hatte er nur bei 1,6 Milliarden Euro gelegen.

Insbesondere der Umsatzzuwachs im Onlinehandel wird gern zur Aufhellung der Investorenstimmung genutzt. Denn in dieser Wachstumssparte legen Karstadt.de, Quelle.de oder Neckermann.de tatsächlich Quartal für Quartal kräftig zu – wenn auch zum Teil auf Kosten des klassischen Kataloggeschäftes. Solche Meldungen aus der Zukunftssparte des Handels geben KarstadtQuelle ein moderneres Image.

Auch die Neuordnung des Warenhausportfolios verkauft Middelhoff nach außen offensiv als Hebel für höhere Ergebnisse: Er schafft eine Drei-Klassen-Gesellschaft von Karstadt-Häusern, an deren Spitze die besten in einer »Premium Group« zusammengefasst werden. Dazu gehören zunächst das KaDeWe in Berlin, das Alsterhaus in Hamburg und das Oberpollinger in München. Später sollen die Häuser in Dresden, auf der Frankfurter Zeil und Hertie am Hauptbahnhof in München und weitere Filialen in großen Städten dazukommen. Insgesamt stehen 13 der 90 Häuser auf der Kandidatenliste für den Aufstieg in Karstadts Premium-Gruppe. In diesen »Weltstadthäusern« soll mehr Service geboten werden, es soll mehr exklusive Marken wie Gucci oder Louis Vuitton geben. Diese Aufwertung soll auch auf die gesamte Marke Karstadt abstrahlen. Die übrigen Häuser werden der unteren Kategorie »Boulevard« (24 Standorte) sowie der Mittelklasse »Boulevard Plus« (53 Standorte) zugeteilt. Für die Umsetzung der Neugliederung stehen im laufenden Jahr 150 Millionen Euro zur Verfügung.

Grundsätzlich ist die Idee der Unterteilung naheliegend. Der Warenhauspark ist immer noch sehr uneinheitlich und hat mit stark differenzierten Kundenanforderungen zu tun. So gibt es neben den Häusern in den Metropolen jene Filialen in Mittelstädten in wirtschaftlichen Problemregionen wie dem Ruhrgebiet oder Ostdeutschland. Da braucht es unterschiedliche Konzepte oder doch zumindest an den Standort angepasste Ausrichtungen. Doch der jetzt vorgestellte Plan scheint vielen Experten angesichts der mäßigen wirtschaftlichen Potenz des Konzerns zu anspruchsvoll. Allein die Renovierung des KaDeWe und des Karstadt-Hauses in Wiesbaden kosteten jeweils rund 50 Millionen Euro. Der Umbau der Filiale auf der Frankfurter Zeil soll rund 30 Millionen Euro verschlingen. Ob für die kleineren Häuser dann noch größere Beträge übrig bleiben, um sie an die verkündeten höheren Ansprüche anzupassen, ist höchst unwahrscheinlich. Zudem ruft Middelhoffs grenzenloser Optimismus bei der Renditeplanung in der Fachwelt Kopfschütteln hervor: Die Premium-Häuser sollen 10 Prozent Gewinn vom Umsatz abwerfen, die »Boulevard plus«-Häuser 8 Prozent und die einfachen Läden 3 Prozent. Solche Werte werden bei Warenhäusern in Deutschland dauerhaft nur sehr selten erreicht. Karstadt kommt gerade mal auf eine Gewinnmarge (vor Steuern, Zinsen und Abschreibungen) von 1,4 Prozent – also nicht einmal die Hälfte dessen, was der Chef jetzt den Schlichtläden der Boulevard-Gruppe als Ziel vorgibt. Es bleibt der Verdacht, dass es sich bei der Dreiteilung der Warenhäuser um einen schönen Plan handelt, der nur in Ansätzen in die Realität umgesetzt werden kann.

Ein ehemaliger KarstadtQuelle-Chef dagegen kann sein Vorhaben ohne Abstriche realisieren: Walter Deuss hat vor dem Essener Amtsgericht gewonnen. KarstadtQuelle muss weiterhin die Kosten für die Überstunden des Chauffeurs tragen. Die Zahlung sei vom Unternehmen vertraglich zugesichert worden, deshalb müsse das Unternehmen dafür aufkommen, urteilt das Gericht. Mitarbeiter und Medien sind entsetzt, dass der gut betuchte Betriebsrentner angesichts des Überlebenskampfes seines früheren Unternehmens auf der Zahlung besteht.

Thomas Middelhoff dagegen beschäftigt sich längst mit anderen Themen, vor allem mit dem Immobilienverkauf. Im Nebensatz einer Pressemitteilung weist das Unternehmen darauf hin, dass für die geplante Trennung von den Immobilien neben Goldman Sachs die Investmentbank Rothschild ins Boot geholt worden ist, als Berater. Eigentlich erstaunlich, weil doch in eben jener Pressemitteilung auch steht, der Verkaufsprozess verlaufe »planmäßig«, es hätten sich 20 ernsthafte Interessenten gemeldet. Wozu bedarf es da eines weiteren Beraters? Bis Ende September sollen die Gebäude verkauft sein, teilt das Unternehmen mit.

Doch schon im nächsten Monat gelingt es Middelhoff, zu zeigen, dass er schneller ist als seine Ankündigung: Auf der Bilanzpressekonferenz Ende März kann er einen Käufer für die Immobilien präsentieren.

Schlaglicht: **Aktion Tafelsilber**

Thomas Middelhoff liebt solche Überraschungen. Es bereitet ihm Freude, wenn er es seinen Kritikern zeigen kann. Wenn er ein sehr ehrgeiziges Ziel erreicht – und das dann auch noch früher als angekündigt. Denn solche Vollzugsmeldungen unterstreichen seine Dealmaker-Qualitäten.

Jetzt also wird Middelhoff den Milliardenschatz der Immobilien endlich heben, die »Unbeweglichen« werden bewegt. Der Verkauf des »Tafelsilbers« ist Middelhoffs größter Deal bei KarstadtQuelle. Bis in die Nacht vor der Pressekonferenz liefen die Verhandlungen. Jetzt ist alles klar. Damit wechselt für mehr als 3,7 Milliarden Euro ein Riesenpaket den Besitzer: 85 Warenhäuser, 29 Parkhäusern, zwölf Sporthäuser, 15 Bürogebäude und 33 »andere Gebäude«. Laut Middelhoff gab es nie einen größeren Immobiliendeal in Deutschland. KarstadtQuelle mietet die Gebäude langfristig zurück – zu einem Preis, der vielen zu hoch erscheint. Doch dazu später mehr.

Der Käufer ist eine Gesellschaft mit dem passenden Namen »Highstreet« – was üblicherweise für die Haupteinkaufsstraße einer Stadt steht. Die Eigentumsverhältnisse von Highstreet allerdings werfen Fragen auf: 51 Prozent hält der Whitehall Fund, ein Fonds der US-Investmentbank Goldman Sachs. Und 49 Prozent gehören – KarstadtQuelle. Der Handelskonzern verkauft fast die Hälfte der Immobilien erst einmal an sich selbst! Die gewählte Konstruktion ist streng genommen weniger ein Verkauf als eine schlichte Ausgliederung aus der Bilanz – zwar erlaubt, aber nicht gerade der Transparenz der Unternehmensfinanzen förderlich. Auch die Tatsache, dass ausgerechnet Goldman Sachs, jenes durch zahlreiche Aufträge immer mehr zu Middelhoffs Hausbank werdende Institut, die Mehrheit und die operative Führung der gemeinsamen Immobiliengesellschaft bekommt, hat einen ziemlich faden Beigeschmack. Denn wenige Wochen zuvor erschien Goldman unter seinem ideenreichen Deutschlandchef Alexander Dibelius der Öffentlichkeit noch als die Bank, die das Immobilienpaket verkaufen sollte. So jedenfalls waren die Pressemitteilungen von KarstadtQuelle zu verstehen, etwa die vom 8. Dezember 2005: »Das Unternehmen prüft derzeit, welche Optionen bestehen, um das Immobilienvermögen konsequenter zu nutzen. Optionen sind der Verkauf oder die Abtrennung mit anschließendem Börsengang. Goldman Sachs International ist beauftragt, diesen Prozess zu organisieren.« Am 14. Februar 2006 erklärte KarstadtQuelle per Pressemitteilung noch klarer:»Goldman Sachs ist von der KarstadtQuelle AG mit der Vermarktung der Immobilien beauftragt worden.«

Für Dibelius allerdings heißt das durchaus nicht, dass Goldman Sachs eine Maklerfunktion für KarstadtQuelle innehatte:»Wir hatten nie ein Verkaufsmandat von Arcandor für die Immobilien. Wir haben uns auf Anfrage die Sache angeschaut und einen Preis genannt. Für den Fall, dass wir irgendetwas mit dem Deal zu tun haben würden, war immer klar, dass wir Käufer sein würden und sonst gar nichts. Einen »Seitenwechsel« und damit verbundene Unsauberkeiten bei Goldman Sachs, über die einige Medien spekulierten, habe es nie gegeben.»Das war alles sauber, wir hatten allenfalls einen zeitlichen Vorteil gegenüber dem Wettbewerbsangebot«, sagt Dibelius. Die Finanzierung dieses Wettbewerbsangebotes sei noch wackelig gewesen. Daraufhin habe sich der Aufsichtsrat für die »sichere Variante mit Goldman Sachs« entschieden, hieß es im Unternehmen. Dass die Goldmänner Middelhoff in der Krise von 2004 beigestanden hatten, könnte bei der Entscheidung ebenfalls eine Rolle gespielt haben. Dass wiederum Dibelius diesen kaum besicherten

Second-Lien-Kredit an den Pleitekandidaten KarstadtQuelle – 300 Millionen Euro auf sechs Monate begrenzt zu 12 bis 13 Prozent Zinsen – maßgeblich in der Hoffnung auf die Beteiligung am zu erwartenden Immobiliendeal befürwortet hat, dürfte ebenfalls mehr als ein Gerücht sein.

Über die Rechnung, die Goldman Sachs für seine Vermarktungsaktivitäten vor Rücktritt von der Beraterrolle geschrieben hat, kursieren die unterschiedlichsten Gerüchte. In Bankenkreisen ist von mindestens 50 Millionen, vielleicht sogar über 100 Millionen Euro die Rede. Middelhoff und Dibelius bestreiten das – und nicht nur das: Dibelius etwa dementiert das Gerücht, er persönlich habe 25 Millionen Euro an dem Geschäft verdient.»Ich habe keine direkt mit der Transaktion verbundenen Zuwendungen erhalten, mein Gehalt ist nicht direkt an einzelne Transaktionen gebunden. Diese Behauptung grenzt fast an Verleumdung«, lässt Dibelius wissen.»Wie bei allen Goldman-Sachs-Angestellten variiert die Bezahlung stark, hängt aber nicht von einzelnen Deals ab, sondern von der langfristigen Ertragsentwicklung der Bank«, erklärt der Investmentbanker.

Die öffentlichen Spekulationen über hohe Millionengewinne der Bank durch das Highstreet-Geschäft verweist Dibelius ebenfalls ins Reich der Fabeln:»Es ist unschwer zu erkennen, dass wir mit dieser Transaktion einen erheblichen Verlust gemacht haben«, entgegnet der Deutschland-Chef von Goldman Sachs.

Kritik an der Zusammensetzung des Käuferkonsortiums mit Goldman Sachs und KarstadtQuelle tut Middelhoff verständnislos als typisch deutsch ab. Angelsächsische Investoren würden diese innovative Konstruktion sofort verstehen und akzeptieren, sagt er.

Die umstrittene Konstruktion der»Aktion Tafelsilber« war ohnehin nicht für die Ewigkeit geschaffen. Goldman finanzierte die 3,7 Milliarden Euro zwar zunächst, begann dann aber sehr schnell, die Anteile in kleinen Päckchen an andere Investoren weiterzuverkaufen. Middelhoff nennt das die»Endvermarktung«. Über 100 vor allem institutionelle Anleger in der ganzen Welt kauften die gebündelten Anteile. Die Bank behielt mit 200 bis 300 Millionen Euro gerade einen Bruchteil der Risiken. Die standen jetzt weitgehend bei den Goldman-Kunden in den Büchern. Diese Streuung der Eigentümerrechte über den gesamten Globus allerdings machte es später so schwierig, Mietreduzierungen umzusetzen. Denn jeder einzelne»Päckchenbesitzer« musste zustimmen – ein unglaublich aufwändiges Verfahren. Aus genau solchen Immobiliengeschäften, bei denen Forderungen an Dritte, Vierte oder Fünfte weitergereicht werden, sollte sich schon wenige Monate später die größte weltweite Finanzkrise seit 1929 entwickeln.

KarstadtQuelle hat damit nun zwei Hauptvermieter: Highstreet und die Oppenheim-Esch-Fonds, denen noch vier Karstadt-Standorte gehören. Beide sind nicht gerade Billiganbieter. Die Esch-Fonds kassieren für einige Häuser bereits mehr als 20 Prozent des Umsatzes als Miete – mehr, als Karstadt sich leisten kann. Hat das Management aus den Fehlern beim Abschluss dieser Verträge gelernt, bei denen (Renovierungs-)Belastungen über die Miete einfach in die Zukunft verschoben wurden?

Wohl kaum. Denn die hohe Summe, die KarstadtQuelle von Goldman/Highstreet 2006 bekommt, ist nur für den Preis einer hohen Miete für die nächsten Jahre zu realisieren. Damit hat Middelhoff dem Konzern um einer kurzfristigen Entschuldung und Zinsersparnis willen eine dauerhaft hohe Belastung aufgehalst. 259 Millionen Euro Miete muss KarstadtQuelle pro Jahr zunächst zahlen, mithin fast 22 Millionen im Monat – Tendenz: steigend. Das sei nicht überhöht, sagt Middelhoff. »Die Mietmultiplikatoren liegen auf dem Niveau vergleichbarer Transaktionen«, versichert er bei der Vorstellung des Deals. Und auch Dibelius, dem die begrenzte wirtschaftliche Leistungsfähigkeit der Warenhäuser bekannt war, sieht keinen Grund zur Kritik: »7 bis 9 Prozent vom Umsatz – vor Konzessionsumsatz von Untermietern, der bei manchen Wettbewerbern dazugerechnet wird –- das war nach unserer Meinung nicht besonders hoch. Entsprechend den Goldman Sachs-Geschäftsprinzipien hätten wir überzogene Mieten, die nachhaltig nicht zu erwirtschaften waren, gar nicht vereinbaren dürfen«, erklärt Dibelius.

Und doch sagen Kenner des Immobilienmarktes, dass Karstadt Monat für Monat mehr für seine Warenhäuser zahlt als die Konkurrenz. »Während Karstadt rund 10 Prozent seines Umsatzes für die Miete aufwenden muss, kommt Konkurrent Kaufhof mit 7 bis 8 Prozent aus«, sagt ein Banker. Und er warnt: »Bei 10 Prozent beginnt die Todeszone. So viel kann kaum ein Kaufhaus erwirtschaften.«

Später stellte sich allerdings heraus, dass in den bis zu 15 Jahre laufenden Verträgen bereits Mietsteigerungen von rund 160 Millionen Euro für die kommenden Jahre vereinbart wurden. Das erhöht die Belastung für das Unternehmen weiter. Der Mieter – also Karstadt – hat sich darüber hinaus verpflichtet, auf eigene Kosten bei Bedarf Sanierungsarbeiten an den Gebäuden durchzuführen, die üblicherweise zu Lasten eines Vermieters gehen, etwa an der Fassade. Jeder Hausbesitzer weiß, dass insbesondere die Reparaturen an Dach und Front schnell aus dem Ruder laufen.

Beim Verkauf der ersten Tranche wurde zwar – nicht zuletzt auf Druck des Aufsichtsrates – vereinbart, dass der neue Eigentümer die Mieten unmittelbar nach dem Kauf nicht erhöhen darf. Doch mit dem Verkauf der zweiten Immobilientranche 2008 sollten pauschal 20 Millionen Euro Aufschlag pro Jahr fällig werden. Bei Karstadt rumorte es deshalb. Und offenbar hatte auch Middelhoff jetzt erkannt, dass die Warenhäuser dieses zusätzliche Extra niemals verdienen könnten: Er sagte den Karstädtern zu, dass die Muttergesellschaft KarstadtQuelle die Summe zahlen werde. Was das Problem zwar für Karstadt, nicht aber für den KarstadtQuelle-Verbund etwas erträglicher machte.

Und wofür das Ganze? Für die »Entschuldung des Konzerns«, sagte Middelhoff. Die Überschrift der Pressemitteilung, die den Deal verkündete, verriet zunächst gar nichts über einen Gebäudeverkauf. Da stand nur: »Karstadt-Quelle 2006 schuldenfrei«. Diese Nettofinanzverbindlichkeiten von zuletzt noch 3 Milliarden Euro ließen sich mit dem Verkauf auf null reduzieren und hohe Zinskosten sparen. »Unser Konzernergebnis (EBT) wird sich als Folge dieser Transaktion dauerhaft um über 100 Millionen Euro pro Jahr verbessern«, versprach Middelhoff und zeigte sich sicher: »Damit hat der Vorstand für alle Aktionäre ein optimales Ergebnis erzielt.«

Kurzfristig vielleicht, doch tatsächlich wurde der Konzern niemals wirklich »finanzschuldenfrei«, wie es der Vorsitzende angekündigt hatte. Denn gleich nach dem Immobiliendeal nahm das Unternehmen bei der BayernLB und der Dresdner Bank einen sogenannten »Betriebsmittelkredit« für das laufende Geschäft in Höhe von 400 Millionen Euro auf. Eigentlich sollten es 800 Millionen Euro werden – doch die Konditionen bei der niederländischen Bank ABN AMRO waren dem Vorstand zu hoch. Also sprang zum wiederholten Male der Trust der Konzernpensionäre, das sogenannte CTA-Programm, ein. Das ist eine Art konzerninterner Rentenversicherung für Pensionäre, die noch Anspruch auf die – später abgeschaffte – KarstadtQuelle-Altersversorgung haben. Der Trust gab ein Darlehen über die fehlenden 400 Millionen Euro und bekam dafür eine stille Beteiligung an den durchaus attraktiven Spezialversendern des Konzerns, der »Primondo Speciality Group GmbH«. Damit hatte KarstadtQuelle sofort wieder 800 Millionen Euro Verbindlichkeiten – und das ist nach landläufigem Verständnis reichlich weit weg vom angekündigten Status »schuldenfrei«.

Wie viel Geld hat KarstadtQuelle also tatsächlich für seinen Immobilienschatz bekommen? Middelhoff sprach für das Gesamtjahr 2006 von 5,1 Milliarden Euro. 3,7 Milliarden Euro kassierte das Unternehmen sofort, weitere 800 Millionen Euro nach dem Verkauf des Restanteils. Zu diesen 4,5 Milliarden Euro erwartete sich Middelhoff 600 Millionen Euro aus weiteren Immobilienverkäufen im Laufe des Jahres 2006. »Wir mussten diese aktuelle Marktsituation ausnutzen. Der Verkauf führt zu einer völligen Entschuldung des Konzerns«, triumphierte der Vorstandsvorsitzende unmittelbar nach dem Vertragsabschluss.

Über den Verbleib des Geldes gibt es bis heute zahllose Gerüchte. Millionen seien versickert, heißt es, was Middelhoff jedoch bestreitet. »Es ist kein Geld versichert, der gesamte Betrag ist beim Unternehmen angekommen. Der Großteil wurde für die Entschuldung genutzt. Eine kleinere Teilsumme in der Größenordnung von 200 Millionen Euro wurde als Teil der Kaufpreisforderung für den Teil an Thomas Cook eingesetzt, den wir von der Lufthansa übernommen haben. Ich habe niemals in irgendeiner Form etwas mit einer Geldentnahme zu tun gehabt, weder direkt noch indirekt. Alles ist vollkommen korrekt abgelaufen«, versichert Middelhoff. Am Ende ist gar kein Cash beim Unternehmen angekommen, weil alles für die Entschuldung eingesetzt wurde. Es konnte also gar nichts versickern«, erklärt Middelhoff. Dass das Geschäft über ein niederländisches Unternehmen abgeschlossen wurde, das im ARD-Bericht »*Karstadt – der große Schlussverkauf*« am 24. Februar 2010 als Briefkastenfirma bezeichnet wurde, gab Anlass zu Zweifeln. Allerdings sind viele deutsche Finanzierungs- und Immobiliengesellschaften aus steuerlichen Gründen als niederländische »BV« organisiert. Doch auch zahlreiche geheimnisvolle Vorratsgesellschaften im Umfeld der Immobiliengesellschaft sorgten bei einigen für Argwohn. Hinter ihnen könnten Middelhoff und Dibelius stecken, wurde gemunkelt. »Alles völliger Quatsch«, entgegnet Dibelius, »diese Gesellschaften waren einfach notwendig, um die hoch komplizierten Grundbuch- und Steuerverhältnisse der KarstadtQuelle-Immobilien und die damit verbundenen Fremdkapitalfinanzierungen auseinanderzudröseln und sauber zu ordnen.«

Doch wie so oft bleiben Fragen zum Verbleib des Geldes. Eine entscheidende konnte Middelhoff in dem ARD-Bericht vor laufender Kamera nicht zweifelsfrei beantworten – was die Spekulationen noch mehr anheizte: Was verbirgt sich hinter dem ebenso großen wie geheimnisvollen Kostenblock »Transaktionskosten: 300 Millionen Euro«. Inzwischen kann Middelhoff es erklären: »Etwas über 160 Millionen Euro aus dieser Summe bilden den Eigenkapitalanteil für die 49 Prozent von KarstadtQuelle an der neuen Immobilienfirma. Die bisherigen Kreditgeber Silverpoint und Valovis haben mehr als 120 Millionen Euro Vorfälligkeitsentschädigung bekommen, weil ihre Kredite vor Ablauf der Vertragszeit zurückgezahlt wurden. An die Investmentbank Rothschild zahlten wir für ihre Dienste 7,5 Millionen Euro und die Anwaltskanzlei Freshfields rund 1,5 Millionen«, so Middelhoff. Der frühere Chefjustiziar von KarstadtQuelle, Detlev Haselmann, hat für dieses Buch – ohne Gewähr – versucht, die Zahlen zu verifizieren und die Rechnung aufzumachen: Nehmen wir die 3,7 Milliarden Euro, die KarstadtQuelle im ersten Schritt bekommt, als Ausgangssumme. Davon gehen zunächst die 300 Millionen Euro »Transaktionskosten« ab – von dieser Summe bilden allein rund 200 Millionen Euro das Eigenkapital für Arcandors Anteil an der Highstreet Holding GbR, 60 Millionen Euro gehen als Vorfälligkeitsentschädigung für einen Kredit an die Valovis-Bank. Nächster Posten: Ein – teurer und kurzfristiger – Second-Lien-Kredit über 373 Millionen Euro wird zurückbezahlt, daneben 279 Millionen Euro an Darlehen. Das CTA-Programm der ehemaligen Mitarbeiter bekommt 800 Millionen Euro, weil CTA eigene Immobilien in den Highstreet-Deal eingebracht hatte. Die Valovis-Bank erhält 840 Millionen Euro als Teilrückzahlung für ein größeres Darlehen. Und schließlich zahlt KarstadtQuelle aus den Immobilieneinnahmen noch ein syndiziertes Darlehen in Höhe von 930 Millionen Euro zurück. Nach dieser Rechnung, deren Vollständigkeit Haselmann nicht garantieren kann, blieben nach der Entschuldung 251 Millionen Euro übrig. »Ein Teil dieser Summe wurde sicherlich zum Erwerb von Thomas Cook aufgewandt«, meint Haselmann – schließlich habe der Kaufpreis für den Cook-Anteil von der Lufthansa bei 800 Millionen Euro gelegen, das für den Erwerb aufgenommene Darlehen habe jedoch nur 600 Millionen Euro betragen.

Doch diese Kalkulation ging nicht auf, wie sich bald zeigen sollte. Denn wegen der aufziehenden globalen Finanzkrise bekam Arcandor 2008 lediglich 330 Millionen Euro dieser Summe, und das auch erst nach monatelangen Verzögerungen. Dieses Problem wird 2008 maßgeblich zur sogenannten Septemberkrise führen, die den Konzern schon damals beinahe in die Insolvenz getrieben hätte.

Dennoch hat Middelhoff 2006 bei den Warenhausverkäufen einen guten Preis herausgeschlagen, das wird ihm allseits bestätigt. »Wir waren bei unserer

Wertberechnung für die Immobilien eher bei 2 Milliarden Euro. Middelhoff hat rund 4 Milliarden rausgeholt«, heißt es bei einer der kreditgebenden Banken. Dank der »Aktion Tafelsilber« könnte die Eigenkapitalquote von inzwischen wieder gefährlich niedrigen 3,5 Prozent auf einigermaßen wettbewerbsfähige 20 Prozent steigern. Thomas Middelhoff lehnt sich mit der Einschätzung der Bedeutung seines Immobiliendeals sehr weit aus dem Fenster: »Die finanzielle Sanierung ist abgeschlossen«, gibt er bekannt.

April 2006

Ein neuer Warenhauschef wird in die Essener Zentrale einziehen: Peter Wolf, bisher Vorstand beim Kaffeeröster und Einzelhändler Tchibo, soll Schwung in die Karstadt-Häuser und seine 37 000 Mitarbeiter bringen. Der Schwung kommt auch – allerdings geht er nicht in die geplante Richtung, wie sich schon bald zeigen wird. Wolf ist ein impulsiver Marketingexperte, hat aber keinerlei Warenhauserfahrung. Er soll im August Helmut Merkel nachfolgen, dem gute Grundlagenarbeit, aber zu wenig Kreativität attestiert wird. Merkel bleibt im Konzernvorstand und soll zuständig für IT, Logistik und Einkauf werden. Klingt wichtig, ist es aber nicht: Denn der Großteil dieser Tätigkeiten ist längst an andere Firmen ausgegliedert worden.

Von nun an soll der Einkauf der Eigenmarkentextilien für alle Konzernmarken über den Großhändler Li & Fung in Hongkong abgewickelt werden, um Kosten zu sparen. Das traditionsreiche Großhandelshaus in Hongkong wird jährlich für bis zu 2 Milliarden Euro Textilien der Eigenmarken von Quelle, Neckermann und Karstadt einkaufen, kündigt Middelhoff an. Er erwartet eine Einsparung im Einkauf von 10 Prozent der Kosten. Zudem müsse durch die Ausgliederung pro Jahr rund 500 Millionen Euro Kapital weniger eingesetzt werden als bisher. Denn Li & Fung garantiert auch längere Zahlungsziele: Statt 20 oder 30 Tage nach der Lieferung muss KarstadtQuelle die Ware erst 120 Tage nach deren Eintreffen zahlen – zu diesem Zeitpunkt sollte sie schon an den Endverbraucher weiterverkauft und das Geld in der Konzernkasse angekommen sein. »Middelhoff missbraucht Li & Fung als Bank«, mutmaßt später ein anderer Arcandor-Vorstand.

KarstadtQuelle erhofft sich zudem einen schnelleren und häufigeren Kollektionswechsel – nach dem Vorbild von erfolgreichen Modeketten wie Zara oder H&M. Auch der Aufbau eigener Designcenter in Europa und Asien ist geplant. Li & Fung übernimmt rund 1000 Mitarbeiter der Importgesellschaft KarstadtQuelle International Services in St. Gallen und Produktionsländern wie China, Indien, Bangladesch, Türkei oder Portugal. Unter anderem arbeitet Li & Fung auch für Wal-Mart, den größten Handelskonzern der Welt. Als Kaufpreis sollen die Asiaten rund 150 Millionen Euro bezahlt haben. Skeptiker kritisieren, dass Karstadt-Quelle damit einen Teil des Herzstückes jedes Handelsunternehmens aus der Hand gibt und letztlich andere darüber mitentscheiden lässt, was in den Regalen liegt oder auf den Kleiderständern hängt.

Mai 2006

Jubelwochen bei Karstadt: Middelhoff hat sein Immobiliengeschäft unter Dach und Fach – jetzt will er nichts mehr von Krise hören. Auf der Hauptversammlung erweckt er denn auch strahlend den Eindruck, dass die schlimmste Zeit schon hinter dem Konzern liegt. Und dass für den einstigen Pleitekandidaten jetzt die Zukunft beginne. Der Aktienkurs – und das ist für Middelhoff die eigentliche Kenngröße für Erfolg oder Misserfolg – habe sich seit 2004 mit einem Anstieg auf rund 25 Euro mehr als verdreifacht.»KarstadtQuelle war einer der Top-Performer im M-Dax«, sagt er den Aktionären in Düsseldorf mit Blick auf das vorangegangene Jahr.»Wir sehen einen Börsenkurs von 30 Euro plus x als durchaus realistisch«, verkündet Middelhoff. Madeleine Schickedanz, die auf dem Aktionärstreffen wie üblich nicht anwesend ist, wird es freuen. Endlich, nach vielen Jahren der Verluste, gewinnt ihre wichtigste Beteiligung wieder an Wert. Und das geht so weiter, wenn man Middelhoff Glauben schenken will.

Der Vorstandschef erklärt, er könne sich Häuser aus Karstadts Premium-Gruppe künftig auch in anderen Großstädten weltweit vorstellen, in Moskau, Petersburg und Istanbul, gar in Dubai. Vor allem das Touristikgeschäft soll Wachstum bringen. Erst recht dann, wenn er den 50-Prozent-Anteil der Lufthansa an Thomas Cook übernommen hat. Die

Finanzierung ist nach Middelhoffs Planungen kein Problem: Es kommen ja, verspricht der Chef, noch 600 Millionen aus dem zweiten Teil des Immobiliendeals. Das müsste reichen. Einen neuen Namen für den Konzern will er auch finden, um zu demonstrieren, dass man mit der alten Krisenbude KarstadtQuelle nichts mehr zu tun hat. »Karstadt-Quelle ist ein anderes Unternehmen geworden«, sagt er mit Blick auf sein bisheriges Schaffen in Essen. »Der Meister«, wie ihn manche im Unternehmen teils scherzhaft, teils in echter Anerkennung nennen, ist in seinem Element. Die Thomas-Middelhoff-Show funktioniert, das Aktionärspublikum ist ihm dankbar dafür, dass er den Abwärtstrend endlich gestoppt hat, auch wenn die Anteilseigner abermals keine Dividende bekommen. Es gibt sogar vereinzelte »Bravo!«-Rufe für den Vorstandschef. Abermals steigt der Kurs.

Middelhoff muss allerdings verkünden, dass der Umsatz im ersten Quartal abermals um 3,9 Prozent gefallen ist. Vermutlich will er deshalb keine endgültige Entwarnung geben: »Wir befinden uns noch mitten in der Sanierung.«

Dennoch verläuft die Fragerunde harmlos. Nur wenige Aktionäre bemängeln, dass sie vor dem bedeutenden Immobilienverkauf nicht nach ihrer Zustimmung gefragt wurden. Andere kritisieren, dass in der Bilanz abermals »viel gezaubert« wurde: Als die Beteiligung an Thomas Cook noch Verluste geschrieben habe, tauchte sie nicht in der Bilanz auf. Jetzt, da die Reisetochter Geld verdient, wird sie plötzlich konsolidiert, wundert sich eine Aktionärsvertreterin über die Flexibilität der Konzernführung bei der Bilanzpolitik.

Gut zwei Wochen nach der Hauptversammlung feiern die Krisenmanager eine riesige Party: Im Berliner KaDeWe wird das 125-jährige Bestehen von Karstadt begangen. Sogar Madeleine Schickedanz ist dabei. Bei einem ihrer seltenen öffentlichen Auftritte wird sie von ihrem Mann Leo Herl und zahlreichen Sicherheitsleuten begleitet. Die Fotos, die dabei entstehen, werden noch Jahre später Zeitungs- und Magazinartikel über den Niedergang des Konzerns und seiner einst milliardenschweren Haupteigentümerin bebildern – weil es danach praktisch keine öffentlichen Auftritte der Quelle-Erbin und somit auch keine neuen Fotos geben wird. Das Motto der Jubelparty in Berlin – hier betreibt das Unternehmen mit sechs großen Häusern so viele wie in keiner anderen

Stadt – könnte lauten: »Krise, welche Krise?« Die goldfarbene Karstadt-Einkaufstüte, die von jetzt an in der Werbung auftaucht, wird in einer aufwändigen Aktion per Luxusliner Queen Mary II. nach Hamburg gebracht, dort von einem Hubschrauber übernommen und zum KaDeWe nach Berlin geflogen. Geld scheint keine Rolle zu spielen. Im August geht die Sause im Berliner Hotel Maritim sogar noch weiter, mit 1000 Gästen, darunter Evelyn Naber-Karstadt, eine Enkelin des Firmengründers. Der Regierende Bürgermeister Klaus Wowereit wünscht dem Unternehmen »alles Gute für die nächsten 125 Jahre«. Es moderiert Tagesthemen-Präsentatorin Anne Will, Johann Lafer kocht dazu. Die entstandenen Kosten sind nicht bekannt.

August 2006

Trotz aller Konzernumbauten, Ausgliederungen oder Erlöse aus Firmen oder Immobilienverkäufen: Die eigentlichen Geschäfte laufen katastrophal schlecht. Im ersten Halbjahr hat der Versand abermals 11 Prozent an Umsatz verloren, der Verlust hat sich fast vervierfacht. Deshalb muss der Konzern im August wieder eine Gewinnwarnung an die Finanzmärkte geben. Bisher hat die Sanierung laut Spartenchef Marc Sommer 400 Millionen Euro gekostet, jetzt bekommt der Versand weitere 200 Millionen Euro, um endlich effektiver zu werden.

Im Juli dementiert Middelhoff Gerüchte über einen bevorstehenden Rücktritt mit der Erklärung: »Vor Ende 2008 werde ich nicht gehen. Wenn die Restrukturierung etwas länger dauern sollte, dann bleibe ich auch länger.«

Im August räumt er ein, dass die Konzernsanierung wohl 18 bis 24 Monate länger dauern wird als geplant. Doch trotz der »negativen Planabweichung« beim Versand findet Middelhoff in den Zahlen etwas Positives, nämlich »das beste Halbjahr seit 2000« bei den Warenhäusern. Die Börse ignoriert diese Nebelkerze und straft die Gewinnwarnung mit einem Kurssturz von bis zu 21 Prozent ab. Später werden Gespräche über den Einstieg europäischer Versandhändler bekannt, unter anderem mit Redcats aus Frankreich, das zur PPR-Kette gehört. Schafft es Quelle alleine nicht mehr?

September 2006

Überall werden jetzt Kosten gespart: KarstadtQuelle schlägt vor allem in der Versandsparte zu und schiebt immer mehr Mitarbeiter in neue Gesellschaften, die nicht der Tarifbindung des Einzelhandels unterliegen. In Servicegesellschaften wie den Lagerfirmen oder den Call-Centern bekommen Mitarbeiter dadurch deutlich weniger Geld. Bei Lagerarbeitern beträgt der Abschlag laut Ver.di bis zu 600 Euro, es bleiben Bruttoeinkommen zwischen 1200 und 1600 Euro – bei gekürztem Urlaub. In Berlin plant das Unternehmen die Gründung einer neuen Gesellschaft für ein Call-Center. Das bisherige Telefonzentrum wird geschlossen, die Mitarbeiter entlassen. Sie können sich aber bei der neuen Gesellschaft erneut bewerben, zu deutlich verschlechterten Konditionen. Ver.di protestiert, KarstadtQuelle aber zieht die Rabattaktion bei den Personalkosten durch.

Dem Ruf als Arbeitgeber schadet das aber zumindest bei der Jugend des Landes nicht: 30000 Schulabgänger haben sich um einen Ausbildungsplatz bei KarstadtQuelle beworben. Daraufhin verdoppelt der Konzern die Stellen und stellt 1000 Berufsanfänger an.

In Leipzig sehen die Neueinsteiger, wie schick Warenhäuser sein können: Karstadt eröffnet hier seine neue Filiale. Der Neubau, der zur Gruppe der »Boulevard Plus«-Häuser gehört, hat rund 200 Millionen Euro gekostet und gehört – wie auch Potsdam – den Oppenheim-Esch-Fonds, an denen das Ehepaar Middelhoff beteiligt ist. Die Miete allerdings gilt wegen der hochwertigen Ausstattung als exorbitant. Ins Münchner Oberpollinger und ins Alsterhaus in Hamburg werden zweistellige Millionenbeträge investiert. Für die vielen anderen Häusern in kleineren Städten ist dagegen kaum noch Geld da.

November 2006

Im Oktober haben die Versandhandelsgruppe und der französische Redcats-Versand eine Kooperation im Modegeschäft vereinbart. Redcats gehört zum Luxus-Konsumimperium von PPR. Dahinter steht die Familie Pinault, mit der Ende der neunziger Jahre schon Schickedanzens verhandelt hatten. Bekannte PPR-Marken sind Bottega Veneta, Yves Saint Laurent und inzwischen auch Puma. Redcats gilt auch als Wunschpartner der KarstadtQuelle-Führung für den Einstieg in die Versandsparte.

Das Rendevouz mit den Franzosen ändert aber nichts am Grundproblem: Der Versand ist angesichts seines Umsatzschwundes viel zu groß dimensioniert. Deshalb macht Marc Sommer im November 2006 den großen Schnitt: KarstadtQuelle will sich von Neckermann trennen. Für 2007 ist der Börsengang vorgesehen, als Alternative gibt es den Verkauf. Der Konzern wolle sich dann auf die Sanierung der Marke Quelle konzentrieren. Die Zwei-Marken-Strategie mit Quelle und Neckermann hatte ohnehin nie funktioniert. Die besonders schlecht laufenden Quelle-Aktivitäten in Frankreich, Portugal und Spanien sollen ebenfalls verkauft, das Geschäft in den Niederlanden und Belgien Anfang 2007 eingestellt werden. In dieser sogenannten »Westschiene« war Schickedanz-Ehemann Leo Herl tätig.

Ebenfalls zum Verkauf steht die Service Group, bei der 10 000 Mitarbeiter in Call-Centern, Logistikstandorten und IT-Gesellschaften beschäftigt sind. »Wir konzentrieren unsere Kräfte«, erklärt Vorstand Marc Sommer. Die Börse ist froh: Der Aktienkurs steigt um 5 Prozent. Für Middelhoff hat allein die Ankündigung der Trennung von Neckermann schon einen positiven Effekt: Jetzt kann er den Versender und seine hohen Millionenverluste als »nicht fortzuführende ... Geschäfte« aus der Bilanz herausnehmen, was das Zahlenwerk deutlich positiver erscheinen lässt.

Dezember 2006

Monatelang hatte Middelhoff diesen Deal als bedeutenden Schritt aus der Krise angekündigt, jetzt kann er ihn verkünden: KarstadtQuelle übernimmt für 800 Millionen Euro die 50-Prozent-Beteiligung der Lufthansa an Thomas Cook. Der Preis ist hoch, doch zu dieser Zeit ist der Markt halt so. Thomas Cook verdient 2006 immerhin rund 170 Millionen Euro. In Zukunft muss sich KarstadtQuelle diesen Gewinn nicht mehr mit der Lufthansa teilen, zudem verringert das Unternehmen seine Abhängigkeit vom Handelsgeschäft deutlich. Zu Thomas Cook gehört auch der Ferienflieger Condor. An ihm bleibt die Lufthansa noch mit knapp 25 Prozent beteiligt. Nach zwei Jahren kann KarstadtQuelle diesen Anteil übernehmen. Am liebsten aber möchte das Management Condor loswerden, weil die teuren Flugzeuge zu viel Kapital binden und die Flugleistungen günstiger am Markt einzukaufen sind.

Den Großteil des Kaufpreises finanziert Middelhoff zunächst über weitere Schulden. Er erwartet innerhalb der nächsten Monate Zahlungseingänge aus dem zweiten Teil des Immobiliendeals, aus dem Neckermann-Verkauf und der Platzierung einer Anleihe. Das soll reichen, um in einem Jahr den Kredit abzulösen.

Sein Tatendrang geht noch weiter: Middelhoff nährt sogleich Spekulationen über mögliche weitere Zukäufe in seiner Lieblingssparte. Der britische Touristikanbieter First Choice soll sein nächstes Übernahmeziel sein. Um die Details der Finanzierungen wird sich künftig der neue Finanzchef Peter Diesch kümmern. Er war Finanzvorstand der Linde AG, davor Vorstand von Tchibo und Geschäftsführer bei Airbus Deutschland. Er ersetzt Harald Pinger, der erst seit Oktober Finanzvorstand bei KarstadtQuelle ist. Pinger ist der Ansicht, dass der Quelle-Universalversand ein Fass ohne Boden sei. Man solle die eigenen Thomas-Cook-Anteile verkaufen und den Erlös nutzen, um Quelle abzustoßen. Nach der Pinger-Perspektive bliebe vom Konzern nur noch der Warenhauskonzern Karstadt übrig. Thomas-Cook-Fan Middelhoff, der gerade erst ins Unternehmen gekommene Versandchef und Quelle-Vorstand Marc Sommer und andere Vorstände sind gegen diesen Radikalvorschlag, der einer Zerschlagung gleichkäme, zudem noch mit der Schickedanz-Erbschaft Quelle als Hauptopfer. Pinger geht. In der Rückbetrachtung war Pingers chancenloser Plan keine schlechte Idee. Der Ausstieg bei Quelle 2007 hätte den Konzern davor bewahren können, viele weitere Millionen hineinzuinvestieren. Das gesparte Geld hätte Karstadt vielleicht gerettet. Zu Pingers Ausstieg dürfte allerdings auch beigetragen haben, dass ihm die ideenreiche Bilanzierung nicht so liegt, wie man es im Hause wohl erwartet hatte.

Das Jahr 2007

Februar 2007

Kaum ist die Komplettübernahme von Thomas Cook vollzogen, da kommt Middelhoff schon mit dem nächsten Deal: Die neue Gesellschaft Thomas Cook geht mit dem britischen Reiseanbieter MyTravel zusammen und bildet die noch neuere Thomas Cook plc, die an der Börse in London notiert ist. Die Fachwelt ist überrumpelt, hatte sie doch mit der Übernahme des MyTravel-Konkurrenten First Choice gerechnet. Doch jetzt gehen der zweit- und der drittgrößte Touristikanbieter Europas zusammen. First Choice ist damit nur noch zweite Wahl für Marktführer TUI, der die Briten kurz nach Middelhoffs Coup übernimmt.

Middelhoff ist auf das Geschäft mit MyTravel fast so stolz wie zuvor auf den Immobilienverkauf. Doch ausgerechnet an diesem Montagmorgen tritt der sonst so Gebräunte der eilends in die Essener Konzernzentrale gerufenen Presse etwas blass um die Nase entgegen: Die Verhandlungen bis zum frühen Morgen waren hart. Die Deutschen halten 52,8, die Briten 47,2 Prozent. Beide Firmen werden eingebracht und schaffen eine neue, es muss kein Geld bezahlt werden. Dass Middelhoff hier mit den Thomas-Cook-Aktien hantiert, die er gerade erst auf Pump von der Lufthansa gekauft hat, stört niemanden. Middelhoff ist glücklich: »Tourismus ist ein Megatrend, wir erwarten hohe Wachstumsraten«, sagt er. »Die KarstadtQuelle AG erreicht durch die Fusion eine deutliche Wertsteigerung für die Aktionäre.«

Durch die günstige Bewertung seines Thomas-Cook-Anteils verkündet Middelhoff einen Buchgewinn von fast einer Milliarde Euro für Arcandor. Der Konzern kommt künftig auf einen Umsatz von 21 Milliarden Euro. Vor allem aber ist die neue Thomas Cook plc endlich mal eine KarstadtQuelle-Tochter, die nicht verschuldet ist. Das neue Unternehmen kann sogar einen alten Verlustvortrag von MyTravel in Höhe von 1,2 Milliarden Euro steuerlich nutzen und erwartet »Synergien in dreistelliger Millionenhöhe«. Pro Aktie sieht Middelhoff durch den Deal ein Steigerungspotenzial von bis zu 5 Euro.

Die beiden Partner, die vor allem in Deutschland, Großbritannien und Skandinavien stark sind, erzielten im Vorjahr mit insgesamt 22 000 Mitarbeitern einen Umsatz von 12 Milliarden Euro und ein Vorsteuerergebnis von über 500 Millionen Euro; sie besitzen fast 100 Flugzeuge und beförderten im Vorjahr fast 19 Millionen Urlauber. Die Schlüsselpositionen Aufsichtsratschef – Middelhoff – und Vorstandschef – der bisherige Boss der alten Thomas Cook, Manny Fontenla-Novoa – werden von KarstadtQuelle-Männern besetzt.

Jetzt allerdings kann KarstadtQuelle nicht mehr auf den Cash, also etwa die Anzahlungen von Reisenden, bei Thomas Cook zurückgreifen, um in den schwachen Einzelhandelszeiten den Bedarf an Bankkrediten zu reduzieren. Dieser Zugriff lässt sich allenfalls beim Besitz von 100 Prozent an einer Gesellschaft ermöglichen, nicht aber bei 52 Prozent. Diese zusätzliche Finanzierungsmöglichkeit der Handelsgeschäfte hatten Middelhoff und Diesch stets als großen Vorteil der Übernahme des Lufthansa-Anteils vom Thomas Cook gepriesen. Dass die Manager diesen Trumpf gleich wieder aus der Hand gegeben haben, stört die Börse nicht. Der Kurs der KarstadtQuelle-Aktie legt um 4 Prozent zu, der von MyTravel sogar um 30 Prozent.

Strahlend gibt Middelhoff im Anschluss an die Bekanntgabe des Coups ein Interview nach dem anderen: »Wir sind sehr zufrieden mit unserem Reisegeschäft.« Es ist jetzt von der Stütze zum Wachstumsmotor geworden – und erzielt einen höheren Umsatz als Karstadt, Quelle, Neckermann und all die übrigen Töchter zusammen. So gesehen ist KarstadtQuelle jetzt eher ein Reise- denn ein Handelskonzern. Der Reisebranche werden Steigerungen um rund 3 Prozent vorhergesagt. Die Renditen sind mit durchschnittlich 2,5 Prozent fast doppelt so hoch wie im deutschen Einzelhandel. Das ist auch der Grund, warum Middelhoff in die Touristik investiert. »Wir können uns ähnliche Transaktionen wie bei MyTravel auch für unser Warenhaus- oder Versandhandelsgeschäft vorstellen«, erklärt er.

Ob sich dafür allerdings Partner finden werden, ist fraglich. Das vorangegangene Weihnachtsquartal war nur auf den ersten Blick erträglich verlaufen: Der Umsatz stieg um 1 Prozent, was allerdings wesentlich auf einen Zuwachs der Waren- und Sporthäuser zurückzuführen war. Die Versandsparte mit Quelle lag mit 2 Prozent im Minus. In Westeuropa scheint für den Kataloghändler gar nichts mehr zu retten zu sein: Quelle zieht sich wie angekündigt aus den defizitären Geschäften in Frankreich und Spanien zurück.

Die von Finanzvorstand Peter Diesch vorgestellten Zahlen zeigen allerdings nicht das wahre Bild vom Zustand des Konzerns. Marode Firmentöchter mit einem Gesamtumsatz von 2,5 Milliarden Euro fehlen in der Gewinn-und-Verlust-Rechnung, weil sie zum Verkauf stehen – darunter die Problemmarke Neckermann. Das ist zwar legal, schönt aber die Zahlen und erschwert die Vergleichbarkeit mit Vorjahreszeiträumen erheblich.

Der langjährige Großaktionär Allianz nimmt den Kursanstieg der vergangenen Wochen als Anlass zum Verkauf. Der Versicherungskonzern reduziert sein KarstadtQuelle-Engagement von 7,64 Prozent auf 2,64 Prozent. Käufer sind US-Investoren.

Die Manager von Karstadt stellen die Zeichen auf Neuanfang: Endlich stampfen sie den Werbeslogan »Besser Karstadt« ein, der das Unternehmen in all den Jahren begleitet hatte, in denen alles immer schlechter wurde. Stattdessen heißt es nun: »Die Stadt wird exotisch«, so verspricht zumindest die erste Runde der neuen Werbekampagne. An den Karstadt-Häusern hängen jetzt vier Wochen lang riesige Plakate mit einem Tigerkopf, der die Stadtbesucher auch von Citylight-Postern oder den neuen Plastiktüten anblickt. Die Exotik soll sich auch durchs Sortiment ziehen, etwa mit orientalisch angehauchten Textilien oder exotischen Speisen in den Restaurants. Monatlich werden neue Themen angekündigt, der Marketing-Etat des neuen Karstadt-Chefs Peter Wolf ist immerhin 100 Millionen Euro schwer.

Doch dem Tiger gelingt der große Sprung nicht, die Marketingoffensive landet im Wasser. Allzu oft suchen die Kunden die Ware zum gerade propagierten Thema vergeblich. Und die Aktionsware, die da ist, verkauft sich nicht einmal auf den besten Flächen im Erdgeschoss. Währenddessen versucht Karstadt-Chef Wolf, die Warenhauskette an allen Ecken und Enden gleichzeitig umzubauen. Die Mitarbeiter mit seiner

Begeisterung anzustecken gelingt ihm indes nicht, er verschreckt und verunsichert sie eher. Die Verkäuferinnen, Dekorateure oder Abteilungsleiter, die in den vergangenen Jahren schon so viel Seltsames mit Topmanagern erlebt haben, bauen für sich Wolfs Werbespruch einfach um: »Die Stadt atmet auf – Peter Wolf ist im Urlaub«.

März 2007

Asien-Fan Thomas Middelhoff bringt KarstadtQuelle nach Hongkong: In der 12. Etage eines Hochhauses in der Peking Road, mit Blick auf die Waterfront, eröffnet Middelhoff das erste Designcenter Karstadts außerhalb von Europa: Norintra. Der Feng-Shui-Meister hatte bestimmt, dass die Eröffnung am 1. März im Glück verheißenden chinesischen Jahr des Schweines besonders erfolgversprechend sein würde. Deshalb durchschneidet Middelhoff an diesem Tag zwischen allerlei chinesischen Papierdrachen lächelnd das Band. In diesem Designcenter – laut Middelhoff sind weitere in London und Istanbul angedacht – sollen die 50 Eigenmarken des Konzerns (»She«, »Yorn«, »Alex«) auf die Besten reduziert werden. Anschließend sollen sie schneller auf den Markt reagieren können und bis zu zwölf Kollektionen pro Jahr in die Läden bringen. Dabei will der Konzern sich an Erfolgsketten wie Zara oder H&M orientieren.

Mit Heinz Hackl – zuvor bei Joop und Marc O'Polo – engagiert Middelhoff gleich noch einen neuen Modechef. Der Erfolg im Modehandel ist entscheidend: Textilien sind immer noch die größte Warengruppe des Konzerns. Im nahen Hotel Intercontinental gibt Middelhoff einigen mitgereisten deutschen Journalisten gleich noch bekannt, dass die Versandsparte ab sofort »Primondo« heißt und dass sich der Börsengang von Neckermann auf das Frühjahr 2008 verschiebt. Diese Empfehlung hätten die beteiligten Banken gegeben.

Und da er schon mal in Hongkong ist, unterschreibt er gleich noch den Liefervertrag mit Li & Fung-Chef William Fung. Der Vertrag soll 15 Prozent der Einkaufskosten für Textilien in Asien einsparen helfen. Die Hongkong-Reise bringt dem Unternehmen eine Reihe wohlwollender Zeitungsartikel und Analystenbewertungen. Erfolgreich ist das Unternehmen in Hongkong anschließend tatsächlich aber nicht. Von Norintra hört man schon bald gar nichts mehr, und über die tatsächlichen Einsparungen durch den Li & Fung-Vertrag herrscht ebenfalls Stillschweigen. Das Management hatte offenbar wieder einmal die Zahlen zu positiv angesetzt. Auch mit der Qualität der gelieferten Textilien sind die deutschen Kunden nicht recht zufrieden. Hongkong bleibt nur ein Traum.

Zurück in Deutschland, kann Middelhoff zum ersten Mal seit drei Jahren für das Unternehmen wieder einen Gewinn ausweisen. Der lag 2006 bei 345 Millionen Euro – nach einem Verlust von 316 Millionen Euro im Vorjahr. Das operative Geschäft steigerte sein Vorsteuerergebnis um 20 Prozent. In der Berechnung sind allerdings 1,9 Milliarden Euro verlustbringender Umsatz von Neckermann nicht mehr enthalten, was das Ergebnis positiver erscheinen lässt. Die Versandsparte steckt weiter in den roten Zahlen, während Thomas Cook und auch Karstadt Geld verdienen. Dennoch wird eine Liste von 27 Warenhäusern bekannt, die so schlecht laufen, dass ihre Schließung droht. Zuvor aber bekommen sie »besondere Unterstützung«. Der Betriebsrat ist eingeschaltet und macht mit einem eigenen Team Vorschläge und entwirft Konzepte, wie die Häuser am Leben zu halten wären.

Die Konzernbilanz, die durch zahllose Sondereffekte und Neudefinitionen schon undurchsichtig genug ist, verliert weiter an Aussagekraft: Künftig soll das Geschäftsjahr von KarstadtQuelle am 30. September enden. Für die Umstellung wird im Jahr 2007 ein neun Monate kurzes Rumpfgeschäftsjahr. Das erschwert die Vergleichbarkeit zu 2006 erheblich.

Laut US-Magazin *Forbes* ist die Konzernkrise bei Hauptaktionärin Madeleine Schickedanz noch nicht angekommen. In der jährlichen Tabelle der reichsten Menschen der Welt wird Schickedanz mit 5,5 Milliarden US-Dollar auf Rang 142 geführt. Beobachter halten die Zahl für zu hoch gegriffen. Nach vielen Jahren beendet KarstadtQuelle den Streit mit der Jewish Claims Conference über die enteigneten Wertheim-Grundstücke in Berlin. Der Konzern zahlt freiwillig 88 Millionen Euro. Alt-Bundeskanzler Helmut Kohl hatte bei der Einigung durch seine Kontakte geholfen. Im April erreicht der Aktienkurs mit 29,21 Euro seinen Höchstwert.

Mai 2007

Es ist mal wieder Hauptversammlung in der Düsseldorfer Stadthalle: Middelhoff präsentiert sich drei Jahre nach dem denkwürdigen letzten Auftritt des Wolfgang Urban am selben Ort als erfolgreicher Sanierer. KarstadtQuelle wachse schneller als der gesamte Einzelhandel, verkündet Middelhoff. »Hätte ich Ihnen das als Zielsetzung vor zwei Jahren gesagt, hätten Sie mich für verrückt erklärt.« Und er verweist, nicht zu Unrecht, auf Erfolge: etwa auf die Übernahme von Thomas Cook, auf den Kursanstieg von 71 Prozent im vergangenen Jahr und darauf, dass der Konzern am Ende des Jahres praktisch keine Nettofinanzverbindlichkeiten, also Schulden, mehr haben werde.

»Ich wiederhole an dieser Stelle«, so Middelhoff, »was ich der Großaktionärin Madeleine Schickedanz gesagt habe, als sie in höchster Not zum Konzern gehalten hat, als sie Ende 2004 die Kapitalerhöhung mitging: Sie vertrauen uns, dass wir es schaffen, den Konzern wieder zurück in die Gewinnzone zu führen. Und wir werden Ihr Vertrauen nicht enttäuschen – das verspreche ich Ihnen.«

Für das Geschäftsjahr 2008/2009 kündigt Middelhoff erstmals einen Gewinn von 1,3 Milliarden Euro vor Steuern an. Am Ende seiner 37 Seiten langen Rede erhöht er sogar mutig das Kursziel. Bisher hatte er von »30 Euro plus x« gesprochen. Jetzt »sage ich Ihnen, dass dieser Betrag x größer als 10 Euro je Aktie ist«. Ab sofort gilt also »40 Euro plus x« – ein Versprechen, das zu Middelhoffs Fluch werden soll. Und: 2007 oder spätestens 2008/2009 sollen die Aktionäre auch wieder eine Dividende bekommen – das verkündet Middelhoff zudem.

Auch der neue Konzernname ist Gegenstand der Diskussion. »Arcandor« wird die Holding ab 1. Juli heißen, KarstadtQuelle hat ausgedient. Aktionäre meinen, wichtig sei nur der Anfangsbuchstabe A gewesen, weil das Unternehmen mit ihm bei alphabetischen Auflistungen wie dem Kurszettel immer sehr weit oben steht. Ein Vertreter der Deutschen Schutzgemeinschaft für Wertpapierbesitz fragt, ob es sich bei Arcandor um einen Vogel handele oder um eine Figur aus dem *Herrn der Ringe*. Jemand hat herausgefunden, dass »Arkan« oder »arcane« in vielen Sprachen »verborgen« oder »geheim« bedeutet, was Kritiker angesichts der Bilanzierungspraktiken des Konzerns durchaus passend finden.

Middelhoff dagegen betont, dass der neue Name vor allem einen Neuanfang symbolisiere. Was die Namensagentur für die Neuschöpfung bekommen hat, wurde nie veröffentlicht. Der Untertitel »Committed to creating value« soll offenbar aussagen, dass sich alle Beteiligten einig sind, Werte schaffen zu wollen. Wie viele der Beteiligten diese Absicht allerdings aus dem Spruch herauslesen können, bleibt unklar. Peinlich ist das neue Börsenkürzel »Aro«. Denn »Aro« heißt auch eine Billigmarke in den Großmärkten des Konkurrenten Metro.

Außerdem steigt KarstadtQuelle/Arcandor wieder beim Homeshopping-Sender HSE 24 ein, dieses Mal mit 100 Prozent. Erst 2005 hatte das Unternehmen seinen Anteil von 10 Prozent verkauft. Die neue Übernahme wird komplett mit eigenen Aktien bezahlt. Den Buchhandel überträgt Karstadt in 89 Häusern der Douglas-Tochter Thalia. Der Vertrag soll zehn Jahre laufen.

Juli 2007

Arcandor bestätigt erste Gespräche mit der britischen Warenhauskette Debbenhams über eine Zusammenarbeit mit Karstadt. Die Neupositionierung von Karstadt allerdings werde noch mindestens zwei Jahre dauern. Später mietet Karstadt im Vorgriff auf eine mögliche Zusammenarbeit mit Debbenhams und sogar Kaufhof am Düsseldorfer Flughafen ein Verwaltungsgebäude für angeblich 40 000 Euro im Monat. Da es nicht zur Zusammenarbeit kommt, wird auch nie jemand einziehen. Die Kosten laufen dennoch. Den Mietvertrag kann erst der Insolvenzverwalter Mitte 2009 kündigen.

Primondo hat für 200 Millionen Euro die Zentrale des Versenders Neckermann in Frankfurt verkauft und mietet einen Teil zurück. Im August kann Arcandor gute Zahlen für das zweite Quartal präsentieren. Umsatz und Gewinn wachsen, erstmals seit fünf Jahren steigt der Umsatz bei Quelle wieder. Nach dem ersten Halbjahr bleibt jedoch ein Verlust von 280 Millionen Euro.

September 2007

Arcandor dementiert, dass es wegen der weltweiten Finanzturbulenzen Probleme mit der Abwicklung des Immobilienverkaufs gebe. Alles werde wie geplant laufen, versichert ein Sprecher. Auch der Verkauf von Neckermann sei nicht gefährdet, erklärt Primondo-Chef Marc Sommer. In einem Interview sagt er, ihm läge ein Angebot in dreistelliger Millionenhöhe vor.

Als Gerüchte über ein Interesse an einem Zusammenschluss von Karstadt mit seinem Konkurrenten Kaufhof aufkommen, dementiert Arcandor abermals lautstark. Dabei sind sich Middelhoff und Metro-Aufsichtsratschef Eckhard Cordes längst einig, dass der Zusammenschluss geprüft werden soll, weil er Einsparungen von über 300 Millionen Euro bringen kann. Metro-Chef Hans-Joachim Körber aber weigert sich, ein solches Geschäft mit Middelhoff abzuschließen.

Schneller geht es dagegen bei der Thomas-Cook-Fluggesellschaft Condor voran: Es soll eine Zusammenarbeit und einen Aktientausch mit dem Konkurrenten Air Berlin geben.

Oktober 2007

Es gibt doch Probleme beim Verkauf der restlichen Immobilien: Der Prozess läuft – anders als gerade erst versichert – nicht wie geplant. Denn die Anteile hätten eigentlich bereits im September verkauft sein sollen. Im November, verspricht Middelhoff jetzt, werde es aber auf jeden Fall zu einem Vertragsabschluss kommen. Es gebe fünf verbindliche Kaufangebote.

November 2007

Schon wieder ein Kurswechsel, der mit der weltweiten Finanzkrise zu tun haben dürfte: Statt Neckermann für einen »dreistelligen Millionenbetrag« zu verkaufen, verschenkt Middelhoff die Hälfte des Frankfurter Versenders an den amerikanischen Investor Sun Capital – und muss noch 50 Millionen Euro drauflegen, damit überhaupt jemand die Traditionsmarke haben will. Sun übernimmt die unternehmerische Führung.

Jetzt hält das Management nach außen noch an der Hoffnung auf einen Erlös beim Börsengang der zweiten Hälfte des Versenders fest.

Die Aktion »verschenkter Versender« ist ein Desaster für Middelhoff: Innerhalb der folgenden zwei Wochen fällt der Aktienkurs um 20 Prozent. Damit entfernt sich der Wert der Aktie immer weiter von Middelhoffs Kursversprechen »40 Euro plus x« vom Frühjahr. Zudem gerät die Finanzierung des Thomas-Cook-Kredites ins Schwimmen. Mit dem Kaufpreis für Neckermann und der geplanten Anleihe sollte ein großer Teil des Kredites zurückgezahlt werden. Beide Geldquellen aber sind jetzt ausgefallen. Bleibt die schwache Hoffnung auf den schon mehrfach verschobenen Verkauf der restlichen Immobilien.

Middelhoff bleibt trotz der bisherigen Verspätungen bei seinem Versprechen: »Die Immobilientransaktion soll, genau wie der Verkauf von Neckermann.de, bis Ende November abgeschlossen sein. Auch bei den Immobilien verhandeln wir jetzt exklusiv mit einem Konsortium«, sagt er in einem Interview am 11. November. Mit Blick auf die im Dezember zu erwartende Bilanz des Jahres 2007 kündigt der Chef Großes an: »Einige werden sich noch wundern.«

Dezember 2007

Der November ist vorbei, aber es gab keinen Vertragsabschluss für die Immobilien. Mit der abermals nicht eingehaltenen Zusage verspielt Middelhoff weiteres Vertrauen in seine Prognosefähigkeiten. »Wir sind auf der Zielgeraden und rechnen täglich mit einer Einigung«, erklärt ein Sprecher, der als Grund für die Verzögerungen die weltweiten Finanzturbulenzen nennt. Mitte des Monats endlich hat er zumindest eine Absichtserklärung mit der Deutsche-Bank-Tochter DB RREEF und den italienischen Konzernen Pirelli und Borletti über den Verkauf der Immobilienreste abgeschlossen. Nach diesem Geschäft, sagt Middelhoff, sei Arcandor »praktisch finanzschuldenfrei«. Einen wasserfesten Vertragsabschluss indes gibt es immer noch nicht. Die getroffene Absichtserklärung sei für ihn aber »bereits ein Vertragswerk«, erklärt der Vorstandschef.

Jetzt könnten auch Pläne für eine »europäische Warenhausallianz« mit Karstadts Premium-Häusern sowie der französischen Warenhauskette Printemps und La Rinascente in Italien aus Borlettis Einflussbereich umgesetzt werden, sagt Middelhoff. Die Ketten sollen verschmolzen und »klarer Marktführer in Europa im Luxussegment« werden. Kurz darauf rudern die Eigentümer von La Rinascente zurück. Karstadt versichert eilig, dass es die deutsch-französisch-italienische Warenhausallianz dennoch geben werde. Tatsächlich aber wird sie niemals umgesetzt werden. Und tatsächlich bekommt Arcandor für die Immobilien von DB RREEF, Pirelli und Borletti wegen der Finanzkrise nur 400 Millionen Euro der vereinbarten 800 Millionen Euro sofort, die zweite Hälfte soll erst später folgen. Das jedoch sickert erst in den kommenden Wochen durch.

Im Rumpfgeschäftsjahr 2007 legen tatsächlich Umsatz und Ergebnis zu. Der zweite Blick aber zeigt, dass der Zuwachs ausschließlich von Thomas Cook plc kommt und somit nur zugekauft ist. Die operativen Probleme in den Handelssparten haben sich sogar noch vergrößert. Nach dem Fehlstart der teuren Exotik-Aktion rutscht Karstadt sogar wieder dorthin, wo Primondo seit Jahren ist: in die roten Zahlen. Middelhoff jedoch hält an seinen mittelfristigen Prognosen fest, etwa an den 1,3 Milliarden Euro Vorsteuergewinn für das Geschäftsjahr 2008/09, denn: »Der erfolgreiche Konzernumbau wird zunehmend auch in unserem Zahlenwerk sichtbar«, will Middelhoff erkannt haben.

Das Jahr 2008

Januar 2008

Die Fernsehbilder kennt jeder. Sie werden gern im Zusammenhang mit Gesetzesverstößen jeder Art wiederholt, die von Managern begangen wurden: Post-Chef Klaus Zumwinkel verlässt nach einer Hausdurchsuchung wegen des Verdachtes auf Steuerhinterziehung zusammen mit den Ermittlern seine Villa im noblen Kölner Stadtteil Marienburg. Doch was hat das mit Arcandor zu tun, außer dass der spätere Aufsichtsratschef Friedrich Carl Janssen und der kommende Arcandor-Chef Karl-Gerhard Eick seine Nachbarn sind? Zumwinkel sitzt im Aufsichtsrat von Arcandor. Und während er wegen des Skandals und wegen des Rücktritts bei der Post fast alle vergleichbaren Ämter verliert, wird bei Arcandor das Aufsichtsratsmandat Zumwinkels auf Betreiben der Großaktionäre im April verlängert.

Arcandor-Aufseher Zumwinkel hat zu Jahresbeginn somit ganz andere Sorgen, als sich mit dem desaströs ausgefallenen Weihnachtsgeschäft 2007 bei Arcandor zu beschäftigen. Allein in den Karstadt-Warenhäusern war der Umsatz in der besten Handelszeit des Jahres um 8 Prozent gesunken! Ein solcher Absturz in der Zeit, in der die Kunden in Deutschland für mehrere Milliarden Euro Weihnachtsgeschenke kaufen, gilt in der Branche als Katastrophe. Doch das gesamte Rumpfgeschäftsjahr 2007 (Januar bis September) lief nicht viel besser: Von einem Konzernumsatz von 14 Milliarden Euro blieben als Nettoergebnis nach Minderheiten gerade noch 16 Millionen Euro übrig. Das ist ein Rückgang um 96 Prozent.

»Wer sogar im Weihnachtsgeschäft verliert, hat ein echtes Problem«, heißt es in der Branche. Zunehmend bekommt das jetzt Middelhoff persönlich zu spüren, der Druck auf den selbst ernannten Retter wächst.

Innerhalb eines halben Jahres hat sich der Kurs der Arcandor-Aktie halbiert und das Unternehmen 2,5 Milliarden Euro an Wert verloren. »Schaut man sich den Aktienkurs an, ist Thomas Middelhoff eigentlich reif zum Abschluss. In solchen Situationen sind schon Vorstandschefs gefeuert worden, die weniger Geld verbrannt hatten. Die Entzauberung hat begonnen«, schreibt eine Zeitung.[7] Middelhoff hält dagegen: »Wäre heute der Tag der endgültigen Abrechnung, könnte ich die Kritik an der Kursentwicklung verstehen. Wir sind aber nicht am Tag der endgültigen Abrechnung, Der Kurs wird sich erholen«, verspricht er am Telefon. Middelhoff sieht aggressive Hedgefonds am Werk, die den Kurs spekulativ drückten, um Geschäfte mit der Aktie zu machen. »Gehen Sie davon aus, dass ich die Sanierung Ende 2008 abgeschlossen haben werde« – wieder so ein Versprechen. Kritik erntet er nicht nur für die Kursentwicklung, sondern auch wegen seiner nicht eingehaltenen Zusicherungen hinsichtlich des zweiten Teils des Immobiliendeals und des Neckermann-Verkaufs.

Es sind generell schlechte Zeiten für gute Geschäfte: Die aufziehende Finanzkrise führt an der Frankfurter Börse im Januar zum stärksten Kurseinbruch seit den Terroranschlägen am 11. September 2001.

Februar 2008

Diese Personalie hat es in sich: Stefan Herzberg soll neuer Verkaufschef der Karstadt-Warenhäuser werden. Bis Ende 2006 machte Herzberg denselben Job beim Konkurrenten Kaufhof. Bei Karstadt wird er bereits als Nachfolger des angeschlagenen Warenhauschefs Peter Wolf gehandelt. Fast gleichzeitig gibt Herzbergs früherer Arbeitgeber Metro bekannt, dass er die Warenhauskette Kaufhof abgeben will. Nicht sofort, aber sobald jemand einen attraktiven Preis bietet. Anders als Karstadt verdient Kaufhof seine Kapitalkosten und liefert noch einen Gewinn an die Muttergesellschaft ab. Von jetzt an gibt es immer wieder Gerüchte und Überlegungen über eine Zusammenlegung von Karstadt und Kaufhof in einer »Deutschen Warenhaus AG«. Karstadt geht das Thema of-

---

7 *Welt am Sonntag*, »Entzauberter Kaufhauskönig«, 27.01.2008.

fensiv an, Kaufhof drückt auf die Bremse. Ein Jahr später wird es umgekehrt sein. Aber welche Rolle kann Herzberg bei einer Zusammenführung spielen, der mit seinem Seitenwechsel beim Kaufhof verbrannte Erde hinterlassen hat?

Es gibt zwei gute Nachrichten für die Mitarbeiter: Elf der 27 von der Schließung bedrohten »Projektfilialen« sind gerettet, bei ihnen laufen die Geschäfte wieder besser. Für die übrigen 16 Problemhäuser wird die Probezeit um ein halbes Jahr verlängert, auch sie werden später weiter betrieben werden. Primondo verzichtet nun doch auf die Ausgliederung seiner Servicegesellschaft wie der Call-Center. Damit bleiben 4000 Mitarbeiter im Konzern. Grund für den Verkaufsverzicht seien Erfolge beim Sanierungsprogramm: Es wurden 3000 von 7000 Stellen gestrichen und neun von 14 Call-Centern geschlossen. Die verbliebenen Mitarbeiter arbeiten jetzt für weniger Gehalt.

Endlich hat Arcandor den Vertrag über die zweite Hälfte des Immobilienverkaufs mit Deutsche Bank RREEF Pirelli Real Estate, dem Generali Real Estate Fund und der Borletti Group abgeschlossen. Middelhoff hatte die Unterzeichnung schon für den November 2007 angekündigt, dann jedoch hatte die Finanzkrise für deutliche Verzögerungen gesorgt.

Krise? Welche Krise? Im Hamburger Alsterhaus kommen 600 Gäste zum »Media Get Together« von Karstadt zusammen. Gastgeber Thomas Middelhoff begrüßt unter anderem die Ministerpräsidenten Christian Wulff, Peter Harry Carstensen und Kurt Beck sowie Ole von Beust, Michael Naumann, Andrea Ypsilanti, dazu Johannes B. Kerner, Sabine Christiansen, Stefan Aust. Die Veranstaltung soll 500000 Euro gekostet haben – und die Idee, dies regelmäßig zu organisieren, wird wegen der hohen Kosten schnell wieder aufgegeben.

Die weltweite Finanzkrise schreitet voran: In den USA bricht mit Bear Stearns die erste der traditionsreichen Wall-Street-Banken zusammen.

April 2008

Thomas Middelhoff bleibt: Statt das Unternehmen wie geplant Ende 2008 zu verlassen, hängt er noch ein Jahr dran. »Wir haben derzeit mehrere wichtige strategische Weichenstellungen im Warenhaus und Homeshopping in Vorbereitung und Realisierung«, sagt er den verdutzten Aktionären auf der Hauptversammlung in Düsseldorf, »weshalb die Bitte vor allem von Investoren an mich herangetragen wurde, diesen wichtigen Abschnitt noch persönlich zu begleiten. Dafür werde ich auch meine persönliche Lebensplanung ändern.« Offenbar wurmt es ihn, dass der Aktienkurs von seiner Vorhersage »40 Euro plus« »meilenweit entfernt« ist, wie er selbst einräumt, obwohl er »keine unternehmensspezifischen Faktoren sehe, die diese negative Entwicklung wirklich rechtfertigen«. Später wird er Journalisten mit Blick auf sein Gewinnversprechen von 1,3 Milliarden Euro (EBITDA, das heißt u. a. vor Steuern und Abschreibungen) für 2008/2009 sagen: »Ich möchte Ihnen persönlich diese Zahl abliefern.« Er hat inzwischen selbst gemerkt, dass er noch nicht als Retter in die Firmengeschichte eingehen wird. Seine Vertragsverlängerung gibt Middelhoff ganz am Schluss seiner 28-seitigen Rede bekannt.

Vorher zeigt er sich als der Mann, der erfolgreich für die Kleinaktionäre kämpft. Middelhoff im O-Ton: »Wir planen, Ihnen, sehr geehrte Aktionäre, für das Geschäftsjahr 2007/2008 wieder eine ordentliche Dividende auszuschütten ... Wir sind definitiv zurück auf der Erfolgsspur.« Und zum Immobilienverkauf: »Ich bin zwar als ›Ankündigungsweltmeister‹ mal wieder öffentlich verhauen worden, aber wir haben es dennoch geschafft und exakt zu dem Gesamtwert, den wir erreichen wollten. Wie der Vorstand alles eingehalten hat, was er angekündigt hat. Die Transaktion ist mit weitem Abstand das größte und erfolgreichste Verkaufsprojekt im Immobilienbereich in Europa ... Jetzt stellen Sie sich nur mal für einen Moment vor, in welcher Lage wir heute wären, wenn wir immer noch mit 4 Milliarden Euro Schulden beladen wären. In den heutigen Zeiten wäre ein wertgerechter Verkauf gar nicht mehr möglich – dann gäbe es heute keine Hauptversammlung, weil es Ihr Unternehmen nicht mehr gäbe ... Wir werden im nächsten Jahr ein EBITDA von mehr als 1,3 Milliarden Euro erreichen – und dann wird der Kurs da stehen, wo er hingehört!« Dieses Ergebnis von 1,3 Milliarden Euro allerdings sollte es niemals geben – und der Kurs sollte weiter stürzen, statt zu steigen.

Von seinem Interesse am Kaufhof rückt Middelhoff öffentlich ein wenig ab. Eine Verschmelzung beider Ketten sei nur »eine Option von vielen«, sagt er jetzt. Tatsächlich bleibt der Zusammenschluss mit dem Konkurrenten – vielleicht mit der britischen Warenhauskette Debbenhams als drittem Partner – Middelhoffs Ideallösung für das Problem Karstadt. Das Projekt kommt allerdings nicht recht voran, weil der neue Metro-Chef Eckard Cordes in seinem Unternehmen zunächst wichtigere Baustellen zu bearbeiten hat. Zumal die Finanzkrise im Zentrum der deutschen Wirtschaft angekommen ist: Die Deutsche Bank vermeldet zum ersten Mal seit fünf Jahren einen Quartalsverlust. Wie mag es erst kleineren Instituten wie der Commerzbank mit der Dresdner Bank oder der BayernLB gehen? Sie gehören zu den größten Finanzierern Arcandors – und schon im September laufen die Kreditverträge aus. Da droht Unheil.

Mai 2008

Es gibt Zahlen für das erste Quartal 2007: Wie so oft lässt Thomas Cook die Konzernbilanz erträglicher aussehen, als sie eigentlich ist. »Thomas Cook ist ein Dukatenesel«, stellt Middelhoff fest. Denn durch die guten Geschäfte der Tourismustochter sinkt der Konzernverlust von 178 Millionen auf 53 Millionen Euro. Einen kleinen Bilanzgewinn erzielt sogar Primondo. »Die Zahlen sind gut und geben Anlass zu weiterem Optimismus«, glaubt Middelhoff. Die zur Jahresmitte geplante Kapitalerhöhung um 500 Millionen Euro jedoch muss er wegen der schwierigen Lage auf den Finanzmärkten aufgeben. Dabei wird er das Geld schon bald dringend brauchen.

Middelhoff bekommt zwar bald eine ganze Bank zurück, aber das bringt ihm keine neue Finanzkraft: Arcandor übernimmt zum 1. Januar 2009 die KarstadtQuelle-Bank, an der das Unternehmen zuletzt nur noch eine Beteiligung hielt, wieder vollständig. Die Ergo Versicherung gibt ihren Anteil an der Bank zurück. Dafür und für die Zahlung von 70 Millionen Euro bekommt Ergo den 22-Prozent-Anteil Arcandors an der KarstadtQuelle-Versicherung, die Ergo damit komplett gehört. Der alte Name »KarstadtQuelle Versicherungen« soll auch unter dem neuen Eigentümer bleiben. Das wird sich schon ein Jahr später als Bumerang erweisen. Als Karstadt und Quelle in die Insolvenz rutschen, hat der neue Eigentümer Mühe, zu erklären, dass die Versicherung nichts mehr mit KarstadtQuelle zu tun hat, sondern »ein Unternehmen der Ergo Versicherungsgruppe« ist. Zur Klarstellung wird dieser Zusatz jetzt an den Namen angehängt, etwa in den Fernsehspots. Doch das ist nur eine Zwischenlösung. Ab 2010 wird das Unternehmen dann in »Ergo Direkt« umbenannt, die negativ belegten Namen Karstadt und Quelle tauchen nicht mehr auf.

Die KarstadtQuelle Bank geht nicht direkt an Arcandor, sondern an den Mitarbeitertrust, bei dem auch der gerade eingetauschte Versicherungsanteil gelegen hatte. Die Bank des Mitarbeitertrustes, Valovis, nimmt das Institut, das eigentlich kein Geschäft außer der Ausgabe kostenloser Kreditkarten hat, erst nach Zahlung einer Mitgift von 50 Millionen Euro Eigenkapital auf.

Juli 2008

Das lässt nichts Gutes für Karstadt erwarten: Die früheren Schwesterunternehmen Wehmeyer und Hertie und wenig später auch SinnLeffers müssen Insolvenz anmelden. Die Krise im Textilhandel in Verbindung mit den hohen Mieten werden als Hauptgründe genannt. Auch bei Karstadt sind Textilien die größte Warengruppe, auch Karstadt zahlt hohe Mieten.

Peter Wolf wird sich damit nicht mehr beschäftigen müssen. Der umstrittene und im Umgang mit Untergebenen bisweilen etwas schwierige Karstadt-Chef muss gehen. Middelhoff lastet ihm unter anderem das schlechte Weihnachtsgeschäft 2007 an. Der Rausschmiss nach nur zwei Jahren wird ihm mit einer Millionenabfindung versüßt. Nachfolger ist erwartungsgemäß Stefan Herzberg, der bisherige Verkaufschef, der ehemalige Kaufhof-Mann.

Die Finanzkrise macht schon wieder ein eingeplantes und angekündigtes Geschäft zunichte: Die Fluggesellschaft Air Berlin zieht aus wirtschaftlichen Gründen ihr Angebot auf Übernahme der Thomas-Cook-Airline Condor zurück. Cook hätte im Tausch gegen die Fluggesellschaft knapp 30 Prozent der Air-Berlin-Aktien bekommen sollen. Somit muss

Middelhoff Condor in schwierigen Zeiten weiterbetreiben und die Leasingraten für die Jets zahlen, obwohl er die Fluggesellschaft eigentlich loswerden möchte.

Längst hat Middelhoff seine Karriere für die Zeit nach Arcandor vorbereitet: Die Deutsche Bank bringt den SPAC »Germany I« an die Amsterdamer Börse. Es ist das erste Produkt der Gesellschaft BLM von Thomas Middelhoff, des Unternehmensberaters Roland Berger und des Investmentbankers Florian Lahnstein. Ein SPAC (»Special Purpose Acquisition Company«) ist eine leere Hülle, die im Laufe der Zeit mit übernommenen Unternehmen gefüllt wird. Mit dieser Konstruktion sollen Firmenverkäufer schneller an ihr Geld kommen als über einen gewöhnlichen Börsengang. Zudem bleibt das bisherige Management im Amt. Anleger, die mit den Investmententscheidungen nicht einverstanden sind, können ihr Geld zurückerhalten. Germany I will Unternehmen im Wert von 1,5 Milliarden Euro versammeln und vor allem sehr reiche Familien als Anleger ansprechen. Die Organisatoren selbst kaufen Anteile im Wert von 20 Millionen Euro. Gerne hätte Middelhoff das Problemkind Quelle über einen solchen SPAC an andere Investoren weiterverkauft, dann wäre er eine wesentliche Sorge los. Doch so weit kommt es nicht.

August 2008

Der Tiger aus der exotischen Werbeaktion hat Spuren in der Bilanz hinterlassen. Im dritten Quartal in Folge schreibt die Warenhauskette rote Zahlen. Der Arcandor-Konzern muss deshalb eine weitere Gewinnwarnung veröffentlichen. »Es hat an Kostendisziplin gemangelt«, begründet Middelhoff dies und meint damit den gerade geschassten Peter Wolf. Jetzt legt Middelhoff ein weiteres Sanierungsprogramm für Karstadt auf. »Wir sind der Meinung, wir sollten da nochmals richtig durchkehren«, sagt er nach mehr als drei Jahren als Vorstandschef. In der Zentrale in Essen sollen rund 400 der 2000 Verwaltungs- und Leitungsstellen wegfallen, betriebsbedingte Kündigungen werden nicht ausgeschlossen. »Für unser Warenhausgeschäft sind wir noch in der Phase der Festlegung einer endgültigen strategischen Ausrichtung« – dieser Middelhoff-Satz reflektiert Ratlosigkeit pur.

Obwohl der Versand und vor allem die Touristik besser laufen, schrieb der Konzern unter dem Strich im dritten Quartal einen Verlust von 119 Millionen Euro. Middelhoff muss sogar von seinem seit Monaten immer wieder verkündeten Ergebnisziel im Geschäftsjahr 2008/2009 abrücken. Statt 1,3 Milliarden Euro vor Steuern werde das Unternehmen »mehr als 1,1 Milliarden Euro verdienen«. Diese neuerliche Gewinnwarnung und die Tatsache, dass im September die schwierigen Bankengespräche zur Fortsetzung der überlebenswichtigen Kredite anstehen, schicken den Aktienkurs um mehr als 12 Prozent in den Keller.

Die Deutsche Schutzgemeinschaft für Wertpapierbesitz (DSW) nimmt Gehälter deutscher Manager unter die Lupe. Hauptgeschäftsführer Ulrich Hocker kritisiert unter anderem, dass die Ausgaben für die Bezahlung des Arcandor-Vorstands um 55 Prozent gestiegen war, obwohl der Aktienkurs um rund ein Viertel eingebrochen ist. Hocker ist allerdings seit Jahren Arcandor-Aufsichtsrat aufseiten der Eigentümer, also letztlich der Arbeitgeber dieses Vorstandes mit der üppigen Gehaltssteigerung.

Als an der Börse das Gerücht aufkommt, Middelhoff wolle Arcandor früher verlassen als geplant, steigt der Aktienkurs wieder um 3 Prozent. Das ist ein Schlag ins Gesicht des Vorstandsvorsitzenden. Zeigt die Kurssteigerung doch die Erwartung der Anleger, dass Arcandor ohne Middelhoff bessere Chancen hat als mit ihm. Das Unternehmen jedoch dementiert den Chefwechsel.

Jetzt treten plötzlich die einflussreichen Warenkreditversicherer auf den Plan, die in normalen Zeiten kaum sichtbar sind. Bei diesen Unternehmen versichern Hersteller ihre Lieferbeziehungen zu Kunden wie Arcandor. Kann Arcandor die Lieferung nicht mehr bezahlen, springen die Warenkreditversicherer ein. Die Konditionen der Policen sind ein sehr sensibler Gradmesser für die Zahlungsfähigkeit eines Unternehmens. Erhöhen die Versicherer die Preise oder reduzieren sie gar die Deckungssummen, gilt das als Alarmsignal, das blitzschnell in der Branche bekannt ist. Insbesondere Euler Hermes, ein Unternehmen der Allianz-Gruppe, scheint zunehmend Zweifel an der Zahlungsfähigkeit Arcandors zu bekommen. Auch die kreditgebenden Banken schauen bei ihren Entscheidungen sehr genau auf die Einschätzungen dieser Spezial-Assekuranzen. Alle vier großen Kreditversicherer, Euler Hermes, Atradius,

Coface und Zurich, bitten gemeinsam den Arcandor-Vorstand zum Gespräch. Eine solche konzertierte Aktion ist kein gutes Zeichen für Arcandor, und das auch noch unmittelbar vor den so wichtigen Kreditverhandlungen. Bei einem der beteiligten Bankhäuser kommen die Kreditexperten bereits zu dem Ergebnis, dass das Engagement für Arcandor nicht fortgesetzt werden sollte. Als Hauptgrund nennen sie die undurchsichtige Bilanzierungs- und Informationspolitik des Unternehmens. Das Risiko für die Bank sei wegen der Nebelbomben schwer abschätzbar. Die Aufkündigung des Kredites jedoch könnte Arcandor in die Zahlungsunfähigkeit stürzen, das ist klar. Um den Schwarzen Peter für eine Insolvenz und den Verlust Tausender Arbeitsplätze wenige Monate vor der Bundestagswahl jedoch wollen sich die Bank-Oberen nun gerade nicht bewerben. Deshalb entscheiden sie aus politischen Gründen: Wir bleiben drin bei Arcandor.

September 2008

Jetzt kommt wirklich alles zusammen: Mit der Pleite der amerikanischen Investmentbank Lehman Brothers erreicht die Finanzkrise ihren bisherigen Höhepunkt. Konkurrent Merrill Lynch, dem dasselbe Schicksal droht, rettet sich unter die Fittiche der Bank of America. Auch droht die Insolvenz des größten Versicherers des Landes, AIG. Die US-Regierung übernimmt die Kontrolle über die größten Baufinanzierer des Landes, Fannie Mae und Freddi Mac, die praktisch insolvent sind. Die Märkte weltweit sind fast gelähmt, Banken reichen kaum noch Kredite heraus. Und in Deutschland hat tatsächlich der Kreditversicherer Euler Hermes seine Zahlungsgarantien für Arcandor-Lieferanten reduziert. Der Handelskonzern ist jetzt als hohes Risiko und wackeliger Geschäftspartner gebrandmarkt. Die Arcandor-Aktie bricht daraufhin um 7 Prozent ein. Auch bei den Bankengesprächen läuft es nicht rund. Am 19. September bestätigt ein Arcandor-Sprecher Probleme bei den Finanzierungsverhandlungen: Die bisher turbulentesten Tage im inzwischen vier Jahre dauernden Überlebenskampf des Konzerns haben begonnen.

Es geht um etwa 1 Milliarde Euro, die Arcandor im September an acht Banken zurückzahlen oder neu finanzieren muss. Am Verhandlungstisch sitzen die drei größten Kreditgeber BayernLB, Commerzbank, die inzwischen Arcandors Geldgeber Dresdner Bank übernommen hat, und die Royal Bank of Scotland (RBS), zu der mittlerweile auch die niederländische ABN AMRO gehört. Bei ABN ist Arcandor ebenfalls verschuldet. Die Leitung der Verhandlungen hat die BayernLB inne, die schon seit vielen Jahren mit dem Essener Konzern zusammenarbeitet. Dass die Verhandlungen schwierig werden würden, war angesichts der Kombination aus weltweiter Finanzkrise und internen Arcandor-Problemen klar. Doch die Gespräche hatten sich ganz gut angelassen, schließlich tragen die Banken wenig Risiko: Bei ihnen liegen die Pfandrechte für das 52,8-Prozent-Paket Arcandors an Thomas Cook. Und das ist, solange der Kurs nicht dramatisch absinkt, mindestens eine Milliarde Euro wert. Mit dem Verkauf wären mögliche Kreditausfälle damit ausgeglichen, und die Banken wären fein raus. Aber Arcandor hätte seinen Gewinnbringer verloren.

Eine grundsätzliche Übereinstimmung der drei Banken über die Fortsetzung des Kreditengagements scheint bereits in greifbarer Nähe, als die RBS plötzlich – es muss der 20. oder 21. September gewesen sein – auf die Bremse tritt. Man müsse das Projekt erst dem Credit Committee in der Bankzentrale vortragen, heißt es nun von den RBS-Unterhändlern. »Das machte mich gleich stutzig«, erinnert sich Thomas Middelhoff, »dieses Verfahren war nicht üblich. Man wartet dann auf eine Entscheidung wie ein Schüler auf die Rückgabe einer Klassenarbeit.« Die Zeit drängt: Am 30. September laufen die Kredite aus.

Merkwürdig finden auch die Vertreter der beiden deutschen Banken das Verhalten ihrer britischen Kollegen. In einer nächtlichen Telefonkonferenz zwischen München, Frankfurt und London beraten sie, wie sie mit den Arcandor-Krediten verfahren wollen. »Irgendwann fiel uns auf, dass wir schon lange nichts mehr von unserem Kollegen der RBS gehört hatten«, berichtet Elmar Meid von der BayernLB. Unglaublich, aber wahr: Der Mann von der britischen Insel war einfach verschwunden. Er hatte sich wortlos aus der Konferenz herausgeschlichen. »Dann haben wir um ein Uhr nachts etwas fassungslos die Konferenzsprache gewechselt und konnten wieder deutsch sprechen«, erinnert sich Meid an eine der seltsamsten Telefonkonferenzen seiner Karriere. Doch nicht allein der Gesprächspartner am Telefon war abhanden gekommen, die ganze Royal Bank of Scotland zählte sich plötzlich auf Beschluss des Führungsgremiums nicht mehr zu den Kreditgebern von Arcandor. Der Telefonbanker war offensichtlich mitten im Gespräch von seinen Chefs zurückgepfiffen worden.

Thomas Middelhoff wollte es nicht glauben, als er am nächsten Morgen vom Ausstieg der Schotten hörte. Er rief den Chef der RBS an und versuchte, ihm die Folgen klarzumachen: Arcandor stand über Nacht ohne ausreichende Finanzierung da. Doch es war vergeblich. Der Chef der Royal Bank ließ sich nicht umstimmen, RBS war raus. Begründungen sparten sich die Schotten. BayernLB und Commerzbank immerhin hielten an ihren Zusagen fest, wollten aber auf keinen Fall auch noch den RBS-Anteil übernehmen. Wer sonst? Es musste sehr schnell ein neuer Kreditgeber gefunden werden. Middelhoff telefonierte sich quer durch die Welt und versuchte, Bankchefs, die er kannte, zum Engagement bei Arcandor zu bewegen. Aber wenige Stunden nach dem Zusammenbruch von Lehman Brothers war das nahezu aussichtslos. Ohne neue Bankkredite aber würden die Warenkreditversicherer nicht mehr stillhalten. Und ohne deren Policen müsste Arcandor wahrscheinlich einen Großteil seiner Waren per Vorkasse bezahlen – was angesichts des Kassenstandes völlig unmöglich war. Das wäre das Ende.

Mit einem kleinen Team – Finanzvorstand Peter Diesch soll nur selten dabei gewesen sein – sucht Middelhoff nach Lösungen, mehr als drei oder vier Stunden Schlaf pro Nacht sind jetzt nicht drin. Die Öffentlichkeit allerdings weiß damals nicht, wie dramatisch die Sache ist. Middelhoff spielt inzwischen mit dem Gedanken, Thomas Cook zu verkaufen. Mit dem Geld könnte er die Kredite zurückzahlen und wäre seine Schulden los – aber gleichzeitig auch die einzige funktionierende Geldmaschine.

Investoren spekulieren bereits auf einen bevorstehenden Notverkauf von Thomas Cook um jeden Preis, was den Kurs der Urlaubsaktie drückt. Stets hatten Arcandors Abteilungen für Kommunikation und Investor Relations versucht, Gerüchte über einen Thomas-Cook-Verkauf zu zerstreuen. Da sei nichts dran, Cook bleibe bei Arcandor, hieß es, auch noch während des 24. September. Die Börsen haben bereits geschlossen, als durchsickert, dass Thomas Cook wohl doch nicht so unverkäuflich ist wie bisher beteuert. Und tatsächlich gibt das Unternehmen noch an diesem Abend eine Mitteilung mit dem Inhalt heraus, dass »die Struktur der Holding auf dem Prüfstand« stehe und damit auch die Beteiligung an Thomas Cook. Das ist das exakte Gegenteil dessen, was Middelhoff bisher erklären ließ. Die genauen Hintergründe, warum es zu dieser offiziell »Klarstellung« genannten Kehrtwende kam, bleiben im Dunkeln. Offensichtlich hatten sich die hauseigenen Rechtsexperten bei der Veröffentlichung der Erklärung durchgesetzt. So war immerhin juristisch vorgesorgt für den Fall, dass Arcandor sich wirklich von Cook trennen würde. Denn ohne diese Erklärung hätte sich Arcandor des Verstoßes gegen die Ad-hoc-Vorschriften schuldig machen können: Danach sind wesentliche Entscheidungen, die den Aktienkurs beeinflussen können, unverzüglich vom Unternehmen bekannt zu machen

Für Middelhoff allerdings ist diese verhängnisvolle Aktion der Anfang vom Ende. Ihm lasten Finanzmärkte und Öffentlichkeit dieses Verwirrspiel an, es kostet ihn seine letzte Glaubwürdigkeit, wie sich bald zeigen wird. Die Anleger fühlen sich nicht nur vom Vorstandsvorsitzenden getäuscht, sie befürchten auch, dass in der Arcandor-Zentrale sehr bald die Lichter ausgehen, und flüchten aus der Aktie. Das Papier wird sich in den nächsten Tagen abermals im Wert halbieren. Bei den Gesprächen zu diesem Buch gibt Middelhoff zu: »An den Problemen vom September 2008 habe ich mich verschlissen.«

Auch der Kurs der Thomas-Cook-Aktie fällt. Er sackt in den nächsten Tagen so deutlich ab, dass der Verkauf die Konzernschulden von 1 Milliarde Euro jetzt nicht mehr ausgeglichen hätte. Ein Verkauf würde somit die Schuldenprobleme nicht lösen. Für den Abend des Sonntag, 28. September, ist eine Aufsichtsratssitzung anberaumt, auf der dennoch über den Cook-Verkauf beraten werden könnte. Doch der Vorstand sucht verzweifelt nach Alternativen zu diesem Verzweiflungsverkauf. Denn es ist klar, dass diese Transaktion auf Dauer kein Problem lösen würde: Ohne die Cook-Gewinne würde den faktisch defizitären Handelssparten Quelle und Karstadt bald das Geld ausgehen.

Was immer mit den Cook-Aktien passieren mag – die Kosten im Konzern müssen runter, damit der Finanzierungsbedarf geringer wird und die Banken Fortschritte registrieren. Zusammen mit dem Gesamtbetriebsrat und Vertretern der Dienstleistungsgewerkschaft Ver.di stampft

Middelhoff innerhalb des Wochenendes die Eckpunkte des sogenannten »Zukunftspaktes« aus dem Boden: Um das Unternehmen zu entlasten, verzichten die Mitarbeiter abermals auf viel Geld, drei Jahre lang auf Weihnachts- und Urlaubsgeld in Höhe von 115 Millionen Euro pro Jahr. Ver.di und die Betriebsräte sind angesichts der Notlage sehr kooperationsbereit, auch wenn ihnen die abermalige Millionengabe schwerfällt. Seit 2004 hatte die Belegschaft von Karstadt und Quelle bereits auf 700 Millionen Euro verzichtet. Die Mitarbeiter von Thomas Cook sind nicht davon betroffen.

Aber selbst das Geld aus dem »Zukunftspakt« kann das Loch nicht stopfen, das der RBS-Ausstieg gerissen hat. Ein Kredit oder eine Kapitalerhöhung oder am besten gleich beides müsste her – aber von wem sollte diese lebensrettende Finanzspritze kommen, in diesen Zeiten? Madeleine Schickedanz besitzt dazu nicht mehr das Geld, sie hatte als größte Aktionärin schließlich den Verlust von 90 Prozent des Unternehmenswertes zu tragen wie niemand anderer.

Und die Bank, bei der Schickedanz hoch verschuldet ist? Bei Sal. Oppenheim in Köln steht Schickedanz mit einem dreistelligen Millionenkredit in der Kreide, fatalerweise maßgeblich gesichert durch Arcandor-Aktien. Der Wert ihres Aktienpaketes ist von 1,9 Mrd. Euro im Januar auf gerade noch 230 Millionen Euro zusammengeschmolzen. Die Bank muss also ein Interesse am Erhalt von Arcandor haben, weil sie sonst ihre Schickedanz-Kredite sofort abschreiben kann. Und das wiederum kann sie sich wegen anderer nicht besonders gut gehender Geschäfte kaum leisten. Das weiß Middelhoff. Er kennt die handelnden Personen von eigenen Geschäften wie den Oppenheim-Esch-Fonds und seinem Privatkredit und trifft sich bei Sal. Openheim mit Bankchef Matthias Graf Krockow. »Ich erzählte ihm, dass ich möglicherweise gezwungen sein könnte, Thomas Cook zu verkaufen«, sagt Middelhoff. Nach dessen Erinnerung fragte schließlich am 28. September Haselmann Oppenheim-Gesellschafter Janssen am Telefon – in Anwesenheit Middelhoffs – »ob die Bank einen Kredit geben könne. Wir stellten aber klar, dass das Unternehmen für diesen Kredit keine erstrangigen Sicherheiten bieten könne«, so Middelhoff. Denn alles, was im Unternehmen zu verpfänden sei, sei bereits verpfändet. Auf einen solchen Kredit jedoch will sich Janssen nicht einlassen.

»In diesem Telefonat am 28. September reifte dann das Konzept, stattdessen eine Kapitalerhöhung durchzuführen, die Sal. Oppenheim zeichnen würde. Noch am Abend dieses 28. September beschloss der Aufsichtsrat diese Kapitalerhöhung«, sagt Middelhoff im Juni 2010. Sal. Oppenheim zeichnet die Kapitalerhöhung über 58 032 015 Euro und gibt zusätzlich noch 20 Millionen Euro Kredit. Damit wäre das Kreditvolumen der Royal Bank of Scotland ersetzt, nur die Warenkreditversicherer müssen sich noch einverstanden erklären.

Anleger allerdings fühlen sich hinters Licht geführt: Erst hatte Middelhoff in einem Interview eine Kapitalerhöhung ausgeschlossen, dann kam sie doch innerhalb kürzester Zeit. Mindestens ein Anleger klagte deshalb gegen Middelhoff auf Schadenersatz – wegen der Kapitalerhöhung und des plötzlichen Schwenks bei der Frage nach dem Verkauf von Thomas Cook. Das Verfahren lief bei Redaktionsschluss noch.

Auch die Zustimmung der Oppenheimer zum Arcandor-Deal ist riskant: »Die Prüfung dieses Engagements durch Sal. Oppenheim war vollkommen oberflächlich. Sie hatten kaum mehr Informationen als die kreditgebenden Banken, vielleicht sogar noch weniger. Sie haben vor allem Middelhoffs Darstellung der Situation geglaubt«, sagt einer, der bei Arcandor Verantwortung trug und der in der entscheidenden Nacht keinen Anruf der Kölner Bankiers bekam, in dem sie sich nach den versteckten Risiken erkundigt hätten.

Ist Middelhoff also am Ziel? Er glaubt es und verkündet es. Thomas Cook bleibt im Konzern, heißt es zum Erstaunen der Öffentlichkeit in der Pressestelle. Doch Middelhoff hat wieder einmal zu früh Entwarnung gegeben. Denn die Warenkreditversicherer haben noch nicht zugestimmt und verweigern am Montag tatsächlich ihre Zustimmung zur neuen Konstruktion. Euler Hermes sagt Nein, die Franzosen wollen weitere Sicherheiten. Und ohne Euler Hermes werden auch die anderen drei Versicherer nicht im Geschäft bleiben, kündigen sie dem Vorstandschef an. Der telefoniert daraufhin wieder die halbe Nacht lang seine Kontakte ab. Auch den Chef von Euler Hermes in Paris hat er irgendwann am Apparat. Aber der Mann bewegt sich nicht. Für ihn ist dieser deutsche Konzern ein unüberschaubares Risiko, aus dem man sich so schnell wie möglich verabschieden müsse. Middelhoff weiß sich keinen anderen Rat, als Paul Achleitner aus dem Vorstand der Euler-Hermes-

Mutter Allianz anzurufen. Auch ihn kennt er gut von früheren Geschäften. Ihm macht er klar, dass Arcandor in die Insolvenz rauscht, wenn Achleitner nicht für einen Meinungswechsel in Paris sorgt. Dann wäre Allianz/Euler Hermes schuld. Genau das ist der entscheidende Hebel: Jetzt gibt Euler Hermes seinen Widerstand auf. Arcandor ist gerettet, mal wieder. »Ich habe nach dem Telefonat gebrüllt vor Freude«, sagt Middelhoff über den Moment, in dem er von der Zustimmung erfahren hatte. Dass er die Bankkredite lediglich bis zum 12. Juni des folgenden Jahres verlängert bekommt, scheint zunächst nicht so wichtig, Hauptsache, er hat überhaupt noch Kredite. »Das«, sagt Middelhoff über die Septemberkrise, »waren die schlimmsten Tage meines gesamten bisherigen Berufslebens. Die ganze Firma hing am seidenen Faden. Wir haben mit einem sehr kleinen Team drei oder vier Tage lang fast durchgearbeitet.« Personen, die Middelhoff in dieser Zeit erlebt oder mit ihm verhandelt haben, bestätigen seine Schilderung, nach der maßgeblich er in dieser Krise Tag und Nacht nach neuen Geldquellen für Arcandor suchte.

Am 29. September, wenige Stunden vor dem Ende der Kreditlaufzeit, gibt Arcandor der Öffentlichkeit die Kapitalerhöhung bekannt. Den Namen des Retters nennt das Unternehmen noch nicht. Überraschenderweise liegt der Preis der neuen Aktien nach der Kapitalerhöhungsvereinbarung leicht über dem der bereits an der Börse kursierenden Papiere – was darauf schließen lässt, dass der Zeichner bereits feststeht und sich mit dem Preis einverstanden erklärt hat. Erst am nächsten Tag gibt sich Sal. Oppenheim als neuer Großaktionär von Arcandor zu erkennen. Bank-Chef Graf Krockow scheint ernsthaft glücklich über seinen nächtlichen Firmenkauf: »Wir hätten nicht gekauft, wenn wir nicht überzeugt gewesen wären, dass der innere Wert des Unternehmens größer ist als das, was wir bezahlt haben. Es gibt noch Banken, die der Industrie zur Seite stehen«, erklärt er mir triumphierend am Telefon. Und: »Wir beobachten das Unternehmen ja schon länger. Wir haben volles Vertrauen in Thomas Middelhoff. Sal. Oppenheim ist ein langfristiger Investor.« Warum er mehr bezahle, als nach Börsenkurs eigentlich notwendig gewesen wäre? »Wir haben aufgerundet. Wir wollten nicht zu kniepig sein. Leben und leben lassen«, begründet der Graf vom Rhein. In den folgenden Tagen übernimmt seine Bank noch ein Paket von 19,5 Prozent Arcandor-Aktien von ihrer angeschlagenen Kreditnehmerin Madeleine Schickedanz und ist mit rund 30 Prozent der Anteile der größte Einzeleigentümer des Essener Unternehmens. Oppenheim-Gesellschafter Friedrich Carl Janssen wird schon bald den Aufsichtsratsvorsitz übernehmen.

Middelhoff allerdings bläst jetzt der Wind ins Gesicht. Im Kreise der Geldgeber nimmt man ihm unter anderem übel, dass er in der Septemberkrise bereits Entwarnung gegeben hat, bevor wirklich alle Probleme gelöst waren. Das Hin und Her bei Thomas Cook hat die Geschäftspartner völlig verunsichert, den Kurs ruiniert und Middelhoffs Glaubwürdigkeit vollends zerschossen. Es gibt Rücktrittsforderungen. »Die Strategie von Middelhoff ist gescheitert, das Vertrauen ist dahin. Wir sind der Ansicht, dass Middelhoff gehen muss«, erklärt die Schutzgemeinschaft der Kapitalanleger (SdK).

Erst als die Arcandor-Rettung steht, wird klar, warum die Royal Bank of Scotland so schnell ihre Kredite ins Trockene bringen wollte: Das Institut ist selbst schwer angeschlagen und kann nur mithilfe des britischen Staates überleben, der jetzt dort einsteigt.

Schlaglicht: **Sal. Oppenheim – und Jos. Esch**

Der diskrete graue Nachkriegsbau im Kölner Bankenviertel ist nicht protzig von außen, nicht mal repräsentativ. Wenn man daran vorbeigegangen ist und hinterher nach Details gefragt würde – wahrscheinlich fiele einem nicht viel ein. In der Straße Unter Sachsenhausen gibt es Geldhäuser mit deutlich mehr Charme, etwa die Gebäude von Merck & Finck oder der Generali gegenüber. Erst wenn man drin ist, merkt man, dass das hier nicht irgendein Verwaltungsgebäude ist oder die Sparkasse von Troisdorf, sondern »Sal. Oppenheim jr. & und Cie. Privatbankiers seit 1789«. Die größte Privatbank Europas. Und eine der ältesten.

Am Empfang sitzt an diesem Oktobertag im Jahr 2008 ein Pförtner in blauer Uniform. Er fragt den Besucher nach dessen Begehr und informiert per Knopfdruck am Schreibtisch schon den nächsten Pförtner. Während der Besuch telefonisch im Büro des gewünschten Gesprächspartners angekündigt wird, hat man Zeit für den Blick in eine kleine, leere Schalterhalle. Der Pförtner begleitet den Besucher nun zum gläsernen Fahrstuhl, während ein Kollege würdevoll den frei gewordenen Platz am Empfang einnimmt. Oben angekommen, geleitet Pförtner eins den Gast die wenigen Schritte zum hier zuständigen Etagenpförtner.

Der Blick schweift über Kupferstiche des alten Köln und Ölbilder der alten Oppenheims an den Wänden, prächtig repräsentativ und unnahbar wie Fürsten oder Könige. Grafen, Freiherren und Barone sind die Eigentümer des Bankhauses immerhin. Schon ihr hausinterner Titel »persönlich haftender Gesellschafter« (phG) strahlt jede Menge Vertrauen aus – wer persönlich haftet, muss doch seriös sein. Nur einer der aktuell vier phGs allerdings – Christopher Freiherr von Oppenheim – ist in die Bankiersfamilie hineingeboren. Matthias Graf von Krockow ist eingeheiratet, Friedrich Carl Vitrinen Waagen und anderes Gerät der Finanzmanufakturen aus drei Jahrhunderten. Wer sein Geld hier anlegt – der Gedanke kommt in diesen Tagen unweigerlich –, der kauft wohl kaum bei Karstadt. Und doch gehört ausgerechnet dieser Nobelbank seit wenigen Tagen ein großer Teil des wenig Noblesse ausstrahlenden Karstadt-Konzerns.

Dabei hat das Geldhaus seit der Gründung durch den gerade 17 Jahre jungen jüdischen Kaufmann Salomon Oppenheim junior 1789 schon sehr viel bessere Geschäfte gemacht als jenes mit dem Handelskonzern aus Essen im Herbst 2008. Das »Commissions- und Wechselhaus« des Salomon Oppenheim finanzierte unter anderem den Eisenbahnbau, der Köln zum Verkehrsknotenpunkt machte – und den Geldgeber noch reicher. Die Oppenheims gründeten die »Colonia Feuerversicherungsgesellschaft« und andere Versicherungen. Vor allem aber verwalteten sie das Geld der Reichen. Die Geschäfte liefen prächtig. Bis die Nazis kamen. 1938 musste das Geldhaus auf Druck der Machthaber seinen jüdischen Namen ablegen. Bis 1945 firmierte es unter dem Namen seines langjährigen Teilhabers Robert Pferdmenges. Nach dem Krieg arbeitete das Haus unter dem alten Namen wieder diskret für die, die viel Geld anzulegen hatten. Mit dem Verkauf der Colonia 1989 bekamen Bank und Gesellschafter Milliarden in die Kassen. Damit stieg das Bankhaus später unter anderem beim Immobilienkonzern IVG, bei der Mittelstandsbank IKB und der BHF-Bank ein und versuchte sich im Investmentbanking, der Champions League des Geldwesens. Seit 2007 ist der offizielle Firmensitz des Familienunternehmens Luxemburg, das Haus in Köln bleibt die Deutschlandzentrale.

Doch noch bevor sich der Besucher in den Vitrinen die Werkzeuge des Private Banking aus längst vergangenen Zeiten genauer anschauen kann, geleitet der Etagenpförtner den Gast in den Besprechungsraum. Es ist einer der ganz wenigen, die klimatisiert sind im Stammsitz der Milliardärsbank. Tritt der Gast anschließend noch einmal auf den Flur, um etwa die Toilette zu suchen, ist der Etagenpförtner sofort wegweisend zur Stelle. Ob das ein Zeichen von Zuvorkommenheit oder Misstrauen ist, wird nicht ganz klar.

Sicher ist hingegen, dass bei Sal. Oppenheim dank dieses lückenlosen Pförtnersystems kein Kunde physisch verloren gehen kann. Dass er sein Geld abzieht und nicht mehr wiederkommt, kann dagegen schon vorkommen. Seit die Bank im September 2008 bei Arcandor eingestiegen ist und auch andere Geschäfte schlecht liefen, soll es sogar häufiger vorgekommen sein. Denn die reichen Kunden mochten es nicht, dass ihre Bank in den Schlagzeilen auftauchte, schon gar nicht im Zusammenhang mit Krisenunternehmen wie Arcandor oder IKB. Ab Herbst 2008, noch mehr aber im Laufe des Jahres 2009 häuften sich Meldungen, nach denen Sal. Oppenheim selbst in Schwierigkeiten geraten sei und die Tochter BHF-Bank verkaufen wolle. Oder müsse.

Die Pessimisten unter den Geldadeligen sollten Recht behalten: Ein Jahr nach der Übernahme der Arcandor-Aktien war es vorbei mit 220 Jahren Privatbankherrlichkeit. Die Eigentümer hatten den Maybach unter Deutschlands Banken vor die Wand gefahren, was aber bis kurz vor dem Einschlag keine Auswirkungen auf das Selbstbewusstsein der Handelnden hatte. Doch das Unternehmen hatte sich zu sehr von seinem Kern als kleiner, feiner Bank für die Premiumkunden entfernt. Die Eigentümer ließen sich von den Renditeverlockungen des Derivatehandels und Investmentbankings verführen. Gegen Globalkonzerne wie Goldman Sachs, Merrill Lynch oder auch Lehman Brothers waren sie angetreten, hatte immer mehr eigenes Geld in Firmenbeteiligungen gesteckt. Als das nicht mehr funktionierte, nahmen sie immer mehr Risiko auf sich, um die Verluste wieder hereinzuholen. Am Ende soll Sal. Oppenheim eine Milliarde Euro verbrannt haben. Die große Finanzkrise ab Sommer 2008 bedeutete schließlich den Anfang vom Ende. 2009 musste die Bank auf Partnersuche gehen. Die Finanzaufsicht BaFin prüfte später sogar, ob den Eigentümern die Befähigung zur Führung einer Bank abzusprechen sei. Der weltweite Finanzcrash und die hausgemachte Sal. Oppenheim/Arcandor-Krise waren zu viel für die Bank. Sie verlor ihre Eigenständigkeit. Inzwischen ist die Deutsche Bank Herr im Hause.

Sal. Oppenheim und Arcandor, diese so unterschiedlichen Unternehmen, die nur für wenige Monate gesellschaftsrechtlich zusammenhingen, teilten also vergleichbare Schicksale: Managementfehler kosteten beide die Autonomie. Und beider Niedergang hing auf hochinteressante Weise zusammen. Denn letztlich war die Beteiligung an Arcandor zwar nicht die einzige Ursache, aber einer der wesentlichen Auslöser für den Sturz des Großeigentümers Sal. Oppenheim. Und umgekehrt führte zur selben Zeit die Finanzschwäche von Sal. Oppenheim dazu, dass die Mutter der Tochter Arcandor in größter finanzieller Not nicht mehr ausreichend zu Hilfe kommen konnte. Zwei Unternehmen trafen also in akuten Schwächephasen aufeinander – und überlebten diese wechselseitigen Abhängigkeiten nicht.

Warum ging ausgerechnet diese Bank bei Arcandor ins Risiko, wo doch so viele andere die Flucht ergriffen hatten, fragten sich Außenstehende. Dahinter steckte viel mehr als ein gutes Verhältnis zwischen Bankchef Krockow und Middelhoff. Graf Krockow sah echte Chancen im Einstieg bei Arcandor. Er vermutete trotz aller Probleme noch reichlich Substanz in dem Unternehmen und vor allem in seiner Aktie. Als Hauptproblem befand Krockow lediglich, dass die Royal Bank of Scotland wegen der Finanzkrise ihr Geld wiederhaben wollte. Diese akute finanzielle Schwächephase schien eine günstige Einstiegsmöglichkeit. Kurz nach der Entscheidung erklärte er mir das in einem Interview so: »Arcandor ist für uns eine Riesenchance. Steigt der Kurs nur um einen Euro, bedeutet das eine Wertsteigerung von rund 250 Millionen Euro. Wir sind dort nicht eingestiegen, um Geld zu verlieren, ganz im Gegenteil. Nach unserer Einschätzung übersteigen die Chancen die Risiken bei Weitem. Das ist eine rein unternehmerische Entscheidung.« Wieder einmal war ein Investor an den finanziellen Werten des Unternehmens interessiert, nicht aber an den Geschäften, durch die diese Werte erwirtschaftet worden waren.

Schon damals stand Krockow ziemlich allein da mit seiner Einschätzung der Chancen Arcandors. Und schon damals gab es Gerüchte, der Einstieg hinge in Wirklichkeit weniger mit den Verheißungen der Zukunft zusammen als mit der Notwendigkeit, Fehler aus der Vergangenheit ausbügeln zu müssen: Die Finanzprobleme von Arcandor-Großaktionärin Madeleine Schickedanz, die seit Ende der neunziger Jahre Kundin der Bank war, machten den Oppenheimern zu schaffen. Schickedanz hatte sich – wie bereits erwähnt – bei Oppenheim in den Jahren zuvor dreistellige Millionenbeträge geliehen, um Aktien von KarstadtQuelle und später Arcandor zu ordern. Diesen gewagten Aktienkauf auf Pump hatte sich Oppenheim mit Immobilien von Schickedanz, vor allem aber mit eben jenen Aktien absichern lassen. Von einst 36 Prozent hatte die Quelle-Erbin ihren KarstadtQuelle/Arcandor-Anteil auf über 50 Prozent gesteigert, zumeist mit finanzieller Hilfe der Kölner Bank. Im Herbst 2008 allerdings war der Kurs dieser Aktien wegen der Dauerkrise bei Arcandor und den allgemeinen Finanzmarktproblemen derart abgestürzt, dass die Besicherungen nicht mehr ausreichten. Jetzt hätte Oppenheim die Kredite fällig stellen können. Allerdings war klar, dass Schickedanz dann die ausstehenden Summen nicht hätte aufbringen können. Die Bank hätte folglich hohe Summen abschreiben müssen – und das konnte sie sich wegen der zahlreichen anderen Fehlspekulationen nicht mehr leisten.

Auf diese Gerüchte angesprochen, verwies Krockow lächelnd auf einen Druck an der Wand seines sonst mit Jagdbildern eines Lieblingsmalers Kaiser Wilhelms II. geschmückten Büros – das Edikt Friedrichs des Großen über das Bankgeheimnis: Eine Bank müsse Wissen über Kunden »als das größte Geheimnis mit in die Grube nehmen«. Kein Kommentar also.

Insider waren später bei den Recherchen für dieses Buch auskunftsfreudiger: »Ohne Frage entschied sich die Bank im Falle von Arcandor und Frau Schickedanz mit dem Einstieg für eine Vorwärtsstrategie. Schickedanz konnte die Kredite gar nicht mehr zurückzahlen. Mit der Übernahme der Arcandor-Aktien hatte sich Sal. Oppenheim wenigstens einen Hoffnungswert gesichert. Für den Fall, dass die Rettung doch noch gelingt oder immerhin der Aktienkurs steigt«, sagt einer, der nah dran war. Die Arcandor-Aktie als letzter Joker in Oppenheims Spiel mit schlechter werdenden Karten? Eine Aktion, um Zeit für die Rettung zu gewinnen? »Eine andere Erklärung dafür sehe ich nicht. Danach hat sich Oppenheim aber Stück für Stück tiefer in den Strudel hineinziehen lassen«, sagt ein früher Topmanager von Arcandor.

Eine andere Quelle bestätigt, dass die drohenden Bankverluste durch die Schickedanz-Kredite der Grund für den sonst kaum zu erklärenden Einstieg beim Handelskonzern war: »Seit Herbst 2008 lief in der Bank in puncto Schickedanz nur noch die Aktion Schadensbegrenzung. Krockow redete die Sache lediglich schön. Die Chancen angesichts des niedrigen Aktienkurses wurden übertrieben betont und die möglichen negativen Folgen für die Bank gleichzeitig bestritten.«

Der extrovertierte, eher hemdsärmelige Krockow war aber schon nicht mehr die entscheidende Figur in der Bank. Diese Rolle hatte zunehmend der kühle, zurückhaltende Friedrich Carl Janssen an sich gezogen.»Janssen war auch federführend beim Einstieg bei Arcandor«, sagt ein Kenner des Hauses. 2002 kam er zu Oppenheim, und seit 2004 war er persönlich haftender Gesellschafter. Zuvor war Janssen Vorstand beim Karstadt-Konkurrenten Kaufhof gewesen, Wirtschaftsprüfer bei KPMG und Arthur Andersen, auch Vorstandsvorsitzender des Instituts der Wirtschaftsprüfer (IDW). Der Herr mit dem Pokerface, dessen Haare fast bis auf den Kragen seines Sakkos zu hängen pflegen, war in der Bank für so wichtige Bereiche wie Finanzen, Controlling und Risikomanagement verantwortlich. Er war es, der für Oppenheim das Mandat im Aufsichtsrat von Arcandor wahrnahm, als Vorsitzender.»Janssen«, sagt einer, der ihn seit Jahren kennt,»ist aber keiner, der ein Projekt bis zum Letzten durcharbeitet. Dafür braucht er dann gute Mitarbeiter. Wenn es fünf Feuer gibt und Janssen eines davon ausgetreten hat, dann hält er seinen Job für erfolgreich erledigt.«

Innerhalb der Bank ebenso wie außerhalb konnten es allerdings viele nicht verstehen, warum Janssen als Chefstratege und oberster Risikomanager es zuließ, dass die Bank und nicht die Gesellschafter als Privatpersonen den Großteil der neuen Arcandor-Risiken übernommen hat. Dabei tickten in der Bilanz der Bank schon genügend Zeitbomben, Arcandor machte die Sache nur noch schlimmer und drohte, das gesamte Institut zu gefährden.

Im Herbst 2008 war die Lage der 220 Jahre alten Finanzinstitution bereits schwierig. Zum Jahreswechsel dann mussten die Eigentümer – abermals vor allem die Hauptanteilseigner Oppenheim und Krockow/Ullmann – der Bank mit zusätzlichem Eigenkapital in Höhe von 200 Millionen Euro aushelfen, um eine Schieflage zu verhindern. Einen Teil dieser Summe mussten sie sich nach Angaben von Personen, die den Vorgang miterlebt haben, sogar bei anderen Banken leihen. Offiziell war die Eigenkapitalinjektion nur eine Vorsichtsmaßnahme. Tatsächlich aber sollten damit die Folgen des Jahresverlustes von 117 Millionen Euro gelindert werden – der ersten roten Zahlen bei Oppenheim seit 1945.

Die inzwischen nahezu wertlosen Arcandor-Aktien wanderten im Frühjahr 2009 dann größtenteils in die Hände der Gesellschafter, um die Bankbilanz zu entlasten. Nach der Aktion hielt die Bank noch 3,7 Prozent der Arcandor-Aktien, die Gesellschafter aber 24,9 Prozent. Hätte die Bank noch mehr Anteile an ihre Eigentümer abgegeben, wäre Arcandor ein wertvoller Verlustvortrag verloren gegangen. Die Aktien der Gesellschafter kamen in die Oppenheim-

Industrieholding, in der auch die Oppenheim-Anteile der Krisenbank IKB zwischengelagert wurden. Ihre Gesellschafterstruktur war allerdings haargenau dieselbe wie die der Bank. Somit änderte sich letztlich nur, dass das Arcandor-Risiko von der Bank auf die Eigentümer der Bank übergegangen war.

Doch das war noch nicht alles, was das Bankhaus und seine Eigentümer für Arcandor beziehungsweise seine damalige Mehrheitsaktionärin Madeleine Schickedanz an Engagement aufbrachten. Schickedanz bekam zusätzlich neue Kredite und Bürgschaften für die alten Kontrakte. Eine Quelle spricht von insgesamt 600 Millionen Euro, die jetzt bewegt wurden – eine Zahl, die nach Ansicht von Kennern der Vorgänge allerdings zu hoch gegriffen scheint. Wahrscheinlicher ist es, dass die Bank direkt rund 180 Millionen Euro gegeben hat und weitere 200 bis 300 Millionen Euro von einem Unternehmen mit dem Namen AIG kamen. Hinter diesem Geldgeber steckten vor allem die Gesellschafter von Sal. Oppenheim. Die Kredite zur Sicherung der Kredite kamen wiederum von der Bank Sal. Oppenheim. Meldungen, nach denen sich die Gesellschafter der Bank für diese Kredite einen Zinssatz von gerade 1,5 Prozent berechneten, wurden dementiert.

Mit diesem höchst zweifelhaften Verfahren wurde die Quelle-Erbin zahlungsfähig gehalten. Das war wichtig, damit Schickedanz nicht als zweitgrößte Arcandor-Aktionärin ausfällt. Jede weitere Schwächung der Eigentümerschaft Arcandors musste verhindert und einer voranschreitenden Verunsicherung der Geschäftspartner vorgebeugt werden. Wäre nur ein Partner ausgefallen, wäre das Insolvenzrisiko wieder gestiegen. In diesem Fall hätte sich der Dominoeffekt dramatisch fortsetzen können: Bei einer Insolvenz hätte Karstadt vermutlich keine oder deutlich reduzierte Mieten gezahlt, was fatal für die Zeichner der Oppenheim-Esch-Fonds mit den Karstadt-Immobilien gewesen wäre. Ihre Erträge wären gefährdet und damit auch das Finanzierungskonzept der Anleger. Denn aus den eingenommenen Mieten speiste sich die Zinszahlung für die Kredite, die die Investoren für den Kauf der Fonds aufgenommen hatten. Und von wem kamen die meisten dieser Kredite? Von Sal. Oppenheim.

Die Entscheidung, mit noch höherem Risiko auf die Karte Arcandor/Schickedanz zu setzen, werden die vier persönlich haftenden Gesellschafter jedoch nicht allein gefällt haben. Josef Esch, der unsichtbare Finanzberater und Geschäftspartner der Bank, dürfte deutlich zum Ausdruck gebracht haben, was er von ihnen erwartete. »Ihr müsst der Madeleine helfen«, soll er seinen Duzfreunden in der Bank gesagt haben.

Ob der Satz tatsächlich genau so gefallen ist, steht nicht fest, Esch lässt sich nicht befragen. Aber eine Aussage in dieser Richtung dürfte er gemacht haben, da sind sich Personen in Eschs Umfeld sicher. »Das würde zu ihm passen«, sagt jemand, der ihn sehr gut kennt. Und: »Natürlich hat er eine Rolle dabei gespielt, keine Frage. Der hält sich nicht lange an Regularien fest und ist kein Freund von Bedenkenträgern. Der fragt: Wie kommen wir direkt zum Ziel? Wie man dann letztlich dieses Ziel erreichen kann, das ist aus seiner Sicht dann Aufgabe der Banker.« Was aus Eschs Sicht den Vorteil hat, dass die Banker für alle weiteren Schritte den Kopf hinhalten müssen, aber nicht der große Unbekannte aus Troisdorf.

Dessen Einfluss auf die Bankgesellschafter war durch die erfolgreichen Geschäfte der Vergangenheit immer weiter gewachsen, ohne dass er bei der Bank ein Mandat hielt, das ihn in irgendeiner Form in Haftung nahm. Zwischen 1991 und 2007 hatte Esch der Bank rund 60 Anlageprojekte mit einem Umfang von fast 4 Milliarden Euro vermittelt, zusätzlich verkaufte Kredite für die Fondszeichner nicht mitgerechnet. Die Oppenheim-Esch-Fonds steuerten regelmäßig wesentliche Anteile zum Gewinn der Bank bei, in guten Zeiten angeblich bis zu 50 Prozent. Esch hatte sich so über Jahre eine Machtposition aufgebaut. Dass er gleichzeitig noch die Vermögen von Großaktionärin Schickedanz und Vorstandschef Middelhoff verwaltete, machte es unmöglich, dass gravierende Entscheidungen zu Arcandor ohne das Wohlwollen von Josef Esch gefällt wurden.

So konnte es also überhaupt nicht in Eschs Sinn sein, dass seiner Kundin Schickedanz der wirtschaftliche Boden unter den Füßen entzogen wurde. Sie hatte zwar nicht in seine Fonds mit den Karstadt-Immobilien investiert, aber in seine Kölner Projekte Messehallen und Kölnarena. Middelhoff hatte sowohl die Karstadt-Fonds in seinem Portfolio – allein in der Leipziger Immobilie waren der Manager und seine Frau jeweils mit über 7 Millionen Euro investiert – als auch die Kölner Projekte. Die Kölner Staatsanwaltschaft wurde schließlich wegen des Verdachts auf Bestechung im Zusammenhang mit Ausschreibung und Bau der Kölner Messehallen gegen Josef Esch aktiv.

Gegenüber Investoren soll Esch im Gespräch in kürzester Zeit ein Höchstmaß an Vertrauen aufbauen können, heißt es. Seine Akquisitionserfolge und die Kundenliste – Deichmann, Kreke (Douglas), von Finck – sprechen dafür: Selbst Gesellschafter der Bank vertrauten Esch Millionen für seine Bauherrenmodell-Fonds an. Die Oppenheimer sollen selbst die 25 Prozent gewünschtes

Eigenkapital noch per Krediten finanziert und damit das gesamte Engagement auf Pump gestemmt haben, während die meisten Kunden von außen immerhin den Eigenkapitalanteil wohl tatsächlich aus ihrem Vermögen bezahlt haben. Das Geld liehen sich die Oppenheimer von der eigenen Bank. 680 Millionen Euro sollen die Eigentümer der Bank »dem Josef« anvertraut haben. Nach der Reduzierung der Mieteinnahmen für Eschs Karstadt-Häuser, die der Insolvenzverwalter inzwischen durchgesetzt hat, dürften die Zeichner auch wirtschaftlich nicht mehr viel Freude an ihren umstrittenen Esch-Fonds haben. Üppig dürfte die Rendite nicht mehr ausfallen, wenn die Mieteinnahmen sinken, aber die Kreditzinsen unverändert bleiben.

Das Beziehungs- und Abhängigkeitsgeflecht zwischen der Bank Sal. Oppenheim, ihren Eigentümern, Esch, Schickedanz, Middelhoff und Arcandor war also so dicht und kompliziert, dass es längst unanständig war und unangenehm roch. Ob auch gegen Gesetze verstoßen wurde, versucht die Staatsanwaltschaft zu ermitteln.

Faktisch holten sich die Eigentümer von Sal. Oppenheim durch ihre Schickedanz-Bürgschaften persönlich die Arcandor-Risiken ins Haus, damit die Bank diese Forderungen nicht abschreiben musste. Von so viel Kundennähe träumt der durchschnittliche Bankkunde. Die Rettungsaktion hatte zur Folge, dass die Beteiligten Zeit gewannen und den Realitäten um die Überlebenschancen vom Arcandor noch immer nicht ins Auge blicken mussten. Oberflächlich gesehen stand die Finanzierung ja. Krockow etwa glaubte lange Zeit nicht an die Gefahr, dass Arcandor wirklich in die Insolvenz rutschen könne. Und als er diese Möglichkeit später nicht mehr auszuschließen vermochte, war er weiterhin felsenfest davon überzeugt, dass eine Pleite Arcandors die Bank nicht umwerfen werde.

Graf Krockow, der unter den vier persönlich haftenden Gesellschaftern wohl den engsten Draht zu Middelhoff hatte, lobte in unserem Interview im Oktober 2008 den damaligen Arcandor-Chef in höchsten Tönen: »Middelhoff macht einen sehr guten Job. Ohne seine Arbeit gäbe es das Unternehmen wahrscheinlich schon lange nicht mehr. Middelhoff ist nicht das Problem, er ist die Lösung.« Sollte das der Anfang für eine breitere Geschäftsbeziehung werden? Es ging sogar das Gerücht, nach seinem Ausscheiden beim Handelskonzern könnte er als persönlich haftender Gesellschafter bei Oppenheim einsteigen. Oder er würde den Londoner Finanzinvestor Investcorp – seinen früheren Arbeitgeber – mit Oppenheim zusammenbringen. Tatsächlich wurde dann im März 2009 lediglich ein Beratervertrag mit der Bank zum Thema Arcandor daraus. Als der wegen der Insolvenz schon nach wenigen Monaten aufgelöst wurde, bekam Middelhoff die ausstehenden Restbeträge – er selbst spricht von 10 Millionen Euro, andere Quellen nennen eine etwas niedrigere Summe – ausgezahlt. Auch diese hohe Summe interessiert heute die Staatsanwaltschaft.

Während Krockow Middelhoff noch in den höchsten Tönen lobte, suchte sein Kollege Janssen bereits nach Middelhoffs Nachfolger. Er wollte den Mann nicht mehr, der seinen Vertrauensvorschuss an den Märkten aufgebraucht hatte. Er mochte ihn nicht mehr in Konferenzen mit Investoren und Analysten schicken, die Middelhoff nicht mehr glauben würden.

Aber wo findet man so schnell einen neuen Chef für ein marodes Unternehmen? Manchmal kann es so einfach sein, und man spart sogar noch das Geld für den Headhunter: Bereits kurz hinter der Grenze des Vorgartens seines Hauses in Köln-Marienburg wurde Janssen fündig. Dort, wo neben vielen Oppenheimern der einstige Postchef Klaus Zumwinkel wohnte und der bekannte Insolvenzverwalter Klaus Hubert Görg ein Anwesen besitzt, lebt auch seit Jahren der Finanzvorstand und Vize-Chef der Deutschen Telekom, Karl-Gerhard Eick. Janssen und Eick kannten sich als Nachbarn und aus Telekom-Zeiten, als es Gespräche über eine Beteiligung an der Finanzierung des Konzerns durch Oppenheim gegeben hatte.

Um Eick den brisanten Job schmackhaft zu machen, bot ihm Janssen 15 Millionen Euro für einen Fünf-Jahres-Vertrag und legte noch eine Gehaltsgarantie durch Sal. Oppenheim obendrauf. Damit bekäme Eick sein Geld selbst im Falle der Insolvenz von Arcandor. Außerdem packte der Risiko- und Beteiligungsexperte der Bank weitere Anreize hinzu (mehr dazu im Schlaglicht: Karl-Gerhard Eick – der 15-Millionen-Mann). Dafür sollte Eick aber das Unternehmen aus Karstadt, Primondo und Thomas Cook zusammenhalten.

Eick sagte zu. Als Janssens die Toppersonalie bekannt gab, war sein erster großer Streich als neuer Chef-Strippenzieher bei Arcandor gelungen: Der Beifall war groß, der Aktienkurs stieg.

Die Zeit allerdings lief Eick davon, noch bevor er überhaupt an seinem Schreibtisch in Essen Platz genommen hatte. Bis Ende Februar 2009 musste er noch bei der Telekom arbeiten. Die weltweite Finanzkrise aber griff in diesen Monaten immer weiter um sich und hatte längst Deutschland erreicht. Und die Geschäfte bei Karstadt und Quelle verbesserten sich auch nicht gerade zwischen der Bekanntgabe des Eick-Engagements und seinem ersten Arbeitstag.»Zum Jahreswechsel 2008 auf 2009 bestand durch den Wechsel von Middelhoff zu Eick noch echte Hoffnung. Im Februar war dann wegen der Finanzkrise klar, dass die Sanierung wohl länger dauern und schwieriger werden würde. Und im März, als Eick endlich kam, waren die Finanzmärkte auf dem Tiefpunkt«, beschreibt jemand aus der Bank die Entwicklung.»Eick kam wirklich zum schlechtesten Zeitpunkt, den man sich vorstellen konnte.« Die monatelange Übergangszeit, bis »sein« Mann Eick endlich Middelhoff ablösen würde, war eine der beiden großen Schwachstellen von Janssens Rettungsplan. Zwar arbeitete sich Eick bereits seit Dezember intensiv in die Arcandor-Thematik ein – dennoch ging in dieser Übergangsphase zu viel wertvolle Zeit verloren, weil er erst ab März an alle verfügbaren Informationen herankam. Daneben bedeutete Janssens Strategie des Kompletterhalts von Arcandor eine komplette Kehrtwende zu den seit Jahren betriebenen Versuchen, die drei Sparten unabhängig voneinander mit Partnern zusammenzubringen. Die laufenden Gespräche mit Kaufhof über die Warenhäuser und mit Redcats über den Versand legten Janssen und Eick erst im Frühjahr 2009 auf Eis. Ab sofort galten Pläne für Teilverkäufe, die jahrelang das Ziel des Managements waren, als verpönt. Schnell war es aber mit der Übereinstimmung im Arcandor-Retterduo aus Köln-Marienberg vorbei, da Eick gleich in seinen ersten Presse- und Analystenauftritten von den Eigentümern forderte, weitere Gelder in das Unternehmen zu pumpen.

Für Janssen wurde die Situation ohnehin deutlich schwieriger, weil er sich nicht nur um Arcandor, sondern auch von Woche zu Woche mehr um seine strauchelnde Bank kümmern musste. Er wurde überrollt von den Problemen, heißt es. Der Mann soll, sagen Gesprächspartner, einen unkonzentrierten, zum Teil unvorbereiteten Eindruck gemacht haben, nicht zuletzt bei den Berliner Verhandlungen um Staatshilfe für Arcandor. In Berlin soll er sich mehrfach mit Eick in wichtigen Fragen uneinig gewesen sein, was einen verheerenden Eindruck auf die Verhandlungspartner machte.»Ich hatte mich wohl etwas zu sehr darauf verlassen, dass jemand mit Janssens Erfahrung im Handel und in der Wirtschaftsprüfung ganz tief in der Materie drinsteckt. Das war aber nicht so. Er hat zwar stark begonnen, doch dann war er nicht mehr im Thema und verschwand hinter Eick«, sagt ein Topmanager von Arcandor, der mit Janssen zusammengearbeitet hat.

Was blieb von Arcandors Großaktionär Sal. Oppenheim? Die Arcandor-Aktien verkauften Bank und Eigentümer noch 2009 zum Ramschpreis. Im Frühjahr 2010 ging der Großteil des altehrwürdigen Institutes an die Deutsche Bank – eine Großbank, die viele Premiumkunden Oppenheims bisher gemieden hatten. Das Geschäft mit den Wohlhabenden soll in Köln unter altem Namen mit neuem Eigentümer fortgeführt werden – doch manche Kunden und viele Berater haben das, was einmal Sal. Oppenheim war, bereits verlassen. Kleinere Bereiche kaufte die australische Macquarie-Bank. Der Kaufpreis von Deutscher Bank und Macquarie in Höhe von rund 1,3 Milliarden Euro ging fast vollständig zur Ablösung der Verpflichtungen der Gesellschafter drauf.

Die vier persönlich haftenden Gesellschafter von Oppenheim waren schnell raus aus dem Geschäft. Aber sie hafteten – ihrem Titel gemäß – tatsächlich persönlich. Die einen – wie Christopher Freiherr zu Oppenheim und Christian Graf Krockow als Sprecher der Gesellschafter – mehr, die anderen – die familienfremden Gesellschafter Dieter Pfundt und Arcandor-Aufsichtsratschef Friedrich Carl Janssen – weniger. Ihr Anteil an der Bank dürfte weniger als 1 Prozent betragen haben. Zwischen den ehemaligen Gesellschaftern soll inzwischen ein Hauen und Stechen eingesetzt haben, das möglicherweise auch noch mit juristischen Mitteln geführt wird. Der Streit geht nicht zuletzt um die Frage, wer letztlich für das verheerende Engagement bei Arcandor verantwortlich ist.

Die meisten der ehemaligen Gesellschafter haben inzwischen ihre Büros im grauen Nachkriegsbau in der Straße Unter Sachsenhausen in Köln längst geräumt. Deutlicher kann man das Ende einer Ära kaum nach außen demonstrieren.

Oktober 2008

Der Warenkreditversicherer Euler Hermes traut dem neuen Frieden bei Arcandor nicht, trotz des neuen Geldgebers Sal. Oppenheim. Die Franzosen sehen nach wie vor eine steigende Insolvenzgefahr und reduzieren ihre Haftung für Lieferantenrechnungen an Arcandor auf 65 Prozent. 35 Prozent des Risikos müssen die Hersteller nun selbst tragen. Für Lieferanten sind Karstadt oder Quelle damit höchst risikobehaftete Geschäftspartner.

Middelhoff erleidet gleich noch einen Rückschlag: Der Traum von der deutsch-britischen Warenhausunion ist geplatzt. Es gibt keine Verhandlungen mehr, erklärt Rob Templeman, Chef des zweitgrößten britischen Warenhauskonzerns Debbenhams. Mutmaßlich waren den Briten die Chancen zu gering und das Risiko zu hoch. Böse Zungen behaupten, durch die Gespräche mit Debbenhams hätten einige Klarstadt-Verantwortliche viel über den Betrieb eines Warenhauses gelernt. Das Verwaltungsgebäude für die gemeinsame Firma am Düsseldorfer Flughafen ist jedoch längst gemietet.

November 2008

Während die Öffentlichkeit Arcandor wegen der Geldspritze von Sal. Oppenheim zunächst außer Gefahr wähnt, schlägt der Gesamtbetriebsrat im Stillen Alarm: Die Arbeitnehmervertreter befürchten eine baldige Insolvenz, wenn die Banken wegen der allgemeinen Finanzkrise keine Kredite mehr geben – und senden eine eindringliche Hilfsbitte an Bundeskanzlerin Angela Merkel. »Es muss mit dem Schlimmsten gerechnet werden«, heißt es in dem Brief. Merkel möge für den Fall weiterer Umsatzrückgänge im Konzern bitte dafür sorgen, dass die Banken ihre Kreditzusagen nicht zurückziehen. »Der Insolvenzverwalter könnte nur einen kleinen Teil der Warenhäuser retten«, fürchten die Betriebsräte.

Aus Berlin jedoch kommt keine Hilfe, sondern nur ein Schreiben, in dem ein Mitarbeiter der Regierungschefin die bisher angestoßenen Maßnahmen der Bundesregierung gegen die Finanzkrise aufzählt. »Die Bundesregierung hat jedoch keine Möglichkeit, den Entscheidungsprozess eines Kreditinstitutes zugunsten jedes einzelnen Kreditnehmers unmittelbar positiv zu beeinflussen«, heißt es darin. Diese kühle Antwort liest sich bereits wie die Ankündigung der Reaktion des politischen Berlin auf Arcandors Hilferufe ein halbes Jahr später. Dabei könnte Angela Merkel die Banken durchaus schon bald »unmittelbar beeinflussen«. Denn wegen der Finanzkrise müssen die Commerzbank und die BayernLB das Rettungspaket der Bundesregierung nutzen, um Schlimmeres zu verhindern: Der Staat steigt bei den Instituten ein und hat dort etwas zu sagen.

Als gäbe es keine Krise, kauft Madeleine Schickedanz überraschend wieder Arcandor-Aktien. Für rund 1,15 Millionen Euro übernimmt sie knapp 614 000 Papiere und hält jetzt einen Anteil von 26,61 Prozent.

Dezember 2008

Überraschend kommt die Mitteilung aus der Arcandor-Zentrale nach den turbulenten Ereignissen der vergangenen Wochen nicht mehr: Thomas Middelhoff geht. Er wird das Unternehmen Ende Februar 2009 nach fast vier Jahren als Vorstandsvorsitzender verlassen und durch Karl-Gerhard Eick ersetzt werden, den Finanzvorstand der Deutschen Telekom. Dem Unternehmen steht damit eine schwierige, drei Monate währende Übergangsphase bevor.

Hinter dem Wechsel steht der neue starke Mann im Konzern, Aufsichtsratschef Friedrich Carl Janssen. Er glaubt nicht mehr, dass Middelhoff an den Kapitalmärkten noch Vertrauen ausstrahlt. Madeleine Schickedanz hat nicht auf eine Ablösung Middelhoffs gedrängt, heißt es. »Mit strategischem Weitblick und mutigen Entscheidungen«, lobt Janssen offiziell, »hat Dr. Thomas Middelhoff seit 2005 entscheidend zum Überleben des Unternehmens, zur Sicherung der Arbeitsplätze und zur Neuausrichtung des Konzerns beigetragen.« Die Börse jedoch sieht das ganz anders: Sie quittiert den Verzicht auf Middelhoffs strategischen Weitblick und seine mutigen Entscheidungen mit einem Kursplus von 15 Prozent. Middelhoff nimmt neben den Anrechten auf Millionen aus seinem bis Jahresende laufenden Chefvertrag einen lukrativen Beratervertrag mit Sal. Oppenheim mit nach Hause.

Vom alten Vorstand bleibt nicht viel übrig: Zum Jahreswechsel verlassen Finanzvorstand Peter Diesch und Einkaufschef Helmut Merkel das Unternehmen auf eigenen Wunsch. Das Verhältnis von Diesch und Middelhoff war in der Septemberkrise stark abgekühlt, weil der Vorstandschef Engagement und Erfolge seines Finanzchefs vermisste. Andere Gerüchte besagen, dass Diesch die praktizierte Bilanzakrobatik zu weit ging. Mehr dazu im Schlaglicht zu Middelhoff. Dafür ziehen Karstadt-Chef Stefan Herzberg und der neue Finanzchef Rüdiger Andreas Günther – zuletzt ein Jahr lang Finanzchef von Infineon – in den Holdingvorstand ein. Zur Zukunft des Konzerns kommt eine klare Ansage aus Köln: Sal. Oppenheim erklärt, Arcandor werde nicht zerschlagen. Die bisherige Beteiligungsstruktur solle beibehalten werden. Beobachter kritisieren, dass diese Aussage den Spielraum des künftigen Vorstandschefs Eick deutlich einschränke.

In einem Interview mit der Zeitschrift *Spiegel* und auf der Quartals-Pressekonferenz übt Middelhoff vorsichtige Selbstkritik. Die Probleme der Warenhäuser seien »ganz klar hausgemacht« gewesen. Den Rückschlag von Karstadt »habe ich zu verantworten, weil ich falsche Personalentscheidungen getroffen habe«, erklärt Middelhoff. Dem zuständigen Management unter Peter Wolf seien die Kosten aus dem Ruder gelaufen. Er müsse sich vorwerfen, sich zu spät von Wolf getrennt zu haben. Ein früherer Rausschmiss jedoch hätte die Fusionsgespräche mit der britischen Warenhauskette Debbenhams gefährdet, die maßgeblich Wolf führte, deutet Middelhoff an. Die Gespräche scheiterten dennoch. Dass Middelhoff die Schuld auf Wolf abschiebt, den er selbst ins Unternehmen holte und zwei Jahre lang agieren ließ, bringt dem scheidenden Vorstandschef weitere Minuspunkte in der Branche, den Finanzmärkten und der Öffentlichkeit.

Middelhoff verabschiedet sich mit einem Quartalsminus von fast 750 Millionen Euro. Offiziell hat der Konzern rund 800 Millionen Euro Schulden. Rechnet man aber die »Leases« – unter anderem die Mietverpflichtungen – mit ein, sind es 2 Milliarden Euro. Ganz schön viel für ein Unternehmen, das Middelhoff »finanzschuldenfrei« machen wollte. Nach knapp vier Jahren als Konzernchef sagt Thomas Middelhoff: »Arcandor befindet sich insgesamt auf einem guten Weg.« Aber wohin führt dieser Weg? Kein halbes Jahr später zum Insolvenzgericht in Essen.

Schlaglicht: **Thomas Middelhoff – der bewegte Mensch**

Schon während seines Betriebswirtschaftsstudiums und der Promotion zum Dr. rer. oec. war Thomas Middelhoff – Spross einer Düsseldorfer Textilunternehmerfamilie – im elterlichen Betrieb tätig. 1986 – nach seiner Doktorarbeit über »Bildschirmtext im Handel« – trat er als Assistent der Geschäftsführung ins Bertelsmann-Unternehmen Mohndruck in Gütersloh ein. Nach der Sanierung der Berliner Konzerntochter Elsnerdruck wurde Middelhoff 1989 zum Geschäftsführer der Mohndruck befördert. Über den Vorstand des Bertelsmann-Bereiches Druck- und Industriebetriebe zog er 1994 in den Konzernvorstand ein, zuständig für die Unternehmensentwicklung und die Koordination der Multimedia-Geschäfte. Mit den neuen Medien hatte er damit offenbar seine Berufung gefunden. Middelhoff internationalisierte das Geschäft und forcierte die Online-Ausrichtung des Konzerns, unter anderem durch eine Kooperation mit dem damaligen Online-Marktführer AOL.

1998 folgte der größte Karrieresprung: Middelhoff wurde Nachfolger von Bertelsmann-Chef Mark Wössner – mit einem Vertrag bis zum 75. Lebensjahr. Der neue Mann im Chefbüro gab Vollgas: Noch 1998 übernahm Bertelsmann den zweitgrößten amerikanischen Buchverlag, Random House, sowie den Online-Buchhändler und Amazon-Verfolger Barnesandnoble.com, die Verlagsgruppe Falk und 80 Prozent des wissenschaftlichen Springer-Verlages. Ab 2000 verschärfte Middelhoff das Umbau- und Übernahmetempo und das ungestüme Wachstum beim viertgrößten Medienkonzern der Welt weiter. Anfang 2001 übernahm Bertelsmann die Mehrheit an der Sendergruppe RTL. Mit dem Ein- und vor allem dem Ausstieg beim amerikanischen Internetkonzern AOL bescherte Middelhoff seinem Arbeitgeber einen Gewinn von gigantischen 6 Milliarden Euro. Dafür bekam er eine Sonderzahlung. Die Schätzungen zur Höhe der Summe liegen zwischen 20 und 50 Millionen Euro. Aus dieser Zeit der großen Deals stammt sein Spitzname »Big T.«.

Dann jedoch wurde Middelhoff der Eigentümerfamilie Mohn offenbar gar zu forsch und unheimlich. Sie fürchtete, durch den von Middelhoff vorbereiteten Börsengang entmachtet zu werden – und entmachtete stattdessen vorher lieber Middelhoff. Der wurde wegen »unterschiedlicher Auffassungen über die zukünftige Strategie« Mitte 2002 überraschend entlassen.

Die gezahlte Abfindung bildete zusammen mit der AOL-Gratifikation die Grundlage für das Middelhoff'sche Vermögen im mutmaßlich höheren zweistelligen Millionenbereich. Es erstaunt jedoch, dass sich der Milliardenjongleur bei der privaten Geldanlage ausgerechnet Josef Esch anvertraute. Nach eigener Aussage hat sich Middelhoff den inzwischen höchst umstrittenen Esch eigentlich gar nicht ausgesucht, der stand irgendwann einfach vor der

Tür. Und das kam so: Der damalige Chef der Deutschen Bank, Rolf Breuer, empfahl Middelhoff auf dessen Frage, seine Bertelsmann-Millionen entweder bei der Deutschen Bank oder bei der Privatbank Sal. Oppenheim in Köln anzulegen. Middelhoff, der deutsche Held der New Economy, entschied sich zur Überraschung der Bankiers für eine »konservative« Anlage beim Kölner Bankhaus. Baron Alfred »Alfi« Oppenheim schickte seinem neuen Kunden deshalb seinen Spezialberater Esch ins Haus nach Bielefeld, dem auch die Oppenheim-Gesellschafter selbst einen Teil ihres Geldes »konservativ« anvertraut hätten. »Ich hätte auch mit jedem anderen gesprochen, den Oppenheim mir geschickt hätte. Aber die Bank hat halt Josef Esch geschickt«, sagt Middelhoff heute. »Esch dominierte das Gespräch durch seine inhaltliche und physische Präsenz«, erinnert sich Middelhoff. Die mit angereisten Oppenheim-Leute waren zu Statisten degradiert. Die erlesene Kundenliste des Beraters schien zusätzliche Sicherheit zu geben. »Ich wollte eine konservative Anlage, und diese Fonds schienen mir ohne Risiko. Ein paar Tage nach unserem Gespräch habe ich ihn angerufen und gesagt: Wir machen das«, erzählt Middelhoff. »Big T.« wurde Eschs Vermögensverwaltungsklient Nummer acht. Esch hatte sogar die Details für Middelhoffs Auflösungsvertrag mit Bertelsmann ausgehandelt. Steuerersparnisse dürften dabei keine geringe Rolle gespielt haben. Esch beschaffte Middelhoff später auch ein Ferienhaus und eine Yacht in Frankreich mit unübersichtlichen Besitzverhältnissen und übernahm die finanziellen Angelegenheiten der Familie Middelhoff. Angesichts solch intensiver Geschäftsbeziehungen waren damit bereits 2002 die Voraussetzungen für den Vorwurf der Interessenverquickung geschaffen für den Moment, in dem Middelhoff beim Esch-Mieter KarstadtQuelle Verantwortung übernahm. Heute spricht Middelhoff zurückhaltend über seinen Finanzberater: »Josef Esch und ich haben ein sachliches und professionelles Verhältnis. Ich werde sehen, wie sich die Sache weiterentwickelt. Die Fonds sind derzeit nicht gerade ein tolles Engagement.«

Nach dem Rausschmiss bei Bertelsmann verschwand Thomas Middelhoff zunächst von der Bildfläche. Allerdings war er immer für mehrere große Jobs im Gespräch – etwa als Chef der Deutschen Telekom. Aus dem Versuch, bei den ganz großen Unternehmen der Private-Equity-Branche wie Blackstone einzusteigen, wurde nichts. Schließlich kehrte Middelhoff Mitte 2003 als Europachef der in London ansässigen arabischen Private-Equity-Gesellschaft Investcorp auf die Bühne zurück. Daneben war er Mitglied im Board of Directors der New York Times Company und Aufsichtsratschef beim britischen Tiefdruckunternehmen Polestar. Bei Investcorp handelte Middelhoff mit Unternehmen und war in den Deals oft auch mit eigenem Geld investiert. Als größter Coup gilt das Geschäft mit Europas Parkhaus-Marktführer Apcoa. Investcorp hatte das Unternehmen, bei dem Middelhoff später Aufsichtsratschef wurde, 2004 für 265 Millionen Euro gekauft und gab es drei Jahre später für 885 Millionen Euro wieder ab. Middelhoff war direkt beteiligt. Wie viele Millionen ihm das gebracht hat, ist nicht bekannt.

Investcorp galt allerdings in seiner Branche nur als Unternehmen der zweiten Reihe, zudem war Middelhoff in Deutschland praktisch nicht mehr präsent. Dabei wollte er unbedingt beweisen, dass er bei Bertelsmann zu Unrecht entlassen worden war. Das Angebot von KarstadtQuelle-Großaktionärin Madeleine Schickedanz im Herbst 2003, in den Aufsichtsrat einzusteigen, dürfte ihm deshalb sehr gelegen gekommen sein. Auch wenn das Unternehmen nur in der zweiten Börsenliga, dem M-DAX, notiert war, stand es im Mittelpunkt des öffentlichen Interesses und war somit als Bühne für Middelhoffs Comeback interessant. Ein Banker, der Middelhoff gut kennt, erklärt es so: »KarstadtQuelle hatte einen deutlichen Bedeutungsüberschuss gegenüber seiner ökonomischen Potenz.« Im Mai 2004 zog Middelhoff in den Aufsichtsrat von KarstadtQuelle ein und wurde kurze Zeit später Vorsitzender, bis er auf den Posten des Vorstandschefs wechselte. Den bis Ende 2008 befristeten Vertrag verlängerte er zweimal, schied dann aber doch Ende Februar 2009 vorzeitig aus, nachdem das Bankhaus Sal. Oppenheim größter Aktionär geworden war. Bis heute hält Middelhoff engen Kontakt zu Madeleine Schickedanz, sowohl telefonisch als auch mit Besuchen.

Schon zu Arcandor-Zeiten hatte Middelhoff zusammen mit dem Unternehmensberater Roland Berger und Florian Lahnstein, einem früheren Investmentbanker von UBS und Bear Stearns und Sohn des ehemaligen Bundesfinanzministers von Helmut Schmidt und Ex-Bertelsmann-Managers, Manfred Lahnstein, das Investment-Unternehmen BLM gegründet, das in erster Linie wohlhabenden Familien Unternehmensbeteiligungen verschafft. Die Zentrale befindet sich in der von Middelhoff hoch geschätzten Finanzmetropole London, eine Dependance gibt es in Köln. Seniorpartner von »Berger. Lahnstein. Middelhoff« sind neben Lahnstein senior unter anderem der frühere Bertelsmann-Chef Mark Wössner – er ist der Schwiegervater von Middelhoffs ehemaligem Versandvorstand bei Arcandor, Marc Sommer – und Wolfgang

Clement, Ex-Bundeswirtschaftsminister und Ministerpräsident von Nordrhein-Westfalen (SPD).

Der Hauptwohnsitz des Vielfliegers Middelhoff ist seit seinen Bertelsmann-Zeiten Bielefeld. Am Firmensitz Gütersloh war kein ausreichend großes Haus für den damaligen Manager verfügbar gewesen – mit Ausnahmegenehmigung des Gütersloher Konzerns durfte sich Middelhoff im elf Kilometer entfernten Bielefeld niederlassen. Der Begriff »Grundstück«, der für das Anwesen verwendet wird, ist ebenso stark untertreibend ist wie die Bezeichnung für die darauf befindliche »Garage«. Sie kann zur Festhalle für bis zu 100 Personen umfunktioniert werden. Hier fand unter anderem in Anwesenheit von Madeleine Schickedanz das Abschiedsessen des langjährigen KarstadtQuelle-Aufsichtsratschef Hans Meinhardt statt, als Middelhoff dessen Posten 2004 übernahm.

Als Vorbild nennt Middelhoff seinen früheren Professor Heribert Meffert am Institut für Marketing in Münster, wegen dessen unerbittlichen Arbeitseinsatzes. »Von ihm habe ich gelernt, dass man sich nicht schonen darf«, sagt er. Am früheren Bertelsmann-Chef Mark Wössner faszinieren den Middelhoff »die unternehmerische Einstellung, strategisches Denken, die Motivations- und Führungsfähigkeit«.

Als Leitlinie seines Handelns nennt Middelhoff: »Man muss seinen Weg unbeirrt gehen und an wichtigen Dingen festhalten. Und man darf in Krisen nicht weglaufen.« Er beschreibt sich als konservativ und verantwortungsbewusst, zielorientiert, mit hohem Anspruch an sich und andere. »Ich arbeite hart, Arbeit macht mich froh. Ich bin jemand, der mit sich selbst im Reinen und selten unzufrieden mit sich ist. Dass diese Fröhlichkeit andere Menschen stört, weiß ich«, sagt er. Mit öffentlicher Kritik könne er inzwischen viel besser umgehen als früher. »Früher kränkte es mich fürchterlich, wenn ich etwa lesen musste, dass ich das Eigenkapital von Bertelsmann versechsfacht hätte – dabei hatte ich es in Wirklichkeit verachtfacht. Heute schüttele ich nur noch den Kopf, wenn jemand in der Zeitung oder im Fernsehen die Frage stellt, ob irgendeine meiner Handlungen möglicherweise kriminell gewesen sei. Richtig aufregen kann ich mich aber noch immer, wenn wissentlich falsche Behauptungen über mich verbreitet werden. Und das passiert ja nicht so selten.« Und dann scheut er sich auch nicht, den Anwalt einzuschalten.

Schlaglicht: **Thomas Middelhoff – der bewegende Manager**

Bei seiner letzten Pressekonferenz als Konzernchef im Interconti an der Düsseldorfer Königsallee trauten die Journalisten ihren Ohren kaum: »Wir haben das Unternehmen gerettet und ihm wieder eine Perspektive gegeben«, verkündete Thomas Middelhoff am Morgen des 12. Februar 2009. Es bleibe allerdings noch einiges zu tun, erklärte er am Ende seiner knapp vier Jahre währenden Zeit als Vorstandschef. »Eigentlich wollte ich das Unternehmen in perfektem Zustand übergeben. Dass das nicht ganz gelungen ist, ärgert mich«, gab er immerhin zu. Das war typisch Middelhoff: Er sieht das Unternehmen in fast perfektem Zustand – und vier Monate nach Ende der Ära Middelhoff muss es Insolvenz anmelden. »Diese Insolvenz war unnötig«, behauptet er später in einem Gespräch für dieses Buch.

Dieser Mann hat immer polarisiert. Die einen sehen in ihm einen exzellenten Strategen und Verkäufer. Für ihn ist jedes Glas, das er anzubieten hat, mindestens halbvoll, eigentlich sogar dem Überlaufen nahe – aber niemals halb leer. Und falls ein Gesprächspartner nicht auf Anhieb glauben will, dass im Glas noch etwas drin ist, füllt Middelhoff es vor dem geistigen Auge seines Gegenüber mittels Worten, Mimik, Hochrechnungen und eindrucksvollen PowerPoint-Präsentationen. Andere hingegen halten ihn für den Prototypen der Niete in Nadelstreifen, für einen Heiße-Luft-Händler.

Für viele Deutsche ist Middelhoff eine der liebsten Hassfiguren aus der Wirtschaft und wird es wohl auch bleiben. Sobald in einer Zeitung oder Zeitschrift ein längerer kritischer Artikel über Thomas Middelhoff erscheint – und längere Artikel über Middelhoff sind immer kritisch –, bricht auf den Onlineseiten der Medien ein Sturm der Entrüstung los. Dutzende, manchmal Hunderte Kommentare werden innerhalb kürzester Zeit eingestellt, in denen – in unterschiedlich derber Wortwahl – fast immer dasselbe steht: Middelhoff ist ein unfähiger Raffke, der Arcandor ausgenommen hat, um sich selbst die Taschen zu füllen, und der hoffentlich bald im Gefängnis landet.

Im Folgenden soll versucht werden, Person und Manager Middelhoff deutlich differenzierter zu betrachten. Dabei werden am Ende mehr Minus- als Pluszeichen übrig bleiben. Denn Middelhoff hat in seinen Einschätzungen von Konzepten und Personen häufig falsch gelegen. Er hat die Zukunft des Unternehmens und seines Umfeldes oftmals rosiger dargestellt, als sie war, und Risiken heruntergeredet. Und wenn sich die Realität diesen Wunschvorstellungen nicht beugen wollte, ließ er oft das Eingeständnis von Fehlern vermissen und manchmal – vor allem gegen Ende seiner Amtszeit bei Arcandor – auch einen funktionierenden Plan B. Er ging viel mehr Risiko ein, als er hätte eingehen dürfen. Oftmals war das nicht einmal notwendig. Er versprach mehrfach Dinge, die er nicht einhalten konnte. Über die Bilanz ließ er über Jahre Nebelschwaden ziehen, sodass die (Finanz-)Öffentlichkeit allenfalls ahnen konnte, wie es um den Konzern tatsächlich bestellt war. Vor allem hat sich Middelhoff nie wirklich um das gekümmert, was im Alltagsgeschäft bei Karstadt oder Quelle tatsächlich passierte. Der Chef gab das Geld des Unternehmens mit vollen Händen aus und verdiente selbst Millionen, während die Mitarbeiter zur Rettung des Unternehmens immer wieder auf Geld verzichten mussten. Und Middelhoff wusste, dass er so etwas wie die letzte Hoffnung des Konzerns war, dass er intern – auch im Aufsichtsrat – lange Zeit als »Lichtgestalt« galt, als »Heilsbringer« gar, dem man aus Mangel an Alternativen einiges durchgehen ließ. Was er etwa bei seinen Dienstreisen im teuren Charterflieger auch reichlich nutzte.

Aber eines kann man ihm nicht vorwerfen, wenn man versucht, seine Rolle sachgerecht zu beurteilen: Middelhoff hat mitnichten ein florierendes Unternehmen übernommen und es dann innerhalb von knapp fünf Jahren so heruntergewirtschaftet, dass am Ende nur noch die Insolvenz blieb. Als Middelhoff 2004 zunächst als Aufsichtsrat nach Essen kam, war der Konzern wegen dramatischer Fehler seiner Vorgänger kaum noch überlebensfähig. Ohne Middelhoffs Rettungsaktionen und selbst ohne seine Schönrednereien hätte das Unternehmen mit über 100 000 Mitarbeitern wahrscheinlich nicht einmal mehr die Jahre 2004 und 2005 überstanden. Nach einer Vorstandsvorlage vom Frühjahr 2004 wäre dem Konzern wahrscheinlich schon im September 2004 das Geld ausgegangen, wenn keine Gegenmaßnahmen ergriffen worden wären. Middelhoff hat wenigstens das Ende zu diesem Zeitpunkt verhindert. Er, der Menschenfänger, hat dem Unternehmen durch seine Verkäuferqualitäten und mit seiner Fähigkeit, Menschen zu überzeugen und ihnen Mut zu machen, noch eine Chance gegeben. Middelhoff hauchte einem Unternehmen, das zwischen Hochmut, Obrigkeitshörigkeit, Gleichgültigkeit und Depression schwankend die nächste Katastrophe erwartete, wieder ein wenig Optimismus ein. Die Banken zeigten sich nach Middelhoffs Eingreifen wieder verhandlungsbereit. Die Alteigentümer gaben erneut Geld, die Mitarbeiter erklärten sich bereit, auf Millionenbeträge zu verzichten. Lieferanten, Dienstleister und

Mitarbeiter schöpften ab Ende 2004 ebenso wieder Hoffnung wie die Bürgermeister und Stadtkämmerer an den Karstadt- und Quelle-Standorten, die darauf setzen mussten, dass KarstadtQuelle als Kunde, Arbeitgeber und Steuerzahler erhalten blieb. Dass es Middelhoff mit seinen positiven Vorhersagen allzu oft übertrieb und dass sich das bitter rächte, wird noch Thema sein. Middelhoffs größtes Verhängnis aber war, dass er es – und da ist wieder das alte KarstadtQuelle-Motiv vom fehlenden zweiten Schritt – nach guten Anfangserfolgen bei der Konzernfinanzierung versäumte, bei der Verbesserung des operativen Geschäftes entsprechend nachzulegen. Oder Manager zu engagieren, die das gekonnt hätten. Nur dadurch – durch steigende Umsätze und Gewinne im Handels- und Reisegeschäft – hätte sich das Unternehmen nach der Neuordnung der Finanzstruktur wieder selbst erhalten können. Middelhoff – in der Zentrale mit einer Mischung aus Hochachtung und Ironie »Majestät« oder gar »der Meister« genannt – hat dem Unternehmen Zeit erkauft, in der er zumindest die Voraussetzungen für eine operative Sanierung hätte schaffen müssen. Denn das Tafelsilber mit den Immobilien gab es ja seit 2006 nicht mehr. Doch diese »Silver Bullet«, diesen letzten Schuss im Magazin, hat Middelhoff nicht im Ziel platziert. Und ohne ein auskömmliches Tagesgeschäft hatte das Unternehmen Arcandor keine Zukunft, wie spektakulär einzelne Finanztransaktionen zunächst auch ausgesehen haben mögen.

Hat Thomas Middelhoff den Konzern ruiniert oder lediglich nicht gerettet? Was hat er falsch, was hat er richtig gemacht? Was und wen bewegte dieser Mann in seinen knapp fünf Jahren bei KarstadtQuelle/Arcandor wirklich? Der Versuch einer Inventur.

Middelhoff bewegte Gemüter

Middelhoff bewegte in der breiten Öffentlichkeit die Gemüter ähnlich wie Josef Ackermann von der Deutschen Bank oder Ex-Post-Chef Klaus Zumwinkel, vielleicht sogar noch mehr. Manager werden nach Skandalen oder schlechten Ergebnissen mit Abzockern gleichgesetzt, selbstbewusste Unternehmensführer mit ausbleibendem Erfolg avancieren zu Hassfiguren. Ganz besonders Thomas Middelhoff.

Aber warum? Zunächst einmal hatte er ein Problem, das auch jeder andere KarstadtQuelle-Chef gehabt hätte: Er stand einem Unternehmen vor, das sich in der breitesten denkbaren Öffentlichkeit bewegte, nämlich der der Endkunden. Das ist immer gefährlich für einen Manager. Denn zu Marken wie KarstadtQuelle kann jeder etwas erzählen, weil jeder mit ihnen schon mal etwas erlebt hat, oft etwas Negatives. Schlechte Erfahrungen konnte man als Kunde in den Warenhäusern und bei den Versendern tatsächlich jeden Tag machen. Das war zwar in der Zeit vor Middelhoff nicht anders, aber vor 2004 war der Konzern in weit geringerem Maße Gegenstand der öffentlichen Diskussion als danach. Zudem gab es damals noch nicht die direkten Kommunikationsforen im Internet, in denen es sich trefflich und weitgehend ungefiltert schimpfen lässt.

Die Öffentlichkeit verknüpft Krisen, Fehler und Unzulänglichkeiten in einem Unternehmen immer stärker mit der Person des Vorstandsvorsitzenden, bei KarstadtQuelle/Arcandor wie bei anderen Konzernen. Schlechte Bedienung, muffige Warenhäuser, hohe Preise oder ärgerliche Warteschleifen im Call-Center von Quelle werden sofort auf einen bekannten und umstrittenen Chef wie Middelhoff projiziert. Nicht zuletzt, weil über Jahre die Negativschlagzeilen über den Konzern mit Fotos von Middelhoff illustriert waren. Und so brannte sich die Begriffskette »KarstadtQuelle/Arcandor gleich Krise gleich Middelhoff« ins Hirn der Deutschen. Das muss man nicht beklagen. Denn der Vorstandsvorsitzende eines Unternehmens trägt nun einmal die Gesamtverantwortung – auch dafür bekommt er sein Millionengehalt.

Was die Sache bei Middelhoff aber verschärfte, war sein stets siegessicheres Auftreten. »Er kommt immer mit großer Bugwelle daher und hat sicherlich eine übersteigerte Selbsteinschätzung seiner Fähigkeiten«, meint ein Manager, der mehrere Geschäfte mit Middelhoff gemacht hat. Sein zur Schau getragener Optimismus, egal wie groß die vorangegangene Niederlage auch gewesen sein mag, ließ viele Beobachter an seinen Fähigkeiten der Realitätswahrnehmung ebenso wie an seiner Bereitschaft zur Selbstkritik zweifeln. So diskreditierte er sich im Laufe der Jahre als Dampfplauderer, als Schönredner, als jemand, der nicht immer die Wahrheit sagt. Verschärft wurde diese Antipathie noch durch seine äußere (Bildschirm-)Erscheinung: sehr groß, sehr schlank und stets in sehr edle blaue Anzüge gekleidet, meist lächelnd und braungebrannt. So einer wirkt auf jene, die ihn nur aus der Zeitung, vom Fernsehen oder aus dem Internet kennen, schnell arrogant.

Die Diskrepanz zwischen der Außendarstellung seiner Person und dem Zustand des Unternehmens, zwischen seinen Ankündigungen und tatsächlich abgelieferten Leistungen sowie zwischen Millionengehalt des Chefs und Millionenverzicht der Mitarbeiter also dürfte Middelhoff zu einem der führenden deutschen Wirtschafts-Buhmänner gemacht haben. Ein staubtrockener Buchhalter, der dieselben Maßnahmen beschlossen und dieselben Erfolge und Misserfolge einfahren hätte wie »Big T.«, wäre wahrscheinlich in der Öffentlichkeit nicht so schlecht weggekommen. Thomas Middelhoff aber hat durch seine Art die Abneigung des einfachen Volkes angezogen wie ein Magnet.

Überraschend ist Middelhoffs Umgang mit seiner Arcandor-Vergangenheit. Viele Menschen würden die Erinnerungsstücke an die größte Niederlage der Karriere so weit wie möglich aus ihrem Gesichtskreis verbannen. Middelhoff aber stellte die Trophäen von damals – etwa ein auf den Highstreet-Deal umgemünztes Monopoly-Spiel, das er von einer beteiligten Bank bekommen hat – lange Zeit im Besprechungszimmer seines neuen Unternehmens in Köln aus. Der Mann hat offenbar keine verlässliche Antenne für sein Bild auf andere. Wie schlecht sein Image war, schien ihm selbst im Herbst 2008 noch nicht klar zu sein. Er war entsetzt, als ihm ein Mitarbeiter detailliert auflistete, aufgrund welcher nicht eingehaltenen Versprechen er sein Vertrauen verspielt hatte. Diese Luftnummern, die die Außenwirkung Middelhoffs maßgeblich bestimmten, hat er aus seiner Eigenbetrachtung offenbar ausgeblendet. Stattdessen wies er wieder auf seine Erfolge bei Thomas Cook oder bei der Entschuldung des Konzerns hin. Die könne die Öffentlichkeit doch nicht übersehen haben.

Auch nach seinem Abschied von Arcandor Ende Februar 2009 wurde er in Sachen Außenwirkung nicht klüger: Er ging in den Aufsichtsrat der Marseille-Kliniken – eines Unternehmens, das – wie Arcandor – durch hohe Kreativität in der Buchführung auffiel. Die Häme in den Medien war zu erwarten gewesen: Jetzt hätte sich das »Dreamteam« der Unternehmensethik aber gefunden, ironisierte das *Manager Magazin*. Middelhoff entgegnete, er fände Herrn Marseille sympathisch und habe ihm mit dem Einzug in das Kontrollgremium helfen wollen.

Eine platte Rechtfertigung? Solche bisweilen allzu schlicht menschlich wirkenden Begründungen gibt es bei Middelhoff immer wieder. Und sie sind schwer mit dem knallharten, durchsetzungsstarken Verhandler zusammenzubringen, der Middelhoff ebenfalls ist. Lange Zeit hatte er zwei Lebensmottos, die diese beiden Pole zum Ausdruck bringen und die nicht so recht zusammenpassen wollen: »Ich bin ich« und »Ich will andere Menschen glücklich machen«. Auch für Madeleine Schickedanz habe er ein Problem lösen wollen, nur deshalb sei er zu KarstadtQuelle gegangen, sagt er. Wie kann ich helfen? Dieser Satz kommt Middelhoff schnell über die Lippen. So verhalf er einem schwer erkrankten Betriebsrat mit seinen Kontakten zu einer Behandlung in den USA. Gewerkschaftsvertreter im Aufsichtsrat wissen zu berichten, dass Middelhoff sie vor versammelter Mannschaft in Schutz genommen hat gegen Kritik von anderen Vorstandsmitgliedern, die er für ungerechtfertigt hielt. Bei den Betriebsräten und Aufsichtsräten der Arbeitnehmerschaft hörte man kaum ein kritisches Wort über Middelhoff, jedenfalls deutlich weniger als an der Basis der Mitarbeiter, die ihn nie getroffen hatten.

Im persönlichen Umgang ist er nett, freundlich, kümmert sich und gibt seinem Gegenüber das Gefühl, wichtig zu sein – wobei schwer zu beurteilen ist, wann lediglich Berechnung dahintersteckt. Middelhoff vergisst aber auch nicht so schnell, wer ihm einmal in die Suppe gespuckt hat. Grundsätzlich aber will dieser Mann gemocht werden, er ist kein Panzer. Das kann sich allerdings ändern, wenn ihm ein Geschäft vor die Nase kommt, das er unbedingt machen will. Dann sieht er – wie viele andere Manager auch – nur noch dieses Ziel.

Dieser Manager liebt das Ungewöhnliche: Er schreibt mir nach einem Kommentar einen Brief, in dem er freundlich fragt, warum ich denn immer so kritisch sei, statt durch den Kauf von KarstadtQuelle-Aktien meinen Wohlstand zu mehren. Frau Schickedanz tue das doch auch. Einen solchen Brief habe ich vorher und nachher nie wieder bekommen, von keinem Manager. Er nennt die Familie den Mittelpunkt seines Lebens und verschickt zu Weihnachten Familienfotos an Geschäftspartner. Er fühlt sich der katholischen Soziallehre verpflichtet und predigt Ethik im Wirtschaftsleben an der Privatuniversität Witten/Herdecke. Klassische Tugenden also, wie sie auch viele Unternehmer der »guten alten« Vätergeneration verkörperten. Und doch nimmt Middelhoff als Privatmann einen Kredit über astronomische 107 Millionen Euro auf, um die Steuerspar-Fonds von Oppenheim-Esch zu kaufen. Als der öffentliche Sturm losbricht, kann der Corporate-Governance-Ethiker überhaupt nicht verstehen, warum es höchst fragwürdig sein soll, als Privatmann Miteigentümer von Immobilien zu sein, für die das Unternehmen, das er leitet, hohe Mieten zahlen muss. Wie viele Seelen wohnen, ach, in dieser Brust?

Middelhoff bewegte Milliarden

Wo Middelhoff ist, sind die Millionen. Und die Milliarden. Wie viele Milliarden Euro er bei KarstadtQuelle/Arcandor ausgab und einnahm, lieh und zurückzahlte, hin und her strukturierte, ist wohl nicht mehr festzustellen. Auf jeden Fall waren es ziemlich große Räder, die er da beim Versuch drehte, den Dampfer Arcandor wieder flottzumachen.

Nach seinem Abschied aus Essen kamen immer mehr erstaunliche Details über sein persönliches Einkommen ans Licht. Mit seinem Salär als Chef von KarstadtQuelle/Arcandor allerdings lag Middelhoff innerhalb dieser Hierarchieebene eher unterhalb des Durchschnitts von Deutschlands zweiter Börsenliga, des M-DAX. Oft und gerne weist Middelhoff noch heute darauf hin, dass er zuvor bei Investcorp in London sehr viel mehr verdient habe. Doch bei seinem vorzeitigen Ausscheiden bei Arcandor Ende Februar 2009 langte er zu, als hätte er die dauerhafte Rettung des Konzerns tatsächlich vollbracht. In einer Vereinbarung zum Aufhebungsvertrag vom 11. Februar 2009 erhält Middelhoff gleich mehrere üppige Zahlungen zugesagt, abgezeichnet von Aufsichtsratschef Friedrich Carl Janssen, jenem Sal. Oppenheim-Gesellschafter Janssen, der Middelhoffs Nachfolger Eick sein 15-Millionen-Euro-Salär garantierte.

Middelhoff sollte für die Monate Oktober 2008 bis Februar 2009 einen anteiligen Bonus von gut 500 000 Euro erhalten. Hinzu kam ein »Ausgleich für den sozialen Besitzstand und Entschädigung für entgehende Einnahmen« von 1,5 Millionen Euro. 2 Millionen Euro gab es zudem als Fortzahlung der Bezüge aus dem Arbeitsvertrag, der noch zehn Monate Restlaufzeit hatte. Unverständlich ist die Position »Karenzentschädigung« für eine zweijährige Wettbewerbssperre in Höhe von 1,1 Millionen Euro. Dass Middelhoff in den ersten zwei Jahren nach dem erzwungenen Abgang bei Arcandor einen neuen Job von einem konkurrierenden Handelsunternehmen angeboten bekommen würde, war nun wirklich alles andere als wahrscheinlich. Sein Ruf in der Branche war ruiniert. Zudem war längst klar, dass Middelhoff künftig den größten Teil seiner Arbeitszeit dem eigenen Unternehmen BLM widmen würde. Ein millionenschweres Trostpflästerchen für das Verbot, vor März 2011 wieder bei einem Handels- oder Touristikkonzern tätig zu werden, war eine überflüssige Belastung der Finanzen des Unternehmens.

Und noch eine Geldquelle hätte ab 2011 gesprudelt, wenn nicht die Insolvenz dazwischengekommen wäre. Middelhoff hätte dann »Versorgungszahlungen« in Höhe von über 12 000 Euro im Monat bekommen. Diese Regelung »ist absolut üblich gewesen bei ausgeschienenen Vorständen von Arcandor. Das ist keine Lex Middelhoff. Außerdem bekomme ich das Geld ja auch gar nicht«, sagt er. In diesem Punkt wurde Middelhoff selbst zum Insolvenzopfer. Und nicht nur da: »Wegen der Insolvenz musste ich auf 2 Millionen Euro aus meinem Aufhebungsvertrag verzichten«, berichtet Middelhoff. Immerhin hat er sich zurückhalten können, die Summen auf die große Forderungsliste von Insolvenzverwalter Klaus Hubert Görg setzen zu lassen. Zwei seiner Vorgänger auf dem Platz des Vorstandschefs, Walter Deuss und Christoph Achenbach, haben Forderungen angemeldet.

Eine andere Prämie allerdings hat der Mann, der ausgezogen war, den Turnaround zu schaffen und Arcandor zu retten, noch rechtzeitig kassiert: einen »Turnaround-Bonus« von knapp 2,3 Millionen Euro für die Jahre 2005 bis 2007. Eine derartige Prämie für eine Drehung des Unternehmens ins Positive, die nicht nachhaltig erfolgt war, sondern ein halbes Jahr später in die Insolvenz führte, ist eine Großzügigkeit, die nicht nur die Mitarbeiter auf die Palme brachte. »Eine Zumutung« sei das, erklärte etwa Ver.di-Vize Margret Mönig-Raane. Sie sei als Aufsichtsrätin über die Zahlungen nicht informiert gewesen. Tatsächlich wurden solche Vorstandsangelegenheiten zumeist im kleinen Ständigen Ausschuss des Kontrollgremiums behandelt. Dem Ausschuss gehörten neben dem Vorsitzenden Janssen aber auch sein Stellvertreter Hellmut Patzelt an – und der ist Vertreter der Arbeitnehmer und Ver.di-Mitglied. Dass auch er von den Abschiedsgeschenken für den Vorstandschef nichts gewusst hat, ist nicht zu glauben. Die nachträgliche Empörung wirkt etwas aufgesetzt.

An reinen Jahresgehältern gab es Vorstandskollegen bei Arcandor, die mehr verdienten als der Chef. 2006 etwa kassierte Middelhoff 1,5 Millionen Euro, Versandchef Marc Sommer aber bekam 2,9 Millionen. Im Rumpfgeschäftsjahr 2007 (Januar bis September) waren es bei Middelhoff 2,6 Millionen Euro, Sommer lag mit 2,3 Millionen nur kapp dahinter. 2007/2008 kassierte Middelhoff laut Geschäftsbericht 3,8 Millionen Euro, doch das für Thomas Cook zuständige Vorstandsmitglied Manny Fontenla-Novoa ging mit 4,3 Millionen Euro nach Hause. Warenhausvorstand Peter Wolf bekam gerade mal 100 000 Euro weniger als der Chef. Wolf allerdings hatte noch die Zusicherung für einen 3-Millionen-Euro-Bonus für das Highstreet-Immobiliengeschäft. Middelhoff, der dieses Geschäft weitgehend eingefädelt hatte, sollte ursprünglich keinen Bonus bekommen. Doch dann packte den damaligen Betriebsratschef Wolfgang Pokriefke offenbar das Mitleid: Auf seinen Vorschlag im Aufsichtsrat hin erhielt Middelhoff wegen seines großen Einsatzes beim Immobilienverkauf ein Extra von 1 Million Euro zugesprochen.

KarstadtQuelle/Arcandor war für Middelhoff allerdings nur eine Nebeneinnahmequelle: Sein früherer Arbeitgeber Investcorp überwies immer noch viel Geld. Nicht zuletzt wegen der »Exit Fees« aus früheren Geschäften kam Middelhoff 2005 auf ein Einkommen von 21 Millionen Euro. Wie viel davon von KarstadtQuelle kam, ist unklar. Aber sehr viel mehr als 1 Million Euro wird es nicht gewesen sein. 2007 lag Middelhoffs Einkommen bei fast 13 Millionen Euro, 3,4 Millionen Euro davon überwies Investcorp.[8]

Als Middelhoff Arcandor verließ, tat er dies mit einem Beratervertrag bei Sal. Oppenheim, der drei Jahre laufen sollte, plus einem Jahr Option. Middelhoff sollte der Bank insbesondere mit seinen Beziehungen und Erfahrungen bei Thomas Cook dienen. Wenige Monate nach der Unterzeichnung des Vertrages ging Arcandor in die Insolvenz. Middelhoff bekam den Großteil seiner Ansprüche auf einen Schlag ausbezahlt – 10 Millionen Euro, sagt Middelhoff. In der Bank dagegen ist zu hören, es sei etwas weniger gewesen. Die Staatsanwaltschaft jedoch war der Ansicht, dass 6, 7 oder 8 Millionen Euro für schlichte Beratung etwas großzügig bemessen war – und nahm auch diesen Beratervertrag in ihre Untersuchungen gegen Middelhoff auf.

Seine persönlichen Millionenbeträge wirken gegen die Summen, die Middelhoff für das Unternehmen bewegt hat, allerdings wie überschaubare Anzahlungen.

Zunächst beschaffte der neue Aufsichtsrat Geld für KarstadtQuelle: Im Herbst 2004 sorgte er maßgeblich dafür, dass die Kernbanken doch noch eine mittelfristige Finanzierung von 1,75 Milliarden Euro garantierten. Weil das aber noch nicht reichte, handelte er mit Alexander Dibelius von Goldman Sachs noch einen sogenannten Second Lien mit der Laufzeit eines halben Jahres aus – einen Kredit über 300 Millionen Euro, der praktisch ohne Sicherheiten auskommt. Das war praktisch, denn KarstadtQuelle hatte ja bereits alles, was da war, verpfänden müssen. Wegen des erhöhten Risikos war der Second Lien aber auch gepfeffert teuer: Er kostete Zinsen von 12 bis 13 Prozent. Immer-

---

8 *Süddeutsche Zeitung*, »Wo das Geld kalbt«, S. 3, Ausgabe vom 29.3.2010.

hin hatte Middelhoff eine Bank gefunden, die fast ungesichert eine große Geldsumme an einen Pleitekandidaten herausgab. Es ist jedoch fraglich, ob Goldman Sachs den Kredit auch dann gegeben hätte, wenn die Amerikaner in Frankfurt nicht noch ein mögliches Immobiliengeschäft mit dem Kreditnehmer KarstadtQuelle gewittert hätten.

Kurz nach dem Zuschlag für den Second Lien war Middelhoff im Herbst 2004 auch an der lebenswichtigen Kapitalerhöhung von einer halben Milliarde Euro wesentlich beteiligt. In der Septemberkrise 2008 – deren Ausmaß Middelhoff allerdings auch wesentlich verschuldet hatte – bewies er sich ein letztes Mal als Geldbeschaffer. Mehrere Tage und Nächte lang versuchte er wie dargestellt, den plötzlichen Ausfall des Kreditgebers Royal Bank of Scotland zu kompensieren. Und das war einige Tage nach der Pleite der US-Bank Lehman Brothers und der sich anschließenden weltweiten Kreditmarktpanik nicht gerade eine kleine Herausforderung. »Das war das Ringen ums Überleben. Middelhoff zeigte höchsten Einsatz und ein Durchhaltevermögen, das ich bei anderen Verantwortlichen zu der Zeit und danach vermisst habe«, sagt ein Vorstandsmitglied von damals. Allerdings brachte Middelhoffs Erfolg – der Einstieg von Sal. Oppenheim – dann doch nur einen Aufschub der Insolvenz von einem Dreivierteljahr.

Mit dem Highstreet-Deal 2006 brachte Middelhoff dem Konzern mit 3,7 Milliarden Euro die größte Einmaleinnahme seiner Geschichte. Unabhängig von der daraus folgenden Höhe der Miete blieben Fragen: Im ARD-Bericht *Karstadt – der große Schlussverkauf* am 24. Februar 2010 sah Middelhoff sehr schwach aus, als er im Interview nicht erklären konnte, wie es zu der hohen Summe von 300 Millionen Euro »Transaktionskosten« kam. Das nährte bereits bestehende Gerüchte, beim Highstreet-Deal seien ein paar Millionen rechts und links mit unbekanntem Ziel vom Wagen gefallen.

Viel von dem Geld, das Middelhoff über Jahre eingesammelt hatte, verlor er bei Quelle allerdings wieder. Rund 1,5 Milliarden Euro sollen innerhalb von drei Jahren beim letztlich erfolglosen Versuch, den maroden Versender doch noch zu retten, in Rauch aufgegangen sein.

Millionen jagte Middelhoff zudem durch die Düsen der Privat-Airline seines Finanzberaters Josef Esch, Challenge Air. Auf bis zu 800 000 Euro summierten sich die Spesenrechnungen pro Jahr. Middelhoff berief sich dabei auf einen Wunsch von Großaktionärin Schickedanz, Middelhoff möge aus Sicherheitsgründen die Linienflieger meiden. Erst als die Wirtschaftsprüfungsgesellschaft

BDO über die hohen Summen stolperte, befasste sich der Ständige Ausschuss des Aufsichtsrates damit und prüfte alle drei Monate die Abrechnungen. »Es gab nie Beanstandungen«, sagt Middelhoff. Intern ist jedoch zu hören, dass es sehr wohl Kritik gab, etwa wegen Kurzflügen zwischen Düsseldorf und Frankfurt. »Aber Middelhoff berief sich auf die Bitte von Frau Schickedanz und machte weiter wie zuvor«, heißt es aus dem Umfeld des Aufsichtsrates. Middelhoff kann die Aufregung nicht verstehen: »Das war keine Forderung von mir, das wurde vom Pool Schickedanz an mich herangetragen. Es gab eine offizielle Vereinbarung zwischen dem Aufsichtsrat und mir darüber, dass ich privat fliegen soll. Das wurde dann auch Teil meines Anstellungsvertrages.« Zudem sei er ja oft zusammen mit Mitarbeitern geflogen, sodass unterwegs die nächsten Besprechungen vorbereitet werden konnten. »Oft musste ich zudem in Städte, von denen es nur wenige Linienflüge nach Düsseldorf gibt. Ohne Charterflieger hätte ich dort stundenlang herumgesessen. Nach meinem Kenntnisstand ist es für Vorstandsvorsitzende von Konzernen nicht unüblich, Privatflugzeuge zu benutzen«, sagt er heute.

Kostendisziplin spielte in der Ära Middelhoff in der Chefetage offenbar ohnehin keine große Rolle, während die Mitarbeiter immer wieder auf Geld verzichten mussten. Ungezählt sind die Gutachten, Konzepte und Umsetzungsaufträge, die Middelhoff bestellte, vor allem bei Roland Berger, aber auch bei McKinsey, Rothschild und vielen anderen. Sie haben Millionen gekostet. Roland Berger etwa brachte das Kunststück fertig, Middelhoff in einem Gutachten den Ausbau der Premium-Warenhäuser zu empfehlen, seinem Nachfolger Eick in einem anderen Papier aber den dringenden Verkauf anzuraten. Das Beraterunternehmen, mit dessen gleichnamigem Gründer Middelhoff inzwischen die Investmentgesellschaft BLM gegründet hat, schrieb selbstverständlich zweimal die Rechnung.

Betrachtet man ausschließlich das Maß an Sponsoring-Aktivitäten von Arcandor, könnte man glauben, dieses Unternehmen schwimme im Geld und hätte noch nie einen Existenzkampf führen müssen. Für 2 Millionen Euro pro Jahr sponserte Karstadt mehrfach bis ins Jahr der Insolvenz 2009 den Marathon von Dortmund und Oberhausen nach Essen, den »Karstadt-Marathon«. Die Privatuniversität Witten/Herdecke unterstützte der Middelhoff-Konzern mit 350 000 Euro, die ausgerechnet in den Bereich Corporate Governance gingen. Auch die Kultur ließ sich der Pleitekandidat viel Kosten: Arcandor unterstützte Herbert Grönemeyers Hilfskonzert für die Bochumer Philharmonie, leistete sich eine »Master Arts Talkshow für Kunstliebhaber« und einen »Medientreff« mit reichlich A-Prominenten im Hamburger Alsterhaus. Dafür wurden jeweils Beträge zwischen 350 000 und 500 000 Euro fällig. Hinzu kam die Unterstützung für die Universität Oxford: 715 000 Pfund waren 2009 und jeweils 250 000 Pfund für die nächsten Jahre zu überweisen. Erst wenige Stunden vor seinem Abschied im Februar 2009 zeichnete Middelhoff die Rechnungen ab – den Gremiumssitz, der mit der Unterstützung verbunden war, hat der Exchef noch immer inne, jetzt als Privatperson.

So hoch und zweifelhaft all diese verflogenen oder versponsorten Beträge auch waren – sie haben nicht die Insolvenz ausgelöst. Aber es wäre eigentlich ein selbstverständliches Signal an die Belegschaft gewesen, dass Middelhoff auch bei diesen schicken »Nice-to-haves« den Rotstift angesetzt hätte. Und ein paar Millionen zusätzlich wären auch noch in der Kasse geblieben. Aber offenbar war Middelhoff der Ansicht, das hohe Ziel der Arcandor-Rettung rechtfertige diese der Lage des Unternehmens unangemessenen Ausgaben.

Middelhoff bewegte Geldgeber und Börsen – mit Ankündigungen

Nein, Thomas Middelhoff sprach nicht von den Versendern seines Konzerns, wenn er Sätze sagte wie: »Wir werden liefern« oder »Wir haben geliefert«. Dann redete er vielmehr über sich und seine Versprechen. Denn mit »geliefert« meinte er, er habe die angekündigten Ergebnisse oder Verträge erbracht. Er pochte noch lange auf seine hohe Prognosesicherheit, als man sich um ihn herum schon fast über seine Vertröstungen lustig machte. Gar nicht komisch fanden es allerdings Anleger und Geldgeber, dass sie sich ab 2007 nicht mehr auf die Vorhersagen des »Meisters« verlassen, stattdessen aber bei Arcandor-Engagements böse hereinfallen konnten. Viele der Banken wollten angesichts dieser Planungsunsicherheiten nur noch raus aus ihrem Arcandor-Engagement, egal wie niedrig der Kredit oder wie gut er gesichert war. Bis Mitte 2007 waren Middelhoffs Ankündigungen zumeist Realität geworden, selbst wenn sie besonders mutig erschienen. Dazu zählt etwa die rasche Umsetzung des Firmenverkaufsprogramms 2005, der Immobiliendeal oder der Kursanstieg bis zu diesem Zeitpunkt. Oft hatte Middelhoff in der ersten Hälfte seiner Amtszeit ehrgeizige Pläne sogar schneller umgesetzt als angekündigt, etwa den ersten Teil des Immobiliendeals. Nicht ohne Genugtuung erwähnte er in dieser Phase etwa auf Hauptversammlungen gern, die Medien hätten ihn bei seinen ehrgeizigen Ankündigungen für verrückt erklärt – und nun habe er doch wieder »geliefert«.

Jemand hat Middelhoff einmal den Potemkin der deutschen Wirtschaft genannt, in Anlehnung an jenen russischen Fürsten und General, der für den Besuch der Zarin auf der Krim schnell Dörfer aufbauen ließ, hinter deren Fassaden im wahrsten Sinne des Wortes nichts war. Waren Middelhoffs Ankündigungen ebenfalls nur die Pappfassaden eines scheinbar wieder erstarkenden Unternehmens, hinter denen in Wirklichkeit keine Substanz steckte? Zumindest im Rückblick scheint es so. Tatsächlich ist die Liste von Middelhoffs, nennen wir es Versprecher, lang. Die folgenden, mehrfach gemachten Middelhoff-Ankündigungen – hier in eigenen Worten formuliert – stellen nur einen Auszug dar:

- Der Immobilienverkauf bringt insgesamt 5,1 Milliarden Euro ein.
- Damit ist das Unternehmen dauerhaft entschuldet.
- Der zweite Teil des Immobilienverkaufs ist spätestens im November 2008 in trockenen Tüchern.
- Die Arcandor-Aktie hat ein Potenzial von 40 Euro plus x.
- Ab Oktober 2007 schreibt Arcandor wieder Gewinne nach Minderheiten und schüttet eine ordentliche Dividende aus.
- Der Verkauf von Neckermann bringt einen dreistelligen Millionenbetrag.
- Wir werden im Geschäftsjahr 2008/2009 einen Vorsteuergewinn (EBITDA) von 1,3 Milliarden Euro erzielen.

Keine dieser Middelhoff-Prognosen wurde Realität. Entweder traf die Vorhersage überhaupt nicht, verspätet oder zu deutlich geringeren Werten ein. Ein Aufsichtsrat bemängelte: »Mit seinen Ankündigungen und dem Anschein, wir wären schon über den Berg, hat er leider den Druck von den Beteiligten genommen, auch von den Mitarbeitern. So konnte keine Notwehrmentalität und keine Opferbereitschaft entstehen, die einen tieferen Schnitt möglich gemacht hätte.«

Ohne Zweifel war es zunächst genau richtig, zu versuchen, dem von Existenzangst fast gelähmten Unternehmen mit kernigen Sprüchen und optimistischen Ausblicken wieder ein wenig Hoffnung zu machen. Chancen beschreiben kann Middelhoff, dabei wirkt er sehr authentisch. Doch wenn der Optimismus Fakten und Entwicklungen ignoriert und in Unglaubwürdigkeit umschlägt, wird der verkündende Manager nicht mehr als Retter oder Heilsbringer betrachtet, sondern nur noch als Lieferant heißer Luft. So erging es Middelhoff ab Mitte 2007. Er übertrieb es mit dem Vertrauen auf seine Prognose-Glückssträhne, die so lange gehalten hatte, obwohl Kollegen und Aufsichtsräte ihn vor dem großen Risiko gewarnt hatten. »Der dachte irgendwann, er könnte über Wasser gehen«, sagte ein Mitarbeiter. Konnte er aber nicht. Und das merkten die anderen irgendwann. Middelhoff diskreditierte sich mit seinem Dauer-Optimismus, machte sich unglaubwürdig und ging letztlich unter. Die heraufziehende Finanzkrise beschleunigte diesen Untergang nur.

In vielen Fällen allerdings war Middelhoffs Überzeugung, dass schon alles gut werden würde, nicht gespielt. Middelhoff glaubte zumeist selbst – jedenfalls kurzzeitig – an seine Prognosen. Die rosarote Brille schien immer auf seinem Schreibtisch oder in seinem Reiseköfferchen parat zu liegen, wahrscheinlich auch in virtueller Form in seinem Computer und Blackberry. Gern legte Middelhoff in Diskussionen oder Zweiergesprächen auch noch eine Schippe drauf und verkündete noch gewagtere Vorhersagen. Damit trieb er seine Berater zur Verzweiflung. Denn die wussten sofort, dass ihm Medien und Finanzleute jeden neuen, ungerechtfertigten Wagemut jahrelang um die Ohren schlagen würden. Middelhoffs langjähriger Kommunikationschef Jörg Howe etwa bekam bei seinem Ausstand ein Fußballtrikot mit der Rückennummer »40 plus x« geschenkt – in Anlehnung an des Vorgesetzten spektakulärste Fehlprognose, die Howe stets zu relativieren hatte. Damals war der Kurs längst unter den Wert von 5 Euro gefallen. Und er sollte noch viel weiter stürzen.

Gern bemühte Middelhoff die Finanzkrise als Grund dafür, dass ab Mitte 2007 etwa fest eingeplante Verkaufseinnahmen ausblieben oder Geschäftspartner die Finanzierung für einen geplanten Kauf von Arcandor-Töchtern nicht stemmen konnten. Dann war die restriktive Kreditpolitik der Banken schuld. Das mag, insbesondere ab 2008, tatsächlich in einigen Fällen eine Rolle gespielt haben. Middelhoff muss sich allerdings vorwerfen lassen, dass er oft ohne Netz oder doppelten Boden gearbeitet hat. Fast immer verkündete er, etwa bei Kaufpreisen, in der Öffentlichkeit die nahezu optimistischste aller Möglichkeiten, statt eine etwas geringere Summe mit einem Sicherheitspuffer zu wählen. So war die Wahrscheinlichkeit, dass er später eine »Planabweichung« vermelden musste, besonders groß. Ein wenig erinnerte Middelhoff dann an einen Autofahrer, der ankündigt, eine bestimmte Strecke mit 150 Stundenkilometern zu fahren und sein Ziel somit garantiert pünktlich zu erreichen. Wenn auf dieser Strecke aber nur Tempo 100 erlaubt ist – sind dann die äußeren Umstände die Ursache für die Verspätung? Dann ist es doch wohl eher die schlechte Planung, bei der der Fahrer von unrealistischen Umständen ausgegangen war.

Richtete sich die Wirklichkeit nicht nach den Arcandor-Plänen, gab es zumeist für gescheiterte Finanzierungskonzepte keinen Alternativplan, jedenfalls keinen wirtschaftlich vertretbaren. Da nennenswerte Finanzreserven nie aufgebaut wurden, sondern im Gegenteil die operativen Verluste anderweitig verplante Mittel verbrannten, war die Finanzkrise fast der Normalzustand. Arcandor wurde wegen der ständigen Geldknappheit zwangsläufig zum Getriebenen der Banken.

Middelhoff bewegte die Zahlen in der Bilanz

Middelhoff und die Bilanz – dieses Thema trieb Banker, Analysten, Journalisten und Anleger bisweilen in den Wahnsinn. Ständig änderte der Konzern die Vergleichsgrößen, brachte »bereinigte« Ergebnisse, zahllose Pro-forma-Rechnungen und führte einmal sogar ein »Rumpfgeschäftsjahr« ein, das nur neun Monate dauerte. Begründet wurde die Verwirrung von Middelhoff – meistens mit dem Ausdruck tiefsten Bedauerns – mit »der massiven Neuausrichtung des Konzerns«. Selbstverständlich änderten die umfangreichen Firmenverkäufe etwa im Jahr 2005 oder die Zukäufe bei Thomas Cook das Zahlenbild. Doch bei Arcandor nutzte die Konzernführung diese Sondersituation extensiv, um die tatsächliche finanzielle Situation des Unternehmens zu vernebeln.

Die Konferenzen mit Middelhoff und seinem jeweiligen Finanzvorstand waren Pflichtveranstaltungen, die wenig Gegenwert brachten: »Wenn ich hinterher auf meinen Block schaute, hatte ich überall Fragezeichen«, sagt ein Analyst. Ein anderer berichtet: »Ich fragte mich immer: Von welchem Unternehmen redet der Middelhoff gerade? Was er erzählte, konnte nicht sein. Aber mit dieser Masche ist er durchgekommen, er hat sich damit Zeit erkauft.« Fast jeder Beobachter hatte das Gefühl, dass Arcandor sehr kreativ mit Zahlen umging, und doch war Middelhoff kaum festzunageln. »Middelhoff konnte immer irgendwie erklären, warum irgendwelche Faktoren gerade wieder besser geworden waren, als sie in der Bilanz erschienen. Das war das reine Chaos. Er wollte einfach keine schlechten Nachrichten wahrhaben«, sagt ein Topbanker. Ein Vertrauter berichtet, Middelhoff hätte seine Mitarbeiter bei Konzepten so lange bearbeitet, bis sie von sich aus die Zahlen »freundlich« gestaltet hätten. »Bei der Präsentation dieser Konzepte in den Gremien oder vor den Medien hat er diese allzu optimistischen Zahlen dann selbst geglaubt. Thomas Middelhoff hat sich auf diese Weise manchmal selbst hypnotisiert.« Hat der Konzernchef es dabei zu weit getrieben und gegen Gesetze verstoßen? Ein früherer Vorstandskollege glaubt das nicht: »Middelhoff ist bei der Bilanzierung an die Grenze des Zulässigen gegangen, das war manchmal im wahrsten Wortsinn grenzwertig.« Er habe aber nie erlebt, dass »Majestät« Kollegen aufgefordert hat, über diese Grenzen hinauszugehen. Dass Mitarbeiter das bisweilen, sozusagen im vorauseilenden Gehorsam, dennoch getan haben könnten, um weiterhin zum inneren Kreis zu gehören, könne er jedoch nicht ausschließen.

Die Zahlenjongleure setzten in der Ära Middelhoff die verschiedensten Nebelwerfer ein: Vor allem wurde bei Arcandor munter bereinigt. In vielen Geschäftsberichten nimmt die – zumeist wenig erhellende – Erläuterung dieser »Bereinigungen« eine DIN-A4-Seite oder mehr ein. »Diese Daten wurden angepasst. Die Bereinigungen betreffen Sonderfaktoren und Desinvestitionen« – solche Hinweise finden sich unter zahlreichen Tabellen. Sie lassen den Leser jedoch mit mehr Fragen als Antworten zurück. In der Bilanz des Geschäftsjahres 2007/2008 (Oktober bis September) etwa wird ein »bereinigtes« Vorsteuerergebnis EBITDA von 642 Millionen Euro ausgewiesen. 278 Millionen Euro – also knapp die Hälfte der Summe – kamen durch »Sonderfaktoren« zustande, deren Herkunft nicht immer klar ist. »Eine seriöse Bilanz sieht anders aus«, meint ein Banker, der die Zahlenwerke aus Essen jedes Jahr studieren musste. Insbesondere war es fast unmöglich, mithilfe des Geschäftsberichtes schnell auf das tatsächliche Ergebnis – etwa die gängige Größe: das Vorsteuerergebnis EBITDA – zu stoßen. Bei Arcandor tauchte es zumeist in einer wie auch immer »bereinigten« Form auf. Ein »bereinigtes EBITDA« aber gibt wenig Auskunft über die wirkliche Ertragssituation.

Ähnliches war bei der Bilanzgröße »Cashflow« zu beobachten, die die Menge des Geldes umschreibt, das das Unternehmen durch das operative Geschäft einnimmt. »Ich wollte immer den Cashflow auf Holdingbasis wissen, um zu erfahren, wie viel Geld tatsächlich in der Kasse ankommt, mit dem man etwa Schulden hätte tilgen können. Das herauszubekommen war unmöglich. Middelhoff sagte immer: ›Das müssen Sie anders sehen‹ und nannte die Zahl nicht«, erinnert sich ein anderer Banker.

Fast schon zum Running Gag – allerdings zu keinem besonders komischen – geriet der von einigen Journalisten »Diesch-Show« genannte Vortragsteil von Finanzvorstand Peter Diesch bei der Präsentation der Quartalsergebnisse. Minutenlang erläuterte er anhand von Folien, die alle drei Monate aktualisiert wurden, warum die folgenden Ausführungen zum abgelaufenen Quartal eigentlich nicht mit denen des Vorquartals oder Vorjahresquartals zu vergleichen seien – nämlich wegen zahlreicher dieser »Sondereffekte«. Dass er zahlreiche Pro-forma-Rechnungen lieferte, mit deren Hilfe die Zahlen vergleichbar gemacht werden sollten, brachte auch keine Klarheit. Hauptgrund der Unvergleichbarkeit war eine Zeit lang Thomas Cook, das zuerst zu 50 Prozent, dann zu 100 Prozent und schließlich – nach dem Zusammenschluss mit MyTravel – zu 52,8 Prozent zu Arcandor gehörte. Immer wieder wurde die Cook-Beteiligung unterschiedlich bilanziert, bisweilen sogar innerhalb eines Quartals in zwei unterschiedlichen Varianten.

Im Zusammenhang mit Thomas Cook haben sich Middelhoff und Diesch bei einem Sündenfall erwischen lassen. Als der Touristikkonzern noch zu 50 Prozent zu Arcandor gehörte, war nach Middelhoffs Worten einer der Hauptgründe für die Aufstockung auf 100 Prozent die Möglichkeit, in diesem Fall auf den Cash der Reisetochter zugreifen zu können. Denn zu Beginn jedes Jahres laufen bei einem Touristikunternehmen die Anzahlungen für die Sommerreisen ein. Sie müssen jedoch vom Veranstalter noch nicht gleich an Hotels oder Fluggesellschaften weitergereicht werden, liegen also ein paar Wochen oder gar Monate auf den Konten – in diesem Fall jenen von Thomas Cook. Und das just zu einer Zeit, in der in Karstadts Warenhäusern oder bei Quelle nicht viel los ist, also auch nicht viel Geld in die Kasse kommt. Als Alleineigentümer eines Touristikunternehmens kann nun ein Einzelhändler die Anzahlungsmillionen seiner Tochter für eine begrenzte Zeit für das Handelsgeschäft abzapfen. Er spart dadurch teure Bankkredite. Wenn in den Warenhäusern ab März üblicherweise die Geschäfte wieder besser laufen, geht das Geld an die Reiseschwester zurück. So funktioniert das System beim Kölner Handels- und Reisekonzern Rewe, so sollte es auch bei Arcandor funktionieren. Doch in dem Moment, als Middelhoff kurz nach der Komplettübernahme Thomas Cook mit MyTravel zusammenlegte, funktionierte es nicht mehr. Denn Arcandor war bei dieser neuen, britischen Gesellschaft nicht mehr 100-Prozent-Eigentümer. Damit war der so lange und immer wieder versprochene Cash-Vorteil wieder dahin. Middelhoff und Diesch suggerierten aber weiterhin, dass sie Zugriff auf die Kasse von Thomas Cook hätten. »Das ist, gelinde gesagt, eine Frechheit, vielleicht sogar eine Falschinformation für Anleger«, sagt ein ehemaliger Vorstand. »Dass Journalisten darauf reingefallen sind, ist schlimm genug. Aber spätestens die Analysten hätten es doch merken müssen.«

Doch es gab noch mehr Kniffe: Tochterunternehmen eines Konzerns, die abgegeben werden sollen, müssen in der Bilanz nicht mehr vollständig auftauchen. Das nutzte das Middelhoff-Management, um monatelang etwa die Millionenverluste von Neckermann zu kaschieren. Und am Ende wurde der Versender noch nicht einmal richtig verkauft, sondern mit einer Draufgabe von mindestens 50 Millionen Euro verschenkt. Nach dem Immobiliendeal wurden die Bankschulden deutlich zurückgefahren, was sich in der Bilanz optisch sehr positiv bemerkbar machte. Die Belastungen aber waren noch immer da, nämlich durch die Mietverpflichtungen. Die wurden jetzt unter Posten wie »Leases« vernebelt. Dass Arcandor und seine größte Tochter Thomas Cook jahrelang unterschiedliche Geschäftsjahrabgrenzungen hatten, machte die Sache nicht transparenter.

Auch im direkten Umgang mit Banken und Medien arbeitete Arcandor bisweilen anders als andere Firmen. Auf einem dieser Analystenmeetings etwa, wo üblicherweise die kleinste Bilanzverästelung diskutiert wird, zeigten die Arcandor-Verantwortlichen zur Überraschung der Zahlenmenschen einen minutenlangen Imagefilm mit bunten Bildern und dynamischer Musik. Am Ende bekam jeder eine Imagebroschüre in die Hand gedrückt. »So etwas ist in Analystenmeetings absolut unüblich. Das hatte ich noch nie erlebt«, sagt ein Teilnehmer. »Es war eine seltsame Kombination aus aussagefreier Imagebroschüre auf der einen und einer künstlich geschaffenen Überkomplexität durch supergenaue Zahlen aus irgendwelchen Detailbereichen auf der anderen Seite. Das ergab eine Scheintransparenz, die natürlich beabsichtigt war«, berichtet der Mann von der Bank weiter. »Und auf gezielte kritische Fragen in den Analystenkonferenzen wurde man vor versammelter Mannschaft richtiggehend abgekanzelt. Damit wurde gezielt Druck aufgebaut, damit man beim nächsten Mal nicht mehr so genau fragt. Vor allem erweckte Middelhoff den Eindruck, der Frager hätte das Konzept nicht verstanden und könne den verkündeten Plan offensichtlich gar nicht beurteilen.« So machte Middelhoff es bisweilen auch mit der Presse. Und wies dann – etwa im Zusammenhang mit dem Highstreet-Deal – darauf hin, dass die deutschen Medien und Analysten offenbar nicht auf der Höhe der Zeit wären. Die angelsächsischen Journalisten und Finanzmarktleute seien da viel verständiger. Die hätten das Konzept, 49 Prozent der Arcandor-Immobilien zunächst an Arcandor zu verkaufen, sofort begriffen. Analysten berichten, der Kollege einer Frankfurter Großbank sei wegen allzu beharrlicher kritischer Nachfragen sogar zeitweise durch Arcandor vom Informationsfluss abgeschnitten worden. »Hausverbot« nennt man das in der Branche. Wohlverhalten der Banken dagegen sei honoriert worden: Institute, die positiv über die Aktie urteilten und Kaufempfehlungen aussprachen, »hatten sehr gute Chancen, Thomas Middelhoff als Gastredner für Kundenveranstaltungen zu bekommen. Und damit konnten sie sich von Konkurrenzbanken abheben. Kritische Institute hatten keine Chance. Dieses Instrument wurde gezielt eingesetzt«, sagt ein Fachmann.

Wer jahrelang gegen die Wand läuft, gibt irgendwann auf. Bei Arcandors Zahleninterpretation waren es einige Journalisten, die den Versuch als aussichtslos erkannten, aus den präsentierten Zahlen schlau zu werden. Später folgten mehr und mehr Analysten. War genau das das Ziel der Nebelaktionen gewesen? Dann hätte das Management gewonnen. Jedenfalls war Arcandor – mangels geeigneter Zahlen – immer mehr zur Glaubensaktie geworden: Entweder man glaubte daran, oder nicht. Anfang 2009 gab der Konzern die immer wieder kritisierte Nebelwerferei auf höchst ungewöhnliche Weise auf: Zweimal wurde die Veröffentlichung der Quartalsergebnisse verschoben – und dann gab es überhaupt nie wieder Zahlen von Arcandor. Und nie wieder Nebel über dem EBITDA...

Middelhoff bewegte Personen

Nix wie weg: Gegen Ende der Ära Urban schauten sich immer mehr Führungskräfte verzweifelt nach anderen Jobs um, weil sie in Essen keine Zukunft mehr sahen. Bei der ersten sich bietenden Gelegenheit kündigten sie. Gute Hochschulabsolventen kamen gar nicht erst auf die Idee, sich bei Karstadt oder Quelle zu bewerben. Das änderte sich mit Middelhoffs Einstieg in Essen. Dem Manager eilte der Ruf einer modernen, angelsächsischen Führung voraus. »Dynamisch und andere einbindend hat Middelhoff geführt«, sagt einer, dessen Chef Middelhoff war. Middelhoff sah es als Hauptaufgabe eines Vorstandsvorsitzenden an, die grobe Linie des Unternehmens vorzugeben und die Schlüsselpersonen auszusuchen. Das tat er. Wer sein Vertrauen hatte, musste nicht befürchten, dass der Chef dauernd reinredete. Allerdings schon, dass er zu jeder Tages- und Nachtzeit anrief und Aufträge verteilte. Seinem Finanzchef Harald Pinger aber nahm er die Betreuung der Investoren aus der Hand – nicht, weil Pinger sich dabei Fehler erlaubt hatte, sondern weil Middelhoff diese wichtige Aufgabe einfach selbst übernehmen wollte.

Die Absetzbewegung beim Führungspersonal also konnte er stoppen. Jetzt sah mancher wieder Perspektiven: Middelhoffs Management-by-langer-Leine zusammen mit dem überall verkündeten Aufbruch und dem Umbau der Strukturen machte den Konzern als Arbeitgeber für Manager wieder interessant. Jetzt sortierte im Gegenteil das neue Management viele Führungskräfte der alten Garde aus, die für den Niedergang mitverantwortlich gemacht wurden. Manche gingen freiwillig.

Middelhoff und sein Team rekrutierten neue Führungskräfte für die Holding, vor allem aber für die operativen Einheiten. »Es kamen wieder junge Nachwuchskräfte, die die Chance sahen, an was Besonderem teilzuhaben und zu lernen. Die waren längere Zeit richtig euphorisch an Middelhoffs Seite«, erinnert sich ein Personalberater. Die Euphorie jedoch hielt insbesondere bei den Finanzexperten oft nicht lange, wenn sie bei Kalkulationen die Zahlen allzu konservativ angesetzt hatten. Bei Middelhoff mussten in den Planungen für Projekte die Einnahmen mindestens an der oberen Grenze des denkbaren, die Kosten und Risiken aber am unteren Ende des möglichen Gewinns angesiedelt werden. Wer das nicht beherrschte, wem das zu riskant erschien, der gehörte bald nicht mehr zum inneren Zirkel. An schlechten Zahlen in der Realität waren dann – überspitzt ausgedrückt – nicht etwa die Planer schuld, die in die Konzeptionen Wunschzahlen hineingeschrieben hatten, die der Markt nicht hergab – sondern die Finanzer, die die unangenehmen Zahlen aus der Wirklichkeit überbrachten. »Unter Middelhoff hätte ich nicht Finanzchef sein mögen«, meint ein Investmentbanker. Dass der Vorstandsschef in seiner vierjährigen Amtszeit drei Finanzvorstände verschlissen hat, spricht in dieser Hinsicht Bände. Einige Führungskräfte der zweiten Reihe allerdings fühlten sich nur als Erfüllungsgehilfen von Middelhoff und seinen Vorstandskollegen, die alle Entscheidungen längst gefällt hatten.

Allzu oft suchten Middelhoff und sein Team auch die falschen Manager aus, bis hinauf in den Konzernvorstand. Manche waren zu dynamisch, andere zu kompromissbereit, einige zu undiplomatisch, zu ungeduldig – und viele konnten mit ihren anderswo gesammelten Erfahrungen in einem großen Krisenkonzern mit zahllosen Fraktionen und Fettnäpfchen nichts anfangen. Sie machten ihre Arbeit schlecht. »Wenn das, was ich bei KarstadtQuelle und Arcandor gesehen habe, der repräsentative Durchschnitt der deutschen Manager ist, dann gehören die noch mal auf die Schulbank. Nein, eigentlich gehören sie nicht mal mehr auf die Schulbank«, sagt einer aus der zweiten Reihe der Führungskräfte, der viele Manager hat kommen und gehen sehen. Ein Topmanager eines anderen Unternehmens, das mit Arcandor Geschäfte gemacht hat, sieht Middelhoffs Personalpolitik als völlig gescheitert an: »Middelhoff umgibt sich gern mit schwachen Leuten. Dann strahlt sein Stern umso heller. Wenn man selbst nur eine 50-Watt-Birne ist, und man umgibt sich mit 5-Watt-Birnen, dann wirkt man wie eine 100-Watt-Birne.«

Vergnügungssteuerpflichtig war es sicher nicht, bei KarstadtQuelle/Arcandor zu arbeiten. »In diesem Unternehmen war die Meinungsmacherei über Kollegen extrem verbreitet. Jeder wollte Sie irgendwie manipulieren und in seine Richtung drehen«, erinnert sich ein Aufsichtsrat, »das war Teil dieses Unternehmens. Da wurden intern immer Leute fertiggemacht. Und die waren dann die *lame ducks*. Davon gab es viele.« Dieses Problem habe es auch schon unter Deuss und Urban gegeben.

Eine Mentalität des Anpackens, um die Krise zu meistern, hat auch Middelhoff nicht geschaffen. »Auch viele Führungskräfte haben sich zurückgelehnt und sich gesagt: Mal sehen, was die Neuen da oben jetzt für Fehler machen und wie lange sie durchhalten. Die werden wir auch noch überstehen«, hatte der Aufsichtsrat beobachtet. Von den Mitarbeiterinnen und Mitarbeitern im Verkauf ging ebenfalls keine Eigeninitiative aus – die war ihnen ja über Jahrzehnte abgewöhnt worden. Die Zentrale werde schon entscheiden, hieß es immer. Zudem war der Betriebsrat – besser: die Betriebräte, denn jede einzelne Filiale hatte einen – eine Macht im Hause, ohne die nichts ging. auf die sich die Mitarbeiter bei geplanten Veränderungen, Flexibilisierung der Arbeits- oder der Öffnungszeiten stets beriefen. Diese starke Stellung gab es schon seit Walter Deuss, der ebenso darauf verzichtete, sich mit der Gewerkschaft anzulegen, wie Urban oder Middelhoff. So wurden Anreizsysteme verhindert, die Arbeit an Tagen mit hoher Kunden- und Umsatzfrequenz – etwa an Samstagen – attraktiver gemacht hätte. Anreize durch Weiterbildung der Mitarbeiter in den Läden gab es ebenfalls kaum noch. Die Budgets dafür reichten angesichts der angespannten Finanzlage nicht mehr aus. Letztlich aber ließen sich die Mitarbeiter viel gefallen. Sie nahmen Mehrarbeit in Kauf, die dadurch entstand, dass die Mitarbeiterzahl stetig gesenkt wurde, und akzeptierten zweimal Einkommensverluste – in der irrigen Annahme, etwa bei Karstadt oder Quelle einen Job fürs Leben zu haben.

Immerhin: In der Krise von 2004/2005 kam Middelhoff ohne die in ähnlichen Situationen üblichen Massenentlassungen aus. Zwar hat er viele Arbeitsplätze gestrichen, doch konnte er rund 25 000 Jobs beim Verkauf der Töchter SinnLeffers, Wehmeyer, Karstadt Kompakt/Hertie an die neuen Eigentümer auslagern. Allerdings fielen später viele dieser Stellen dann doch weg, als die früheren KarstadtQuelle-Gesellschaften 2008 in die Insolvenz rutschten.

Middelhoff bewegte Firmen und Immobilien

Thomas Middelhoff ist ein exzellenter Verkäufer und »Dealmaker«. »Wer verstehen will, wie Middelhoff arbeitet, muss wissen, dass er in erster Linie Deal-getrieben ist«, sagen gleich mehrere Geschäftspartner. Wenn er einen solchen »Deal« vor der Nase habe, den er unbedingt haben wolle, sei er durch nichts davon abzubringen, verhandele nächtelang durch und finde fast immer – zumindest kurzfristige – Finanzierungsmöglichkeiten. Und tatsächlich verbindet man vor allem Käufe, Verkäufe und Zusammenschlüsse von Firmen mit seinem Namen – oder die gescheiterten Versuche, zu solchen Abschlüssen zu kommen: AOL und RTL bei Bertelsmann, Apcoa bei Investcorp, Highstreet, Thomas Cook oder Neckermann bei KarstadtQuelle/Arcandor.

Bevor er aber bei KarstadtQuelle zukaufen konnte, musste er zunächst einmal verkaufen. Als Aufsichtsratschef stand er maßgeblich hinter den Aktionen des Jahres 2005, die im Managersprech »Desinvestments« heißen. Middelhoff stieß alle Fachhandelsketten wie SinnLeffers, Wehmeyer, Runners Point und Golf House ab, dazu die 75 kleinen Warenhäuser, die später »Hertie« hießen, die Logistik, die Call-Center. Wie bereits erwähnt besaß das Unternehmen nicht die Managementkapazitäten und schon gar nicht das Geld, diese Firmen selbst zu sanieren, es gab einfach zu viele Baustellen. Dass Middelhoff diese zumeist defizitären Firmen in so kurzer Zeit verkaufte, ist durchaus eine Leistung. Zu seinem Glück waren aber 2005 viele Private-Equity-Firmen auf Beutezug, sie kauften alles, was der Markt hergab. Mehr als 1,1 Milliarden Euro Verkaufserlöse vermeldete das Unternehmen schließlich aus diesen »Desinvestments«. Middelhoff bestreitet, dass KarstadtQuelle – wie aus Kreisen der kreditgebenden Banken zu erfahren ist – den neuen Eigentümern so viel Mitgift und Garantien mitgegeben hat, dass das Unternehmen tatsächlich am

Ende noch Geld drauf gelegt habe. Middelhoff versichert stattdessen: »Es gab keine Nebenabsprachen«.

Der Konzernchef hätte noch viel mehr verkaufen können und wahrscheinlich müssen. Insbesondere der Schnitt ins Warenhaus-Portfolio hätte noch tiefer ausfallen müssen, weil noch immer zu viele Problemhäuser im Konzern verblieben sind. Der Markt hätte 2005 sicherlich statt 75 auch 100 Warenhäuser aufgenommen. Doch Middelhoff hielt sich mit Rücksicht auf den inneren Frieden zurück. Er wollte die Gewerkschaft Ver.di nicht noch weiter provozieren, brauchte er doch ihre Zustimmung zu den anderen Verkäufen, zum Stellenabbau und für den Sanierungstarifvertrag. Das Aufgabenpaket war ohnehin schon groß genug.

Die Raus-damit-Verkäufe des Jahres 2005 sollten ohnehin nur die Voraussetzungen schaffen für das ganz große Dealprogramm des Thomas Middelhoff, das Madeleine Schickedanz ihre unter Deuss und Urban verlorenen Milliarden zurückbringen sollte. Nach dem alten Masterplan sollten die milliardenschweren Immobilien verkauft und für die drei Geschäftssparten Partner gefunden werden, weil die Zukunft auf eigenen Beinen mehr als ungewiss war. Den Partnern hätte Middelhoff gern die Mehrheit und die operative Führung gegeben: Für Karstadt war der Kaufhof als Übernehmer favorisiert worden, für Quelle entweder Pinaults La Redoute/Redcats oder ein Börsengang, für Thomas Cook wäre einer der großen britischen Reiseanbieter infrage gekommen und für Neckermann hätte sich schon noch ein Käufer gefunden. Die KarstadtQuelle-Holding wäre dann nur noch eine winzige Firma mit 30 oder 50 Mitarbeitern, die die Beteiligungen verwalten würden. Das Geld – oder die Aktien –, die nach der Verkaufs- und Zusammenschlussaktion übrig geblieben wären, sollten an die Aktionäre der KarstadtQuelle-Holding verteilt werden – in erster Linie also an die spätere Mehrheitsaktionärin Madeleine Schickedanz.

2005 allerdings war es noch zu früh, diesen Plan umzusetzen. Karstadt und der Versand waren in einem Zustand, der niemanden dazu verlockt hätte, Geld für eine Partnerschaft in die Hand zu nehmen. Auf dem Immobilienmarkt deutete sich auch noch keine Chance an, ein derart großes Paket wie KarstadtQuelle zu einem guten Preis platziert zu bekommen. Erst kurz zuvor hatte der Konkurrent Metro den Plan fallen lassen, die Kaufhof-Immobilien zu verkaufen: Keine attraktiven Angebote, lautete die Begründung.

Middelhoff konnte seine eigentliche Deal-Serie erst 2006 starten. Goldman

Sachs und dessen Deutschland-Chef Alexander Dibelius, die vor der Fusion schon Schickedanz beraten hatten, zahlten den sehr hohen Preis von 3,7 Milliarden Euro für die Mehrheit an den Immobilien. Wenn der Rest verkauft würde, kämen noch einmal 800 Millionen Euro obendrauf, verkündete Middelhoff. Warnungen, dass ein solcher Preis auf Dauer mit zu hohen Mieten bezahlt würde, tat er als unbegründet ab. Den Zeitpunkt für den Verkauf hatte Middelhoff exzellent gewählt – wenige Tage nach der Vertragsunterschrift wurden die Immobilienmärkte schwächer, bevor sie vollends einbrachen. Mit dem Immobilienverkauf wollte Middelhoff die hohen Schulden und die daraus resultierenden Zinsbelastung auf null stellen. Deshalb war der Deal – im Gegensatz zu den Rückmietverträgen – weitgehend unumstritten. Selbst Ver.di-Vize Mönig-Raane sagte öffentlich, dass es keine Alternative zu dem Middelhoff-Konzept gegeben habe.

Die 3,7 Milliarden wurden nach Middelhoffs Darstellung also komplett für die Entschuldung eingesetzt, sodass kein Geld für Zukäufe blieb. Dennoch wollte Middelhoff jetzt den zweiten, seinen Lieblingsdeal, folgen lassen. Endlich sollte ihm die Lufthansa die zweite Hälfte von Thomas Cook verkaufen. Die 800 Millionen Euro dafür hatte er allerdings nicht. Er lieh sie sich für ein Jahr. Denn dann, so sein Plan, würde abermals reichlich Geld fließen: 800 Millionen aus dem Restgeschäft der Immobilien, ein dreistelliger Millionenbetrag aus dem Verkauf von Neckermann und noch eine halbe Milliarde aus einer Kapitalerhöhung.

An Middelhoffs Cook-Zukäufen scheiden sich die Geister; besonders im Nachhinein wurden kritische Stimmen lauter. Der Preis für den Lufthansa-Anteil sei viel zu hoch gewesen, meinen zahlreiche Marktkenner. Daran dürfte Middelhoff nicht unschuldig gewesen sein, hatte er doch immer wieder öffentlich sein Interesse am dem 50-Prozent-Paket bekundet. Lufthansa musste nicht verkaufen, also konnte die Airline zocken und einen hohen Preis fordern. Aber zum Zeitpunkt des Abschlusses waren Firmen grundsätzlich sehr teuer. Im Konzern – und auch außerhalb – sagen viele, Middelhoff hätte die 800 Millionen Euro für Thomas Cook lieber in die Verbesserung des Warenhausgeschäftes oder gar in eine Teilabwicklung von Quelle stecken und damit zwei große Dauerprobleme beseitigen sollen. Der britische Thomas-Cook-Zukauf, also die Verschmelzung mit MyTavel, hingegen gilt als große Tat Middelhoffs. Arcandor brachte seine vergrößerte Reisetochter in die gemeinsame Gesellschaft ein und bekam 52 Prozent sowie die meisten Leitungsposten der neuen britischen Thomas Cook plc. Middelhoff leitete das Board, eine Art Aufsichtsrat mit größerem operativen Einfluss als in Deutschland üblich.

Mit der Übernahme des Lufthansa-Anteils gehörte dem Konzern allerdings auch die Airline Condor, die Middelhoff loswerden wollte. Selbst dafür hatte er bald einen Deal parat: Condor geht an Air Berlin, Thomas Cook bekommt im Gegenzug fast 30 Prozent von Air Berlin. Doch dieses Geschäft misslang. Air Berlin machte einen Rückzieher, weil das Unternehmen wegen der Finanzkrise in finanzielle Schwierigkeiten geriet.

Andere Deals platzten ebenfalls: Statt wie angekündigt einen »dreistelligen Millionenbetrag« für Neckermann zu kassieren – den Beobachter wegen des schlechtes Zustands des Versenders von vornherein für einen Wunschtraum hielten –, musste Middelhoff noch 50 Millionen Euro drauflegen, damit der Investor Sun Capital die knappe Mehrheit wenigstens geschenkt nahm. Sollte Neckermann irgendwann einmal an die Börse gehen, bekommt Arcandor knapp die Hälfte des Erlöses – so hieß es in der Vereinbarung mit Sun.

Der zweite Teil des Immobiliendeals zog sich wegen der Finanzkrise ebenfalls in die Länge. Als Middelhoff endlich mit monatelanger Verspätung Vollzug melden konnte, hatte er aber nicht einmal die Hälfte der einkalkulierten 800 Millionen auf dem Konto. Die Restzahlung war für einen späteren Zeitpunkt vereinbart worden. Doch damit fehlte das Geld, den Kredit für den Thomas-Cook-Anteil der Lufthansa abzulösen. Diese Probleme führten direkt in die Finanzkrise des September 2008. »Diese Thomas-Cook-Finanzierung hat uns das Genick gebrochen«, sagt ein Vorstandsmitglied von damals.

Der zweite und dritte Teil von Middelhoffs Masterplan – je einen Partner für die beiden anderen Handelssparten zu finden – gelang gar nicht. Zunächst weigerte sich Metro-Chef Hans-Joachim Körber, mit Middelhoff das Karstadt-Kaufhof-Geschäft zu machen, offenbar im Wesentlichen aus persönlicher Antipathie. Als Körber durch Eckhard Cordes ersetzt worden war, hatte der neue Metro-Chef vorerst intern genug anderes zu tun, als sich mit Karstadt zu befassen. Und als Cordes und Middelhoff das Thema »Deutsche Warenhaus AG« dann hätten anpacken können, waren die Probleme bei Arcandor bereits so offensichtlich, dass Metro sich aus taktischen Gründen lieber defensiv verhielt: Die Düsseldorfer warteten einfach ab, in der Hoffnung, Karstadt möglicherweise nach einer Insolvenz zum Schnäppchenpreis zu bekommen. Debbenhams, die Nummer zwei auf dem britischen Warenhausmarkt, war ebenfalls aus den Gesprächen ausgestiegen. Angesichts eigener Probleme verspürten die Briten kein Bedürfnis, auch noch Karstadt zu pflegen. Die Gespräche mit La Redoute/Redcats als mögliche Quelle-Partner liefen noch, als Middelhoff Ende Februar 2009 ausschied. Sie scheiterten aber schließlich, weil sich zum einen die Franzosen stärker auf das eigene Geschäft konzentrieren wollten und zum anderen Middelhoff-Nachfolger Eick die Partnerlösung ablehnte.

Middelhoff bewegt die Staatsanwaltschaft

Es kommt in Deutschland nicht alle Tage vor, dass eine Bundesjustizministerin höchstselbst bei der Staatsanwaltschaft ein Ermittlungsverfahren gegen einen Manager anschiebt. Brigitte Zypries (SPD) hat das im Juni 2009 getan: Ihrer nordrhein-westfälischen Kollegin Roswitha Müller-Piepenkötter (CDU) schrieb sie, dass sie die Nachrichten und Schlagzeilen über Thomas Middelhoff »beunruhigten«. Konkret ging es um die Oppenheim-Esch-Fonds und Middelhoffs Entscheidung, als Aufsichtsratschef von KarstadtQuelle nicht gegen Josef Esch zu klagen. Müller-Piepenkötter setzte die Staatsanwaltschaft Essen auf die Sache an.

Der Hergang ist ungewöhnlich, der Zeitpunkt interessant: Arcandor kämpfte Anfang Juni 2009 um Staatshilfe und gegen die Insolvenz. Jeden Tag berichteten die Medien die Zwischenstände und spekulierten auf das baldige Ende des Handelsriesen. Middelhoff, der das Unternehmen bereits verlassen hatte, war in den Augen der Mehrheit des Volkes der Hauptschuldige. Zugleich lief der Bundestagswahlkampf an. Dass die SPD-Bundesjustizministerin ausgerechnet in dieser Situation, in der sie für ihre Aktion mit viel Beifall rechnen konnte, ihr Interesse für die Vorgänge bei KarstadtQuelle/Arcandor entdeckte, kann Zufall gewesen sein. Es könnte aber auch mit dem Wahlkampf zusammengehangen haben.

Die Untersuchung läuft jedenfalls seither. Erst ermittelte die Staatsanwaltschaft Essen, dann wurde der Fall nach Bochum weitergegeben, an die dortige Schwerpunkt-Staatsanwaltschaft für Wirtschaftskriminalität. Middelhoff sei erfreut über die Untersuchung, er werde mitarbeiten und seine Unschuld beweisen, ließ er erklären. Zweimal tauchten Ermittler in der Arcandor-Zentrale in Essen auf: Im Jahr 2009 filzten sie die Laptops der Mitarbeiter, im Jahr darauf prüften sie Unterlagen. Wonach genau die Staatsanwälte suchen und was sie Middelhoff vorwerfen, war auch im Mai 2010, zehn Monate nach Beginn der Untersuchungen, nicht zu erfahren. »Wir ermitteln in alle Richtungen«, ließ die Behörde lediglich verlauten. Juristen, die sich seit der Insolvenz mit Arcandor beschäftigen, haben bereits andere Auffälligkeiten entdeckt, aus denen weitere Ermittlungen werden könnten. Allerdings halten sie ihr Pulver noch trocken. »Das, was bisher durch die Medien geistert, ist ganz interessant und unterhaltsam für die Öffentlichkeit. Aber die spektakulären Sachen, in denen es um zweistellige Millionenbeträge geht, die kommen erst noch«, ist zu hören. Martialische Begriffe wie »Großwildjagd« und »Blattschuss« machen in Juristenkreisen die Runde. Man sammelt eifrig Hinweise und Belege, die einmal zu Beweisen werden könnten. Das wichtigste Ziel dabei dürfte Thomas Middelhoff heißen.

Folgt nach dem Kampf um Arbeitsplätze und Milliardensummen nun die Schlammschlacht vor Gericht? Vertrauten gegenüber soll Middelhoff bereits davon gesprochen haben, dass er Ähnliches befürchtet, wie es einst Arcandor-Aufsichtsrat und Post-Chef Klaus Zumwinkel wiederfahren ist: Besuch der Staatsanwaltschaft im Haus des Managers, die Beschlagnahmung von Unterlagen, die Mitnahme des Hausherren – und alles wird von einem wie zufällig vor dem Grundstück postierten Kamerateam gefilmt und sogleich über die Sender geschickt.

Wenn bisher Details über die Ermittlungen ans Tageslicht gelangten, dann zumeist über den *Spiegel*. Und im Laufe des Jahres 2010 kam ein Vorwurf zum anderen: Neben der nicht erfolgten Klage gegen Esch beschäftigten sich die Ermittler mit Middelhoffs extrem hohen Flugkosten, dem Sponsor-Vertrag mit der Said Business School der Universität Oxford oder seinem Beratervertrag mit Sal. Oppenheim.

Bei Drucklegung dieses Buches war noch nicht klar, ob gegen Middelhoff Anklage erhoben wird, ob er gegen Gesetze verstoßen hat, ob er gar verurteilt wird. Dass er in vielen Fällen moralisch höchst zweifelhaft gehandelt hat, steht allerdings fest. Während das Unternehmen ums Überleben kämpfte und dafür jeden Euro brauchen konnte, erweckte Middelhoff nicht gerade den Eindruck, dass er auf die Kosten in der Chefetage achten würde. Dafür gibt es mehrere Beispiele: Reisekosten von 800 000 Euro im Jahr sind durch nichts zu rechtfertigen. Schon gar nicht, wenn der Großteil der Beschäftigten von seinem bescheidenen 30 000-Euro-Jahreseinkommen oder weniger etwas zur Rettung der Firma abgeben muss. Eine solche Summe ist selbst dann nicht akzeptabel, wenn Middelhoff die Lizenz zum Privatfliegen hat und der Aufsichtsrat die Rechnungen kontrolliert.

Ob der 1,5-Millionen-Euro-Vertrag mit der Business School in Oxford die Rekrutierung von Nachwuchs-Führungskräften für Arcandor tatsächlich günstiger gemacht hätte als entsprechende Aufträge an Personalberater, mögen die Experten entscheiden. Dass jedoch Middelhoff noch immer den Sitz in einem der Gremien der Business School innehat, den ihm der Arcandor-Vertrag verschaffte, hat einen ziemlich bitteren Beigeschmack. Seit der Insolvenz nimmt Middelhoff nun als Privatperson an den Sitzungen in Oxford teil. Das erweckt den Anschein, dass er Arcandor und dessen Sponsorenzusage nur als Türöffner benutzt hat.

Bleibt der Beratervertrag mit Sal. Oppenheim. Sechs oder acht Millionen Euro über vier Jahre für eine schlichte Beratung ist eine ziemlich großzügige Bezahlung. Man ist fast versucht, achselzuckend zu sagen: Wenn Sal. Oppenheim das Geld unbedingt loswerden wollte ... Doch bei einer solchen Summe stellt man sich schnell die Frage, ob hier wirklich nur die Beratung bezahlt werden sollte. Oder ob mehr dahintersteckte. Das werden die Staatsanwälte herauszufinden versuchen.

Die Sensibilität der Öffentlichkeit gegenüber seiner Doppelrolle als (Mit-)Vermieter der KarstadtQuelle-Immobilien über die Oppenheim-Esch-Fonds auf der einen Seite und seiner Tätigkeit als Aufsichtsrats- und Vorstandschef auf der anderen hat Middelhoff völlig unterschätzt. Dieser Verdacht der Interessenverquickung hing ihm immer an und schwächte ihn auch in manchen Phasen als Führungskraft von Arcandor, weil er an der Glaubwürdigkeit des Managers rüttelte. Selbst wenn alles juristisch sauber gewesen sein und Middelhoff sämtliche persönlichen Interesen herausgehalten haben sollte: Man darf nicht einen solchen Verdacht zulassen in einem Unternehmen, in dem so viel Geld bewegt wird. Doch genau solche Spekulationen hat Middelhoff provoziert, indem er – im übertragenen Sinne – auf beiden Seiten des Verhandlungstisches gleichzeitig saß. Er hätte sich sofort entscheiden müssen: entweder in den Oppenheim-Esch-Fonds investiert bleiben oder den Job beim Karstadt-Konzern annehmen. Zu dieser Entscheidung aber hat er sich nie durchringen können. Er versuchte beides. Und das bewegt die Staatsanwaltschaft.

Was Middelhoff nicht bewegte: das alltägliche Geschäft

Wenn Middelhoff eines nicht war, dann ein Einzelhändler. Seine eigentliche Kompetenz und Herzenssache war der Handel mit Firmen, nicht mit Jacken,

Töpfen oder Waschmaschinen. Auch die Integration neu erworbener Firmen war nicht seine Sache. Lieber hielt er nach einem Kauf wieder Ausschau nach dem nächsten Deal. Middelhoff hatte so gar nichts von den eher hemdsärmeligen Typen, die für ihre Waren und die Präsentation brennen. Und die im Einzelhandel so wichtig sind, auch in den Vorstandsetagen.

»Middelhoff hat sich immer nur auf die Deals konzentriert. Er hat sich nie wirklich mit den Geschäften dahinter befasst, etwa mit der Frage, mit welchen Maßnahmen man ein Geschäft konkret treiben könnte«, sagt ein Geschäftspartner, der ihn lange kennt. Ähnlich sieht es ein ehemaliger Aufsichtsrat: »Middelhoff war avers gegen operative Themen. Dabei waren es gerade die Probleme im Operativen, die seine zwischenzeitlichen Erfolge in der Finanzausstattung wieder zunichte machten.«

Das fehlende Gleichgewicht beider Aspekte der Unternehmensführung war verhängnisvoll: Middelhoff arbeitete zumeist mit Einmaleffekten; waren seine finanztechnischen Aktionen in einem Bereich gelaufen, hatte er sein Pulver verschossen. Spätestens jetzt hätte das Operative ansetzen und für eine Verstetigung der Finanzflüsse sorgen müssen. Ein solches operatives Gegengewicht zum Strategischen zu schaffen, ist Middelhoff nicht gelungen. Dem Finanzarchitekten fehlte der bodenständige Polier. Bei seinen Finanztransaktionen war Middelhoff zu dynamisch und ging ein zu hohes Risiko ein, während er im Alltagsgeschäft der Warenhäuser und Versender Engagement vermissen ließ.

Unter Middelhoff bewegte sich auch das Image des Konzerns kaum weiter. Die Idee der Premium-Offensive bei Karstadt – von Roland Berger zumindest aktiv unterstützt – sollte Abhilfe schaffen. Wenn die Top-Häuser KaDeWe, Alsterhaus und Oberpollinger noch schicker werden, würde deren Glanz automatisch auf die übrigen Filialen abstrahlen, so die Hoffnung. Das Geld war aber nach den Umbauten der Top drei oder vier – wenn man den Neubau am Limbecker Platz in Essen hinzurechnet – weitgehend ausgegeben. Für die Masse der 120 Häuser blieb kaum etwas übrig. In Recklinghausen oder Kaiserslautern, bei den Durchschnittshäusern also, kam wenig vom Glanz und der Veränderung an, von der der Vorstandsvorsitzende gern sprach. Hier dominierten weiterhin Beton, enge Aufzüge und Siebziger-Jahre-Charme, hier war vom Umschwung wenig zu spüren.

Doch auch die Großinvestitionen halfen kaum: Im riesigen neuen Karstadt-Haus im riesigen neuen Innenstadt-Einkaufszentrum Limbecker Platz in Essen etwa ließ Middelhoff eine zurückhaltende, sehr reduzierte Inneneinrichtung zu. Die war zwar schick, ging aber am Bedarf des Essener Publikums vorbei. Karstadt war nun einmal nicht die coole Marke, als die sie sich bisweilen gab. Auch der Nobelumbau des Hauses Oberpollinger in München führte zunächst zu dramatischen Umsatzeinbrüchen, weil die bisherige Durchschnittskundschaft mit Marken wie Louis Vuitton nichts anfangen konnte und die Louis-Vuitton-Kunden nicht zu Karstadt gingen. Der Middelhoff-Vorstand aber wollte das Graue-Maus-Image um jeden Preis loswerden und setzte darum mit dem überschaubaren Budget falsche Investitionsschwerpunkte.

Zudem kam Middelhoff bei der Lösung der von seinen Vorgängern ererbten Probleme nicht im notwendigen Maße voran. Weder die Abstimmung und die Koordination der Manager der einzelnen Konzernmarken – etwa von Quelle und Neckermann – wurde verbessert noch die dringend notwendige technische Integration. Für ein zeitgemäßes IT-System war schon längst kein Geld mehr da. »Er hat auch kein System installiert, mit dem er direkten Zugriff auf einzelne Absatzzahlen hatte. Die bekam er, wenn er sich denn überhaupt dafür interessierte, nur mehrfach gefiltert von seinen Mitarbeitern. So gesehen war er gar keine Führungskraft«, sagt ein Mann, der tief im Unternehmen verankert war.

Der als wesentlicher Ergebnisverbesserer angekündigte gemeinsame Einkauf etwa über Li & Fung in Hongkong funktionierte nicht. Die Masse des konzernweit gebündelten Einkaufs sollte üppige Einsparungen bringen. Doch die Anforderungen der Warenhäuser, der Universal- und der Spezialversender oder der Onlinehändler an ihre Sortimente war zu unterschiedlich, als dass sie zentralisiert beschafft werden konnten – damit war der angekündigte Einspareffekt dahin.

Neckermann und Quelle in Deutschland wie Westeuropa bekamen Middelhoff und sein Versandvorstand Sommer ebenfalls nicht in den Griff. Versandexperten sprachen schon seit Langem von einem hoffnungslosen Fall. Die Quelle-Shops und die Technikcenter der Versender verbrannten pro Jahr rund 50 Millionen Euro. Aber durch den Gewinnabführungsvertrag musste die Mutter Arcandor der Tochter Quelle die Verluste ersetzen. »Geld aus Essen floss für die Fürther so selbstverständlich wie Strom aus der Steckdose«, meint ein Versandmitarbeiter aus der Zentrale. Der Einstieg in den E-Commerce kam zudem zu spät und zu zaghaft.

Auseinandersetzungen mit den Betriebsräten scheute Middelhoff ebenso wie seine Vorgänger. Ein deutlich flexiblerer Einsatz des Personals oder ein stärker auf den Umsatz bezogenes Entlohnungssystem wurde somit nicht erreicht. Arcandor wollte tatsächlich den Konzernumsatz steigern, ohne seine Mitarbeiter zu belohnen, wenn sie ihren persönlichen Einsatz steigerten. Ein solches Anreizsystem ist in der Branche Standard.

Das Jahr 2009

Februar 2009

Umbruchzeiten: Thomas Middelhoff zieht in Düsseldorf bei seiner letzten Pressekonferenz als Konzernchef eine positive Bilanz: »Wir haben das Unternehmen gerettet und ihm wieder eine Perspektive gegeben.« Insbesondere die Übernahme von Thomas Cook, die Schuldenreduzierung und den Erhalt des Großteils der Arbeitsplätze sieht Middelhoff auf der »Habenseite« seiner Amtszeit. Dass der Konzernverlust zwischen Oktober und Dezember 2008 abermals um 20 Millionen auf 58 Millionen Euro gestiegen ist, wird nur am Rande erwähnt. Und von seinem bisher angekündigten Vorsteuergewinn von 1,1 Milliarden Euro ist nicht mehr die Rede. »Die vergangenen Jahre waren wirklich spannend«, sagt er zurückblickend. »Ich war nicht immer der gleichen Meinung wie Sie«, wendet er sich direkt an die Journalisten, »aber das ist eben so.« Er zeigt sich zufrieden mit dem, was er bei Arcandor erreicht hat.

Die Abschlussbilanz, die Karl-Gerhard Eick für die Telekom vorlegt, ist sehr viel besser als die von Middelhoff: Eick kann eine Verdopplung des Gewinns verkünden. Ohne Urlaub zwischen den beiden Jobs zieht der neue Mann ins Essener Büro, das Vorgänger Middelhoff gerade frei gemacht hat. Eick geht zu diesem Zeitpunkt wohl noch davon aus, dass er es in Essen mit einem starken Großaktionär Sal. Oppenheim zu tun haben wird.

März 2009

Karl-Gerhard Eick ist noch nicht einmal drei Wochen im Amt, als er auf der Hauptversammlung in der Düsseldorfer Stadthalle vor die Aktionäre tritt; der vierte Konzernchef seit 2004. Der Schwabe kommt sehr viel sachlicher daher als sein Vorgänger Middelhoff, verspricht weniger, redet mehr über die bevorstehende Arbeit, von den »gewaltigen Baustellen« im Unternehmen. Die Aktionäre empfangen ihn freundlich zurückhaltend, aber ohne Euphorie. Kein Wunder nach ihren bisherigen Erfahrungen. Der Finanzmann am Rednerpult schaut vor allem auf das Geld. Und er sagt deutlich, was ihm bisher aufgefallen ist: »Die Relation von EBITDA-Ergebnis und Konzernverschuldung halte ich für bedenklich. Die Finanzierung ist heute zudem sehr kurzfristig und eng angelegt«, stellt Eick fest mit Blick auf die Kredite in Höhe von 900 Millionen Euro, die bereits im Juni verlängert werden müssen. Vermutlich weiss er, dass sein neues Unternehmen an diesem Punkt am verwundbarsten ist und dass die Kreditbeschaffung zunächst seine wichtigste Aufgabe werden wird. »Das ist eine große Herausforderung, aber keine *mission impossible*«, glaubt Eick. Zur Frage, ob Arcandor mit den drei bisherigen Säulen weiterbestehen wird oder ob eine Aufspaltung angedacht ist, äußert er sich ausweichend: »Eine Aufspaltung hat nicht meine Priorität.« Sollte eine Änderung der Struktur jedoch »Sinn machen, dann werden wir das auch machen«. Mit dieser Aussage ist alles möglich.

Ex-Chef Middelhoff ist zwar nicht im Raum, aber dennoch ständig präsent. Viele Aktionäre machen im Zwiegespräch in den Gängen, am Buffet oder am Rednerpult ihrem Ärger über den früheren Vorstandschef Luft. »Ankündigungsweltmeister«, »Plaudertasche« oder »großer Schauspieler« sind noch die freundlicheren Umschreibungen, die Aktionäre für ihn finden. Eick hingegen kritisiert Middelhoff nur indirekt, indem er über seine persönliche Interpretation seiner neuen Rolle spricht: »Vertrauen zu schaffen und zu erhalten ist Chefsache. Klarheit, Geradlinigkeit, Offenheit und Verlässlichkeit – dafür stehe ich.«

Doch auch Eicks Offenheit hat ihre Grenzen: Der neue Chef hat den Aktionären zwar deutlich gesagt, dass die Lage ernst ist. Dass der Konzern aber bereits um die Existenz kämpft und Eick sich auf das Schlimmste vorbereitet, verrät der Vorstandsvorsitzende nicht. Wenn sie wüssten: Eick hat bereits in der Woche zuvor einen kleinen Mann mit großer Erfahrung mit eben jenem »Schlimmsten« kontaktiert: den Düsseldorfer Sanierungsexperten und Insolvenzverwalter Horst Piepenburg, der gerade die frühere Karstadt-Schwester SinnLeffers durch die Planinsolvenz gebracht hat. Eick traf sich – und wird das immer wieder tun – mit ihm unter fast konspirativen Bedingungen: zumeist auf neutralem Grund im Düsseldorfer Büro von Roland Berger. Die erste Begegnung findet im März statt, am Freitag, dem 13. Die Sache muss absolut geheim bleiben: Der Arcandor-Chef, der öffentlich bei jeder Gelegenheit die Option Insolvenz als Schwarzmalerei abtut, will auf keinen Fall mit dem bekannten Insolvenzverwalter gesehen werden. Auch die meisten Aufsichtsräte wissen nichts davon. Weil Piepenburg aber in den E-Mail-Verkehr einbezogen werden und an Telefonkonferenzen teilnehmen muss, bekommt er einen Decknamen: Der Berater des Vorstandes heißt ab sofort »Herr Weber«. »Ich habe die Planinsolvenz nur für den Fall vorbereitet, dass das Sanierungskonzept von Eick scheitern sollte. Unsere erste Aufgabe war die Insolvenzvermeidung, nicht die Insolvenzvorbereitung«, versichert »Herr Weber«.

April 2009

Jetzt beginnen die ereignis- und folgenreichsten Wochen in der bewegten Geschichte von KarstadtQuelle/Arcandor: Schon in der Mitarbeiterzeitschrift vom März hatte der neue Chef den Mitarbeitern klargemacht, dass es ums Überleben geht. Der Artikel ist schon ein paar Wochen alt, doch als er im April in die breite Öffentlichkeit gerät, bricht der Sturm los. Der Kurs stürzt abermals um 16 Prozent. Denn solch klare Aussagen, wie Eick sie trifft, kennt die Belegschaft nicht: »Ohne die Unterstützung der Finanzwelt, der Banken, wird dieses Unternehmen nicht bestehen können«, schreibt Eick. »Wir müssen die Ertragsstärke verbessern. Denn so, wie Arcandor als Ganzes betrachtet zur Zeit dasteht, ist das auf Dauer nicht tragbar.« Es gibt bereits erste Gerüchte, dass die Banken die im Juni auslaufenden Kredite nicht verlängern wollen. Das wäre das Ende für Arcandor.

Jetzt trägt er diesen Hilferuf auch nach Berlin: Der Vorstandschef greift zum äußersten Mittel und kündigt an, Geld vom staatlichen Deutschland-Fonds zu beantragen, um das Unternehmen zu retten. Die Überraschung in der Öffentlichkeit ist groß. Jeder weiß jetzt, wie ernst die Lage in Essen ist. Eick hat bereits Gespräche mit Vertretern der Bundesregierung geführt, um an Geld aus dem 115-Milliarden-Euro-Rettungstopf zu kommen. Mit dem Fonds will die Bundesregierung Unternehmen helfen, die durch die weltweite Finanzkrise in Not geraten sind. Genau deshalb gibt es sofort Kritik und teilweise sogar Empörung angesichts von Eicks Wunsch nach Hilfe durch die Allgemeinheit: Denn die Krise von KarstadtQuelle/Arcandor dauert seit Jahren an und ist keine Folge der weltweiten Finanzmarktturbulenzen. Eick sieht das anders: Wegen der Finanzmarktkrise sei sein Unternehmen von neuen Krediten abgeschnitten, damit habe Arcandor – trotz lange bestehender Schwierigkeiten – ein Recht auf eine Bürgschaft aus dem Deutschland-Fonds.

Tatsächlich allerdings hegt er Zweifel, ob die Bürgschaft wirklich das ist, was Arcandor jetzt braucht. Denn eigentlich würde er am liebsten – wie ein Vertrauter sagt –»eine Tellermine in den Laden werfen«, um die verkrusteten Strukturen aufzubrechen. So möchte er etwa die weitreichenden Mitspracherechte der Betriebsräte aufheben, ohne die die Geschäftsleitung die Dienstpläne der Mitarbeiter nicht flexibilisieren kann. Oder die Mieten drücken. Eine Bürgschaft dagegen würde den Status quo und damit jene finanziellen Belastungen weitgehend erhalten, die sich das Unternehmen schon lange nicht mehr leisten kann. Doch Sal. Oppenheim, insbesondere Janssen, will nichts von der Radikallösung wissen. Eick soll es mit der Bürgschaft und einem Sanierungsprogramm versuchen.

Auf einer Pressekonferenz erläutert Eick sein Konzept. Zwei Hauptaussagen liegen ihm besonders am Herzen: Alle Beteiligten – Eigentümer, Banken, Lieferanten, Mitarbeiter – müssen ihre Beiträge leisten und auf Geld verzichten, sonst könne die Rettung nicht gelingen. Und er braucht mehr Geld, viel mehr Geld. Zu den bisher bekannten Krediten über 900 Millionen Euro, die ab Juni zur Verlängerung anstehen, verlangt Eick noch einmal rund 900 Millionen Euro innerhalb der nächsten fünf Jahre zur Sanierung. Ein Riesenbatzen in Zeiten der Finanzkrise! Vor allem fehle es an langfristiger Finanzierung. Die Prognosen über Umsätze und Gewinn, die Middelhoff ihm hinterlassen hatte, korrigiert er deutlich nach unten.»Wesentliche operative Probleme«, verweist er auf die Schwäche seines Vorgängers im Warenhaus-

und Versandgeschäft, »sind bisher nicht gelöst worden.« In einem Punkt ändert Eick bereits beim ersten großen Auftritt öffentlich den Kurs: Während Middelhoff stets besonders das hohe Potenzial der Premium-Häuser nach Vorbild des KaDeWe betonte und dieses Segment noch ausbauen wollte, erkennt Eick in den Einkaufstempeln vor allem ein Effizienzproblem. Der Aufwand, der für die noble Präsentation der »Weltstadt-Häuser« getrieben werden muss, kommt über die Umsätze und Gewinne nicht wieder in die Konzernkassen zurück. Auch Middelhoffs Auslandspläne für die Warenhäuser werden vom Tisch gewischt. Eick will zunächst nicht mehr, sondern weniger Geschäft, er plant einen weiteren tiefen Schnitt: Die drei Premium-Häuser sowie acht weitere Warenhäuser, die 115 Quelle-Technikcenter und rund 1 000 Quelle-Shops werden zunächst in eine neue Gesellschaft namens »Atrys« ausgegliedert. Dann sollen sie innerhalb von drei Jahren »einer externen Entwicklung zugeführt«, also verkauft oder geschlossen werden. Diese Firmen machen 1,1 Milliarden Euro Umsatz, 200 Millionen Euro Verlust und beschäftigen 12 000 Mitarbeiter – ein Konzern im Konzern.

Für die Umsetzung seines Programmes hat Eick zwei neue Manager mitgebracht, die er zu Vorständen machen will: Zvezdana Seeger, zuvor wie Eick bei der Telekom, soll sich um Atrys kümmern; Arnold Matschull, bisher beim Billig-Textilhändler Takko, soll Einkaufschef werden. Die Einsetzung der beiden neuen Vorstände, so Eick, halte er »für die Erreichung der Ziele für unabdingbar«. Sie sollen ihm Flankenschutz beim Kampf gegen die Übermacht der Beharrer und Pfründeverteidiger im Konzern geben. Doch allein die Personalie weckt den Widerstand: Die Ver.di-Vertreter im Aufsichtsrat wehren sich gegen zwei zusätzliche Vorstandsposten angesichts der Finanzlage des Konzerns. Zunächst setzen sie sich durch: Seeger und Matschull beginnen statt als Vorstände nur als »Generalbevollmächtigte«. Der Widerstand kommt auch aus der Chefetage: Gerade die Vorstandsmitglieder aus der Middelhoff-Zeit – vor allem Versandchef Marc Sommer und Karstadt-Boss Herzberg – klappen sofort ihre Visiere herunter: Sie befürchten – nicht zu Unrecht – ihre Entmachtung und sind überhaupt nicht mit Eicks Konzept einverstanden, das sie für realitätsfern halten. Beinahe hätten sie einen wohl noch nie da gewesenen Eklat produziert:

Noch am Morgen der Pressekonferenz hatten sie sich geweigert, an der Veranstaltung teilzunehmen, weil sie nicht hinter ihren Inhalten standen. Letztlich erschienen sie dann doch. Diese Episode zeigt, wie gespalten der Vorstand bereits sechs Wochen nach Eicks Amtsbeginn war.

Sommer und Herzberg wissen, dass die beiden Neuen in ihre Kompetenzbereiche eingreifen sollen. Etwa beim Einkauf. Tatsächlich will Eick über seinen Vertrauten Matschull mitten in der Krise versuchen, woran Urban und Middelhoff gescheitert waren: Er will den Einkauf von Karstadt und Quelle zusammenlegen, womit sich 5 Prozent der Beschaffungskosten sparen ließen. Das hat allerdings bislang nie funktioniert, weil der stationäre und der Versandhandel unterschiedliche Lieferrhythmen haben. »Es hat doch noch nie jemand richtig versucht«, glaubt Eick. Und irgendwo müssen Einsparungen nun dringend gemacht werden. Denn die Bankschulden sind wieder auf 2,6 Milliarden Euro gestiegen, die Eigenkapitalquote auf unter 10 Prozent gesunken. Und anders als 2006 gibt es kein Tafelsilber mehr.

Kann Arcandor auch diese Krise noch überstehen? Kommt für Eick auch eine Planinsolvenz infrage? Der Vorstandschef weicht den Journalistenfrage aus: »Unsere erste Priorität ist, mit allem Nachdruck das Konsolidierungskonzept umzusetzen. Dafür werden wir kämpfen. Ich gehe davon aus, dass wir es schaffen werden.« Er fügt hinzu: »Wir werden alle Möglichkeiten prüfen, welche öffentlichen Mittel uns zur Verfügung stehen könnten.« Und: »SinnLeffers ist den Weg der Insolvenz erfolgreich gegangen. Aber das streben wir, bei Gott, nicht an.« Zum Glück für Eick weiß noch immer kaum jemand, dass der ehemalige Insolvenzverwalter von ebenjener Kette SinnLeffers, Horst Piepenburg, längst für das Unternehmen arbeitet.

Eick kämpft für seinen Rettungsplan, doch das Konzept bringt keinen Stimmungsumschwung: Medien und Börsianer vermissen neue Ideen – der Aktienkurs fällt um 9 Prozent. Die Gewerkschaft Ver.di lehnt die Verkaufspläne ab und droht Eick mit der Aufkündigung des Sanierungstarifvertrages. Der darin festgeschriebene Verzicht der Mitarbeiter auf Urlaubs- und Weihnachtsgeld sei mit einer Beschäftigungsgarantie gekoppelt, heißt es. Und gegen diese Zusage verstießen Eicks Streichpläne. Würde Ver.di den Vertrag tatsächlich kündigen, gingen Arcandor Einsparungen bei den Personalkosten in Höhe von 345 Millionen Euro verloren, was ein weiteres Loch in die Konzernkasse reißen würde. Die Gewerkschaft fordert stattdessen staatliche Bürgschaften oder Kredite, um Arcandor zu helfen.

Auch Janssen ist nicht zufrieden mit dem Auftritt seines Topangestellten: Der Sal. Oppenheim-Banker stolpert über Eicks Forderung, dass »alle« Beteiligten ihre Beiträge bringen müssten. Das hieße, auch Oppenheim müsste noch einmal in die eigene Kasse greifen. Genau das aber passt Janssen gar nicht – denn in der Kasse ist nicht mehr viel drin. »Alle« – das hätte Janssen lieber im Sinne von »alle anderen« verstanden. Jetzt bringt sich der Konkurrent Kaufhof als Helfer und Interessent für die Warenhäuser ins Spiel. Eckhard Cordes, Chef der Kaufhof-Mutter Metro, sagt, es gebiete schon die Höflichkeit, dass er sich möglichen Anfragen von Eick nicht entziehen werde – dabei gibt es gar keine Anfragen von Eick. Cordes' Vorstoß könnte der Versuch sein, den Einstieg eines ausländischen Konkurrenten in den deutschen Warenhausmarkt zu verhindern, glauben Beobachter. Längst hat Metro mit etwas begonnen, was intern »Vorfeldaufklärung« heißt: Die Düsseldorfer prüfen in Berlin dank exzellenter politischer Beziehungen, ob und wie sich Arcandors Bitte um Staatshilfe zerschießen lässt. In zahlreichen Büros einflussreicher – vor allem christdemokratischer – Politiker haben sie leichtes Spiel, wie sich bald zeigen wird.

Doch nicht nur bei Arcandor spitzt sich die Lage in diesen April-Tagen zu: Mit Praktiker beantragt erstmals seit vielen Jahren ein bundesweit agierendes Handelsunternehmen Kurzarbeit. Auch der angeschlagene Autohersteller Opel braucht Hilfe aus dem Deutschland-Fonds. Die Existenzkrisen dieser beiden Traditionsmarken werden jetzt lange Zeit parallel Öffentlichkeit und Politik in Atem halten. Und sich gegenseitig beeinflussen.

Schlecht für Arcandor: Großaktionär Sal. Oppenheim muss bekannt geben, im Jahr 2008 zum ersten Mal seit Jahrzehnten rote Zahlen geschrieben zu haben. Die Bank werde künftig keine Beteiligungen wie die bei Arcandor mehr eingehen, sagt Unternehmenschef Graf Krockow. Ist das bereits das Eingeständnis, dass es falsch war, beim Essener Konzern einzusteigen?

Mai 2009

10. Mai 2009

Bis zum Auslaufen der Kredite am 12. Juni ist nur noch ein Monat Zeit. Inzwischen gilt es als sicher, dass die Banken ohne staatliche Bürgschaft keine zusätzlichen Gelder geben werden. Eick weist – offenbar zur Beruhigung des Unternehmens und der Öffentlichkeit – in einem Interview darauf hin, dass »die Mai-Gehälter unserer Mitarbeiter nach heutiger Informationslage durch ausreichende Liquidität abgesichert« sind. Ob das auch für den Juni gilt, ist unklar. Wenn der Chef die Tatsache, für den laufenden Monat Gehalt zahlen zu können, für eine positive Nachricht hält – wie schlimm muss es dann um Arcandor stehen?

12. Mai 2009

Jetzt beginnt Kaufhof-Mutter Metro die Attacke gegen Staatshilfen für Arcandor öffentlich zu betreiben. »Wir würden staatliche Eingriffe bei Wettbewerbern als eine uns benachteiligende Intervention betrachten, die ordnungspolitisch sehr fragwürdig ist«, erklärt Eckhard Cordes auf der Hauptversammlung seines Unternehmens. Briefe des Metro-Chefs an Bundeswirtschaftsminister zu Guttenberg (CSU) und Nordrhein-Westfalens Ministerpräsident Jürgen Rüttgers (CDU) mit entsprechender Aussage sind bereits unterwegs.

In diesen Schreiben weist Cordes die Politiker darauf hin, dass »unser Haus frühzeitig die Weichen richtig gestellt und mit harter Arbeit Galeria Kaufhof profitabel im harten Wettbewerb positioniert« habe. Und will damit wohl sagen: anders als Karstadt. Er bietet eine »privatwirtschaftliche Lösung« mit einem Zusammenschluss beider Warenhausketten an. »Dabei sehen wir durchaus die Möglichkeit, die Mehrheit der Karstadt-Warenhäuser und damit einen großen Teil der Arbeitsplätze zu erhalten. Anders aber als kurzfristige Staatshilfen, die an der schwierigen Gesamtlage von Karstadt langfristig nichts ändern würden, könnten wir uns ein ökonomisch tragfähiges und nachhaltiges Zukunftskonzept für Karstadt und Galeria Kaufhof vorstellen«, schreibt Cordes – der nebenher stellvertretender Vorsitzender des CDU-Wirtschaftsrates ist –

in seinem Brief vom 12. Mai 2009. Er schließt mit der Hoffnung,»Ihnen unsere Überlegungen demnächst vorstellen« zu können. Diese Hoffnung wird sich schon bald erfüllen. Die Auseinandersetzung zwischen Metro und Arcandor hat vor der Europa- und der Bundestagswahl auch etwas vom klassischen Parteienstreit innerhalb der Großen Koalition: Cordes bringt die Union gegen die Staatshilfen in Stellung – Eick nutzt seine Beziehungen zur SPD, die den Unterstützungen positiver gegenübersteht.

14. Mai 2009

Für den angeschlagenen Autohersteller Opel erwägt die Bundesregierung ein Treuhandmodell, Arcandor dagegen muss weiter um staatliche Hilfe kämpfen. Das ärgert Hellmut Patzelt, den Gesamtbetriebsratschef:»Der Staat hat eine Riesenverantwortung gegenüber unserem Unternehmen. Arcandor hat ja noch mehr Mitarbeiter als Opel. Und Opel wird seit Wochen mit staatlicher Unterstützung in Verbindung gebracht.« Während Opel in Deutschland rund 26 000 Mitarbeiter beschäftigt, sind es bei Arcandor 32 000. Allerdings gibt es noch immer keinen Bürgschaftsantrag des Handelskonzerns.

Bevor der Staat sich entscheidet, greift Arcandor erst einmal bei seiner Beteiligung Thomas Cook in die Kasse: Obwohl das Unternehmen im Winterhalbjahr tiefer in die roten Zahlen gerutscht ist, wird die Dividende um 15 Prozent angehoben. Davon profitiert vor allem der klamme Hauptaktionär in Essen.

15. Mai 2009

Konzernchef Eick kündigt für die folgende Woche einen Bürgschaftsantrag über 650 Millionen Euro an.»Wir wollen weder etwas geschenkt, noch wollen wir den Einstieg des Staates als Aktionär bei Arcandor«, erläutert er. Es gehe nur um eine staatliche Bürgschaft, durch die die »aktuell mangelnde Funktionsfähigkeit der Kreditmärkte« zeitweise ausgeglichen werden solle.

17. Mai 2009

Während im Ruhrgebiet der Startschuss für den »Karstadt-Marathon« fällt, den das finanzschwache Unternehmen mit 2 Millionen Euro sponsert, berät der Aufsichtsrat unweit des Zieleinlaufs in Essen das weitere Vorgehen.

Zwei der maßgeblichen Teilnehmer der Sitzung wären sicherlich lieber mitgelaufen, als im dunkel getäfelten Sitzungszimmer gegen die immer schwieriger werdende Lage anzurennen: Konzernchef Eick und Betriebsratschef Patzelt sind begeisterte Langstreckenläufer. Metro-Chef Cordes hatte den Arcandor-Aufsichtsräten wie zufällig per Zeitungsinterview an diesem Tag quasi eine Beratungsvorlage auf den Tisch gelegt. Er erklärt, dass er zu »umfassenden und konstruktiven Gesprächen für eine partnerschaftliche Lösung für die Zukunftssicherung« von Karstadt bereit sei.

Doch bei Arcandor reagiert man auf seine »privatwirtschaftliche Lösung« und deren Präsentation erbost: »Dieser Plan setzt eine Insolvenz von Arcandor voraus, sonst macht er keinen Sinn. Es hat den Anschein, als wollten unsere Wettbewerber diesen Prozess befördern, sich die Sahnestücke sichern und die Schließungs- und Entlassungskosten den Steuerzahlern aufbürden«, heißt es am Rande der Aufsichtsratssitzung. Gespräche seien allenfalls »auf Augenhöhe« möglich, aber nicht nach den Bedingungen von Cordes. Und weiter hört man: »Wenn jemand mit unseren Geschäften plant, dann gehen wir davon aus, dass er auch das Gespräch mit uns sucht.«

So neu allerdings ist die Idee der Zusammenlegung der beiden Warenhausketten nicht: Wie bereits erwähnt hatte vor drei Jahren der damalige Arcandor-Chef Middelhoff das Gespräch mit Metro gesucht, weil hohe Synergien lockten. Ins Detail gingen beide Seiten jedoch nicht – und keiner wollte wirklich die Mehrheit und damit die Federführung bei der Schließung von Häusern übernehmen. Eick wusste von den Plänen: Anfang 2009 hatten sich Cordes, Middelhoff und er am Düsseldorfer Flughafen getroffen und auch über dieses Thema gesprochen. Eick soll sich weder für noch gegen die gemeinsame Warenhausgesellschaft geäußert haben.

18. Mai 2009

Fast täglich werben jetzt Metro-Manager direkt oder indirekt in den Medien um Karstadt und gegen die Staatsbürgschaft. Stets lehnt Karstadt ab, meist mit dem Hinweis auf eine drohende Monopolstruktur sowie zwangsläufig folgende umfangreiche Standortschließungen und Stellenstreichungen im Fall einer Fusion der beiden Warenhausketten. Zahlreiche CDU-Politiker sprechen sich offen gegen eine Staatshilfe aus, weil die Hauptgründe für die Probleme von Arcandor falsche Managemententscheidungen der Vergangenheit gewesen seien. Cordes spricht in Düsseldorf mit NRW-Ministerpräsident Rüttgers.

19. Mai 2009

Um 17 05 Uhr hat Cordes einen Termin bei Wirtschaftsminister zu Guttenberg in dessen Ministerium in Berlin. Die Metro-Delegation ist nach diesem »Abklärungsgespräch« – ähnlich wie zuvor nach jenem mit Rüttgers – hochzufrieden. Öffentlicher Widerstand der beiden Politiker gegen Cordes' Plan von der deutschen Warenhaus AG ist nicht zu befürchten. Metro macht erste Zugeständnisse: Im Falle einer Übernahme von Karstadt-Häusern sei man nun bereit, 400 bis 500 Mitarbeiter aus dem Essener Karstadt-Hauptquartier zu übernehmen. Das hatte Metro bisher immer abgelehnt.

21. Mai 2009, Himmelfahrt

Seit Tagen berichten die Zeitungen darüber, jetzt findet er endlich statt: der »Warenhausgipfel« zwischen Eick und Cordes. Es geht rund, es wird eine unerfreuliche Begegnung: Eick lässt Dampf ab, bezichtigt Cordes wegen seines Widerstandes gegen die Bürgschaft und seiner »privatwirtschaftlichen Alternative« der Rosinenpickerei. Das Schicksal der Häuser und Mitarbeiter, die er nicht übernehmen will, sei Cordes egal, schimpft Eick. Erst als Cordes den Raum zu verlassen droht, wird der Ton sachlicher. »Aber wir kamen einander nicht näher«, erinnert sich Cordes später, »wie die Amerikaner sagen: We agree to disagree.« Offiziell wird es heißen, beide Seiten seien sich einig, dass der Zusammenschluss

»grundsätzlich ein vernünftiger Weg sein kann«. Weitere Gespräche sollen folgen.

22. Mai 2009

Cordes nimmt sich den nächsten Politiker vor: Horst Seehofer, Ministerpräsident von Bayern, dem Bundesland mit der Quelle-Zentrale. Bei Metro befürchtet man, dass der bisweilen zum Populismus neigende Seehofer sich im Wahlkampf für die Staatshilfen für den Quelle-Konzern aussprechen könnte. Auch dieser Cordes-Besuch ist erfolgreich: Seehofer wird nicht querschießen.

24. Mai 2009

Arcandor-Chef Eick wiederholt in Interviews seine Ansicht, dass die Staatsbürgschaft die einzige Möglichkeit zur Rettung seines Unternehmens sei. Es gebe keine privatwirtschaftliche Alternative, auch nicht die vom Kaufhof angeregte Deutsche Warenhaus AG.»Im Fall einer Insolvenz holt sich Kaufhof einzelne Häuser. Dann gibt es kein Karstadt mehr«, sagt Eick. Der Arcandor-Chef hat finanzielle Hilfszusagen praktisch aller relevanten Gruppen auf dem Tisch, Vermieter, Mitarbeiter, Lieferanten, Dienstleister.»Ich war erstaunt, wie schnell diese Zusagen kamen«, erinnert sich Berater Piepenburg.»Es fehlte nur noch die Bürgschaft. So etwas ist eigentlich ein Routineschritt, der bei vielen Insolvenzen gegangen wird. Doch hier haben wir offensichtlich die politische und öffentliche Bedeutung unterschätzt.«

25. Mai 2009

Noch im Mai soll sich der Bürgschaftsausschuss der Bundesregierung mit dem Arcandor-Antrag beschäftigen. Doch die Chancen für die Genehmigung schwinden: Nach ablehnenden Stimmen aus Union und FDP äußern sich jetzt auch immer mehr prominente SPD-Politiker kritisch. Brandenburgs Ministerpräsident Matthias Platzeck und Berlins Regierender Bürgermeister Klaus Wowereit verweisen auf Managementfehler, die schon vor der Finanzkrise gemacht wurden. SPD-Kanzlerkandidat Steinmeier legt sich öffentlich nicht fest. Der Rückzug der Sozialdemokraten, die man bisher als Eicks Verbündete sah, hat Folgen: Der Aktienkurs fällt um 25 Prozent.

Bei einem Abendessen mit führenden Unionspolitikern wirbt Cordes weiter für seine Lösung. Während er hier erfolgreich ist, beißt er bei seinem Telefongespräch mit Ver.di-Vize und Bürgschaftsbefürworterin Margret Mönig-Raane auf Granit. Sie wird Cordes' Warenhauskonzept weiterhin ablehnen, weil die Umsetzung des Planes Massenentlassungen zur Folge hätte.

26. Mai 2009

Die geplante Fortsetzung des Warenhausgipfels ist geplatzt. Arcandor sagt ab, weil sich Vorstandschef Eick auf seine Präsentation vor dem Bürgschaftsausschuss vorbereiten müsse, heißt es aus Essen. Es werde ein neuer Termin gesucht. Eick bekommt unerwartet einen prominenten Unterstützer, den er vielleicht gar nicht will: Oskar Lafontaine, Chef der Linkspartei, fordert die Staatsbürgschaft für Arcandor. »Der Verweis auf Managementfehler hilft den Beschäftigten nicht«, sagt Lafontaine. Karstadt-Chef Stefan Herzberg spricht von »Biografien von mehr als 50 000 Mitarbeitern, die im Fall einer Insolvenz gebrochen würden.«

27. Mai 2009

Bundesfinanzminister Peer Steinbrück (SPD) sagt im *ARD-Morgenmagazin*, dass Staatshilfe für Arcandor durchaus nicht ausgeschlossen sei. »Bei Arcandor hängen mehr Arbeitsplätze dran als direkt bei Opel.« Die Aussage katapultiert den Aktienkurs um 19 Prozent nach oben. Metro-Chef Cordes spricht sich abermals gegen eine Unterstützung aus: Arcandor sei »nicht systemrelevant«.

5 000 Menschen in Berlin sehen das ganz anders: Sie demonstrieren vor dem Wirtschaftsministerium für Arcandor-Staatshilfen. Guttenberg sucht das Gespräch mit den Demonstranten und hört sich die Forderungen und Begründungen an. Er erklärt, es gebe noch keine Vorfestlegung für die Frage der Bürgschaft. Auch Karstadt-Chef Stefan Herzberg spricht auf der Ver.di-Veranstaltung.

Eick erwähnt unmittelbar vor der ersten Sitzung des Bürgschaftsausschusses öffentlich neue Investoren, die bereit seien, eine Arcandor-Kapitalerhöhung von 100 Millionen Euro zu finanzieren. Mediobanca soll beteiligt sein, ein Geldinstitut aus dem Einflussbereich des italienischen Ministerpräsidenten Silvio Berlusconi. Zudem, so Eick, hätten Lieferanten und Vermieter signalisiert, auf bis zu 250 Millionen Euro zu verzichten.

28. Mai 2009

In Berlin berät der Bürgschaftsausschuss, Ergebnisse gibt es nicht. Die *BILD-Zeitung* fragt in einer Schlagzeile neben Fotos von Oppenheim-Chef Christian Graf von Krockow und Madeleine Schickedanz: »Herr Graf, warum retten Sie Karstadt nicht?«

29. Mai 2009

Eigentlich sollte Arcandor an diesem Tag seine Halbjahreszahlen vorstellen. Doch dieser Termin ist längst abgesagt, es geht jetzt um ganz andere Zahlen. Eick demonstriert nach dem ersten Gespräch im Bürgschaftsausschuss Optimismus. Er sagt, das Gespräch sei gut verlaufen und würde fortgesetzt. Zahlreiche Politiker fordern im Vorfeld möglicher staatlicher Hilfen allerdings zunächst einen stärkeren finanziellen Einsatz der Haupteigentümer Sal. Oppenheim und Madeleine Schickedanz. »Damit hatten wir die Milliardärsdiskussion: Die sollten nach allgemeiner Meinung erst mal vorlegen, bevor der Steuerzahler einspringt. Aus dieser Diskussion kommt man nicht mehr heraus«, sagt Piepenburg im Nachhinein.

Sal. Oppenheim will offenbar 70 Millionen Euro nachschießen, die Vermieter zeigen sich ebenfalls grundsätzlich hilfsbereit. Arcandor möchte im Gegenzug eine Bürgschaft in Höhe von 650 Millionen Euro und zusätzlichen einen 200-Millionen-Euro-Kredit von der staatlichen Förderbank KfW. SPD-Chef Franz Müntefering spricht sich für die Staatshilfe aus, Hessens Ministerpräsident Roland Koch (CDU) dagegen.

Karstadts Gesamtbetriebsrat startet eine Unterschriftenaktion bei den Kunden für den Erhalt des Unternehmens. Innerhalb der nächsten drei Wochen unterschreiben 1,5 Millionen Menschen den Satz »Mein Karstadt soll bleiben«. Dazu werden ganzseitige Zeitungsanzeigen geschaltet. Gleichzeitig erklärt Metro-Chef Cordes, bei einem Zusammenschluss von Karstadt und Kaufhof müssten etwa 40 Häuser und 5000 Vollzeitstellen aufgegeben werden.

Während es zu Arcandor weiterhin keine Entscheidung gibt, zeigt sich die Bundesregierung bereit, Opel einen Überbrückungskredit von rund 1,5 Milliarden Euro zu gewähren, damit der Zulieferer Magna den insolvenzgefährdeten Autohersteller übernehmen kann. Wirtschaftsminister zu Guttenberg ist gegen die Unterstützung. Bald wird auch die SPD merken, dass man mit Firmenrettungen auf Kosten des Steuerzahlers keine Wählerstimmen bekommt – und in der Arcandor-Diskussion sehr viel zurückhaltender werden.

Juni 2009

1. Juni 2009, Ostermontag

Der Deutsche Gewerkschaftsbund und Die Linke fordern mit Blick auf die »Milliardäre« bei Arcandor, dass »Alteigentümer und Aktionäre nicht geschont« werden dürften, wenn ihre Unternehmen staatliche Hilfe beantragen. Falls der Staat hilft, müsste die Mitbestimmung in den Unternehmen ausgebaut werden. Die Firmen müssten zudem garantieren, auf Massenentlassungen, Standortschließungen und Lohnkürzungen zu verzichten. Am kommenden Sonntag ist Europawahl.

3. Juni 2009

Unmittelbar vor der nächsten Runde im Bürgschaftsausschuss äußert sich ein Sprecher von EU-Wettbewerbskommissarin Neelie Kroes in Brüssel sehr kritisch über eine mögliche deutsche Staatshilfe für Arcandor. Die EU würde wahrscheinlich dagegen einschreiten, weil Arcandor schon vor der weltweiten Finanzkrise Probleme gehabt habe. Damit liegt sie auf der Linie Guttenbergs, der sofort erklärt, er sehe kaum noch Chancen für Geld aus dem Deutschlandfonds. Beobachter gehen davon aus, dass das Störfeuer aus Brüssel mit Berlin abgesprochen war. Guttenberg rechnet offenbar jetzt mit einem Rückzug Arcandors und lässt bereits eine Pressekonferenz vorbereiten, auf der das Ende der Bürgschaftspläne Arcandors verkündet werden könnte. In der Ausschusssitzung jedoch wollen die Firmenvertreter wider Erwarten noch nicht klein beigeben, sondern weiter über Staatshilfen verhandeln. Sie verweisen darauf, dass die jüngsten Äußerungen aus Brüssel keine Rechtskraft hätten. Guttenberg muss seine Pressekonferenz wieder absagen. Das Ringen geht also in die nächste Runde.

Bürgschaftsgegner Metro gibt Vollgas in den Medien: Lovro Mandac, Chef des Kaufhof, wirbt im Frühstücksfernsehen von ARD und ZDF für die Warenhaus AG. Und Metro-Finanzvorstand Thomas Unger erklärt, Arcandor habe keine Staatshilfe verdient. Man dürfe die Verluste des Unternehmens nicht sozialisieren. Sein Unternehmen sei jedoch bereit, etwa 60 Karstadt-Häuser zu übernehmen. Zum möglichen Preis sagt er nichts. Tatsächlich ist man bei Metro der Ansicht, dass man wegen des schlechten Zustandes der Kette für die Häuser eigentlich überhaupt kein Geld zahlen dürfe. Dennoch ist in Düsseldorf klar, dass das politisch nicht durchsetzbar ist.

Die Mehrheit der Deutschen ist offenbar auf Seiten der Metro: Nach einer repräsentativen Forsa-Umfrage im Auftrag des Magazins *Stern* lehnen 61 Prozent der Wahlberechtigten staatliche Hilfen für Arcandor ab.

4. Juni 2009

Cordes trifft sich am Vormittag mit dem SPD-Kanzlerkandidaten Steinmeier und mittags mit dem einflussreichen Wirtschaftsstaatssekretär Walther Otremba. Der »große Warenhausgipfel« am nächsten Tag wird vorbereitet. Guttenberg nennt den Metro-Vorschlag zur Übernahme von 60 Häusern einen »interessanten Weg«. Er favorisiere »Investorenlösungen« vor Staatshilfen.

Ein neues Gutachten der Wirtschaftsprüfungsgesellschaft KPMG taucht auf: Die Untersuchung bescheinigt Arcandor, mit Eicks Rettungskonzept »sanierungsfähig« zu sein. Eine zuvor von der Bundesregierung bei der Wirtschaftsprüfungsgesellschaft PWC in Auftrag gegebene

Untersuchung war zum gegenteiligen Urteil gekommen. Danach liegt die Wahrscheinlichkeit, dass Arcandor die erbetene Staatsbürgschaft innerhalb eines Jahres in Anspruch nehmen müsste, bei 20 Prozent.

Tatsächlich reicht der Arcandor-Vorstand bei der Bundesregierung – mit Kopie an die EU-Kommission – jetzt auch einen Antrag auf Rettungsbeihilfe über 437 Millionen Euro mit der Laufzeit von sechs Monaten ein. Eick versucht, Spitzenpolitiker in die Pflicht zu nehmen: »Bundeswirtschaftsminister zu Guttenberg und Bundesaußenminister Frank-Walter Steinmeier haben uns in persönlichen Gesprächen die Hand gereicht und diese Lösung empfohlen. Wir ergreifen sie jetzt. Dabei vertrauen wir darauf, dass die Bundesregierung die von ihr vorgeschlagene Lösung schnell entscheidet und umsetzt«, sagt er in der Pressemitteilung.

Parallel läuft das wenig aussichtsreiche Bürgschaftsverfahren offiziell weiter. Beobachter bezweifeln im Nachhinein, dass Eick den Weg des Rettungskredites wirklich gehen wollte. Denn er hätte – so steht es in den Kreditstatuten – tiefe Eingriffe in die Struktur des Konzerns zur Folge gehabt, Arbeitsplatzabbau inklusive. Das hätte Eicks und Janssens Konzept, Arcandor zusammenzuhalten, torpediert. Aber nach der Empfehlung der Minister für den Rettungskredit konnte er wohl nicht anders, als den Antrag zu stellen.

5. Juni 2009

Warenhausgipfel im Wirtschaftsministerium: Eick, Cordes und Unger sowie der Deutschland-Chef von Goldman Sachs Dibelius als Vertreter des Vermieter-Konsortiums Highstreet und andere sprechen zwei Stunden lang mit Vertretern der Bundesregierung. »Die Politik wollte Arcandor nicht helfen, das merkte man immer. Die wollten nur irgendwie über den Tag der Europawahl kommen und den Schwarzen Peter von sich wegschieben. Die gaben uns immer neue Hausaufgaben auf, um uns wieder wegschicken und damit Zeit gewinnen zu können«, sagt jemand, der für die Arcandor-Seite dabei war.

In der Sitzung wird auch bekannt, dass Arcandor für den Monat Juni seine Mietzahlungen für die Warenhäuser schuldig geblieben ist. Allein Hauptvermieter Highstreet wartet auf rund 23 Millionen Euro.

Die Vertreter der Bundesregierung fordern höhere Rettungsbeiträge der Haupteigentümer Sal. Oppenheim und Madeleine Schickedanz sowie detaillierte Informationen über deren Vermögensstand. Doch weder Oppenheim noch Schickedanz sind bereit, sich in die Bücher schauen zu lassen. Es taucht sogar der Vorschlag auf, dass Oppenheim und Schickedanz für mögliche staatliche Bürgschaften bürgen sollen – was sowohl unüblich als auch finanziell nicht machbar ist. Am Ende dieser Sitzung sieht es nicht gut aus für Arcandor. Anschließend erklärt Wirtschafts-Staatssekretär Walther Otremba der Presse politisch korrekt, aber nicht unbedingt treffend: »Es sind alle bereit, zu einem Konzept beizutragen.« Es sei nichts entschieden, am Wochenende werde weiterverhandelt.

6. Juni 2009

Aus der Öffentlichkeit ist Thomas Middelhoff verschwunden. Doch bei seinem früheren Unternehmen mischt der ehemalige Arcandor-Chef immer noch mit. Er hält Kontakt zu den meisten der aktuellen Entscheidungsträger und spinnt Fäden. Für den kommenden Dienstag, den 9. Juni, sind Janssen und Cordes zu einem Gespräch über Karstadt verabredet, vermutlich ohne Wissen Eicks. Janssen will das Treffen vorverlegen – Middelhoff soll das organisieren. Nach mehreren Versuchen bekommt er den Metro-Chef ans Telefon: »Ihr müsst euch eher treffen«, erklärt er Cordes, den er von früheren Gesprächen kennt. Der ist einverstanden: Middelhoff arrangiert ein Zweiertreffen von Janssen und Cordes am Sonntagvormittag in einem Münchener Hotel. Anschließend soll es in erweiterter Runde im Münchener Haus von Alexander Dibelius, dem einflussreichen Goldman-Banker, weitergehen.

Während diese Vorbereitungen sehr diskret ablaufen, tobt in den Medien wieder einmal lautstark der Kampf um Arcandor: In einem Zeitungsinterview dämpft Kanzlerin Angela Merkel die Hoffnung auf staatliche Hilfe. »Bei Arcandor muss man zunächst einmal die Eigentümer und die Gläubiger stärker fordern, zumal es Teile des Konzerns gibt, die wirtschaftlich gesund sind, zum Beispiel der Tourismusbereich«, sagt die Kanzlerin. »Das sind Fragen, die beantwortet werden müssen, bevor über Staatshilfen nachgedacht wird.« Merkel fordert die Chefs von Karstadt und Kaufhof auf, Gespräche über eine Fusion ihrer Ketten zu führen. Ein Paukenschlag kommt von der Bundesjustizministerin: Brigitte Zypries (SPD) bittet ihre Amtskollegin in Nordrhein-Westfalen, Roswitha Müller-Piepenkötter (CDU), die Vorgänge um die Oppenheim-Esch-Fonds und den früheren Konzernchef Thomas Middelhoff zu überprüfen. Wenige Tage später beginnt die Staatsanwalt Essen ein Ermittlungsverfahren gegen Middelhoff.

7. Juni 2009, Sonntag, Tag der Europawahl

Karstadt-Mitarbeiter haben begonnen, die Schaufenster mit Papier zu verkleben. Das soll einen Eindruck von Innenstädten vermitteln, in denen es keine Warenhäuser mehr gibt. Ein Arcandor-Sprecher erklärt, ohne Bürgschaftszusage müsse Arcandor womöglich bereits am nächsten Tag Insolvenz wegen drohender Zahlungsunfähigkeit anmelden. In einem Interview mit der *Bild am Sonntag* bietet sich abermals Cordes als Retter an. Auch Lieferanten und Vermieter müssten Zugeständnisse machen, dann sei Metro für den Fall der Übernahme zu einem Beitrag bereit. Eine Transfergesellschaft solle sich um Mitarbeiter kümmern, die ihren Arbeitsplatz verlören. Ver.di-Vize Margret Mönig-Raane allerdings warnt vor Cordes' Angebot und nennt es eine »giftige Praline«. Aus Regierungskreisen verlautet, dass Arcandor im schlimmsten Fall erst am 10. Juni Insolvenz anmelden müsste und nicht, wie vom Konzern-Sprecher angekündigt, bereits am Montag. Erst am Mittwoch würden größere Zahlungen an Lieferanten fällig.

Bei ihrem Zweiergespräch kommen sich Cordes und Janssen tatsächlich näher. Der Oppenheim-Banker lässt immer mehr Bereitschaft erkennen, Karstadt-Häuser an Metros Kaufhof zu geben. Erste Details einer Zusammenlegung werden erörtert. Aus einer Quelle heißt es, es wurde sogar schon über einen Kaufpreis gesprochen. Es scheint, als hätte Cordes sein Ziel fast erreicht. Doch dann folgt um 13 Uhr das Treffen im größeren Kreis bei Dibelius, an dem auch Eick teilnimmt. Eick und Janssen bitten nach einiger Zeit um eine Gesprächsunterbrechung. Die beiden wandern fortan um den Swimmingpool von Dibelius herum, immer und immer wieder, in ein lebhaftes Gespräch vertieft. Offenbar will Eick lieber in die Insolvenz gehen, als Cordes auch nur ein

Karstadt-Haus abzutreten. Janssen aber möchte diese Insolvenz um jeden Preis verhindern, die Eick offenbar längst für unvermeidlich hält. Dabei müsste der erfahrene Wirtschaftsprüfer Janssen eigentlich wissen, dass es kaum noch eine andere Lösung gibt, falls Berlin die Hilfen verweigert. Doch bei einer Insolvenz würden die größtenteils mit Arcandor-Aktien gesicherten Kredite implodieren, die Sal. Oppenheim Madeleine Schickedanz gewährt und für die die Bankgesellschafter auch noch auf höchst fragwürdige Weise persönlich gebürgt hatten. Wenn Arcandor fiel, würde auch Sal. Oppenheim wanken, das muss Janssen klar sein. Er will keine Insolvenz, um keinen Preis. Als die Herren der Arcandor-Fraktion irgendwann ihre Pool-Runden beendet haben, kehren sie zu Cordes und Dibelius zurück. Eine Einigung über Karstadt ist nun jedoch nicht mehr in Sicht. Die Versammlung löst sich ohne Ergebnis auf.

Hat sich das Schicksal des Arcandor-Konzerns am Rand des Swimmingpools von Investmentbanker Dibelius in München entschieden?

Grotesk wird es abermals nach dem Treffen: Am Nachmittag gibt die Metro eine Presseerklärung heraus. Es sei Gemeinsamkeit darüber erzielt worden, in konkrete Gespräche über die Bildung einer Deutschen Warenhaus AG einzutreten, heißt es darin. Auch von einem »gemeinsamen Verhandlungsfahrplan« ist die Rede. Das sieht fast nach Einigung aus – entspricht nach der Swimmingpool-Konferenz aber nicht dem Stand der Dinge. Dann geht eine neue Metro-Mail bei den Redaktionen ein: »Bitte ignorieren Sie das vor circa 30 Min. verschickte Statement«, steht dort zu lesen. Warum? Keine Begründung. Der Text der neuen Version liest sich sehr viel zurückhaltender: »In dem Gespräch wurden die unterschiedlichen Szenarien zur Rettung der Karstadt-Warenhäuser und einer möglichen Bildung einer Warenhaus AG diskutiert.« Angeblich habe es sich um eine E-Mail-Verwechslung gehandelt, heißt es bei Metro. Oder war es Absicht? Wollte Metro Arcandor in der Öffentlichkeit nur als Bremser und Verhinderer einer Lösung bloßstellen, die doch schon zum Greifen nah gewesen war?

Am Abend dieses turbulenten Tages stehen die Ergebnisse der Europawahl fest. Die SPD, die staatlichen Unterstützungen für angeschlagene Unternehmen wie Arcandor weitgehend positiv gegenübergestanden hat, erleidet eine schwere Niederlage. 20,8 Prozent der Stimmen – das ist das schlechteste Ergebnis aller bisherigen Europawahlen.

Eick weiß, dass der Wahlausgang die Chancen auf Staatshilfe weiter schmälert.

8. Juni 2009

Ab sofort müssen Arcandors Vorstandsmitglieder ständig erreichbar sein und schnell in der Konzernzentrale eintreffen können – damit sie, im Fall des Falles, den Insolvenzantrag unterschreiben können. Gegen 11:20 Uhr erklärt ein Sprecher des Bundeswirtschaftsministeriums, dass der Lenkungsausschuss – bestehend unter anderem aus Staatssekretären der beteiligten Ministerien – die Bürgschaft über 650 Millionen Euro sowie die KfW-Mittel für Arcandor aus dem Deutschlandfonds abgelehnt hat. In der Pressemitteilung heißt es, Bund und Länder seien im Bürgschaftsausschuss »zu der gemeinsamen Erkenntnis gekommen, dass das Vorhaben mit zu großen Risiken belastet ist, die ein höheres privates Engagement der Beteiligten erfordern«. Die Absage ist inzwischen allerdings keine Überraschung mehr.

Eick kämpft weiter: Vor der Arcandor-Zentrale in Essen spricht er – ohne Jackett oder Krawatte – zu Mitarbeitern, die Transparente tragen mit Aufschriften wie »Wir sind ein Stück Deutschland«, »Es geht um 56 000 Arbeitsplätze« oder »Das Warenhaus lebt«. Um besser verstanden und gesehen zu werden, steigt der Vorstandschef mit einem Megafon auf eine rote Leiter – niemand kann später erklären, woher die plötzlich kommt – und fordert die Mitarbeiter zum Durchhalten auf: »Wir kämpfen bis zur letzten Minute!« An vielen Karstadt-Standorten gibt es jetzt Mahnwachen für den Erhalt des Unternehmens mit staatlicher Hilfe.

Doch auch das bringt keinen Erfolg mehr: Am Nachmittag kommt das Berliner Nein zum Notkredit, zur letzten echten Hoffnung also. Die Begründung des Interministeriellen Ausschusses der Bundesregierung lässt an Deutlichkeit nichts zu wünschen übrig: »Die Hauptaktionäre (Schickedanz/Sal. Oppenheim) waren nicht zu einem verstärkten finanziellen Engagement bereit. Eine nur zum Teil von den Hauptaktionären in Aussicht gestellte Kapitalerhöhung von 150 Millionen Euro zum Ende des Jahres erfüllt in keiner Weise die (...) immer wieder geforderte verstärkte Beteiligung der Eigentümer am Rettungskonzept. Die bisher engagierten Banken sehen sich nicht in der Lage, selbst bei einem 100-prozentigen Bürgschaftsrahmen Kredite in Höhe von 437 Millionen Euro für die Rettungsphase zu gewähren. Die Vermieter (in erster Linie Highstreet, aber auch Oppenheim-Esch) waren nicht zu einer deutlichen Reduzierung der Mietbelastungen für die Kaufhäuser bereit.«

Ist das das Ende? Eine kleine Chance gibt es noch, doch das allerletzte Angebot der Politik lässt keine Hoffnung mehr aufkommen: »Es bleibt dem Unternehmen unbenommen, kurzfristig einen neuen, substanziell verbesserten Antrag (insbesondere vorab zu erbringende wesentliche Leistungen der Gesellschafter, der Banken und Vermieter) zu stellen«, heißt es in der Begründung. Finanzminister Peer Steinbrück sagt, er schließe »auch ein Insolvenzverfahren keineswegs aus«. Die Aktie stürzt um 40 Prozent. Am frühen Abend treffen sich noch die zuständigen Staatssekretäre. Doch sie sehen keinen Anlass, die Ablehnung der beiden Hilfsersuchen dieses Tages rückgängig zu machen. Als sie die Entscheidung Arcandor übermitteln, hat das Amtsgericht in Essen bereits geschlossen. An diesem Tag nimmt es keine Insolvenzanträge mehr an.

In der Arcandor-Zentrale wird schließlich die Überarbeitung des Kreditantrages verworfen: Es ist nicht zu erwarten, dass die Eigentümer finanziell noch nachlegen können. Piepenburg und Eick sind sich einig, dass alle Versuche zur Vermeidung der Insolvenz unternommen und gescheitert sind. In diesem Fall fordert das Gesetz den Insolvenzantrag, ansonsten droht den Verantwortlichen ein Verfahren wegen Insolvenzverschleppung. Wenn nicht noch ein Wunder geschieht, werden Eick und Piepenburg am nächsten Tag die Insolvenz anmelden. In der Nacht spielen die Vorstände Marc Sommer und Herzberg mit ihren Teams mit dem Mute der Verzweiflung immer neue Rettungsideen durch. »Die Sinnhaftigkeit war aber nicht mehr wirklich zu erkennen«, sagt ein Beobachter im Nachhinein. Janssen bittet telefonisch noch einmal bei Politikern und sogar bei Metro-Chef Cordes um Hilfe – vergeblich.

Geheimnisvolles tut sich auf den Mietkonten: Obwohl Arcandor in den Berliner Gesprächen eingeräumt hatte, die Miete für Juni nicht bezahlt zu haben, flattern dem Unternehmen Briefe von Oppenheim-Esch ins Haus. Darin bestätigen die Fonds, die Juni-Miete für die vier Häuser in München, Leipzig, Potsdam und Karlsruhe erhalten zu haben. »Von Arcandor kam das Geld nicht«, versichert Piepenburg. Erst vier Tage später wird die Sache klarer werden.

Ganz andere Sorgen hat der Versicherungskonzern Ergo. Angesichts der Insolvenzgerüchte über Arcandor weist das Management per Presseerklärung darauf hin, dass die vier Millionen Kunden der Karstadt-Quelle Versicherung in Fürth von den Turbulenzen beim früheren KarstadtQuelle-Konzern nicht betroffen seien. Das Unternehmen gehört seit Jahresanfang zu 100 Prozent der Ergo Versicherungsgruppe, obwohl es noch »KarstadtQuelle« im Namen trägt.

9. Juni 2009

Nach einer kurzen Nacht gehen in der Arcandor-Zentrale die Notkonferenzen weiter. Erstmals kommt Insolvenzexperte Horst Piepenburg in die Hauptverwaltung. Jetzt enttarnt er sich als Berater des Vorstandes und ist von nun an nicht mehr »Herr Weber«.

Minister zu Guttenberg erklärt am Vormittag, die von den Arcandor-Eigentümern angebotene Kapitalerhöhung von 150 Millionen Euro reiche nicht aus. Das Geld müsse dem Unternehmen direkt zur Verfügung gestellt werden. Es seien »signifikante Beiträge der Eigentümer« erforderlich, dazu eine Stillhaltegarantie der Kreditbanken, die aber länger währen müsse als drei oder sechs Monate: »Wir können jetzt nicht die Kriterien aufweichen.« Guttenberg weist darauf hin, dass die Europäische Union im Falle der Zahlung von Rettungsbeihilfen üblicherweise auf tiefen Einschnitten in Struktur und Kapazitäten – also auch Arbeitsplätzen – bestehe, und zwar »oft im 30- bis 50-prozentigen Bereich«.

Das ist nun wirklich das Ende für Arcandor, es gibt keine Hoffnung mehr. Eick und die anderen Vorstandsmitglieder unterschreiben am Vormittag die folgenreichsten Papiere in der Konzerngeschichte: die Insolvenzanträge für Arcandor, Primondo, Quelle und Karstadt. Piepenburg nimmt die Unterlagen an sich und fährt mit dem Fahrstuhl in die Katakomben der Konzernzentrale. Er verlässt das Haus durch einen Hinterausgang an den Laderampen für die Lkws und steigt in ein, wie er sagt, »sehr neutrales Auto«. Das Amtsgericht ist vorgewarnt. Als Piepenburg vorfährt, ist der Seiteneingang geöffnet. »Die Medien standen ja überall«, erinnert sich der Mann, der gestern noch »Herr Weber« war. Die Insolvenzmeldung soll nicht zu früh an die Öffentlichkeit dringen.

Das Amtsgericht bildet ein Team aus den drei Richtern, die für die

Unternehmen mit den Anfangsbuchstaben A (Arcandor), K (Karstadt) und Q (Quelle) zuständig sind, samt Rechtspflegern. Das Gericht soll auch die Zuständigkeiten für Konzernunternehmen an anderen Standorten bekommen, damit das Verfahren zentralisiert werden kann. Für 12 Uhr ist ein Informationstreffen der großen Gläubiger anberaumt, etwa der Vermieter, der Banken, der Kreditversicherer, des Pensionssicherungsvereins, der Bundesanstalt für Arbeit und des Betriebsrates. Die Beteiligten erklären sich in der Sitzung grundsätzlich bereit, an der Sanierung mitzuarbeiten.

Die drei Richter benennen den Kölner Rechtsanwalt Klaus Hubert Görg zum vorläufigen Insolvenzverwalter. Görg ist bekannt, hat viel Erfahrung, ein großes Team und zudem ein Büro in Essen. Piepenburg wird als Generalbevollmächtigter Teil des Führungsteams von Arcandor, wie er es schon in anderen Planverfahren war. Er beantragt nach Absprache mit Görg – wie zuvor bei SinnLeffers – ein Verfahren in Eigenverwaltung. Dann geht alles seinen juristischen Gang: Für die Arcandor AG eröffnet das Amtsgericht Essen das vorläufige Insolvenzeröffnungsverfahren mit dem Aktenzeichen 162 IN 161/09 um 14:04 Uhr. Um 14:12 Uhr folgt mit dem Aktenzeichen 160 IN 107/09 die Karstadt Warenhaus AG und zwei Minuten später die Primondo GmbH (163 IN 101/09). Ab 14:34 Uhr wird auch Quelle für die Insolvenzrichter zum Aktenzeichen, und zwar zu 166 IN 119/09. In den nächsten Tagen werden rund 40 der 520 Konzernunternehmen in die vorläufige Insolvenz folgen. Betroffen sind etwa 40 000 Mitarbeiter. Sie sind schockiert, viele brechen in Tränen aus, können es nicht glauben, obwohl sich das Ende über Wochen angedeutet hatte.

Zurück in der Zentrale, treten die drei maßgeblichen Herren für kurze Statements vor dem Gebäude vor die Presse, Fragen sind nicht zugelassen. Das Wetter ist, dem Anlass entsprechend, trist. Kamerateams, Fotografen und schreibende Journalisten stehen im Regen. Die Reden werden live im Fernsehen übertragen. Als Erster spricht Eick mit ernstem, aber nicht verzweifeltem Gesichtsausdruck, knapp zehn Minuten lang. Er bedankt sich bei allen beteiligten für die geleistete Arbeit, insbesondere bei den Mitarbeitern. Konkretes sagt er nicht, aber er versichert, dass sein Ziel sei, Arcandor als Ganzes zu erhalten.

Als Piepenburg an die Mikrophone tritt, kommt langsam die Sonne heraus, und der Generalbevollmächtigte erlaubt sich mit dem Blick zum Himmel die Bemerkung: »Es hat schon aufgelockert.« »Heute«, sagt Piepenburg, »ist Deutschlands größtes Insolvenzverfahren eingeleitet worden.« Das erfordere eine sehr hohe soziale Verantwortung von allen Beteiligten. »Es geht um die Sanierung des Arcandor-Konzerns, nicht um die Sanierung von Teilkonzernen«, erklärt er und spricht von den Möglichkeiten, den Konzern zusammenzuhalten. Er versucht, den Mitarbeitern Mut zu machen, indem er feststellt: »Alles ist wieder möglich«, schließlich sei jetzt der Druck der bisher notwendigen Kreditverlängerung weg. Später sagt er: »Ich nehme keine aussichtslosen Fälle an.« Zum Schluss spricht Görg wenige Worte: »Insolvenz ist nicht mehr gleichzusetzen mit dem Wort ›Pleite‹.« Über die Chance, Arcandor komplett zu retten, äußert er – anders als Piepenburg – kein Wort. Er blickt sehr ernst, als ahne er, was in den nächsten Wochen noch auf ihn zukommen wird. Es soll sein letzter Fall sein. Anfang August soll das reguläre Insolvenzverfahren eröffnet werden. Im Anschluss an die Pressestatements werden die Mitarbeiter unterrichtet. Die Teams von Görg, Piepenburg und Roland Berger – jeweils bis zu 20 Experten der verschiedensten Disziplinen – treffen sich und versuchen, einen Überblick über die finanzielle Lage des Konzerns zu bekommen. Zudem wird das Insolvenzgeld für die Mitarbeiter beantragt: Die Bundesanstalt für Arbeit übernimmt jetzt für drei Monate die Bezahlung der Mitarbeiter.

Währenddessen ist die Arcandor-Insolvenz das Medienthema des Tages. In den Warenhäusern, bei den betroffenen Versendern und in den Verwaltungen macht sich Verzweiflung breit. Nicht allerdings bei Thomas Cook – das Unternehmen ist von der Insolvenz nicht betroffen. Sal. Oppenheim macht Görg und Piepenburg Hoffnung, die 150 Millionen Euro, die die Bank für den Fall der Staatsbürgschaft ins Unternehmen eingebracht hätte, jetzt für die Planinsolvenz zur Verfügung zu stellen.

10. Juni 2009

An vielen Standorten gehen Mitarbeiter und Ver.di-Vertreter auf die Straße, um für den Erhalt der Arbeitsplätze zu demonstrieren. Die Wut richtet sich nicht zuletzt gegen den früheren Vorstandschaf Thomas Middelhoff.

Insolvenzverwalter Görg informiert die Lieferanten von der Insolvenz. In dem Brief steht unter anderem, dass Bestellungen künftig nur noch dann bezahlt werden, wenn sie vom Insolvenzverwalter genehmigt wurden.

Im Angesicht der Katastrophe bricht Großaktionärin Madeleine Schickedanz ihr Schweigen, zumindest schriftlich. Verantwortlich fühlt sie sich nach der Erklärung nicht für dieses Ende:»Ich habe mich mit meinem gesamten Vermögen engagiert und damit nach landläufiger Auffassung weit über jedes vertretbare Maß ins Risiko begeben«, schreibt sie.»Bis zur letzten Sekunde habe ich gehofft und gebangt, um dieses Schicksal abzuwenden.«

11. Juni 2009

Die Valovis-Bank hat Quelle ohne Vorwarnung wegen der Insolvenz das sogenannte Factoring gekündigt. Damit ist der Versender vom Geldfluss abgeschnitten, Quelle sitzt auf dem Trockenen. Beim Factoring überweist die Bank dem Versender das Geld, das die Kunden dem Händler schulden, sofort. Bei sonst üblichen Bestellungen wird zum Teil erst nach vier Wochen bezahlt, bei den weit verbreiteten Ratenzahlungen sind die Rechnungen erst nach 72 Monaten komplett beglichen. Diese Zeitspanne überbrückt das Factoring. Valovis zahlte bisher den Großteil der Forderungen sofort an Quelle und kassierte dafür eine Gebühr. Dieses Verfahren ist im Versandhandel üblich. Kundengelder, die ab sofort nach der Kündigung des Vertrages eingehen, werden auf einem speziellen Konto geparkt. Das Görg-Team ist in den nächsten Wochen maßgeblich damit beschäftigt, zunächst dieses Problem zu lösen. Offenbar war niemand auf diese dramatische Situation vorbereitet.»Ich hätte mir gewünscht, dass wir vorab ein Signal bekommen und dann gemeinsam nach Lösungen gesucht hätten. Auf einen Tag wäre es da nicht angekommen«, sagt Hans-Gerd Jauch, Görgs Beauftragter für Quelle. Valovis-Chef Robert Gogarten räumt in einem Beitrag von *Report Mainz* am 18. November 2009 ein, dass die Kündigung den Niedergang der Quelle womöglich beschleunigt habe.»Aber die Verträge gaben die Kündigung her. Mir tut es für die Quelle leid, aber für die Bank: kein Problem«, sagt Gogarten.

Daneben gibt es folgenreiche Probleme mit dem Herbst/Winter-Katalog, der sich gerade in der Produktion befindet. Die Druckereien stellen die Arbeit ein, weil sie fürchten, ihre Rechnungen nicht mehr bezahlt zu bekommen. Der Katalog sollte eigentlich Ende Juni erscheinen, mit ihm macht Quelle fast die Hälfte des Umsatzes. Für die Produktion sind fast 25 Millionen Euro notwendig. Um das Problem des Kataloges und des Factorings zu lösen, bemüht sich Görg um einen 50-Millionen-Euro-Kredit des Bundes und der Bundesländer, in denen Arcandor ansässig ist. Die Verhandlungen werden sich über Wochen hinziehen. In dieser Zeit nimmt Quelle nicht einen Euro ein.

12. Juni 2009

Arcandor bekommt erneut Post von Oppenheim-Esch: Darin bedauern die Vermieter-Fonds, dass vier Tage zuvor irrtümlich der Eingang der Miete für den Monat Juni bestätigt worden war. Die bezahlte Miete sei kurz nach der Überweisung wieder zurückgebucht worden, heißt es in den Schreiben, das Mietkonto sei also mitnichten ausgeglichen. Bei Oppenheim-Esch ist keine Erklärung zu bekommen. Was war passiert? Hatte etwa Sal. Oppenheim kurzfristig gezahlt, um den Eindruck zu vermeiden, Bürgschaftsbewerber Arcandor sei schon zahlungsunfähig und damit nicht unterstützungswürdig? »Jedenfalls tat Sal. Oppenheim alles, um keine Fälligkeiten entstehen zu lassen. Denn die hätten die Chance auf die Bürgschaft deutlich verringert. Das zeigt mir, dass die Bank die Insolvenz auf jeden Fall verhindern wollte«, sagt Piepenburg.

Die Medien sind voll mit Spekulationen über die Zukunft des Unternehmens, vor allem von Karstadt. »Wir werden die Gespräche nicht nur mit der Metro suchen, und wir werden dann die Lösung finden, die für die Mitarbeiter und das Unternehmen die interessanteste ist«, sagt Eick im ZDF in der Sendung von Johannes B. Kerner. Namen nennt er nicht. Angeblich wollen die Banken ihr Pfand schon bald zu Geld machen.

Gegen Eick gehen Anzeigen wegen Insolvenzverschleppung ein.

17. Juni 2009

Die Bank Sal. Oppenheim hat ihr Paket von 3,7 Prozent Arcandor-Aktien über die Börse verkauft. Bankkenner berichten von Ärger wegen der

Transaktion: Friedrich Carl Janssen soll nicht eingeweiht gewesen sein. Die Gesellschafter der Bank halten weiterhin knapp 25 Prozent der Arcandor-Aktien. Nach Medienberichten bezeichnet es Janssen inzwischen als Fehler, dass Sal. Oppenheim bei Arcandor eingestiegen ist. »Ich hatte im Nachhinein den Eindruck, der Insolvenzantrag hat Sal. Oppenheim stark verunsichert«, sagt Piepenburg.

Am Abend hat Eick in Frankfurt bei einer Preisverleihung der *financial community* einen skurrilen Auftritt. Teilnehmer wundern sich, dass er angesichts der Insolvenz überhaupt zur angekündigten Rede erscheint. Nach Aussage von Augen- und Ohrenzeugen sagt Eick Dinge wie: »Wir haben eine Schlacht verloren, aber nicht den Krieg.« Er habe sich vom ersten Tag bei Arcandor mit einem kleinen Team auf die Planinsolvenz vorbereitet. Jetzt wolle er Altlasten abwerfen und ein neues Unternehmen aufbauen, was »verflucht spannend« sei. »Wir werden durch die Insolvenz gerettet« und als Ganzes erhalten werden. Eick lässt die Versammlung verwirrt zurück.

30. Juni 2009

Endlich haben Bundesregierung sowie die Landesregierungen von Bayern – hier gibt es 10 000 Quelle-Arbeitsplätze – und Sachsen – in Leipzig steht das größte Quelle-Logistikzentrum – den Kredit über 50 Millionen Euro genehmigt. Noch am selben Tag soll das Geld, je eine Hälfte vom Bund und von den beiden Ländern, ausgezahlt werden. Sobald damit das Factoring in Gang kommt, können auch endlich die Zulieferer wieder bezahlt werden. Die meisten hatten bisher im Vertrauen auf den guten Ausgang der Angelegenheit – oft in reduziertem Umfang – weiter geliefert. Doch es wird noch Tage dauern, bis Geld fließt. Der Massekredit wird 2010 zurückgezahlt.

Juli 2009

Das Verhältnis zwischen Sal. Oppenheim und Piepenburg wird immer schlechter. Der Generalbevollmächtigte fordert endlich die lange zugesagte verbindliche Zusage für die finanzielle Unterstützung durch die

Bank. Die Summe müsse jederzeit abrufbar sein; doch die Bank zögert weiter. Um seinen Anliegen Nachdruck zu verleihen, hält Piepenburg vor den Entscheidungsträgern des Institutes am 1. Juli eine Präsentation mit dem dramatischen Titel »Ende oder Chance für Arcandor«. Das Ende, das »Erodieren des Konzerns« und die Zerschlagung, stehe zu erwarten, wenn Sal. Oppenheim seinen Beitrag zur Sanierung nicht zahle. Er macht deutlich: »Das würde auch Folgen für das Bankhaus und dessen Gesellschafter haben.« Mit einer verbindlichen Finanzierungszusage hingegen habe der Gesamtkonzern Arcandor eine Chance auf Rettung. Anfang 2010 könne Arcandor dann aus der Insolvenz bereits wieder heraus sein.

Zwei Wochen nach dieser Präsentation gibt es das nächste Treffen, an dem auch Christopher Oppenheim teilnimmt. Doch auch in dieser Sitzung erhält Piepenburg nicht die Zusage für die 150 bis 200 Millionen Euro, die er für das Planverfahren braucht. »Ich hatte den Eindruck, dass das nicht mehr funktionieren wird. Ich kann die Hoffnung auf die Rettung des Gesamtkonzerns nur so lange nach außen vertreten, wie ich selbst noch daran glaube.« Doch jetzt ist der Glaube nicht mehr stark genug: Am 16. Juli legt Piepenburg sein Amt als Generalbevollmächtigter nieder. Die Presseerklärung, die am Abend rausgeht, formuliert er selbst: »Die Unterstützung des Großaktionärs Sal. Oppenheim gibt es heute positiv nicht. Deshalb hat die Eigenverwaltung keine Grundlage.«

Dass die Folgen seines Schrittes dramatisch werden, ist ihm klar: Der Mann, der behauptet, er nehme keine aussichtslosen Fälle an, gibt auf! Ist der Fall also aussichtslos? Oder war es Piepenburg, der mit seinem Rücktritt die letzte Hoffnung zerstört hat? »Das war eine der wichtigsten und schwierigsten Einzelentscheidungen, die ich je getroffen habe«, sagt er. Die Mitteilung schlägt im Unternehmen, in der Öffentlichkeit und im politischen Berlin tatsächlich ein wie eine Bombe: »Eklat bei Arcandor: Piepenburg wirft hin«, schreibt das *Handelsblatt*, »Piepenburg geht, Arcandor wird zum Zombie«, titelt die *Netzeitung*. Jetzt glaubt kaum noch jemand, dass Sal. Oppenheim tatsächlich ein starker Aktionär ist, der hinter Arcandor steht. Zumal Janssen längst erklärt hat, der Einstieg bei Arcandor sei ein Fehler gewesen.

Es folgt eine kurze Schlammschlacht, während der aus dem Oppenheim-Umfeld gestreut wird, Piepenburg habe eigentlich gar keinen Plan gehabt. Die Reaktion des Sanierungsexperten sei »nicht nachvollziehbar«. Das wiederum wundert Piepenburg: »Ich habe Janssen meinen Plan detailliert vorgestellt. Er hatte sogar Hans-Jochem Lüer zur Präsentation dazugebeten.« Lüer ist Anwalt in Köln und Seniorpartner der Anwaltskanzlei Heuking Kühn Lüer Wojtek, saß zusammen mit Janssen für Sal. Oppenheim im Arcandor-Aufsichtsrat und ist anerkannter Insolvenzexperte.

Nach dem Abgang Piepenburgs als Gegner der Konzernfiletierung unternimmt Metro neue Versuche, Karstadt zu übernehmen. Das Angebot bestehe fort, heißt es aus Düsseldorf.

Schlaglicht: Madeleine Schickedanz – ein Opfer mit Verantwortung

Selbstverständlich ist es nicht besonders originell, die Betrachtung der Rolle von Madeleine Schickedanz an Arcandors Absturz mit einem rückwärts gerichteten Konjunktiv der Kategorie »hätte, wäre, wenn...« zu beginnen. Doch in diesem Fall liegt die Versuchung zu nahe. Denn nur gut zwei Jahre vor dem Zusammenschluss mit Karstadt Mitte 1999 hätten Madeleine Schickedanz und ihr Clan die Mehrheit an ihrem Unternehmen an die französische Pinault-Gruppe mit den Marken La Redoute und Redcats verkaufen können. Doch Pinault wollte die Mehrheit an Quelle. Und die mochte Wolfgang Bühler, zweiter Ehemann von Madeleine Schickedanz und zu dieser Zeit Clanchef in Fürth, Pinault nicht geben. Dabei sei eine Einigung zu einem guten Preis möglich gewesen, berichten zwei Beobachter von damals. Die Verhandlungen wurden auf Betreiben der Quelle-Seite abgebrochen.

Wie ist diese Madeleine Schickedanz? Die meisten Menschen, die sie getroffen haben, beschreiben sie als »zurückhaltend«. Und weil sie so zurückhaltend ist, haben nur wenige Menschen sie getroffen. Leise spreche sie, sehr leise, und schaue den Gegenüber dabei selten an. Oft senken die Menschen, die so über Frau Schickedanz reden, mitleidvoll die Stimme. »Ich kann mich an keine Situation erinnern, in der sie mal laut gelacht hat«, sagt ein langjähriger Kenner des Hauses. Zumeist habe sie bedrückt gewirkt. Aber auf den wenigen internen Festen sei es mitunter vorgekommen, dass es plötzlich aus ihr herausbrach: Dann vertraute sie sich einer der anwesenden Frauen an und klagte dieser ihr Leid als Tochter einer Übermutter.

Der goldene Käfig der Kindheit – der materielle Reichtum, der die Sehnsucht nach den stets arbeitenden Eltern nicht kompensieren konnte – scheint ein Schlüssel zum Verständnis dieser Frau zu sein. »Es ist schwierig, wenn man eine Übermutter hatte wie ich, ein ebenbürtiger Gegenpart zu sein«, soll sie einmal gesagt haben.

Sie war ein reiches Schlüsselkind, das nie seinen eigenen Platz gefunden hat. Weit reichende eigene Entscheidungen musste sie vermutlich nie treffen, auch als Erwachsene wurde sie kaum in die Entscheidungen der Firma eingebunden. Vielleicht hatte sie dafür aber auch nie ein Talent. Von Vater Gustav ist diese Charakterisierung überliefert, die so unpassend nicht erscheint: »Meine Tochter hat kein richtiges Verhältnis zu Geld. Wenn Sie Madeleine mit 10 D-Mark zum Bäcker schicken, um ein paar Brötchen zu holen, und der sagt ›stimmt so‹, glaubt sie ihm das und verlangt kein Wechselgeld zurück.« Ob der Satz nun so gefallen ist oder nicht: Wenn man ihr späteres Verhalten bei KarstadtQuelle/Arcandor betrachtet, trifft diese Beschreibung das ökonomische Wesen von Madeleine Schickedanz erschreckend gut.

Auch wenn sie inhaltlich keinen Draht zum Unternehmen fand, war ihre emotionale Verbindung zum Erbe ihrer Eltern dennoch groß. Das demonstrierte sie nicht nur durch ihre Politik des Aktienzukaufs, als andere Anteilseigner – wie zum Beispiel die verwandten Riedels – bereits das Weite suchten. Erschreckend zeigt sich die Verbundenheit zur Quelle in der körperlichen Reaktion, als sie in der Schweiz von der nahenden Insolvenz erfahren hatte: Die damals 65-Jährige brach in St. Moritz zusammen und wurde mit Herzproblemen auf die Intensivstation eines Krankenhauses gebracht. »Das Auf und Ab der Nachrichten, das Hoffen und Bangen war für mich ein Horror. Ich wollte keine Insolvenz. Am Tag vor der Insolvenz hatte ich Herzrhythmusstörungen. Ich bin zusammengebrochen, bekam keine Luft und konnte nur noch auf allen Vieren über den Boden krabbeln. In diesem Moment dachte ich: Ich muss sterben«, berichtete sie in der *Bild am Sonntag* in einem ihrer raren Interviews. Am folgenden Tag jedoch entließ sie sich selbst, um sich – »gegen den dringenden Rat der Ärzte« – von Ehemann Leo Herl im Auto nach Franken fahren zu lassen.

Am Tag nach der Insolvenz veröffentlichte sie zudem eine ihrer seltenen Erklärungen: »Bis zur letzten Sekunde habe ich gehofft und gebangt, um dieses Schicksal abzuwenden. Ich habe mich mit meinem gesamten Vermögen engagiert und damit nach landläufiger Auffassung weit über jedes vertretbare

Maß ins Risiko begeben. Das zeigt nur, wie wichtig mir dieses Anliegen immer gewesen ist. Ich habe stets zum Unternehmen gestanden und auch in den schwierigsten Zeiten die Treue gehalten. Als im November 2004 das Unternehmen nur durch eine Kapitalerhöhung zu retten war, habe ich diesen Schritt selbstverständlich vollzogen. Andere haben dies damals nicht gemacht. Aber ich habe keinen Moment gezögert, zu meinem Engagement zu stehen, wohlwissend, dass eine Insolvenz mit weitreichenden Konsequenzen verbunden ist. In dieser schweren Stunde sind meine Gedanken bei den Mitarbeitern und ihren Angehörigen. Ich wünsche, dass sie ihre Arbeit behalten können, und hoffe mit ihnen und ihren Angehörigen auf eine bessere Zukunft.«

Madeleine Schickedanz erblickte am 20. Oktober 1943 im Luftschutzbunker der Nürnberger Frauenklinik das Licht der Welt, als einziges Kind ihrer Eltern. Sie wuchs auf dem riesigen elterlichen Anwesen in Hersbruck bei Fürth auf. In Hersbruck hatte Mutter Grete nach dem Krieg auch ein Kaufhaus eröffnet; der Vater Gustav, der für die NSDAP im Rat von Fürth gesessen hatte, war zu dieser Zeit noch inhaftiert, das Vermögen zum Teil beschlagnahmt. Gustav Schickedanz hatte seine frühere Angestellte nach dem Umfalltod seiner ersten Frau Anna geheiratet. Aus jener Ehe stammte Madeleines Stiefschwester Louise Dedi. Nachdem Gustav Schickedanz 1949 von den Alliierten schließlich als »Mitläufer« eingestuft worden war, begann unter der Leitung von Gustav und Grete Schickedanz der Aufstieg des Versandhauses, über das der Kunde sozusagen gleich an der »Quelle« günstig einkaufen konnte. Grete und Gustav Schickedanz galten später als eines der Traumpaare des deutschen Wirtschaftswunders, sie liebten die opulenten Auftritte und landeten auch schon mal in den Klatschspalten. Doch beide arbeiteten hart und viel. Mutter Grete kümmerte sich selbst um Kollektionen und Stoffe und war an der Erstellung des Katalogs beteiligt.

Tochter Madeleine ging in Hersbruck zur Volksschule, dann ein Jahr lang zur Waldorfschule und schloss schließlich das Mädchen-Realgymnasium in Fürth mit dem Abitur ab. In München und Nürnberg/Erlangen studierte sie Betriebswirtschaft – aber nur zwei Semester lang. Dann heiratete sie 1965 Hans-Georg Mangold, einen Nachbarssohn und Spross einer Nürnberger Spielwarenfirma. Mit ihm hatte sie zwei Kinder. Sie sollten es einmal besser haben als sie selbst, deshalb kümmerte sich Mutter Madeleine von Anfang an persönlich um die Erziehung und verzichtete dafür auf Studium und die Kronprinzessinnenrolle in der Firma ihrer Eltern. Stattdessen erklomm ihr Mann höchste Positionen bei Quelle. Als die Ehe 1973 geschieden wurde, verlor Mangold auch seinen Job im Unternehmen. Ähnlich erging es Holdingchef Wolfgang Bühler, mit dem Schickedanz zwischen 1973 und 1997 verheiratet war und mit dem sie ebenfalls zwei Kinder hat: Auch er schied aus dem Unternehmen aus. In den Medien wurde boshaft vom »mittelmäßigen Regiment der Schwiegersöhne« im Hause Schickedanz gewitzelt. Seither war der Linde-Manager Hans Meinhardt der starke Mann im Unternehmen. 1999 heiratete Schickedanz ihren jetzigen Mann Leo Herl, der für sie bis zum Schluss im Aufsichtsrat von Arcandor saß.

Ihren Männern hat sie vertraut. Wenn Madeleine Schickedanz einmal Vertrauen gefasst hatte – was in den späteren Jahren immer seltener der Fall wurde –, dann tat sie es rückhaltlos. So war es nicht nur bei den Ehemännern, sondern auch bei den »beruflich Vertrauten«. Spät erst – als die Krise 2003 nicht mehr zu übersehen war – kam sie nicht zuletzt durch Hinweise Dritter zur Erkenntnis, dass es vielleicht besser wäre, sich vom allmächtigen Hans Meinhardt zu trennen, sollte das Familienerbe Bestand haben. Meinhardt war wie bereits berichtet als Holdingchef jener Strippenzieher gewesen, der die Familie Schickedanz 1999 mit der Karstadt-Kette zusammengebracht hatte, die sein Freund Walter Deuss leitete. Meinhardt bekleidete dann jahrelang den Posten des Aufsichtsratschefs der neuen AG und gerierte sich bisweilen – so schildern es Zeugen –, als gehöre ihm der Laden. Den Vertrauensmann Meinhardt ersetzte Schickedanz schließlich 2004 durch Thomas Middelhoff, mit dem sie selbst nach Insolvenz und Verlust des Vermögens noch regen Kontakt hielt.

Ihr liebster Vertrauter allerdings wäre ihr auf Dauer wohl der Vater gewesen, mit dem sie unter anderem die Liebe zur Musik Richard Wagners teilte. Doch Gustav Schickedanz starb 1977, was der Tochter sehr nahe ging. 25 000 Menschen nahmen an der Beerdigung in Fürth teil, darunter die Chefs der Konkurrenzhäuser Otto und Neckermann. Witwe Grete führte das Unternehmen weiter. Sie versuchte vor allem, dies im Sinne ihres verstorbenen Mannes zu tun, deshalb blieb viel zu viel beim Alten beim Versender Quelle. 1994 zog sich Grete Schickedanz aus der Firma zurück.

War die Bindung zur Welt des Geschäftemachens schon vorher schwach gewesen, so entfernte ein Ereignis aus dem Jahre 1982 Madeleine Schickedanz noch weiter von dieser Sphäre: Ihre Tochter Caroline war an Leukämie erkrankt. Jahrelang kämpfte die Mutter um das Leben des Mädchens. »Wenn man seine Tochter Tag und Nacht in den verschiedensten Kliniken rund um die Uhr begleitet, verschieben sich die Werte im Leben«, ließ sie sich von der *Frankfurter Allgemeinen Sonntagszeitung* zitieren. »Äußerlichkeiten wie auch gesellschaftliche Verpflichtungen treten hierbei total in den Hintergrund.« Caroline wurde tatsächlich geheilt, die Mutter gründete 1990 die »Madeleine Schickedanz Kinderkrebsstiftung«. Wenn sie überhaupt noch öffentlich auftrat, dann zumeist bei Benefizaktionen für diese Organisation.

Sie blieb die unsichtbare, reiche Quelle-Erbin im Hintergrund. »Ich bin niemand für die Öffentlichkeit«, soll sie mal gesagt haben. Selbst bei Hauptversammlungen von KarstadtQuelle/Arcandor tauchte sie nicht auf. Ehemann und Aufsichtsrat Leo Herl schwieg bei diesen Gelegenheiten beharrlich zu Fragen, welche Absichten seine Frau zum Beispiel mit ihren Zukäufen von Firmenaktien verfolge. Gegenüber Journalisten ist sie ebenso auskunftsscheu. Drei oder vier Interviews soll sie in ihrem Leben gegeben haben; dabei äußerte sie sich aber nie wirklich zu ihrer Rolle als Miteigentümerin eines Großunternehmens mit zeitweise 100 000 Mitarbeitern.

Die Insolvenz von Arcandor verstärkte diese Verschlossenheit noch: »Ich traue mich nicht mehr unter Menschen. Ich habe den Eindruck, dass alle auf mich starren und hinter meinem Rücken tuscheln und sagen: ›Guck mal, da ist die Schickedanz. Die hat alles verloren.‹ Das kann ich nur schwer ertragen«, gibt sie in jenem Interview mit der *Bild am Sonntag* vom Juli 2009 zu. Dass sie dieses eine Mal ihre Zurückhaltung abstreift, erweist sich allerdings als fatal. Denn im Gespräch mit *Bild am Sonntag* beklagt sie allzu herzerweichend ihre Verarmung. Dieses Interview hat ihrer Reputation wahrscheinlich mehr geschadet als alle Fehl- oder Nicht-Entscheidungen im Unternehmen in den Jahren zuvor.

Ähnlich inkonsistent ist ihr Verhalten in Gelddingen: Sie gilt als vorsichtig, konservativ und sicherheitsorientiert – und doch setzte sie praktisch all ihr Geld auf KarstadtQuelle/Arcandor. Obwohl sie gewusst haben musste, dass die Gefahr eines Totalverlustes bestand.

Als der Großaktionär Allianz beim Stand von 21 Euro seine Arcandor-Aktien verkaufte – Beobachter taxierten den fairen Kurs damals auf 15 bis 16 Euro –, blieb Schickedanz investiert, trotz anders lautender Empfehlungen. Bei der Kapitalerhöhung zuvor hatte sie die neuen Aktien für weniger als 6 Euro bekommen. »Ich habe Madeleine Schickedanz geraten, auch einen Teil zu verkaufen und die schöne Kurssteigerung mitzunehmen. Aber sie wollte einfach nicht«, sagt Middelhoff. Wer sie in diesem Fall beraten habe, wisse er nicht.

Ist das noch Treue zum Unternehmen ihrer Eltern, oder ist das Naivität, Realitätsverlust gar? Wahrscheinlich von allem etwas, gepaart mit einem übertriebenen Vertrauen in jene, die die sonst so Skeptische einmal in den Rang von Vertrauenswürdigen erhoben hatte.

Noch ein Fakt bleibt unerklärlich: Mit Karl-Gerhard Eick, dem letzten Arcandor-Chef, der ab März 2009 ihr Restvermögen nach Middelhoff retten sollte, hat sie sich nie getroffen. Nach Eicks Darstellung habe Aufsichtsratschef Janssen die Meinung vertreten, das sei nicht notwendig. Für den Kontakt zwischen Topmanagement und Eigentümern sei er zuständig. Eick mag zu seiner Verteidigung noch vorbringen können, dass er nicht gegen den Rat seines Aufsichtsratschefs handeln wollte, der zudem ohnehin der starke Mann auf der Eigentümerseite war. Aber warum hat Frau Schickedanz niemals den Kontakt zu ihrer neuen Nummer eins gesucht, wenn sie offensichtlich schon nicht an seiner Auswahl beteiligt war? Schickedanz war immerhin die zweitgrößte Aktionärin, auch wenn sie beim größten Aktionär – Sal. Oppenheim – hoch verschuldet war. War ihr die Situation bereits vollends entglitten? War sie inzwischen so weit an den Rand gedrängt worden, dass sie keinen Kontakt zum neuen Vorstandsvorsitzenden aufnehmen durfte?

Wie groß der Anteil von Madeleine Schickedanz 1999, bei der Fusion von Karstadt und Quelle, war, ist schwer zu beurteilen. Die treibenden Kräfte dürften Hans Meinhardt und Ingo Riedel sowie auf der Karstadt-Seite Walter Deuss gewesen sein. Von Widerstand oder Zweifeln der Quelle-Erbin gegenüber diesem entscheidenden Geschäft jedoch wurde nichts bekannt.

Die Firma Schickedanz war immer ein ganz besonderer Arbeitgeber gewesen. An ihr waren Vor- und Nachteile eines Familienunternehmens deutlich zu erkennen – allerdings überwogen die Nachteile: Das große Verantwortungsbewusstsein eines Familienunternehmens seinen Mitarbeitern und der Region gegenüber wurde überschattet von Zwistigkeiten und Wankelmut innerhalb der Eigentümerschaft. Die Führungsschwäche schlug allzu oft auf die Strategie und die Personalentscheidungen im Unternehmen durch, sie verhinderte klare Schnitte bei strukturellen Problemen.»Firma und Familie galten als schwierig«, sagt einer, der lange in einer der oberen Hierarchieebenen gearbeitet hat.

Viele Führungskräfte vermissten die notwendige Konsequenz bei Konzeption, Entscheidungsfindung und Umsetzung. Entsprechend hoch war die Fluktuation. Die Liste der Manager, die das Unternehmen nur ein oder zwei Jahre lang geführt haben, ist lang. Einige haben später in ihren Karrieren bewiesen, dass mehr in ihnen steckte, als sie bei ihren Kurzauftritten in Fürth zeigen konnten: Klaus Zumwinkel etwa war jahrelang erfolgreicher Chef der Deutschen Post, Klaus Mangold leitete unter anderem die Daimler-Tochter Debis.

Hans Meinhardt war einer derer, die erkannt hatten, dass in die Familie Schickedanz/Dedi/Riedel weder ein zweiter Gustav noch eine zweite Grete mit vergleichbarem unternehmerischem Format zu finden war. So schien es sinnvoll und notwendig, dass die unternehmerische Führung auf Dauer in Hände außerhalb der Familie gegeben wurde. Ein Versuch, mit Pinault einig zu werden, war 1997 aufgrund von Bedenken der Familie gescheitert. Daneben war auch ein Börsengang vorbereitet worden, das Management hatte Quelle bereits in eine AG umgewandelt. Doch die Geschäfte beim Versender liefen schlecht, deshalb wurde der Schritt aufs Parkett nie gewagt.

Meinhardt schaute sich weiter nach der Möglichkeit einer Partnerschaft oder Fusion um. Der schließlich von den Männerfreunden Deuss und Meinhardt ausgebrütete Plan eines Zusammenschlusses von Quelle mit Karstadt stieß beim Oberhaupt der Familie, Ingo Riedel, sofort auf Begeisterung. Auch Madeleine Schickedanz erkannte darin offenbar eine Chance, die schrumpfende, verstaubende Familienfirma mithilfe der Essener Warenhauskette wieder zum Leben zu erwecken.

Der Kauf der ersten 20 Prozent an KarstadtQuelle war praktisch die Aktion eines einzigen Wochenendes gewesen. Er fand unter allergrößter Geheimhaltung statt, nur der innerste Familienkreis war eingeweiht. Selbst die Vorstände wurden erst nach dem Wochenende über den Deal informiert. Man fürchtete, dass der Aktienkurs durch die Decke gehen könnte, wenn die Super-Fusion im deutschen Einzelhandel bekannt werden würde – und dann würde das Geschäft für Schickedanz zu teuer. Eine Verdoppelung des Aktienkurses erhoffte man sich im Hause Schickedanz. Doch als die Gründung des größten europäischen Waren- und Versandhauskonzerns schließlich bekannt wurde, blieb das Kursfeuerwerk aus.

Rund 1,5 Milliarden Euro mussten die Schickedanz-Familien allein für die ersten 20 Prozent an KarstadtQuelle aufbieten. Zusammen mit ihrem noch aus früheren Zeiten stammenden Anteil an Hertie und den bei Banken geparkten Papieren kam die Quelle-Seite schließlich auf rund 40 Prozent an KarstadtQuelle.

Für Madeleine Schickedanz, die wohl glaubte, so das Erbe ihrer Eltern veredeln und vergrößern zu können, war das ein verhängnisvoller Moment. Denn um KarstadtQuelle-Aktien zu kaufen, begann sie, sich beim Kölner Bankhaus Sal. Oppenheim zu verschulden. Als Sicherheiten setzte sie ebenjene Aktien mit angeblich großem Aufwärtspotenzial ein sowie Grundstücke und teure Immobilien. »Das«, sagt eine frühere Schickedanz-Führungskraft, »hat ihr später das Genick gebrochen, als die Aktien immer mehr an Wert verloren.«

Als im Herbst 2004 eine Kapitalerhöhung überlebensnotwendig wurde, war Schickedanz als eine der größten Zeichnerinnen dabei. Von neuen Aktien für die Quelle-Erbin im Wert von rund 200 Millionen Euro war die Rede, ebenfalls größtenteils über Kredite bei Sal. Oppenheim finanziert. Einige der Kredite von 1999 sollen damals aber bereits getilgt gewesen sein. Ingo Riedel, der Vertreter des zweiten Schickedanz-Clans, hatte damals schon den Rückzug vorbereitet: Er machte die Kapitalerhöhung nicht mit, sondern verkaufte seine KarstadtQuelle-Aktien.

Nach dieser Kapitalerhöhung wird das Investitionsgebahren der Quelle-Erbin rätselhaft: Obwohl Schickedanzens Schuldenstand schon hoch war, kaufte der »Pool Madeleine Schickedanz« – bestehend aus Madeleine Schickedanz, Leo Herl, der Madeleine Schickedanz Vermögensverwaltungs GmbH & Co. KG, der Grisfonta AG und dem zweiten Familienzweig in Form der Martin Dedi Vermögensverwaltungs GmbH & Co. KG – weiter KarstadtQuelle-Aktien zu. Bald war die Mehrheit erreicht, dann kletterte der Anteil Richtung 60 Prozent. Der Zweck dieses zusätzlichen Investments erschließt sich allerdings nicht. Schickedanzens waren ohnehin schon der wichtigste Eigentümer und kontrollierten das Unternehmen – oder hätten dies angesichts ihres Aktienanteiles zumindest tun können. Um den Konzern von der Börse nehmen und dann beispielsweise zerlegen zu können, hätte der Haupteigentümer über 90 Prozent der Aktien halten müssen. Die dafür notwendigen Zukäufe jedoch hätte Schickedanz nicht finanzieren können.

Die Frage drängt sich auf, ob die Zukäufe etwas mit dem sogenannten 2002er-Papier zu tun haben könnten. Wäre dieses dubiose Konzept, in dem es laut der ARD-Dokumentation *Karstadt – der große Schlussverkauf* um die Immobilien und Aktien von KarstadtQuelle ging, unterschrieben worden, hätten sich die Unterzeichner Matthias Graf Krockow von Sal. Oppenheim, Josef Esch und Schickedanz-Gemahl Leo Herl verpflichtet, in den Jahren nach 2002 weitere KarstadtQuelle-Aktien in ihre Einflussbereiche zu ziehen. Das Konzept blieb offiziell ein solches, weil es niemals unterschrieben worden war. Doch es fällt auf, dass in den späteren Jahren genau diese drei Gruppen – Sal. Oppenheim, Esch und Herl/Schickedanz – die bestimmenden Instanzen im Konzern waren. War der – eigentlich finanzschwache – Pool Madeleine Schickedanz das Sammelgefäß für diese Aktien der Verbündeten? Oder wollte Madeleine Schickedanz wirklich nur alles Erdenkliche tun, um das Erbe von Vater und Mutter zu erhalten?

Ihr finanzielles Bekenntnis zum Familienerbe hatte tatsächlich jedes Maß verloren. Mit Ausnahme der Privatimmobilien – die längst als Pfand für die KarstadtQuelle-Aktien herhalten mussten – steckte praktisch ihr gesamtes Vermögen in diesem wackeligen Unternehmen. Eine solch riskante Anlagestrategie will überhaupt nicht zu einer Frau passen, die als sicherheitsorientiert und konservativ geschildert wird.

Wer hat ihr dazu geraten? Ihre Bank Sal. Oppenheim? Die äußert sich nicht. Josef Esch? Er war immerhin ihr Vermögensverwalter. »Das Wort Vermögensverwalter stellt unsere Rolle größer dar, als sie war. Wir waren eher Berater in allen Lebenslagen. Die Entscheidungen hat unsere Kundin selbst getroffen«, sagt Oppenheim-Esch-Prokurist Dirk Froese. War Herl ihr wichtigster Berater bei der Anlagestrategie? Dazu gibt es keine Äußerung von ihm. Und Middelhoff sah sich im Hause Schickedanz nur für KarstadtQuelle/Arcandor zuständig.

Hat also die Frau, die übereinstimmend als entscheidungs- und willensschwach geschildert wird, diese Millionengeschäfte vollkommen allein getätigt? Das kann niemand glauben. Um Licht in dieses Dunkel zu bekommen, bedarf es weiterer Recherchen.

Madeleine Schickedanz mischte sich zwar selten in die Belange des Unternehmens ein, doch vollends ging das Geschäft nicht an ihr vorbei. Vor allem über zwei Kanäle übte sie Einfluss aus: zum einen über die Toppersonalentscheidungen, zum anderen über die Tradition. Das Ausmaß ihres Eingreifens bei der Besetzung von Topstellen ist allerdings umstritten und höchst wechselhaft. Die Aufsichtsratsvorsitzenden – in der Frühphase von KarstadtQuelle Hans Meinhardt und zuletzt Friedrich Carl Janssen – dürften die wahren Königsmacher gewesen sein. Doch bei der Absetzung von Deuss im Jahr 2000 hat die Familie um Madeleine Schickdanz offenbar tatsächlich Druck auf Meinhardt ausgeübt und ihn zum Handeln bewegt. Als vier Jahre später Wolfgang Urban gehen musste, soll es Meinhardt gewesen sein, der Christoph Achenbach als neuen Konzernchef installiert hat. Die Wahl von Schickedanz sei ihr früherer Büroleiter bei Quelle durchaus nicht gewesen, ist aus ihrem

Umfeld zu hören. Als 2005 wiederum Achenbach ersetzt werden sollte – Meinhardt hatte den Aufsichtsratsvorsitz inzwischen an Middelhoff abgegeben – war es wohl Madeleine Schickedanz, die den Kandidaten Ron Sommer für diesen Posten für nicht geeignet hielt. Und dass Middelhoff den Posten des Aufsichtsratschefs innehatte, war eine originäre Entscheidung der Quelle-Erbin.

Der zweite Einflusskanal ist schwerer zu fassen. Man kann ihn vielleicht als psychologischen Schickedanz-Bestandsschutz für Quelle-Strukturen bezeichnen. Immer wieder berichten Manager davon, dass es bei Neustrukturierungen und Reformen sehr lange Zeit ein Tabu war, Althergebrachtes im Erbreich der Madeleine Schickedanz anzutasten, wie notwendig das auch sein mochte. »Das ist Schickedanz-Zone«, »Das bekommen wir nie durch«, »Da stand drauf: Don't touch«. Solche Sätze äußerten Konzernmanager mir gegenüber mehrfach. In vielen Fällen werden die Quelle-Leute dieses Tabu jedoch einfach als Verteidigung vorgeschoben haben, um Managern aus der Zentrale oder Unternehmensberatern den Wind aus den Segeln zu nehmen, wenn diese den Versand von Grund auf umbauen wollten. Ob Schickedanz tatsächlich gegen Teilschließungen gewesen wäre, ob sie vom Tun dieser Blockierer im Namen der Herrin überhaupt wusste, ist eine ganz andere Frage.

Von Schickedanz ist jedoch auch – zumindest in der Frühphase der Krise – kein Vorstoß bekannt, mit dem sie klargemacht hätte, dass Quelle durchaus nicht unter Denkmalschutz steht, sondern dass für die Rettung des Gesamtkonzerns jede Maßnahme denkbar sein muss. Durch ihre Unsichtbarkeit zementierte sie das Wagenburgdenken der Quelle-Leute im Arcandor-Konzern, das mit dazu beitrug, dass der Versender trotz konzerninterner Subventionen von mindestens eineinhalb Milliarden Euro nicht mehr auf die Beine kam. Dass Schickedanz schließlich, als es eigentlich schon zu spät war, der Middelhoff-Strategie entsprechend bereit war, einem Partner die Mehrheit am Versand abzutreten, war im Unternehmen kaum bekannt.

Madeleine Schickedanz' Leben ist tief mit Quelle verbunden. Sie hat praktisch ihre Eltern an dieses Unternehmen verloren, ebenso ihre ersten beiden Ehemänner. Doch bei Ehemann Nummer drei, Leo Herl, sollte alles anders werden.« »›Der Leo geht nicht in den Vorstand‹, hat es immer geheißen, ›der Leo soll mit der Madeleine Reisen machen, und beide wollen das Leben genießen‹, hat es im Unternehmen geheißen. Na ja, und irgendwann hieß es dann plötzlich: ›Jetzt kommt der Leo in den Vorstand‹«, erinnert sich ein früherer Mitarbeiter. Wieder schien das Unternehmen, das ihr wohl eher Fluch als Segen war, einen ihr nahen Menschen zu vereinnahmen. Herl allerdings begnügte sich mit Tätigkeiten in der »Westschiene« der Quelle – also beispielsweise in Frankreich –, wurde später einfaches Aufsichtsratsmitglied von KarstadtQuelle/Arcandor und fungierte als Finanzberater seiner Frau. Bemerkenswert an Herl ist jedoch, dass er bei der Hochzeit mit der damaligen Milliardärin auf Gütertrennung bestanden hat. Offenbar wollte er nicht den Verdacht aufkommen lassen, die Quelle-Erbin wegen ihres Geldes zu ehelichen.

Dabei gab es am Hofe Schickedanz genügend andere Leute, die es mit der »Gütertrennung« nicht so ernst nahmen: »Sie hat sich ausnutzen und ausnehmen lassen, keine Frage. Sie hatte keinen vernünftigen Bezug zum Geld«, sagt ein Beobachter. »Ihre Immobilien wurden oft sehr aufwändig umgebaut. Aber dafür floss so viel Geld – das konnte nie und immer alles wirklich verbaut worden sein. Es würde mich nicht wundern, wenn sich an diesen Projekten einige gesundgestoßen haben«, sagt ein früherer Mitarbeiter.

Fast in den Ruin hat sie ihr offensichtlich fehlendes Gespür für Menschen getrieben. Noch 2007 taxierte das US-Magazin *Forbes* in seinem Ranking der reichsten Menschen der Welt das Schickedanz'sche Vermögen auf 5,5 Milliarden US-Dollar. Ob es zu dem Zeitpunkt tatsächlich noch so viel gewesen ist, scheint zwar fraglich, doch zeigt die Summe, von welchen Höhen Schickedanz abstürzte. Im Spätsommer 2009 musste sie bereits mit Sal. Oppenheim über eine Umschuldung verhandeln – die Bank hätte die Kredite jederzeit fällig stellen können. Sal. Oppenheim aber setzte der langjährigen Kundin nicht die Pistole auf die Brust. Es hätte auch nicht viel geholfen, schließlich konnte sie die Kredite zu der Zeit nicht ablösen. Doch offenbar wurde ein neues Konzept erarbeitet, mit dem die Kredite zumindest zum Teil zu bedienen waren. Das spräche für die Gerüchte, dass sie tatsächlich noch Immobilien besaß, die ihr jährliche Mieteinnahmen in Millionenhöhe einbrachten. Es gibt aber auch Stimmen, die behaupten, die Lage sei sehr viel schlimmer. Danach hätte Schickedanz sich der Beratung von Personen versichert, die man nur in ganz kniffeligen finanziellen Situationen bemüht. Dass sie bei den Berliner Bürgschaftsverhandlungen im Mai und Juni 2009 nichts mehr für das Unternehmen tun konnte, war längst ein offenes Geheimnis.

Ihr Mann Leo Herl sagte am 14. Juni 2009 in der *Bild am Sonntag* zur Finanzsituation: »Meine Frau hat einen hohen dreistelligen Millionenbetrag in die Firma gesteckt. Teilweise hat sie das Geld bei Banken finanziert und als Sicherheit ihr privates Vermögen, Immobilien und Firmenbeteiligungen eingesetzt.

Ich habe auch bei den Gesprächen mit der Politik um Staatshilfen versichert, dass wir über keine weiteren Mittel mehr verfügen. Das gesamte Vermögen meiner Frau steckt in dem Aktienpaket.«
Der *Stern* veröffentlichte am 2. September 2009 aufsehenerregende Details über ihren Finanzstatus. Danach haftete Schickedanz mit bis zu 215 Millionen Euro ihres Privatvermögens für die Kredite, die sie bei Sal. Oppenheim aufgenommen hatte. Die Bank habe sich entsprechend hohe Grundschulden in die Grundbücher der Schickedanz-Immobilien eintragen lassen. Diese Objekte hätte die Bank per Zwangsvollstreckung einziehen und verkaufen können. Darunter seien Immobilien in Hamburg und München, die Ferienvilla am Tegernsee sowie eine weitere Immobilie in Nürnberg. Auch das Anwesen in Hersbruck sei verpfändet, während das riesige Familienanwesen in Fürth inzwischen einem der Schickedanz-Kinder gehöre. Dort habe die Mutter ein lebenslanges Wohnrecht. Die Angaben sind nie dementiert worden. Gleiches gilt für die Meldung der *Bild am Sonntag* vom 3. Januar 2010, dass Schickedanz zur Schuldentilgung zwei ihrer Schweizer Villen im Wert von 47 Millionen Euro verkauft habe. Wie hoch die restlichen offenen Kredite noch waren, wurde nicht bekannt. Es kann jedoch nicht viel übrig geblieben sein vom Milliardenerbe des Unternehmerehepaares Gustav und Grete Schickedanz.

Den Tiefpunkt des Desasters aus Sicht der Öffentlichkeit jedoch erreichte Madeleine Schickedanz nicht mit einem peinlichen Notverkauf, sondern mit jenem bereits erwähnten Interview über ihre wirtschaftliche Lage. Sie gab es zur Überraschung der Öffentlichkeit »mit ihrem weichen fränkischen Tonfall« der *Bild am Sonntag*, es erschien am 19. Juli 2009 und ist bis heute unvergessen. Über das Haus in Hersbruck sagte sie: »Wenn ich hier wegziehen müsste, würde es mir das Herz brechen. Ich hafte mit meinem gesamten Vermögen und meinen Immobilien, mit allem, was auf meinen Namen eingetragen ist.« Wie viel sie verloren habe? »Wahnsinnig viel! Mein KarstadtQuelle-Aktienpaket war in der Spitze 3 Milliarden Euro wert, heute sind es gerade noch 27 Millionen Euro. Auf dem Papier haben wir somit 3 Milliarden verloren. Hinzu kommen 170 Millionen Euro Verlust aus meinem Privatvermögen für eine Kapitalerhöhung bei Arcandor im Jahr 2004 und noch zusätzlich ein dreistelliger Millionenbetrag, um das Unternehmen danach zu stabilisieren.« Sie sei fürs Alter nicht abgesichert: »Ich bekäme mit meinen 65 Jahren noch nicht einmal eine Rente.«

Auch zu ihrer eigenen Rolle in Arcandors Absturz äußerte sie sich: »Ich habe viel zu spät gemerkt, dass ich die Kontrolle verloren hatte. Und ich hätte schon viel früher Themen wie Internet im Versandhandel und die Zukunft und Veränderungen der Kaufhäuser angehen müssen. Das mache ich mir zum Vorwurf. Doch die Fehler im operativen Geschäft verantworte nicht ich, dafür gab und gibt es ein Management.« Middelhoff scheint sie allerdings von den Managementvorwürfen auszunehmen: »Ich kann mir nicht vorstellen, dass Herr Middelhoff etwas Unlauteres getan hat. Ich distanziere mich von den unfairen Vorwürfen gegen Herrn Middelhoff, dem man im Nachhinein alles in die Schuhe schieben will. Ohne ihn wäre KarstadtQuelle schon viel früher am Ende gewesen.«

Und dann kommen die Sätze, für die sie mit Spott und Häme überschüttet wurde: »Ich spare, wo ich kann. Wir reduzieren unsere persönlichen Ausgaben – von den Lebensmitteln bis zu Kosmetik und Kleidung. Wenn mein Mann und ich ausgehen, was nur noch selten vorkommt, dann zum Italiener um die Ecke, wir essen eine Pizza, trinken ein Viertel Rotwein und ein alkoholfreies Bier. Das kostet dann keine 40 Euro. Wir leben von 500 bis 600 Euro im Monat. Wir kaufen auch beim Discounter. Gemüse, Obst und Kräuter haben wir im Garten.«

Nach diesem Druck auf die Tränendrüsen wurde die ehemalige Milliardärin, die von Gartenkräutern leben müsse, in den Medien durch den Kakao gezogen. Im Internet gründete sich die Jux-Bewegung »Rettet Madeleine Schickedanz«, die zu Spenden aufrief. Ernst Sindel, der Betriebsratschef von Quelle, fühlte sich berufen, Schickedanz eine Woche später ebenfalls in der *Bild am Sonntag* in Schutz zu nehmen: »Die Mehrheit der Mitarbeiter respektiert nach wie vor die Familie Schickedanz«, die über Jahrzehnte sichere Arbeitsplätze und gute Sozialleistungen geboten habe. »Deshalb meinen viele, dass Frau Schickedanz diese Art von Häme und Spott nicht verdient hat.«

Madeleine Schickedanz ist zwar durchaus ein Opfer von Arcandors Absturz, aber sie trägt auch viel Verantwortung für das, was über Jahre in ihrem Unternehmen passiert ist. Sie sah mit an, wie die Fusion ihrer Quelle mit Karstadt mangelhaft umgesetzt wurde, wie sich immer neue Manager mit ihren Ideen, die die Bezeichnung Konzept oft nicht verdient hatten, austobten. Wie die Topangestellten das Unternehmen als Selbstbedienungsladen missbrauchten, aber die Zukunft verschliefen. Wie Marken mit exzellentem Bekanntheitsgrad verstaubten. Wie sicher geglaubte Arbeitsplätze von Mitarbeitern mit einem hohen Identifizierungsgrad wackelig wurden und schließlich zu Tausenden verschwanden, ausgerechnet in strukturschwachen Regionen wie Nürnberg/Fürth und dem Ruhrgebiet.

Allenfalls Madeleine Schickedanz hätte dank ihres Kapitals und ihrer langjährigen Präsenz die Macht gehabt, diese Zustände zu ändern. Doch sie blieb unsichtbar und ließ die Fehlentwicklungen geschehen, wodurch das Unternehmen über Jahre immer mehr von seiner Substanz verlor. Wo es einer verantwortungsvollen Unternehmerin mit eigenen, intern klar artikulierten Vorstellungen und deren Kontrolle bedurft hätte, war Madeleine Schickedanz kaum mehr als eine Namens- und Geldgeberin, die zudem zu leicht den Einflüsterungen zweifelhafter Berater erlegen war.

Eigentum verpflichtet. Dieser Verpflichtung ist Madeleine Schickedanz nur unzureichend nachgekommen. Dass sie dafür – im Gegensatz zu Eick, Middelhoff, Achenbach, Urban und Deuss – mit ihrem Privatvermögen zahlen musste, macht ihre Verantwortung für Arcandors Absturz nicht geringer. Und auch nicht ihre Mitschuld an all den persönlichen Dramen von langjährigen Mitarbeitern, Zulieferern und Dienstleistern, die daraus folgten.

August 2009

Insolvenzverwalter Görg muss den nächsten Rückschlag verkünden: »Aufgrund der jüngsten Entwicklungen und eines schwierigen Marktumfeldes sind die Chancen, einen Ankerinvestor zu finden, der die Fortführung des Konzerns ermöglicht, inzwischen als äußerst gering einzustufen«, schreibt er in einer Mitteilung. Konkret bedeutet das: Eick und er geben die Strategie auf, noch einen Käufer für den kompletten Arcandor-Konzern zu finden. Seit dem 15. August gilt die Suche nur noch Käufern von Einzelteilen wie Karstadt, Quelle, oder HSE 24.

September 2009

Mit der Eröffnung des regulären Insolvenzverfahrens – für Primondo beginnt es am 1. September um 7:01 Uhr, für Karstadt um 9:31 Uhr und für Arcandor um 11:31 Uhr – verlässt fast der gesamte Vorstand das Unternehmen. Neben Vorstandschef Eick gehen Finanzvorstand Rüdiger Günther, Karstadt-Chef Stefan Herzberg, der Chef der nicht von der Insolvenz betroffenen Tourismussparte Thomas Cook, Manny Fontenla-Novoa, sowie die von Eick geholten Vorstände Arnold Mattschull und Zvezdana Seeger. Es bleibt nur Versandchef Marc Sommer, der noch den Verkauf der Versandsparte zum Abschluss bringen soll. Die verbliebene zweite Reihe der Manager arbeitet künftig unter Anweisung von Görg oder seinen Mitarbeitern. Firmenchef ist jetzt Görg.

Eick reagiert auf die Kritik an seinem garantierten 15-Millionen-Euro-Gehalt – er bekommt es für sechs Monate Arbeit; auch Kanzlerin Angela Merkel hatte diese hohe Summe kritisiert. Mit seinem Ausscheiden gibt Eick bekannt, ein Drittel des Geldes an Arcandor-Mitarbeiter spenden zu wollen, die durch die Insolvenz ihren Job verloren haben. Eick ist der einzige Topmanager des Konzerns, der sich zu einer solchen Maßnahme entschließen kann.

Unterdessen gehen die Verhandlungen für eine Qualifizierungsgesellschaft für Quelle/Primondo weiter. Für den November sind die Gläubigerversammlungen vorgesehen. Bis dahin will Görg finanzielle Zugeständnisse etwa von den Mitarbeitern oder den Lieferanten schriftlich vorliegen haben. Die Folgen der Arcandor-Insolvenz treffen längst auch andere Firmen: Die Deutsche Post streicht 560 Stellen, weil weniger Aufträge vom Großkunden Arcandor hereinkommen.

Die kreditgebenden Banken ziehen jetzt einen Schlussstrich unter ihr Arcandor-Engagement: Sie – voran die BayernLB, die Commerzbank und die Royal Bank of Scotland – verkaufen ihr Pfand Thomas Cook. Dafür bekommen sie für jede der 376 Millionen Aktien 240 britische Pence. Damit nehmen sie gut eine Milliarde Euro ein und verabschieden sich schadlos aus ihrem Kreditengagement bei Arcandor. Ihre Forderungen hatten nur bei rund 900 Millionen Euro gelegen.

Schlaglicht: Karl-Gerhard Eick – der 15-Millionen-Euro-Mann

Den Stress der vergangenen Wochen sieht man Karl-Gerhard Eick an. Die zahllosen Gespräche, Verhandlungen, Reden und Fernsehauftritte haben die Augenringe hervortreten lassen, er sieht müde aus. An diesem Tag im Juni 2009 kommt der Arcandor-Chef gerade aus Berlin, direkt vom Bürgschaftsausschuss, in dem er mal wieder um die staatliche Sicherung für die dringend benötigten Kredite gekämpft hat.

Wir treffen uns zum Gespräch am Düsseldorfer Flughafen, direkt bevor er ins Büro nach Essen weiterfährt. Für die Anspannung, die in diesem Mann herrschen muss, wirkt Eick erstaunlich locker. Und das, obwohl der Langstreckenläufer die Laufschuhe nicht mehr angezogen hat, seit er Anfang März diesen möglicherweise schwersten Job der deutschen Wirtschaft angetreten hat. Dabei ist Laufen üblicherweise ein gutes Mittel zum Stressabbau und Abstandgewinnen, gerade in schwierigen Situationen. Aber Eick bleibt keine Zeit mehr, er arbeitet. »Ich mache im Moment nichts anderes. Aber das ist völlig in Ordnung, das habe ich vorher gewusst. Das hier ist eine Aufgabe, die mich fordert.« In Moment freut er sich schon über Kleinigkeiten. Etwa darüber, dass bei unserem Termin kein Fotograf dabei ist. Endlich kann er mal Sakko und Krawatte ablegen.

Eick gibt viele Interviews in dieser Zeit, er kämpft um die öffentliche Meinung. Stets präsentiert er sich als der Chef von Zehntausenden Mitarbeitern, der glaubt, dass die Insolvenz zu vermeiden ist. Wenn denn die Politik mit der Bürgschaft hilft. Dass er bereits zwei Wochen nach Amtsantritt den Insolvenz- und Sanierungsexperten Piepenburg engagiert hat, erscheint ihm nicht als Widerspruch zur offiziellen Linie. »Die Insolvenz in Eigenverwaltung war immer nur Plan B. Hauptziel war, das Unternehmen als Ganzes zu retten und zu sanieren. Aber als Vorstandschef hatte ich selbstverständlich die Verpflichtung, auf alles vorbereitet zu ein«, sagt er bei einem zweiten Interview im Frühjahr 2010. Wie schlimm es um das Unternehmen stand, muss er durch Aktienstudium und Gespräche schon vor seinem ersten Arbeitstag in Essen am 1. März 2009 gewusst haben. In einem Telefonat mit einer Führungskraft des Konzerns soll Eick gesagt haben, dass ihm und seinem neuen Team für die Rettung vielleicht ein Jahr bliebe, »wenn wir überhaupt so viel Zeit haben«.

Bei unserem Gespräch am Flughafen ist Eick knapp drei Monate Chef von Arcandor, davor war er sieben Jahre lang Finanzvorstand und zuletzt auch zweiter Mann bei der Deutschen Telekom. Zweimal war er dort übergangen worden, als der Chefposten in Bonn frei wurde. Das nagt an jemandem, der so ehrgeizig ist wie Eick. Für ihn kursierte deshalb ein böser Spitzname: »Prinz Charles« – der Mann, der es wohl niemals auf den Thron schaffen wird ... Doch jetzt, mit 55 Jahren, fühlt er sich noch jung genug für eine ganz neue, ganz große Herausforderung, begründet er seinen Einstieg bei Arcandor. Eick wird endlich die Nummer eins in einem großen Unternehmen – das wäre bei der Telekom nichts mehr geworden.

Eick glaubt, er könne sich im neuen Unternehmen auf sein eigenes kleines Team und auf den Hauptaktionär verlassen. »Ohne die Erfahrung und Reputation von Herrn Janssen und Sal. Oppenheim im Hintergrund hätte ich das nicht gemacht. Man braucht den Rückhalt der Eigentümer, sonst kannscht es gleich lassen«, schwäbelt er. Friedrich Carl Janssen hatte ihn mit dem inzwischen berühmt gewordenen Vertrag über 15 Millionen Euro Garantiegehalt für fünf Jahre geködert: 2 Millionen Euro pro Jahr fix und noch einmal eine Million erfolgsabhängig. Bei der Telekom hatte Eick 2,8 Millionen Euro kassiert, also kaum weniger. Die Aufregung um sein Gehalt, das von Sal. Oppenheim abgesichert ist, versteht Eick im Juni 2009 überhaupt nicht. »Ich bin nicht gierig, aber ich bin auch nicht blöd«, sagt er. Ungesichert aus einer Position wie seiner bei der Telekom »rauszugehen, das würde kein vernünftiger Mensch machen. Und als vernünftig bezeichne ich mich schon.«

Doch Eick kann noch mehr kassieren: Als weiteren Anreiz soll er angeblich noch 1,5 Prozent des Wertzuwachses von Arcandor an der Börse erhalten – was bei gelungener Sanierung schnell weitere hohe Millionenbeträge ausmachen könnte. Dieses sogenannte Incentive soll an den Kurs der Arcandor-Aktie gebunden sein. Eick müsste also, wenn er das Extra kassieren will, eine Zerschlagung der Arcandor AG mit seinen Bestandteilen Karstadt Warenhaus, Quelle/ Primondo und Thomas Cook verhindern. Falls er auch nur einen Konzernbestandteil verkauft, dürfte der Aktienkurs stürzen, der 1,5-Prozent-Bonus wäre weg. Diese Version seines Rettungsbonus allerdings bestreitet Eick. »Das ist totaler Quatsch. Ich hatte Optionen auf 2,47 Prozent der Arcandor-Aktien von Sal. Oppenheim. Auf die hätte ich nach Ablauf meines Vertrages, also nach fünf Jahren, zugreifen können.« Was aber nichts daran ändert, dass die Belohnung letztlich an die Arcandor-Aktie gebunden war.

Die Verhandlungen über Eicks Vertrag und sein Arcandor-Konzept mit Sal. Oppenheim liefen im November 2008. Janssen und Bankchef Krockow versicherten, dass sich das Institut mit einem hohen Betrag – rund 150 Millionen Euro – an der Sanierung des Konzerns beteiligen werde. Eick versprach, alle weiteren notwendigen Mittel am Kapitalmarkt zu besorgen. Angesichts seiner Erfahrung und seiner Beziehungen in den Kapitalmarkt erschien das realistisch. Schnell wurden sich beide Seiten einig.

Doch offenbar hat sich Eick, wie so viele andere, zu sehr auf den guten Namen Sal. Oppenheim verlassen, hinter dem doch eine gewaltige finanzielle Power stecken muss. Denn als Eick vier Monate nach den Vertragsverhandlungen endlich bei Arcandor antrat, war die Welt eine andere geworden. Plötzlich mehrten sich Meldung über Finanzprobleme von Sal. Oppenheim. Und auch Janssens versprochene finanzielle »Rückendeckung« für Eicks geplanten Arcandor-Umbau schien plötzlich nicht mehr ganz so sicher. »Man konnte ja nicht ahnen«, sagt er lange nach der Insolvenz, »dass Sal. Oppenheim so kurze Zeit später in die Knie gehen würde.« Doch genau das zeigt sich in den Berliner Rettungsgesprächen im Mai und Juni. Im Bürgschaftsausschuss sollten Sal. Oppenheim und Madeleine Schickedanz erst einmal einen hohen Betrag für die Sanierung auf den Tisch legen. Wie viel es genau sein muss, damit Berlin eine Kreditbürgschaft drauflegt, sagen die Vertreter der Ministerien nicht. Doch die 100 Millionen Euro, die Oppenheim schließlich – zum Teil fremdfinanziert – anbot, reichten dem Ausschuss nicht. Als die beiden Hauptaktionäre nicht nachlegen können und das Ergebnis der Europawahl zeigt, dass die Bürger keine teuren Firmenrettungen auf ihre Kosten wollen, werden die staatlichen Hilfen verweigert. Und Eick muss – nicht einmal zwei Wochen nach unseren Gespräch am Flughafen – ebenjenen Antrag auf Eröffnung des vorläufigen Insolvenzverfahrens unterschreiben, das er doch angeblich auf jeden Fall vermeiden wollte.

Wollte er die Insolvenz wirklich vermeiden? Wenige Eick-Kritiker halten die Summen, die er von der Allgemeinheit zur Rettung des Unternehmens forderte, für viel zu hoch. Wollte er etwa, dass er in Berlin scheiterte, um die Insolvenz durchführen zu können? »Ich weiß nicht, warum Herr Eick fast 900 Millionen Euro Bürgschaft aus dem Deutschland-Fonds und später über 400 Millionen Euro Rettungskredit beantragt hat. So viel Geld wurde gar nicht gebraucht«, sagte später sein Vorgänger Thomas Middelhoff.

Eine Äußerung, die Monate später auf einer Fachtagung in Frankfurt fällt, kratzt an Eicks Retterimage: Am 27. November 2009 schreibt die *Börsen-Zeitung*: »(...) Eick (...), der erstmals öffentlich erklärte, dass er den Chefposten bei Arcandor gezielt übernommen habe, weil es ihn ›gereizt‹ habe, ›ein Unternehmen dieser Größenordnung mit 40 000 Mitarbeitern durch die Insolvenz (in Eigenverwaltung) zu führen‹«. Eick hat anschließend nie dementiert, dass er dies gesagt habe. Im Gegenteil. Heute bestätigt er: »Ich wollte beweisen, dass eine Restrukturierung in der Insolvenz auch in Deutschland funktioniert, ähnlich wie in den USA.« Eick bleibt dabei, dass er den Insolvenzexperten Piepenburg, der als Spezialist für derlei Planinsolvenzen in Eigenverwaltung gilt, nur für den Fall engagiert habe, »dass Plan A, also die Komplettrettung, nicht funktioniert«, sagt er ein Jahr später. »Aber Plan A hätte funktioniert, wenn sich jeder an seine Zusagen gehalten hätte«, glaubt Eick – und meint damit wohl die versprochenen Zahlungen von Sal. Oppenheim für den Umbau des Konzerns. Auch Piepenburg glaubt, dass Eick tatsächlich nach Essen gekommen war, um Arcandor als Ganzes zu erhalten. »Aber als er nach wenigen Tagen im Unternehmen sah, wie schwierig die Situation tatsächlich war, hat er sich für alle Fälle professionelle Hilfe geholt. Aber Priorität hatte eindeutig sein Sanierungskonzept.«

In der Tat aber schwante Eick wohl schon nach wenigen Wochen bei Arcandor, dass es ohne die Insolvenzvariante nicht gehen würde. Er hatte sie fortan immer zumindest im Hinterkopf. Neben den Finanzproblemen des Haupteigentümers bereiteten vor allem die eigenen Umsatz- und Ergebniszahlen und die entsprechenden Planungen dem Management Kopfschmerzen. Eick korrigierte die Prognosen, die Middelhoff ihm hinterlassen hatte, nach unten. Die Situation war wirklich ernüchternd: Aus dem operativen Geschäft war weniger Geld zu erwarten als eingeplant, der Finanzierungsbedarf des Unternehmens war deshalb höher, der Großaktionär schwächelte, und über alles wälzte sich die weltweite Finanzkrise, die eine Verlängerung der Kredite im Juni unwahrscheinlich erscheinen ließ. Ein Vorstandschef, der sich angesichts dieser Problemfülle nicht mit einem Insolvenzverfahren als *worst case* beschäftigt, handelt verantwortungslos.

Würde denn eine Planinsolvenz die wichtigsten Probleme des Unternehmens lösen? Dadurch könnten immerhin finanzielle Altlasten wie die teuren Mietverträge mittels außerordentlichen Kündigungsrechts abgeschüttelt werden, ebenso unflexible Vereinbarungen mit den Arbeitnehmervertretern. Drei Monate lang würde die Bundesanstalt für Arbeit die Gehälter zahlen, die Umsatzsteuer müsste das Unternehmen im vorläufigen Insolvenzverfahren auch nicht abführen, und die Lieferanten verzichteten wohl oder übel auf große Teile ihrer Rechnungsforderungen. All das brächte Arcandor eine finanzielle Entlastung im dreistelligen Millionenbereich, die Sanierung, die Schrumpfung könnte sehr viel leichter und schneller gehen. Aber eine Insolvenz ist das ultimative Eingeständnis des Scheiterns, die viel Schaden anrichtet und eine Eigendynamik entwickeln kann, die Management und Eigentümer nicht mehr steuern können.

Sal. Oppenheim wollte diese Lösung denn auch nicht. Denn bei einer klassischen Insolvenz verlieren die Eigentümer ihr Eigentum, weil zunächst die Gläubiger befriedigt werden und danach für die Aktionäre zumeist nicht mehr viel übrig bleibt. Wählt man allerdings die Variante der Planinsolvenz in Eigenverwaltung, müssen die Eigentümer zwar auch auf viel Geld verzichten, indem sie »Sanierungsbeiträge« bringen. Doch sie können im Boot bleiben, wenn sie sich mit den Gläubigern einigen. Und die haben in der Regel ein Interesse daran, dass das Unternehmen überlebt, wenn auch in verkleinerter Form. Wenn das Planverfahren gut läuft und sich Unternehmen wie Aktienkurs anschließend erholen, könnten die Eigentümer zumindest einen Teil ihres verlorenen Geldes irgendwann doch wieder zurückbekommen. Dafür brauchen sie aber einen langen finanziellen Atem. So könnten sie aber ihren Schaden mithilfe – oder besser: auf Kosten – der Allgemeinheit zumindest begrenzen.

Einen gewissen Charme hat solches Verfahren also schon, jedenfalls für Eigentümer und Management. Auch Eick hätte seinen Posten im Planverfahren behalten können. Denn zu den Besonderheiten dieser Version gehört, dass das bisherige Management die Sanierung versucht, allerdings unter der Oberaufsicht eines Sanierungsexperten – des sogenannten »Sachwalters« –, in der Regel eines erfahrenen Insolvenzverwalters. In diesem Fall wäre das Piepenburg gewesen. Doch gegen den Widerstand der Hauptaktionäre, die keine Insolvenz wollten, war Eick machtlos. Also verständigte man sich darauf, die Rettung durch den Staat zu versuchen, über Hilfen aus dem Deutschland-Fonds. Eick war sich sicher, dass die Bundesregierung angesichts des Namens des Unternehmens, der Menge an Arbeitsplätzen und des heraufziehenden Wahlkampfes nicht Nein sagen könnte.

Wie schlug sich nun der Krisenmanager Eick? Nur sechs Monate lang war er Chef von Arcandor, die Hälfte der Zeit unter der Kuratel des Insolvenzverwalters. Er wollte das Unternehmen komplett umkrempeln und ist komplett gescheitert. Daran sind nicht nur äußere Umstände wie die Beinahepleite des Geldgebers Sal. Oppenheim, die öffentliche Meinung oder der Widerstand des Konkurrenten Metro schuld. Eick hat selbst auch schwerwiegende Fehler gemacht, die die ohnehin schon geringen Erfolgschancen weiter reduzierten.

Sein Kardinalfehler brachte Eick sogar einen neuen Spitznamen ein: »Ich-AG«. Gleich in mehreren Fällen beklagten sich Beteiligte, dass der Chef sie bei bedeutenden Verhandlungen nicht mit ins Boot genommen habe, sondern auf eigene Faust losmarschierte. »Ich habe selten einen Manager erlebt, der so sehr überschätzte, dass alles nur allein von seiner persönlichen Arbeit abhängt«, sagt jemand, der Eick in Gremiensitzungen erlebt hat. »Der hat sein eigenes Ding gemacht und die Leute nie erreicht«, sagt ein anderer, der nah dran war. Aufsichtsratsmitglieder mussten etwa beim Vorsitzenden des Kontrollgremiums einfordern, dass Vorstandschef Eick sie doch bitte über seine grundsätzlichen Pläne informieren möge. Unverständlich ist auch, dass Vorstandschef Eick niemals Kontakt zu Großaktionärin Madeleine Schickedanz hatte. Da beide für dieselbe Sache arbeiteten, sollte man annehmen, dass sich beide über Ziele und Wege persönlich verständigt hätten. Das war jedoch nicht der Fall.

Besonders deutlich und folgenreich war Eicks Hang zum Alleingang bei seinen Bemühungen um politische Unterstützung für Arcandor. Der Vorstandschef wollte die Verhandlungen nach Aussage mehrerer Augenzeugen weitgehend selbst führen, vielleicht noch zusammen mit Aufsichtsratschef Janssen. Auf die Angebote anderer Führungskräfte, ihre Drähte in Berlin zu aktivieren, soll er verzichtet haben. »Ich kenne das politische Berlin«, sagte er. Und zwar aus den vielen Jahren als Vorstand der Telekom, an der der Staat ja Anteile hielt. Das gab es immer Kontakte, vor allem ins Finanzministerium, aber auch ins Bundeskanzleramt. Vor allem zur SPD hatte er gute Beziehungen, und die Sozialdemokraten waren ja im Frühjahr 2009 Teil der Großen Koalition. Der Rettungstopf der Bundesregierung sollte Firmen helfen, die wegen der weltweiten Finanzkrise Probleme mit der Finanzierung bekommen hatten. Stichtag war der 1. Juli 2008 – wer danach in Schwierigkeiten geriet, konnte Hilfe beantragen. Diese Voraussetzung sah Eick für Arcandor erfüllt. Zwar hatte der Konzern schon lange vorher Probleme, doch vom Kreditfluss sei er erst durch die globale Finanzkrise in der zweiten Jahreshälfte 2008 abgeschnitten worden. So lief die Argumentationslinie, aus der der Konzern für sich das Recht auf die Bürgschaft ableitete.

»Er war davon überzeugt, dass seine Beziehungen nach Berlin so gut sind, dass er die Bürgschaft bekommt«, sagt ein Beobachter. Es wurde sogar von einer angeblichen Absprache in der Großen Koalition gemunkelt: Kanzlerin Angela Merkel und die Union geben die Retter des angeschlagenen Autoherstellers Opel, Frank Walter Steinmeier und die SPD können sich mit der Überlebenshilfe für Arcandor brüsten. Zur Europäischen Union nach Brüssel, die ebenfalls überzeugt werden musste, wurden eilends neue Verbindungen geknüpft. Doch offensichtlich überschätzte Eick seinen Einfluss auf die Politik, zumal sein Geheimplan nicht lange unbemerkt blieb. Als Eick kurz nach Amtsantritt im März heimlich für sein Bürgschaftsersuchen werbend durch die Büros im Berliner Regierungsviertel zog, hatte die Metro bereits Wind von der Sache bekommen. Wie bei den Eifersüchteleien der beiden Warenhausketten in den Jahrzehnten zuvor witterte Kaufhof eine Wettbewerbsverzerrung, falls Karstadt staatliche Unterstützung erhielte. Metro-Chef Eckhard Cordes zog zusammen mit seinem Lobbyisten und Öffentlichkeitsarbeiter Michael Inacker – beide hatten zuvor schon bei Daimler zusammengearbeitet – alle Register einer Abwehrschlacht in Politik und Öffentlichkeit. Das Duo hatte Erfolg.

Schon bald lief in Berlin alles gegen Eick. Denn Cordes hatte die besseren Drähte als der Karstadt-Chef, schließlich war der CDU-Mann Vertrauter von Bundeskanzlerin Angela Merkel und stellvertretender Vorsitzender des Wirtschaftsausschusses der Union. Was Eick wohl nicht klar war. Im Abwehrkampf gegen die Arcandor-Hilfen bearbeitete Cordes in Gesprächen Spitzenpolitiker wie Bundeswirtschaftsminister zu Guttenberg, die Ministerpräsidenten Jürgen Rüttgers in Nordrhein-Westfalen – dem Konzernsitz von Arcandor – und Horst Seehofer in Bayern, wo die Versandsparte mit Quelle angesiedelt war. Unions-Parlamentarier sprachen sich bereits in Zeitungs- oder Fernsehinterviews gegen Staatshilfe für Arcandor aus. Ein ernst zu nehmendes Gegengewicht von Sozialdemokraten, die öffentlich klar hinter dem Bürgschaftsantrag standen, gab es nicht. »Ich hatte die Bedeutung des Wahlkampfes für unsere Sache unterschätzt«, räumt Eick heute ein. Als die Bundesregierung – gegen den Willen von Wirtschaftsminister zu Guttenberg – eine Unterstützung für Opel beschloss, war Eick klar, das das nichts Gutes für sein Hilfeersuchen bedeuten würde: »Noch einmal lässt sich der Minister in einer solchen Fragen nicht überstimmen.« Eick sollte Recht behalten.

Vor allem aber hatte sein Gegenspieler Cordes einen Trumpf im Ärmel, gegen den Eick keine Chance hatte. Der Metro-Chef bot die sogenannte »privatwirtschaftliche Lösung« an, bei der keine staatliche Hilfe nötig sei. Kaufhof würde rund 60 Karstadt-Häuser übernehmen, aus beiden Ketten entstünde eine »Deutsche Warenhaus AG«. Die könne dann später verkauft oder an die Börse gebracht werden. Somit hätte der Großteil der Karstadt-Standorte und der Arbeitsplätze in der Warenhaus AG eine Zukunft, argumentierte Cordes. Er ging allerdings nicht darauf ein, was mit den Karstadt-Häusern und ihren Mitarbeitern passieren würde, die nicht den Weg in die Warenhaus AG fänden. Schon gar nicht wollte er die unangenehme und schlagzeilenträchtige Arbeit der Schließung der übrigen Standorte selbst übernehmen. Cordes bremste mit seiner Idee der »privatwirtschaftlichen Lösung« auf taktisch höchst geschickte Weise die Hilfsbereitschaft der Politiker aus und löste sich die Eintrittskarte für die Sitzungen in Berlin, in denen über das Schicksal des Konkurrenten befunden wurde. Denn Cordes' Lösung würde ohne Steuergelder auskommen – das zieht bei Politikern.

Mancher Beobachter hielt die »privatwirtschaftliche Alternative« von vornherein nur für eine Nebelkerze, ein Störmanöver gegen den Bürgschaftsantrag und einen Versuch, den einzig verbliebenen bundesweiten Konkurrenten des Kaufhof vom Markt zu bekommen. Selbstverständlich gehörte Eick zu dieser Gruppe: Er lehnte die Cordes-Alternative mit Blick auf das damit mutmaßlich verbundene Schließungsprogramm ab. Dadurch bekam er sofort das Image des Neinsagers und Blockierers. Seine Alleingänge rächten sich jetzt: Während er nur mit Janssen und seinem Finanzvorstand im Bürgschaftsausschuss die Interessen seines Unternehmens vertrat, sah er sich nicht nur skeptischen Politikern, Staatssekretären und der generalstabmäßig vorbereiteten Metro-Delegation gegenüber, sondern auch Alexander Dibelius, dem Deutschland-Chef von Goldman Sachs. Der Investmentbanker ist ein exzellenter Analytiker, Taktiker, Netzwerker und Geschäftewitterer. Er vertrat die Interessen des größten Karstadt-Vermieters Highstreet und äußerte – im Sinne sicherer Mietverhältnisse – Sympathien für Cordes' Idee der Deutschen Warenhaus AG. Dibelius und Cordes kennen sich zudem auch privat sehr gut, sie sind gegenseitige Trauzeugen und Taufpaten.

Eick und Janssen hätten in dieser Situation gut einen Vertreter der Belegschaft als Verbündeten am Tisch gebrauchen können als Repräsentanten der 40000 Mitarbeiterschicksale. Die beiden aber verzichteten darauf, und auch die Ministerialbürokratie zeigte kein großes Interesse an der Teilnahme von Arbeitnehmervertretern. Dabei waren diese in Berlin in Sachen Arcandor-Rettung unterwegs. »Wir führten ja auch unsere politischen Gespräche, aber nie mit Eick und Janssen zusammen, weil die das nicht wollten. Das war vollkommen grotesk. Einmal begegneten sich beide Delegationen sogar in einem der Vorzimmer«, erinnert sich Margret Mönig-Raane, stellvertretende Vorsitzende von Ver.di und Arcandor-Aufsichtsrätin. Das getrennte Auftreten der Interessenvertreter sorgte für Verwunderung bei den Politikern. Während die Gegenseite also ihre Kräfte gebündelt hatte, schwächte sich Arcandor durch Eicks Alleingang selbst.

Auch intern war Eick als »Ich-AG« unterwegs. Vom Wunsch nach Einigkeit und gemeinsamen Konzeptionen mit dem bisherigen Vorstand und den Betriebsräten war wenig zu spüren: »Er hatte das Talent, die Mitarbeitervertreter vollkommen unnötig gegen sich aufzubringen. Dabei brauchte er sie unbedingt zum Überleben. Denn ohne Lohnverzicht der Mitarbeiter wollten die Banken ja gar nicht mehr über Kredite auch nur reden«, sagt ein Beteiligter. Eicks Forderungen waren für die Arbeitnehmervertreter ein Kulturschock nach Middelhoffs Schmusekurs.

Mit diesen inhaltlichen Differenzen waren personelle verbunden: Denn Eick brachte zum Amtsantritt mit Zvezdana Seeger und Arnold Matschull zwei Vertraute mit, die ihn bei der Umsetzung seines Programms unterstützen sollten. Seine frühere Telekom-Kollegin Seeger – wegen ihrer gnadenlosen Entschlossenheit wurde gemunkelt, sie ginge durch Wände – sollte den Verkauf oder die Schließung der dafür ausersehenen Betriebsteile übernehmen. Matschull, lange beim Textildiscounter Takko aktiv und mit guter Kenntnis der asiatischen Liefermärkte für Textilien ausgestattet, sollte sich maßgeblich um den Konzerneinkauf kümmern. Die beiden Neuen wollte Eick gleich in den Rang von Vorstandsmitgliedern befördern, trotz Geldnot und Streichprogrammen überall im Konzern. Dagegen rebellierten die Arbeitnehmer, weil sie die Schaffung zweier neuer Vorstandsstellen weder für notwendig noch für vermittelbar hielten. Matschull und Seeger begannen aufgrund des Widerstandes von der Arbeitnehmerbank tatsächlich erst als »Generalbevollmächtigte«, wurden aber in der folgenden Aufsichtsratssitzung mit den Stimmen der Arbeitnehmervertreter doch als Vorstände berufen. »Laut Eick und Janssen war die Beförderung eine Forderung der Banken. Sie sei eine der Voraussetzungen dafür, dass die Banken überhaupt über die Verlängerung der Kredite reden wollten. Sollten wir deswegen die Insolvenz riskieren und dafür auch noch die Schuld zugeschoben bekommen? So haben wir wider besseres Wissen die Blockade aufgegeben. Wir haben sogar noch ausgelost, wer dafür stimmen muss. Keiner wollte es tun«, erinnert sich Mönig-Raane. Sogar von Tränen in den Augen der Gewerkschafterin in der entscheidenden Sitzung ist zu hören. Bei den kreditgebenden Banken gibt es allerdings keine Bestätigung dafür, dass sie die Beförderung der beiden Neuen wirklich gefordert hätten.

Tatsächlich versuchte Eick mit diesem Schritt, Verbündete in einem Unternehmen zu installieren, in dem er keine hatte. Doch damit brachte Eick nicht nur die Arbeitnehmerschaft gegen sich auf, er spaltete auch den Vorstand.

Und das mitten im Existenzkampf. Die Neulinge Seeger und Matschull würden den schon länger im Unternehmen tätigen Marc Sommer (Versand) und Stefan Herzberg (Warenhaus) zumindest Kompetenzen wegnehmen, wenn diese nicht gleich vollständig kaltgestellt worden wären. Die psychischen Folgen von Eicks Vorgehensweise für das Wir-Gefühl waren fatal: Er schlug erst einmal alle vor den Kopf. Die Mitarbeitervertreter fühlten sich über den Tisch gezogen. Sommer und Herzberg sahen sich in wesentlichen Fragen der Unternehmensausrichtung ausgebootet.

Zumal der neue Chef auch noch sofort sämtliche Gespräche beenden ließ mit – nach dem alten Middelhoff'schen Masterplan – Partnern, die für die operativen Einheiten Warenhaus und Versand gesucht wurden. Für Karstadt gab es noch die Gespräche mit Kaufhof. Die Primondo-Manager waren nach eigenen Aussagen mit ihren Verhandlungen mit Redcats, der Tochter der französischen PPR-Gruppe, zu der auch Puma, Yves Saint Laurent und Botega Veneta gehören, schon recht weit. »Eick war völlig digital eingestellt. Als er kam, mussten alle Kooperationsgespräche sofort abgebrochen werden. Es durften nicht mal mehr alternative Szenarien gerechnet werden, kein Plan B oder C. Es hieß nur: Bei Arcandor bleibt alles zusammen! Er spekulierte offenbar nur noch auf den Deutschland-Fonds«, heißt es aus dem Unternehmen. Auch dieses Verhalten passt zur Strategie, alles zu verhindern, was die Arcandor-Aktie schwächen könnte. Eick sieht das anders: »Es gab völlig unrealistische Vorstellungen des früheren Managements etwa über die Kaufpreise für Karstadt und Primondo. Diese Gespräche waren aussichtslos, man musste sie so schnell wie möglich beenden.«

»Eick hatte im Vorstand, eigentlich im ganzen Unternehmen, nur Seeger und Matschull auf seiner Seite. Herzberg und Sommer bildeten eine eigene Fraktion, Finanzvorstand Günther war irgendwo dazwischen«, erinnert sich ein Beteiligter. Und auch im Aufsichtsrat gab es – sowohl auf der Arbeitnehmer- wie der Kapitalseite – ob des Auftretens des neuen Chefs deutliche Skeptiker. Eick sagt heute, er habe mit nichts anderem gerechnet. Sein Plan sei gewesen, die »verkrusteten Strukturen im Unternehmen« von Grund auf aufzubrechen »und in den Grundfesten zu erschüttern«.

Diese Absicht war zu spüren bei Eicks Versuch, einen zentralen Einkauf aus Essen heraus zu installieren gegen den Willen von Sommer, Herzberg und des Betriebsrates. »Das hat auf dieser Welt aber noch kein großer Konzern hinbekommen«, sagt dazu ein erfahrener Manager aus einem anderen Handelskonzern. Strukturen verändern wollte Eick auch »über flexiblere Einsatzmöglichkeiten des Personals bis hin zum drastischen Abbau der Überbesetzung in der Konzernzentrale und der deutlichen Senkung der Miete«, sagt er. So sinnvoll diese Ansatzpunkte auch waren: Es mutet reichlich naiv an, diese Strukturen in dem für sein Beharrungsvermögen gefürchteten Unternehmen mit einer Handvoll mitgebrachter Söldnermanager wegzufegen. Es sei denn, man plant, sich der brutaleren Werkzeuge zu bedienen, die eine Insolvenz der Unternehmensleitung in die Hand gibt. Was ein Hinweis darauf wäre, dass für Eick ein Insolvenzverfahren für Arcandor doch mehr war als der allerletzte Ausweg.

Eick fällte zudem Entscheidungen, die andere nicht verstehen konnten. Im Frühjahr 2009 etwa drängten die kreditgebenden Banken wegen der finanziellen Lage des Unternehmens darauf, den Reiseveranstalter Thomas Cook zu verkaufen, der an sie verpfändet war. Rund 900 Millionen Euro hätten Arcandors Cook-Aktien bei einem Verkauf abwerfen müssen, um die Schulden begleichen zu können. Eick lehnte ab. »Der Verkauf zu diesem Zeitpunkt hätte keine Probleme gelöst, sondern sie nur verschlimmbessert. Wir hätten zu diesem Zeitpunkt nicht genügend für unseren Anteil erlöst und wären auf 200 Millionen Euro Restschulden hängengeblieben, und das nutzte uns gar nichts«, erklärt Eick, »ansonsten hätte ich die Aktien ja sofort verkauft.« Der Blick auf den Aktienkurs allerdings sagt – ebenso wie die Banken – etwas anderes: Danach hätte der zu erwartende Verkaufserlös ausgereicht, die Schulden zu tilgen und noch Geld übrig zu haben. »Aber Eick wollte einfach nicht«, sagt ein Banker. Wollte er nicht, weil er unbedingt die Arcandor-Aktie erhalten wollte? Im Umkreis der Großaktionärin Schickedanz war jedenfalls anschließend der Ärger groß, denn sie war vor Eicks Ablehnung nicht über das Angebot informiert worden.

Hätte Eick die Thomas-Cook-Beteiligung im zweiten Quartal 2009 tatsächlich verkauft, wäre durch den kleinen Veräußerungsgewinn die Insolvenz wahrscheinlich zumindest am 9. Juni noch nicht nötig gewesen. Es wäre erst einmal wieder Geld da gewesen, um Rechnungen bezahlen zu können. Das Ende aller Probleme hätte selbstverständlich dieser letzte Verkauf von Werthaltigem nicht gebracht. Denn Karstadt und Primondo wären auf sich allein gestellt auch weiterhin akut von der Insolvenz bedroht gewesen. Angesichts der Milliardenkosten durch die wenig später tatsächlich eingetretene Insolvenz wäre diese Selbstverstümmelung aber wenigstens eine genaue Prüfung wert gewesen. Vor allem hätte der Aufschub Quelle zusätzliche Probleme bei der Produktion des Hauptkataloges ersparen können, die später hohe Millionensummen an Umsatz gekostet und das Versandhaus gänzlich unverkäuflich gemacht haben: Nach der Insolvenzmeldung jedoch stoppten die Druckereien die Herstellung aus der berechtigten Sorge, vom Unternehmen ihre Rechnungen nicht mehr bezahlt zu bekommen. Der Druckstopp hatte zur Folge, dass Quelle wochenlang keinen gültigen Katalog auf dem Markt hatte.

Noch fataler aber waren, wie bereits erwähnt, die Folgen der Insolvenz auf das sogenannte »Factoring«, das Quelle mit Geld versorgte. Die beauftragte Valovis-Bank stellte das Factoring – völlig legal – kurz nach dem Insolvenzantrag des Kunden ein, allerdings ohne Vorwarnung. Pikant wird der Schritt der Bank, wenn man weiß, wem Valovis gehört: Sie ist Teil des Pensionstrustes von Arcandor, der den Alt-Pensionären ihre Betriebsrenten auszahlt. Die Bank, die Quelle finanziell auf dem Trockenen sitzen ließ, war also praktisch Teil der Familie. Einige Manager waren zudem gleichermaßen für den Konzern wie für seinen Pensionstrust tätig.

Der folgenreiche Schritt von Valovis kam nicht überraschend – jeder denkt zuerst an sich, vor allem in der Insolvenz. Überraschend aber war, dass die Arcandor-Führung diesem Problem offenbar unvorbereitet gegenüberstand. Eick und Berater Piepenburg, die sich wochenlang gedanklich mit einer Planinsolvenz auseinandersetzten, hatten für diesen vitalen Punkt bei Quelle offenbar keinerlei Vorsorge getroffen. Piepenburg und Görg-Mitarbeiter Jauch begründen das mit dem Hinweis, dass es zuvor niemals einen Hinweis der Valovis-Bank auf eine bevorstehende Kündigung gegeben hätte. Die wirtschaftlichen Folgen insbesondere für Quelle Deutschland waren dramatisch. Der 50-Millionen-Euro-Kredit, den Insolvenzverwalter Görg schließlich bei Bund und Ländern erringen konnte, ermöglichte zwar die Auslieferung des Kataloges, doch der angerichtete Schaden war zu groß. Quelle Deutschland wurde im Herbst 2009 abgewickelt und geschlossen, Tausende Mitarbeiter entlassen. Kein Investor hatte das Unternehmen nach wochenlanger Prüfung der Zahlen haben wollen, nicht einmal geschenkt.

Hatte Eick wirklich alles versucht, die vorläufige Insolvenz am 9. Juni zu verhindern? Einige Beobachter – nicht nur solche aus dem Middelhoff-Umfeld – bezweifeln das. Tatsächlich hat Eick auf die allerletzte Chance verzichtet. Nach der Ablehnung von Bürgschaft und Rettungskredit am 8. Juni hatte die Politik ihm noch die Möglichkeit der Nachbesserung des Rettungskreditantrages eingeräumt. Doch Eick stellte keinen überarbeiteten Antrag mehr. Fürchtete er, dass ihn die öffentliche Hand im Gegenzug für den Kredit zu Einschnitten in die Konzernstruktur hätte drängen können?

Während sich der Vorstandschef also offenbar schon mit dem Gang zum Insolvenzrichter abgefunden hatte, versuchten andere weiterhin, doch noch einen Ausweg zu finden. Die Vorstandsmitglieder Sommer und Herzberg etwa gingen mit ihren Mitarbeitern in der Nacht immer neue Rettungsideen durch, letztlich ohne die Lösung zu finden.»Ich habe noch nie Vorstände so für ihr Unternehmen kämpfen sehen wie die beiden. Die wollten die Insolvenz auch noch in allerletzter Sekunde verhindern«, sagt jemand bei Ver.di. Bayerns Ministerpräsident Horst Seehofer (CSU) – stets in Sorge um die Quelle-Region Nürnberg/Fürth – soll ein nicht näher beschriebenes Ass im Ärmel gehabt haben. Doch er brauchte noch 24 Stunden, um es auf den Tisch legen zu können, habe er Eick signalisiert. Der Vorstandschef jedoch habe dem Ministerpräsidenten bedeutet, dass diesem für seine Rettungsaktion gerade noch eine Stunde zur Verfügung stehe. Und bei der Metro ist zu hören, dass Friedrich Carl Janssen jetzt, da gar nichts mehr ging, ausgerechnet Metro-Chef Eckhard Cordes um einen Kredit gebeten haben soll. Wenn es diesen Anruf wirklich gab, kann man sich keinen besseren Ausweis für die völlige Verzweiflung bei Arcandor und Sal. Oppenheim vorstellen.

Am 9. Juni jedenfalls reichte Eick über Piepenburg den Insolvenzantrag ein. Ob dieser letzte Akt noch hinauszuschieben gewesen wäre, ist eine juristisch-betriebswirtschaftlich sehr heikle Frage. Schnell hat das Management eine Klage wegen Insolvenzverschleppung am Hals, wenn es zu lange wartet. Eine solche Klage gibt es bereits gegen Eick. Laut Gesetz muss der Vorstand spätestens drei Wochen nach Erkennen der Voraussetzungen für den Insolvenzantrag diesen bei Gericht stellen. Wann diese Voraussetzungen erfüllt sind – darüber können Juristen und Manager freilich trefflich jahrelang streiten. Die Frage mag für die direkt Betroffenen bedeutend sein, für die Allgemeinheit ist sie eher nebensächlich. Denn dass die Insolvenz unter den vorliegenden Voraussetzungen irgendwann Mitte 2009 kommen musste, ist kaum zu bestreiten.

Wie war dieser Karl-Gerhard Eick als Chef von 100 000 Mitarbeitern? Es ist erstaunlich schwierig, darüber Genaueres zu erfahren – was für einen Konzern wie Karstadt/Arcandor, der sich für Tratsch sehr empfänglich zeigt, höchst erstaunlich ist.»Eick war in der Firma nicht wirklich präsent. Er hat sein eigenes Ding gemacht und war sehr misstrauisch. Man kann eigentlich nicht von einem echten Führungsstil sprechen«, sagt einer seiner früheren Topmanager.

Andere erwähnen einen »komischen Führungsstil«, ohne das genauer auszuführen. Immer schimmert in den Darstellungen durch, dass Eick in seinem Unternehmen eigentlich nie angekommen ist und nicht auf die Erfahrung der alten Konzernrecken zurückgreifen wollte. Interne Warnungen, dass manche seiner Ideen nicht funktionieren würden, schlug Eick zumeist in den Wind.

Ähnlich war es mit Hinweisen aus der zweiten Führungsebene, dass die in Konzepten angesetzten Zahlen möglicherweise zu optimistisch seien, etwa die zu erwartenden Sanierungsbeiträge von Lieferanten oder Vermietern oder zusätzliche Großkredite von Banken. Eick rechnete sich diese Zahlen schön – und wiederholte damit einen der entscheidenden Fehler seines wenig geschätzten Vorgängers Middelhoff.

Die klassischen Vorstandssitzungen als Arena für Planungen und Entscheidungen verloren unter Eick zudem an Bedeutung. »Das Ganze verlagerte sich auf die sogenannten Mintroper Gespräche. In einem Hotel am Baldeneysee trafen sich rund 30 Leute aus dem Konzern sowie Berater, um über Konzepte zu diskutieren. Roland Berger nahm dabei eine immer wichtigere Rolle ein und präsentierte ständig für alles und jedes Konzepte«, sagt ein Teilnehmer. Meist jedoch wurden die Berger-Ideen wegen Undurchführbarkeit abgeschmettert. Zum Beispiel Bergers Vorschlag, dass die Organisation künftig über die Produkte laufen solle: Die Leute für Damenoberbekleidung, die Haushaltswarenexperten oder die Elektroniker etwa kümmern sich um ihre Produkte auf allen Vertriebsschienen – für Karstadt, Quelle, die Spezialversender, HSE 24 und die Internetstores. Das sollte offenbar zu stärker unternehmerischem Handeln führen, wurde aber mit dem Zwang zur Nutzung des Zentraleinkaufs kombiniert. »Mit solchen Konzepten kann man sich ja grundsätzlich mal beschäftigen – aber doch bitte nicht in Zeiten, in denen man nicht weiß, ob man im nächsten Monat seine Mitarbeiter noch bezahlen kann«, sagt ein Warenhauskenner.

Bereut Eick seinen Schritt von der Telekom zu Arcandor? »Nein. Ich würde es jederzeit wieder versuchen. Das Unternehmen und die Mitarbeiter waren es wert. Ich habe hier sehr viel gelernt«, sagt er heute. Noch immer bekomme er Dankesbriefe von früheren Mitarbeitern, die Eick dafür lobten, dass er die Rettung wenigstens versucht habe. Dass ihn viele Leute bei seinem Wechsel zu Arcandor für verrückt erklärt hätten, sei ihm klar gewesen. »Aber wenn wir in Deutschland niemanden mehr finden, der solche Jobs übernimmt, dann haben wir ein Problem.« Allerdings würde er sich zwei Dinge wünschen: »Man muss sich auf Zusagen verlassen können, sonst ist man verlassen.« Und: »Das deutsche Insolvenzrecht hat ein zu großes Augenmerk auf den Schutz der Gläubiger. Ich würde mir wünschen, dass künftig – ähnlich wie in den USA – der Erhalt des Unternehmens im Mittelpunkt steht. In dieser Richtung sehe ich dringenden Handlungsbedarf.«

Oktober 2009

Mehr als fünf Jahre lang hat das Management am Versand Primondo/Quelle herumsaniert und über eineinhalb Milliarden Euro dafür investiert – jetzt ist Schluss. Görg findet keinen Käufer und muss bekannt geben, dass Quelle Deutschland 82 Jahre nach seiner Gründung abgewickelt wird. »Nach intensiven Verhandlungen mit einer Vielzahl von Investoren sehen Insolvenzverwalter wie Gläubigerausschuss jetzt keine Alternative zur Abwicklung von Quelle Deutschland mehr«, lässt der Insolvenzverwalter erklären. Es gab zwar Interessenten, aber alle wollten das schwierige Problem der Factoring-Finanzierung vorab und dauerhaft geklärt haben. Es fand sich jedoch keine Bank, die dieses Spezialgeschäft ab 2010 für Quelle übernehmen wollte. Bis zum Jahresende 2009 finanziert Valovis wieder, aber mit der BayernLB und der Commerzbank im Hintergrund. Im Interview mit dem Fernsehmagazin *Report Mainz* bestätigt Valovis-Chef Gogarten: »Wir waren optimal abgesichert.« Ernst Sindel, Gesamtbetriebsratschef von Quelle, schimpft: »Er hat die Situation ausgenutzt.«

Zudem ist der Kunden- und Umsatzschwund bei Quelle deutlich größer als vom Insolvenzverwalter erwartet. Beim Kaufpreis wäre er »nicht anspruchsvoll« gewesen. »Wir haben uns bemüht, so billig wie eben möglich zu verkaufen.« Dennoch wollte niemand Quelle haben. Rund 5000 der 10000 Primondo-Mitarbeiter werden ihre Jobs verlieren. Viele finden in der Problemregion Nürnberg/Fürth keine neue Stelle, obwohl die Bundesanstalt für Arbeit auf dem Firmengelände sofort für einige Tage eine Außenstelle der Jobvermittlung einrichtet. Jetzt kann Görg nur noch hoffen, Teile wie den Kundendienst, die Call-Center oder kleine Firmen wie Küchen-Quelle, Foto Quelle oder das Auslandsgeschäft verkaufen zu können.

Gesamtbetriebsratschef Sindel spricht von einer »Riesenkatastrophe« für die Mitarbeiter, deren Familien und die Region. Schon ab dem 1. November werden die meisten Mitarbeiter keine Löhne oder Gehälter mehr bekommen, weil die Kasse leer ist. Auf dem Betriebsgelände spielen sich erschütternde Szenen ab: Mitarbeiter, die zum Teil schon seit Jahrzehnten bei Quelle beschäftigt sind, brechen in Tränen aus und sind verzweifelt. Viele Verwaltungsangestellte lassen alles stehen und liegen und verlassen die Büros. »Einige meinten, so müsse man sich die Folgen einer Neutronenbombe vorstellen: Gebäude und Einrichtungen sind noch da und unversehrt, aber die Menschen sind einfach weg«, sagt einer, der in Nürnberg seinen Schreibtisch hatte. Auf Plakaten und in Interviews geben Mitarbeiter Thomas Middelhoff die Schuld am Elend. Eine Pappfigur mit dem Konterfei des langjährigen Vorstandschefs wird von den Enttäuschten malträtiert. Innerhalb der nächsten Wochen soll über den Verkauf der gesamten Lagerware wieder Geld hereinkommen. Es wird der größte Ausverkauf, den Deutschland je erlebt hat.

Ganz oben gehen die Absetzbewegungen weiter: Nach dem Vorstand lichtet sich jetzt auch der Aufsichtsrat. Neben dem Vorsitzenden, Oppenheim-Banker Friedrich Carl Janssen, gehen Ulrich Hocker von der Deutschen Schutzgemeinschaft für Wertpapierbesitz, Karlheinz Hornung, Wilfried Reinhard und Michael Stammler, der den Dedi-Stamm der Quelle-Erben vertreten hat. Auch Sal. Oppenheim will nur noch weg: Die Gesellschafter reduzieren ihren Aktienanteil von 24,9 Prozent auf unter 10 Prozent. Plötzlich ist Madeleine Schickedanz mit 21 Prozent wieder größte Aktionärin.

Der Bundesverband des Deutschen Versandhandels (bvh) beeilt sich, darauf hinzuweisen, dass aus der Krise von Quelle nicht auf eine Krise des gesamten Versandhandels zu schließen sei. Tatsächlich wird der Umsatz der Versender in Deutschland am Ende dieses Jahres höher sein als 2008 – trotz des Endes von Quelle.

November 2009

An drei aufeinanderfolgenden Tagen hat der Insolvenzverwalter die riesige Grugahalle in Essen für die Gläubigerversammlungen von Arcandor, Quelle und Karstadt gemietet – zwischen Auftritten von Popstar Mark Medlock und Schlagersänger Udo Jürgens. Doch nur wenige Gläubigervertreter sind gekommen, viele haben Vollmachten anderer Gläubiger dabei – etwa die Betriebsräte oder die Anwälte. Ein Sprecher des Amtsgerichtes in Essen, bei dem unter anderem vier Richter und sechs Rechtspfleger an dem Verfahren arbeiten, sagt, das Verfahren stelle die kompliziertesten Fälle in Deutschland in den Schatten. Es könne bis zu zehn Jahren dauern, bis der Fall komplett abgewickelt sei. Das ist bei diesen Zahlen kein Wunder: Rund 50 000 Gläubiger haben Forderungen in Höhe von 19 Milliarden Euro angemeldet.

Die Stimmung bleibt trotz der hohen Emotionalität des Gegenstandes sachlich – weil von vornherein klar ist, dass es ohnehin kaum etwas für die Gläubiger zu holen gibt. Am Ende werden sie bis zu 98 Prozent ihrer Forderungen abschreiben müssen. Größter Gläubiger ist die Steuerverwaltung – das Finanzamt Essen-Süd verlangt allein von Quelle 480 Millionen Euro Steuern. Der Pensionssicherungsfonds, der für die gesetzliche Rente geradesteht, will einen dreistelligen Millionenbetrag; die Bundesanstalt für Arbeit hat drei Monate lang die Gehälter gezahlt und hätte die 300 Millionen Euro gerne wieder zurück. Mitarbeiter bekommen noch 100 Millionen Euro vom Konzern, Außendienstmitarbeiter von Quelle machen noch Auslagen für Dienstreisen geltend. Die geringste Forderung hat ein Zollamt: Es setzt die Forderung nach einem Euro für Mahngebühren auf die lange Liste.

Wenige Tage vor der Gläubigerversammlung hatte sich Görg mit den Arbeitnehmervertretern geeinigt, dass die 30 000 verbliebenen Karstadt-Mitarbeiter zur Sanierung der Firma innerhalb der nächsten drei Jahre auf Urlaubs- und Weihnachtsgelder von insgesamt rund 150 Millionen Euro verzichten. Die Vermieter streichen bereits vereinbarte Mieterhöhungen für die nächsten Jahre in vergleichbarer Höhe.

In ihren Rückschauen zeichnen die Insolvenzverwalter die Entwicklung und die Fehler des Unternehmens nach. Die Fusion von Karstadt und Quelle unter Walter Deuss sei »nicht wirklich geglückt«, sagt Görg. »Das Geld in diesem Unternehmen ist schon seit sehr langer Zeit sehr knapp gewesen«, fügt er hinzu. Besonders kritisch nimmt Görg die Middelhoff-Ära unter die Lupe: Alle möglichen Vertragsbeziehungen wurden verkauft. Durch den Liefervertrag mit Li & Fung in Hongkong habe

Arcandor über die Ausweitung der Zahlungsziele zwar zunächst Geld gespart, doch dafür seien die Preise höher gewesen:»Das, was man an Abschlag bekam, musste man hinterher zurückzahlen.« Ähnlich habe es sich mit dem hohen Verkaufserlös für die Immobilien und die daraus folgenden Mieten verhalten.

Wie erwartet, beschließen die Gläubiger mangels Alternativen die Liquidation von Arcandor und Quelle. Für Karstadt lässt sich Görg den Auftrag geben, die Kette mit 120 Häusern komplett zu verkaufen. 13 besonders schwache Häuser allerdings sollen bis März 2010 geschlossen werden.

Unterdessen geht der Ausverkauf von Firmenteilen weiter: Otto bekommt das Russland-Geschäft von Quelle, die Nutzungsrechte für die Namen Quelle in Deutschland sowie für Privileg für 65 Millionen Euro. Marktkenner halten das für ein Schnäppchen. Görg habe Geld verschenkt, Otto hätte auch bis zu 100 Millionen Euro gezahlt. Ottos Tochter Sport Scheck zeigt auch Interesse an den Karstadt-Sport-Häusern. Axa Private Equity übernimmt den Shoppingsender HSE 24.

Das Jahr 2010

März 2010

Um zumindest einen Teil ihrer Schulden von geschätzten 200 Millionen Euro bei Sal. Oppenheim zu tilgen, hat Madeleine Schickedanz im Januar 2010 zwei ihrer Häuser in St. Moritz in der Schweiz verkauft. Dafür bekam sie angeblich 47 Millionen Euro. Ihre Kredite waren mit den Immobilien und Arcandor-Aktien gesichert. Die Aktien sind inzwischen praktisch wertlos.

Im März rufen die Schickedanz-Kredite bei Sal. Oppenheim die Staatsanwaltschaft auf den Plan. Die Behörde ermittelt wegen der angeblichen Bürgschaften, die sechs – ehemalige – Gesellschafter der Bank für die Darlehen hinterlegt haben. Zudem sollen sie Kredite allzu günstig im eigenen Haus bekommen habe. Der Zins soll nur einen Bruchteil des marktüblichen Wertes betragen haben, angeblich 1,5 Prozent – zum Schaden der Bank und einiger ihrer Gesellschafter. Es geht um eine Gesamtsumme von rund 680 Millionen Euro.

Insolvenzverwalter Görg macht nach eigenen Angaben Fortschritte bei der Vorbereitung des Karstadt-Verkaufs: Bis zum 30. April will er einen neuen Eigentümer verkünden können, die Angebote sollen bis zum 23. April, 17 Uhr, eingehen. Dafür wird der sogenannte Datenraum eröffnet. Hier können sich mögliche Investoren ins Zahlenwerk der Warenhauskette vertiefen. Das tun zunächst sechs Finanzinvestoren. Darunter sollen so bekannte Namen sein wie Blackstone, Permira, Apollo oder Sun Capital, die von Arcandor schon Neckermann übernommen hatten. Einige dieser Private-Equity-Gesellschaften hatten im Herbst zuvor schon in die Bücher von Primondo geschaut – allerdings ohne ein Angebot abzugeben. Metro, die ja in wechselnder Intensität ihr Interesse für Karstadt-Häuser geäußert hatte, ist nicht im Datenraum vertreten. Gerüchte besagen, dass einige der Finanzinvestoren mit Metro in Kontakt stehen, um ein anschließendes Geschäft vorzubereiten, insbesondere Blackstone. Metro-Chef Cordes weist jetzt wieder sehr deutlich auf seine Verkaufsabsichten für seine Warenhauskette Kaufhof hin. Angeblich spekuliert er darauf, dass einer der Finanzinvestoren sowohl Karstadt als auch Kaufhof übernimmt und dann praktisch den gesamten deutschen Warenhausmarkt besitzt. Das könnte auch den Preis für seinen Kaufhof steigern.

Die Ergo-Versicherungsgruppe möchte nun gar nichts mehr mit dem Pleitekonzern zu tun haben: Die »KarstadtQuelle Versicherung« heißt jetzt »Ergo Direkt«.

April 2010

Spekulationen machen die Runde, dass Görg – wie schon im Fall von Quelle/Primondo – keinen Käufer für Karstadt finden wird. Das wäre ein Desaster für den Insolvenzverwalter. Er hat ein Paket geschnürt, das er ohne Änderungen verkaufen will. Wenn es niemand haben will, droht die Zerschlagung. In monatelangen Verhandlungen hat Görg viele Vergünstigungen für den möglichen Käufer ausgehandelt: Die Mitarbeiter verzichten auf Urlaubs- und Weihnachtsgeld; die Vermieter Highstreet und Oppenheim-Esch streichen die Mieterhöhungsklauseln in ihren Verträgen. Die Gläubiger – sie fordern 2,7 Milliarden Euro – verzichten auf bis zu 97 Prozent ihrer angemeldeten Ansprüche. 13 Verlusthäuser sind geschlossen. Zudem hat das Unternehmen eine zweistellige Millionensumme auf dem Konto, die noch aus dem Weihnachtsgeschäft stammt.

Ist Karstadt jetzt, fast ein Jahr nach der Insolvenz, also eine tolle Gelegenheit für einen Investor? Es gibt da noch bittere Pillen, die der Käufer zu schlucken hätte: Um ein Rosinenpicken der Investoren zu verhindern, das auf Kosten der schwächeren Standorte gehen würde, will Görg nur alle 120 Häuser zusammen verkaufen. Und der neue Eigentümer muss alle Häuser bis mindestens Herbst 2011 betreiben. Diese Zusicherung haben die Mitarbeiter als Gegengabe für ihren Gehaltsverzicht bekommen. Doch genau diese beiden Punkte werden die sechs Interessenten aus dem Datenraum hindern, ein Angebot abzugeben.

Inzwischen beschäftigt sich auch der deutsch-schwedische Investor Triton mit den Karstadt-Zahlen. Hinter der Gesellschaft steht Johannes Maret. Er war einst persönlich haftender Gesellschafter bei Sal. Oppenheim. Dort schied er 2002 im Streit aus – der Grund waren die Kredite für Madeleine Schickedanz, mit denen sie Aktien von KarstadtQuelle kaufte. Maret war der Umfang dieses Geschäftes nicht geheuer.

Die letzte Karstadt-Gläubigerversammlung in der Zentrale in Essen verläuft weitgehend ereignis- und emotionslos. Die Vertreter der 35 000 Gläubiger beschließen den Insolvenzplan – jenes von Görg geschnürte Paket für den noch immer unbekannten Investor – nahezu einstimmig. Allein der Vertreter des Hauptvermieters Highstreet sorgt für Aufsehen. Auf seinen Vorschlag hin wird die bisherige Angebotsfrist aufgeweicht. Jetzt ist es möglich, dass auch nach dem 30. April eingehende Angebote noch berücksichtigt werden können. Ist das als Hinweis darauf zu werten, dass es kein Angebot geben wird und die Hauseigentümer um ihre Miete fürchten?

Nach der Versammlung wird bekannt, dass Highstreet/Goldman Sachs ein eigenes Angebot vorbereitet hat: Notfalls wird die Bank selbst Eigentümer von Karstadt werden, um die Miete zu sichern. Denn Goldman hatte die Eigentümerrechte 2006 sehr schnell in kleinen Paketen an zahlreiche andere Investoren weiterverkauft. Deren Finanzierung – solche Anteile an Immobilienfonds werden üblicherweise auf Pump erworben – wackelt bereits, weil wegen der Insolvenz Karstadts jetzt weniger Miete hereinkommt, mit der ursprünglich Zins und Tilgung bezahlt werden sollten. Die Begeisterung über das, was Goldman Sachs ihnen da angedreht hat, hält sich inzwischen sehr in Grenzen. Bei einer Zerschlagung von Karstadt und damit verbundenen weiteren Mietausfällen droht die Geschäftsbeziehung von Goldman zu den Investoren ernsthaften Schaden zu nehmen. Doch zur Überraschung vieler bekommt Görg am 23. April, kurz vor Ablauf der Angebotsfrist um 17 Uhr, tatsächlich eine Offerte: Sie kommt von Triton. Doch die enthält massive Forderungen: Weitere Jobs müssen gestrichen werden – angeblich bis zu 4 000 von 25 000 –, die verbliebenen Mitarbeiter sollen länger als bisher vereinbart auf Geld verzichten, die Vermieter müssen die Miete senken, Triton dürfe jederzeit Ladenfläche aufgeben. Die Forderungen gehen tatsächlich sehr weit, vor allem Ver.di zeigt sich empört. Niemand kann es sich jedoch leisten, Gespräche über die Triton-Forderungen von vornherein abzulehnen – er bekäme sofort die Schuld zugeschoben, wenn Triton wieder abspringen würde. Görg bietet sich als Moderator zwischen den Parteien an. Um mehr Zeit für eine Einigung zu gewinnen, wird die Entscheidungsfrist vom 30. April auf den 28. Mai verlegt.

Schlaglicht: Klaus Hubert Görg – der Resteverwalter

Der neue Chef im Hause Arcandor war seit dem 9. Juni 2009 mit Klaus Hubert Görg ein etwas knorriger älterer Herr, der in vier Jahrzehnten als Insolvenzverwalter schon so ziemlich alles mitgemacht hat. An den Verfahren von Babcock Borsig, Kirch Media, Weserhütte, AgfaPhoto war er beteiligt und an jenen von Firmen, die außerhalb der Branche und Region kaum jemand kennt. Und an der Restrukturierung von Unternehmen, die so gerade noch vor dem Gang zum Insolvenzrichter bewahrt wurden, etwa die Klöckner-Werke, die Metallgesellschaft oder das Merckle-Imperium. Für ein paar Stunden ist Görg auch der Insolvenzverwalter des Baukonzerns Philipp Holzmann gewesen – bis der damalige Bundeskanzler Gerhard Schröder glaubte, Holzmann mit staatlicher Hilfe retten zu müssen. Der bereits gestellte Insolvenzantrag wurde zurückgezogen, Görg war sein Großmandat prompt wieder los. Bei der endgültigen Holzmann-Insolvenz wenige Monate später wurde ein anderer Verwalter eingesetzt.

Die Vertreter dieser Berufsgruppe müssen offenbar die Fähigkeit besitzen, alles so zu nehmen, wie es gerade kommt. Denn in den Verfahren läuft vieles anders als erwartet. Der Insolvenzverwalter hängt in erster Linie vom Entgegenkommen anderer Leute ab, und wenn die nicht wollen – und das heißt in der Regel: auf Geld verzichten –, dann steht er wie der Versager da, der es nicht geschafft hat, das Unternehmen zu retten.

Als Görg im Alter von 68 Jahren das Mandat seines Lebens bekam, wusste er genau, dass bei diesem Hobeln viele Späne fallen würden. Denn bei Großverfahren wie dem von Arcandor kümmert sich das Verwalterteam zunächst einmal ums Grobe, darum, dass der Laden irgendwie weiterläuft und Ware bekommt, trotz Geldmangels. Dass gleichzeitig an anderen Ecken etwas anbrennt, ist eigentlich zwangsläufig: zu viele Baustellen, zu viele Entscheidungen, aber zu wenig Mitarbeiter und vor allem zu wenig Zeit.»Man ist von einer Minute auf die nächste in einer fremden Welt. Man muss sich einarbeiten und gleichzeitig Entscheidungen treffen, mit denen Millionen bewegt werden – auch, wenn man vielleicht noch gar nicht den Überblick hat«, beschreibt Hans Gerd Jauch, Görgs Beauftragter für Quelle, das Dilemma eines Insolvenzverwalters, der neu in ein Unternehmen kommt. Ohne die Zustimmung der Juristen aus Köln konnte der Vorstand keine Entscheidung mehr treffen und keinen Cent mehr ausgeben. Die Öffentlichkeit erwartete perfekte Arbeit, die unter diesen Umständen kaum ein Mensch liefern kann. Und dann hagelt es Kritik.

Schnell kam auch Görg in Erklärungsnöte. Vor allem warfen Kritiker ihm vor, sich zu viel Zeit gelassen zu haben bei dem Versuch, zunächst Arcandor und dann die Teilkonzernen Quelle und Karstadt zu verkaufen. Zudem habe er sich an der Nase herumführen lassen von Finanzinvestoren, die niemals ernsthafte Kaufabsichten gehabt hätten. Jauch weist die Kritik zurück:»Nein, die Spinner hatten wir im Vorfeld herausgefiltert. Diejenigen, die in den Datenräumen waren und mit denen wir dann gesprochen hatten, waren exzellent vorbereitet. Wir mussten mit diesen Investoren verhandeln, solange sie weiter Zeit und Geld investierten, um das Projekt zu verfolgen. Es gab keinen Grund, das Gespräch mit ihnen zu verweigern. Das hätten wir auch den Gläubigern gegenüber nicht rechtfertigen können. Was tatsächlich zu einem Angebot führt, sieht man erst am Ende des Prozesses. Das hat sich auch bei Karstadt – wie öffentlich zu verfolgen war – nach erheblichem Auf und Ab erst in der letzten Minute entschieden.«

Es gibt nicht viele Kanzleien, die für den Arcandor-Job infrage kamen. Denn das Verwalterteam muss groß genug sein, um die Masse an Arbeit stemmen zu können, und Erfahrung mit Großverfahren haben. Beides trifft auf Görgs Büros zu, von den 160 Anwälten hat etwa ein Drittel Insolvenzerfahrung. Die Firma Görg ist zudem Marktführer im Arcandor-Land Nordrhein-Westfalen und hat einen ihrer fünf Standorte in Essen.

Dass Görg an diesem 9. Juni 2009 einen ganz dicken Fisch an Land ziehen könnte, war also nicht unwahrscheinlich. Doch die Entscheidung fällt das Gericht, und dessen Auswahlverfahren gleicht dem einer Lotterie. Erst als Görg an jenem Tag einen Anruf vom Amtsgericht Essen bekam mit der Bitte, sich bitte umgehend dort einzufinden, war die Sache klar. Ein Großmandat wie das von Arcandor stellt die gesamte Kanzlei auf den Kopf: Ein großer Teil der Kapazitäten wird – jedenfalls am Anfang – auf den Premium-Fall umgeleitet, vor allem die der Topanwälte. Das hat zur Folge, dass andere Mandaten vertröstet oder an Kollegen weitergereicht werden müssen.

In Tag- und – zumindest in der ersten Zeit – auch Nachtarbeit versuchte Görgs Kernteam aus zwei Dutzend Mitarbeitern zusammen mit den Kollegen von Piepenburg und Roland Berger, sich möglichst schnell einen Überblick über die wirtschaftliche Situation des Unternehmens zu verschaffen. »Und alle arbeiteten anschließend im roten Drehzahlbereich«, sagt einer von ihnen. Denn der Arcandor-Konzern war ein schwer durchschaubares Gebilde mit über 500 Gesellschaften. Viele davon hingen, wie schon erwähnt, finanziell über den sogenannten Cash Pool zusammen: Vereinfacht dargestellt sammelte Mutter Arcandor jeden Abend von ihren Töchtern wie Karstadt oder Quelle die Einnahmen des Tages ein, sodass deren Konten am nächsten Morgen auf null standen. Gleichzeitig versorgte aber Arcandor die Tochterfirmen mit Liquidität, wenn das nötig wurde. Genau das war einer der Gründe für den Dominoeffekt von über 40 Insolvenzen innerhalb der Gruppe: Als die zentrale Arcandor AG kein Geld mehr gab, fielen die wirtschaftlich abhängigen Gesellschaften reihenweise um.

Sofort nach der Übernahme des Mandates wurde bei der Bundesagentur für Arbeit der Antrag auf Zahlung des Insolvenzgeldes für die Mitarbeiter für den maximal möglichen Zeitraum von drei Monaten gestellt. Da die Bundesagentur allerdings üblicherweise die Gelder erst sehr spät überweist, muss die Summe vorfinanziert werden. Am 15. Juni lag die Zusage über 130 Millionen Euro von einem Konsortium unter der Führung der Essener National-Bank vor. Am gleichen Tag traf sich Görg erstmals mit dem Gesamtbetriebsrat. Am 18. Juni fand die erste Betriebsversammlung für die Beschäftigten in Essen statt, der weitere für die übrigen Standorte folgten. Das alles ging relativ schnell – im Gegensatz zur Lösung anderer Aufgaben: »Die Aufarbeitung der mehrschichtigen Immobilienstruktur innerhalb des Arcandor-Konzerns dauert an«, sagte Görg noch auf der Arcandor-Gläubigerversammlung am 9. November 2009.

Vollmundige Ankündigungen hat der öffentlichkeitsscheue Görg nie gemacht, am liebsten hielt er sich so weit wie möglich heraus aus den Medien. Im Gegensatz zu Piepenburg sprach er nie von den guten Chancen für den Erhalt von Arcandor mit allen drei Sparten Karstadt, Quelle/Primondo und Thomas Cook. In den wenigen Pressekonferenzen ließ sich Görg folglich nicht zu Äußerungen hinreißen, die er hinterher bereuen musste. War es Altersweisheit oder die Vorahnung, dass er zumindest bei Quelle eine *mission impossible*

angenommen hatte? Zu den Höhepunkten seiner ersten Pressekonferenz in Essen gehörte jedenfalls seine Antwort auf die Frage, was er denn getan hätte, wenn er das Arcandor-Mandat nicht bekommen hätte. Knochentrocken erwiderte der 68-Jährige: »Zu Hause Rasen mähen.«
Erst bei unserem Interview im August 2009 wurde er deutlicher. Görg machte eine spektakuläre öffentliche Inventur dessen, was er in Essen vorgefunden hatte: »Arcandor war eines dieser Unternehmen, die über Jahre zu viel Geld zum Sterben, aber zu wenig zum Überleben hatten.« Einige seiner Sätze aus dem Interview schafften es später in verschiedenen Medien unter die »Wirtschaftssprüche des Jahres«. Etwa diese:

- »Wir haben mit der Lupe nach der Substanz in diesem Unternehmen gesucht, aber wir haben nichts Nennenswertes gefunden. In diesem Hause gibt es wirklich nichts, was nicht anderen Leuten gehört. Das habe ich in so großen Unternehmen noch nie erlebt.«
- »Es ist dem Vorstand erstaunlich lange gelungen, den Staub aus den Ecken zu kehren und auch den noch zu Liquidität zu machen.«
- Über Thomas Middelhoff: »Ein Vorstandsvorsitzender sollte Vorbild sein; ich habe sparsamere erlebt. Ich glaube, ich kann so viel sagen: Der dienstliche Aufwand des Vorstandes war sehr hoch. Jedenfalls sehr hoch für ein Unternehmen in der wirtschaftlichen Verfassung wie Arcandor.«
- Zur Übernahme von Thomas Cook: »Zu einem Lahmen wurde ein Springinsfeld dazugekauft, aber beide kamen zusammen nicht weit. Diese Übernahme von Thomas Cook hat dem Unternehmen weitere Substanz entzogen, die dann für die Sanierung der Handelsbereiche Karstadt und Primondo fehlte und bis heute fehlt. Ich bin sicher, dass die Sanierungschancen ohne das Thomas-Cook-Investment höher gewesen wären als jetzt. Es gibt zahlreiche Beispiele dafür, dass um den Preis der kurzfristigen Liquidität die Ertragskraft und die Substanz ruiniert wurden.«
- Über mögliche Gesetzesverstöße, etwa Insolvenzverschleppung: »Wir sehen einige Hinweise, die wir sammeln und zu gegebenem Zeitpunkt bewerten wollen. Wir haben bis zu drei Jahre Zeit, Konsequenzen zu ziehen. Derzeit sind wir vollständig damit beschäftigt, den Geschäftsbetrieb aufrechtzuerhalten.«
- Zu Kaufinteressenten für Arcandor: »Was Arcandor als Ganzes betrifft, habe ich keine gesehen. Es gab einige Anfragen, aber die kamen eher aus

der Kuriositätenecke. Einer sprach von seinem Milliardenkonto in Vietnam, das wollte er uns aber erst vor Ort zeigen.«
- Über sein eigenes Arbeitspensum: »Mit Rücksicht auf mein Alter bemühe ich mich, das Tagespensum auf zwölf Stunden zu reduzieren. Meine Mitarbeiter erlauben mir das glücklicherweise. Dieses ist mein letztes Mandat.«
- Und über sein eigenes Einkaufsverhalten: »Haben Sie jemals bei Karstadt und Quelle eingekauft?«
GÖRG: »Ja.«
»Auch vor Ihrem Mandat in diesem Unternehmen?«
GÖRG: »Nein.«

Görg und sein Team arbeiteten im grellen Rampenlicht der kritischen Öffentlichkeit. Deshalb wuchs im Laufe der Monate die Liste der Vorwürfe, die sich die Insolvenzexperten für ihre Arbeit anhören mussten: Sie hätten zu lange auf den Gesamtverkauf von Arcandor gesetzt, anschließend die Teilverkäufe zu träge betrieben, Quelle Russland zu billig verscherbelt, die Abwicklung und den Ausverkauf bei Quelle Deutschland nicht im Griff gehabt, die Vermieter von Highstreet nicht hart genug angefasst und sich bei diesem Verfahren mit einer Honorarsumme von rund 50 Millionen Euro eine goldene Nase verdient.

Schauen wir uns also an, was dran ist an diesen Vorwürfen.

Arcandor

Bei jedem Verfahren versucht ein Insolvenzverwalter zunächst, mit seinen Sanierungsschritten und der Erarbeitung eines neuen Konzeptes einen Käufer für das gesamte Unternehmen zu finden. Das tat auch Görg. Doch die leise Hoffnung, Arcandor als Ganzes zu verkaufen oder auch nur durch eine Planinsolvenz zu bringen, musste Mitte August begraben werden. Für den Verkauf fand sich kein Interessent und für die Planinsolvenz »hat die Unterstützung von außen gefehlt. Die Alteigentümer haben nicht mehr investiert, neue, unabdingbar notwendige Investoren waren nicht in Sicht«, erklärte Görg in der Tageszeitung *Welt*. Das deckt sich mit der Aussage des Generalbevollmächtigten Horst Piepenburg, der deshalb sein Amt niedergelegt hatte.

Dass niemand die Arcandor AG komplett kaufen wollte, war keine Überraschung: Zu wenig hatte sich in der Struktur des Konzerns in der vorläufigen Insolvenz verändert. Zu gering war die Chance, mit diesem Konglomerat jemals wieder Geld zu verdienen. Görg zog also einen Schlussstrich unter die Holding, die noch 94 Mitarbeiter beschäftigte. Auf der Arcandor-Gläubigerversammlung am 9. November 2009 begründete er den Schritt juristisch sachlich so: »Da die Schuldnerin (Arcandor) selbst keinen operativen Geschäftsbetrieb hat und im Wesentlichen nur Holdingfunktionen ausübt, ist ihr dauerhafter Erhalt für eine Fortführung der drei operativen Konzernsparten nicht erforderlich.« Also begann Görg mit der Abwicklung der Muttergesellschaft und versuchte ab sofort, die Einzelteile der operativen Einheiten zu veräußern. Zur Unterstützung der Investorensuche für Primondo/Quelle engagierte Görg die Firmenverkäufer des Bankhauses Metzler, für Karstadt ging die US-Bank Merrill Lynch auf die Suche nach Interessenten.

Aus Platzgründen soll es hier nur um diese beiden dicken Brocken der Arcandor AG gehen. Denn Thomas Cook war ebenso wenig Teil von Görgs Insolvenzverfahren und des Arcandor Cash Pools wie die Spezialversender-Gruppe, die dem KarstadtQuelle-Mitarbeitertrust gehörte.

Primondo/Quelle

»Erst mal sehen, was Quelle hat« – mit diesem Spruch warb das Fürther Großversandhaus über viele Jahre. Doch als Görgs Mitarbeiter Jauch am Tag der Insolvenz sehen wollte, was Quelle denn tatsächlich noch hat, sah er, dass Quelle nichts mehr hatte. Jedenfalls kein flüssiges Geld.

Bis zum 9. Juni war der Versender durch Zuschüsse des Mutterkonzerns zahlungsfähig gehalten worden. Das wiederum hatte maßgeblich zu den wirtschaftlichen Problemen Arcandors beigetragen. Doch aus Essen kam nach dem Insolvenzantrag kein Cent mehr. Mehr noch: Alle bis dahin aufgelaufenen Forderungen an Kunden hatte Quelle bereits über einen der im Versandhandel üblichen Factoring-Verträge an die Valovis-Bank verkauft. Jeder Euro, den die Quelle-Kunden jetzt nach dem Insolvenzantrag noch zahlten, landete bei Valovis, der Pfandkreditbank des Pensionärstrusts von KarstadtQuelle.

Das Absurde an der Situation am 9. Juni war: Der Versender besaß zwar praktisch kein Geld mehr, aber er verfügte zum Zeitpunkt der Insolvenz über Waren im Einkaufswert von 308 Millionen Euro. Doch die nutzten dem Unternehmen gar nichts, sie waren praktisch wertlos. Und zwar nicht, weil sie veraltet gewesen wären. Im Gegenteil: Quelle saß auf größtenteils neuer Ware aus dem Herbst/Winter-Katalog 2009/2010. Der jedoch war noch nicht auf dem

Markt: Wie schon geschildert, hatten die Druckereien die Produktion für den Katalog, der eigentlich Ende Juni auf dem Markt sein sollte, gestoppt, weil sie fürchteten, dass Quelle die Rechnungen nicht begleichen würde. Die Lage war dramatisch: »Es fehlten schon die Mittel für einen geordneten Abverkauf«, sagte Görg auf der Gläubigerversammlung am 10. November in Essen.

Den Laden einfach zu schließen und die riesigen Lagerbestände, die abzutransportieren man etwa 2 000 Lkw-Züge gebraucht hätte, an professionelle Postenaufkäufer abzugeben kam für die Insolvenzverwaltung nicht infrage: Der Erlös dieser Verramschung hätte wahrscheinlich nicht einmal die Kosten der Aktion gedeckt. Also war das Ziel, für die 1,8 Millionen Restartikel einen einigermaßen geregelten Schlussverkauf auf die Beine zu stellen – den größten, den es in Deutschland jemals gegeben hat.

Die sofortige Abwicklung des Versenders verbot sich nicht nur wegen des wertvollen Warenlagers, sondern auch, weil damit die Quelle-Gesellschaften in Osteuropa vom Warenstrom abgeschnitten worden wären. Denn sie wurden über das Lager Leipzig beliefert, das mit der Einstellung des Deutschland-Betriebes ebenfalls geschlossen worden wäre. Zudem sprach gegen die Liquidation die gesetzliche Vorgabe, zunächst zu versuchen, den Betrieb aufrechtzuerhalten. Jauch: »Verfahren wie Quelle eignen sich nicht wirklich für die kennerhafte Antizipation von ungewissen künftigen Entscheidungen des Marktes. Man hätte den Betrieb von Quelle theoretisch sogleich nach Antragstellung einstellen können. So etwas ist gegen den auf den Insolvenzplan ausgerichteten Vorstand, seinen Sanierungsberater, die Belegschaft, das Insolvenzgericht, die damals noch unterstützungswilligen Anteilseigner und die Öffentlichkeit praktisch nicht machbar. Auch die Politik hätte dem Verwalter vorgeworfen, dass er nicht den angebotenen Massekredit genommen habe. Solche Verfahren sind wie Pferde, die geritten werden müssen: Entweder sie kommen durchs Ziel, was ja nicht ausgeschlossen ist, oder sie brechen vorher zusammen. Mitten im Rennen abzusteigen und das Pferd einschläfern zu lassen, weil man vorgibt zu wissen, dass das Pferd es nicht bis zum Ziel schaffe, ist den Zuschauern nicht zu vermitteln. Der Verwalter muss sehen, dass er im Fall des Zusammenbrechens rechtzeitig die Füße aus den Steigbügeln bekommt.«

In der Tat wäre der Sturm der Entrüstung riesig – und vollkommen berechtigt – gewesen, wenn Görg und Jauch 10 000 Mitarbeiter wegen mangelnder Verkaufsaussichten sofort nach Hause geschickt hätten, ohne alternative Lösungen zu suchen. Für solche Lösungen aber brauchten die Insolvenzverwalter Geld und Zeit, ebenso für die Investorensuche wie für den Druck des Kataloges und für den Schlussverkauf, aus dessen Erlös wenigstens ein Teil der Löhne und Gehälter der verbliebenen Mitarbeiter bezahlten werden sollten.

Am Geldhahn jedoch saß Robert K. Gogarten, der Chef der Valovis-Bank, dem aufgrund des Factoring-Vertrages jetzt noch eintreffende Zahlungen der Endkunden gehörten. Zwischen Gogarten und Jauch entspann sich ein Schwarzer-Peter-Spiel über Sinnhaftigkeit und Notwendigkeit der – rechtlich einwandfreien – Kündigung des Factoring, durch die der Versender praktisch keine Ware mehr bestellen und bezahlen konnte. »Es gab keinen zwingenden Grund für Valovis, das Factoring über Nacht zu kündigen. Die Bank hatte wirklich gute, breit gestreute Sicherheiten. Und hätte dieselben Sicherheiten auch bei einer Fortsetzung des Factorings, also des Forderungskaufs, weiter bekommen. Das sind nämlich die der Bank verkauften Forderungen gegen die Quelle-Kunden. Das ist eine Bevölkerungsgruppe mit einer hohen und ganz stabilen, über Jahrzehnte statistisch belegten Zahlmoral. Die ist praktisch völlig unabhängig von der Insolvenz der Quelle. Ob die Kunden vor der Insolvenz bei Quelle, in der Insolvenz beim Verwalter oder am Ende in der Liquidation gekauft haben, macht selbst heute im Inkasso keinen Unterschied. Für Ausfallrisiken hatte Valovis zudem 270 Millionen Euro der angekauften Forderungen nicht an Quelle ausgezahlt, sondern als Sicherheit einbehalten.«

Diesen Schuh will sich Gogarten nicht anziehen: »Valovis hat bislang alles unternommen, um Quelle zu stützen. Wir sind an die Grenzen des Möglichen gegangen«, erklärte er im August 2009. Vielmehr habe es die Insolvenzverwaltung versäumt, rechtzeitig das Gespräch zu suchen. Das bestreiten Jauch und Piepenburg: Die Kündigung durch Valovis sei vielmehr unerwartet und ohne jede Vorwarnung erfolgt. »Das hat uns alle völlig kalt erwischt. Dabei gab es bei uns und im Team von Görg genügend Experten, die sich mit den Problemen des Factoring auskannten«, sagt Piepenburg. »Quelle war damals noch zu retten«, erklärte Jauch in einem Beitrag des ARD-Magazins *Report* über den Valovis-Rückzug am 18. November 2009. Ein Wechsel der Factoring-Bank war praktisch unmöglich – eine Umstellung der komplizierten Vertragsregelungen hätte Monate gedauert.

Zur Begründung seines Ausstiegs verwies Gogarten lediglich auf sein vertragliches Kündigungsrecht im Falle einer Insolvenz. Den Geldhahn wieder aufzudrehen weigerte sich der Valovis-Chef, bis er die Unterstützung der beiden großen Arcandor-Kreditbanken BayernLB und Commerzbank sowie eine Staatsbürgschaft für das Geschäft über 50 Millionen Euro bekäme. Und überhaupt: »Für die Fortführung der Geschäfte muss nun der vorläufige Insolvenzverwalter überhaupt erst einmal Verhandlungen mit dem Bankenkonsortium aufnehmen, um die künftige Finanzierungsstruktur zu entwickeln«, ließ er erklären. Die Verhandlungen zogen sich wochenlang hin. In dieser Zeit kam das Geschäft der Quelle praktisch zum Erliegen.

Die Summe des geforderten Massekredites von 50 Millionen Euro, den der Bund und die beiden Quelle-Bundesländer Bayern und Sachsen zur Verfügung stellen sollten, war durchaus überschaubar, zudem wäre das Geld bestens besichert gewesen. Doch nach den Berliner Bürgschafts- und Kreditverhandlungen, deren Scheitern Arcandor direkt in die Insolvenz geführt hatte, war staatliche Hilfe ein politisch heißes Eisen. »Ich habe für die Verhandlungen mit der Politik die Berater hinzugezogen, die schon Herrn Eick vorinsolvenzlich begleitet hatten«, sagt Jauch, »nach den ersten beiden Gesprächsrunden in Berlin haben wirklich alle Berater gesagt, ich solle das Vorhaben aufgeben. Es sei genau wie vor der Insolvenz – den Massekredit würde ich am Ende nie bekommen. Auch hier habe ich gesagt, das antizipiere ich nicht. Wenn die Politik Nein zum Kreditantrag sagen möchte, gebe ich ihr die Gelegenheit dazu. Öffentliche Hilfen waren in Berlin durchaus umstritten. Wir bekamen also immer wieder neue Fragen gestellt. Die habe ich dann brav über Nacht bearbeitet und am nächsten Morgen abgeliefert. Worauf der Verwalter nämlich aufpassen muss, ist, dass die Politik sich nicht der Entscheidung entzieht, indem sie sagt, der Verwalter habe leider nicht alle notwendigen Informationen für eine Entscheidung geliefert.«

Als der Kredit endlich genehmigt war, konnten die Arbeiten am Katalog wieder anlaufen. 7,5 Millionen Exemplare wurden mit wochenlanger Verspätung, die Millionenumsätze gekostet hatte, unter die Leute gebracht. Valovis-Boss Gogarten zeigte sich nun wieder kooperativ. Die Konditionen allerdings waren jetzt für die Geldgeber deutlich attraktiver als vor der Insolvenz – war das die wahre Absicht hinter der schnellen Kündigung am 9. Juni? 18 Prozent Kosten – auf Jahresbasis – musste Quelle für das Factoring jetzt zahlen, hat Jauch ausgerechnet. Sogar eine »Arrangement Fee«, eine Art Abschlussgebühr, in Höhe von einer Million Euro für jede der beteiligten Banken war fällig geworden. »Die derzeitigen Konditionen, die wir zu akzeptieren hatten, sind sehr kompliziert und so teuer, dass sie auf Dauer nicht zu finanzieren sind«, stellte Görg im August 2009 fest und meinte wohl Valovis. Die Kritik von Görg, in die Ver.di einstimmte, wies Valovis empört zurück: »Die Konditionen für die Forderungsankäufe wurden nicht von Valovis diktiert, sondern sind ein Ergebnis gemeinsamer Beschlüsse des Bankenkonsortiums, bestehend aus BayernLB, Commerzbank und Valovis Bank«.

Viel Energie – viel mehr als erwartet – hatte die Insolvenzverwaltung also darauf verwendet, Quelle zumindest kurzfristig wieder zahlungsfähig zu bekommen. Daneben war zusammen mit Roland Berger ein Konzept erarbeitet worden, mit dem der Versender wieder eine Chance auf dem Markt haben und attraktiv für Investoren werden sollte. Doch die Einschnitte waren tief. Jetzt musste für die Versäumnisse der Vergangenheit bezahlt werden. Vor allem die Überdimensionierung des Apparates musste schnellstens behoben werden, wenn das Unternehmen noch eine Zukunft habe sollte. 2002 hatte Quelle noch 3,6 Milliarden Euro Umsatz erzielt, 2009 waren es noch 2,2 Milliarden Euro. Und für die Zukunft hielten die Experten von Roland Berger nur noch 1,6 Milliarden Euro für realistisch. »Die Kapazitäten waren diesem deutlichen Umsatzeinbruch nie ernsthaft angepasst worden. Jeder Mitarbeiter kämpfte in erster Linie darum, seinen Job zu rechtfertigen und zu behalten. Zudem stießen wir auf uneffektive Strukturen: In Fürth war Quelle über 35 Gebäude in der gesamten Stadt verteilt, das erzeugte riesige Reibungsverluste. Das sind ganz klare Managementfehler«, sagt Rechtsanwalt Helmut Balthasar aus dem Görg-Team.

Auf der Pressekonferenz am 13. August 2009 im Quelle-Einkaufszentrum in Nürnberg hatte Görg Tacheles geredet, aber er versuchte auch, einen Hauch von Hoffnung zu verbreiten: »Bei Quelle und den Primondo-Servicegesellschaften, bei denen wir eine hohe Komplexität und hohe Strukturkosten erleben, sind harte strukturelle Sanierungsmaßnahmen notwendig, um den profitablen Kern von Quelle freilegen zu können.« Alle 109 Quelle Technik Center und ein Drittel der Quelle-Shops müssten deshalb umgehend geschlossen werden, 3 000 der 10 000 Stellen verschwinden.

Dennoch scheiterte Ende Oktober Görgs Versuch, Primondo als Paket zu verkaufen. Wochenlang hatten sich Finanzinvestoren wie Cerberus, Golden Gate, Sun Capital und Texas Pacific Group – TPG hatte Verbindungen zum langjährigen Wunschpartner Redcats – im sogenannten Datenraum über die Zahlen der Versender informiert. Görg verfolgte das Konzept, den bitteren Primondo-Kern Quelle Deutschland durch Beigaben wie die gewinnbringenden Sparten Quelle Osteuropa oder HSE 24 zu versüßen. Der Verwalter hätte einem neuen Eigentümer wohl noch ein paar Millionen Euro obendrauf gelegt, damit der das Paket nimmt – aber niemand griff zu: zu viele Risiken, zu wenige Chancen.

In der Öffentlichkeit hatte sich Görg bis zuletzt optimistisch gegeben, dass der Verkauf doch noch zustande komme. Als er dann die Einstellung des Geschäftsbetriebes bekannt geben musste, hagelte es Vorwürfe von allen Seiten. Er kenne sich zu wenig mit Finanzinvestoren aus und habe nicht bemerkt, dass die Firmen nur an den Daten, nicht aber an der Firma interessiert gewesen seien, hieß es. Und überhaupt sei zu viel Zeit verloren gegangen, das Görg-Team hätte früher konkrete Verhandlungen aufnehmen müssen.

Auch diese Vorwürfe weisen Balthasar und Jauch zurück: »Im vorläufigen Insolvenzverfahren, also in diesem Fall zwischen dem 9. Juni und dem 30. August, hätten wir gar nichts verkaufen dürfen. Als wir Mitte August den Versuch aufgegeben hatten, Arcandor als Ganzes zu verkaufen, haben wir sofort die Vorbereitungen für die Teilverkäufe begonnen. Das Verfahren lief dann zwischen dem 1. September und dem 18. Oktober. Das ging sogar ziemlich schnell.«

Zuletzt sei ein aussichtsreicher Bewerber übrig geblieben – es dürfte Golden Gate gewesen sein –, der tatsächlich großes Interesse an der Übernahme gezeigt habe. Letztlich ist das Geschäft laut Jauch daran gescheitert, dass Valovis über den 31. Dezember 2009 hinaus das Factoring nicht fortsetzen wollte. Der Interessent habe sich sehr genau mit der Valovis-Bilanz beschäftigt und den Bankern detaillierte Fragen gestellt. Ihm sei es erkennbar auf die Fähigkeit der Bank angekommen, ihm für die Anfangsphase die Umlaufmittel-Finanzierung zur Verfügung zu stellen. Laut Jauch hätten die Interessenten auf ihre Neugierde von Valovis die barsche Antwort erhalten: »That's not your business!« Und das war es dann: Die Amerikaner beendeten die Gespräche. Damit war der letzte Interessent abgesprungen. Kurzfristig gab es noch den Versuch, aus großen Lieferanten und Dienstleistern wie DHL oder Bertelsmann ein Not-Konsortium zu schmieden, das Primondo übernehmen sollte – ohne Erfolg.

Görg blieb nichts anderes übrig, als 82 Jahre nach der Gründung die Schließung und Abwicklung von Quelle Deutschland sowie die Streichung von 5000 der verbliebenen 7000 Arbeitsplätze bekannt zu geben. Das war ein Schock für die wirtschaftlich ohnehin schon gebeutelte Region Nürnberg/Fürth, die zuvor schon große Arbeitgeber wie AEG und Grundig verloren hatte.

Auf der Gläubigerversammlung im November nannte die Betriebsratsvorsitzende der Quelle-Zentrale, Beate Ulanska, die erfolglose Investorensuche »intransparent«. Die Beschäftigten seien von der Insolvenzverwaltung nicht ausreichend in den Prozess eingebunden worden. Die Arbeitnehmer hätten keine Chance zu Gesprächen mit möglichen Investoren gehabt.

Beim Ausverkauf und den Kündigungen Ende des Jahres 2009 ging es bisweilen drunter und drüber. Mitarbeiter wussten nicht, ob sie schon gekündigt oder nur freigestellt waren, weil sie aus den Personalbüros falsche Informationen bekommen hatten, beispielsweise, die Mitarbeiter könnten ab sofort zu Hause bleiben.»Da hat die Menge der Arbeit einfach die Kapazitäten überstiegen, da war die Personalabteilung offensichtlich überlastet und hat Fehler gemacht, die nicht hätten passieren dürfen. Das ist nicht besonders geschickt gelaufen. Ich kann den Ärger der Leute verstehen, die zuvor jahrzehntelang für Quelle gearbeitet hatten und sich jetzt abserviert fühlten«, sagt Balthasar. Von einem Massenphänomen will er allerdings nichts wissen.»Die Probleme haben vielleicht drei Dutzend Mitarbeiter von einigen Tausend betroffen«, meint er.

Beim »größten Schlussverkauf Deutschlands« ging ebenfalls nicht alles glatt. Gleich am ersten Wochenende brachen die Server unter dem Ansturm der Kundschaft zusammen. Ver.di kritisierte, dass in den Quelle-Shops zu wenig Personal eingesetzt und die Aktion im Internet nach vier Wochen mangels Rentabilität schon wieder beendet wurde. Gesamtbetriebsratschef Ernst Sindel sagte der Deutschen Presseagentur dpa Anfang Dezember 2009:»Der Abverkauf ist nicht professionell gelaufen.« Noch immer seien Millionen Artikel am Lager. Die Insolvenzverwaltung hätte mehr Werbung machen und die Preise deutlicher reduzieren müssen.»Es ist nicht damit getan, eine kurze Radiokampagne zu schalten. Je näher ich an das Ende des Abverkaufs komme, desto mehr muss ich die Rabatte erhöhen«, kritisierte Sindel. Jauch verteidigte sich mit dem Verweis auf die Schwierigkeiten eines Schlussverkaufs bei einem Versandhaus:»Bei einer Warenhauskette kann man einige Häuser bereits schließen und so die Kosten senken. Man kann auch für jeden Artikel den Preis individuell anpassen. Beim Versender muss man auch bei sinkenden Umsätzen nahezu den gesamten Apparat vorhalten und hat dementsprechend volle Systemkosten. Wegen des Rückgaberechtes und der hohen Umtauschquote von 50 Prozent bei Textilien im Versand weiß man erst vier Wochen später, wie viel Umsatz man tatsächlich gemacht hat. Totalausverkauf im Versand – das ist wie Autofahren mit angeklebter Windschutzscheibe nach Gehör. Nur im Rückspiegel kann man erkennen, ob es wirklich gut gegangen ist.«.

Kritisiert wurde das Team auch, weil es Quelle Russland und Markenrechte wie die für Quelle und Privileg mit 65 Millionen Euro an Otto nach Marktschätzung viel zu billig verkauft habe. »Otto hätte auch mehr gezahlt. Da hat Görg Vermögen verschleudert«, meint ein Investmentbanker. Görgs Beauftragter Jauch kontert: »Das trifft nicht zu. Uns war der zweite Interessent abgesprungen. Wir mussten also in derselben Nacht zu einem Abschluss kommen« – bevor Otto merkte, dass kein Gegenbieter mehr da war. Obendrauf bekamen die Hamburger noch die Markenrechte für Quelle und Privileg.

Quelle Russland fand als einzige Quelle-Gesellschaft einen neuen Eigentümer, nahezu alles andere wurde abgewickelt, auch die große Quelle Österreich. Sie hätte nach der Schließung von Quelle Deutschland und dem Verkauf von Quelle Russland für viele Millionen eine eigene Infrastruktur aufbauen müssen, doch dazu war niemand bereit. Die kleinen Bereiche Küchen-Quelle und Foto Quelle gingen noch in neue Hände über, die Private-Equity-Sparte des französischen Versicherungskonzerns Axa kaufte zudem den Shoppingsender HSE 24. Die lukrativen Spezialversender von Primondo blieben in den Händen des Pensionstrusts und sollen einige Jahre später verkauft werden.

Mehr blieb nicht von der Traditionsmarke Quelle. Die Gläubiger bekamen von ihren Forderungen weniger als 1 Prozent ausgezahlt. Ein Desaster.

Karstadt

Ganz so düster sah es bei Karstadt nicht aus. Hier gab es das Factoring-Problem nicht, und das Umtauschrisiko bestand in weit geringerem Maße als bei Quelle, die Umsätze flossen somit kalkulierbarer. Also drängte die Zeit hier weniger als beim Schwesterunternehmen in Fürth. Zudem hatten die Insolvenzverwalter bei Karstadt deutlich größeren Einfluss auf die Absatzkosten. Während sie bei Quelle praktisch die gesamte teure Infrastruktur vorhalten mussten, konnten sie bei Karstadt einige besonders schlecht laufende Warenhäuser schließen und damit gleichermaßen die Kosten wie die Verluste reduzieren. Zunächst standen 19 Häuser auf dem Prüfstand. Tatsächlich geschlossen wurden bis Ende März 2010 13 Filialen mit knapp 1 000 Beschäftigten.

In der Serie der Gläubigerversammlungen im November 2009 hatte sich Görg auf eigenen Vorschlag für Karstadt den Auftrag erteilen lassen, einen Insolvenzplan zu erstellen und anschließend die gesamte Kette als Paket zu verkaufen. Alles andere berge die Gefahr »erheblicher Zerschlagungsverluste«.

»Im Ergebnis halte ich ... eine Sanierung und Fortführung der Schuldnerin über einen Insolvenzplan für alle Beteiligte für die beste Lösung. Hierdurch wird ein Unternehmenswert erhalten, der dann durch einen späteren Verkauf ... an einen Investor realisiert und an alle Gläubiger verteilt werden kann«, sagte Görg. So kämen die Lieferanten, Vermieter oder Mitarbeiter wenigstens auf eine Quote von mindestens 3 Prozent, und Karstadt bliebe anschließend – wenn auch in verkleinerter Form – erhalten. Bei einer Zerschlagung würden sie weniger als 1 Prozent ihrer Forderungen erhalten.

Zuvor hatte er den Gläubigern in der Essener Grugahalle von seinen – weitgehend erfolgreichen – Verhandlungen mit 13 000 Lieferanten berichtet, die die Warenlieferung trotz der Insolvenz aufrechterhielten, sowie von den Gesprächen mit den Warenkreditversicherern, die ebenfalls an Bord blieben. Daneben habe es erfolgreiche Gespräche mit dem Hauptvermieter Highstreet gegeben über die »einvernehmliche Herauslösung unrentabler Standorte aus dem Mietvertrag, deren Betrieb eingestellt werden soll«.

Lange war Görg in seiner Rede auf die Geschichte Karstadts eingegangen und hatte von den Gründen für den Niedergang berichtet. Juristisch trocken sagte er, »dass die Karstadt-Krise durch drei Komplexe verursacht wurden:

- strategische Defizite (Beibehaltung des Universalkonzeptes trotz vorhandenen Branchen-Spezial-Know-hows),
- operative Defizite (nicht wettbewerbsfähige Sortimente und teures Geschäftssystem)
- sowie die Tatsache, dass man in der Firmengeschichte zahlreiche andere Firmen gerettet hat (Neckermann, Centrum-Warenhäuser, Hertie, Quelle), dabei aber die Lösung der eigenen Probleme vernachlässigt hat«.

Zwischen dieser Gläubigerversammlung im November 2009 und der Öffnung des Datenraumes für die Kaufinteressenten im März 2010 allerdings verging viel Zeit – viel zu viel, wie Kritiker meinen. Görg habe nur aus einem Grund nicht vor dem Weihnachtsgeschäft – dem einzigen echten Gewinnbringer eines Warenhauses im ganzen Jahr – verkaufen wollen, ist aus mehreren Ecken zu hören: Die im Weihnachtsgeschäft zu erwartenden Umsätze würden die Masse deutlich ansteigen lassen, die eine der Bezugsgrößen für das Verwalterhonorar sein kann. In der Kanzlei Görg sieht man das selbstverständlich ganz anders: »Es war zwingend notwendig, dass wir das Weihnachtgeschäft abwarteten. Wir brauchten die Zahlen aus diesem wichtigsten Geschäft des ganzen Jahres. Kein Investor hätte vorher ins Blaue hinein gekauft. Denkbar wäre im Herbst 2009 allenfalls ein Kaufvertrag mit einem Rücktrittsrecht für den Fall gewesen, dass im Weihnachtsgeschäft bestimmte Umsatzzahlen nicht erreicht worden wären. Aber damit wäre niemandem geholfen gewesen. Mit dem Verwalterhonorar hatte das nichts zu tun«, sagt Balthasar.

Zunächst arbeitete das Görg-Team also nicht am Verkauf von Karstadt, sondern am Insolvenzplan. Dabei ging es darum, von möglichst allen Beteiligten finanzielle Zugeständnisse zu bekommen, um das Unternehmen ohne Schulden einem Investor für einen Neustart anbieten zu können. Die Insolvenzverwaltung musste einerseits Optimismus für das Überleben der Kette verbreiten, durfte andererseits aber nicht den Druck von den Beteiligten nehmen, etwas dafür zu tun und zu geben. Rolf Weidmann, Görgs Beauftragter für Karstadt, machte in der *Bild am Sonntag* Anfang Dezember öffentlich gute Stimmung: »Das Unternehmen schreibt nach dem Insolvenzantrag im Juni 2009 aktuell schwarze Zahlen.« Die Umsätze in den Häusern seien gut, die Kaufhäuser wettbewerbsfähig. »Karstadt ist zu retten«, verkündete Weidmann. Es gebe rund zwei Dutzend Interessenten. Weidmann versprach: »An Bingo-Boys, die nur ein schnelles Geschäft machen wollen, verkaufen wir nicht.«

Das Weihnachtsgeschäft war besser gelaufen, als viele Skeptiker erwartet hatten. Karstadt hatte nach der besten Zeit des Handelsjahres einen dreistelligen Millionenbetrag auf dem Konto, mit dem sich auf jeden Fall das traditionell schwierige erste Quartal des Folgejahres überstehen ließ. Und auch Görgs »Aktion Sammelbüchse« machte Fortschritte: Die Eigentümer des Vermieter-Fonds Highstreet verzichteten auf die vertraglich vereinbarten Mieterhöhungen im Wert von rund 160 Millionen Euro, um die Zukunftschancen von Karstadt zu steigern – und um ihre eigenen Mieteinnahmen zumindest auf dem gegenwärtigen Niveau zu sichern. Die Zugeständnisse betrafen aber nur künftige Mietsteigerungen – faktisch muss die Warenhauskette Monat für Monat dieselbe Summe zahlen wie bisher. Und die hielten viele Experten für zu noch. Warum wurde Highstreet nicht stärker in die Pflicht genommen? Dieser Vorwurf traf das Verwalterteam noch, nachdem Nicolas Berggruen den Kaufvertrag unterschrieben hatte, aber die Höhe der Mietreduktion noch nicht klar war, »Das war wegen der Konstruktion von Highstreet kompliziert.

Jeder Zeichner der Anteile musste ja zustimmen. Wir hatten Interesse an einem schnellen Ergebnis. Außerdem sollte man die Gläubiger, mit denen man zusammenarbeiten muss, am Leben lassen«, so Balthasar.

Auch die Mitarbeiter waren abermals bereit, ihren Teil zur Rettung beizutragen. Für drei Jahre stundeten sie 75 Prozent ihres Urlaubs- und Weihnachtsgeldes – was das Unternehmen um weitere 150 Millionen Euro entlasten würde. Laut Ver.di hätten die Mitarbeiter damit seit Beginn der Krise auf 500 Millionen Euro verzichtet. Die Folgen des Stellenabbaus eingerechnet, hätte das Unternehmen sogar Personalkosteneinsparungen in Höhe von einer Milliarde Euro verzeichnet. Nach dem Görg-Plan sollten zudem die Kommunen auf die Besteuerung der sogenannten »Sanierungsgewinne« verzichten. Sie wären durch den Verzicht von Vermietern und Mitarbeitern entstanden. Zwar wäre Karstadt durch diese Entlastungen wieder in die schwarzen Zahlen gekommen und eigentlich gewerbesteuerpflichtig geworden, doch weil das ziemlich unsinnig gewesen wäre, hat beispielsweise das nordrhein-westfälische Innenministerium seinen Städten freigestellt, auf diese »hypothetische Gewerbesteuer« zu verzichten. Die Stadtparlamente akzeptierten.

Durch die Vergünstigungen rollte Görg möglichen Kaufinteressenten also einen roten Teppich aus. Doch dafür verlangte er – mit Ver.di im Nacken – einiges. Denn schließlich wollte er die Kette als Ganzes retten: Der Übernehmer sollte sich verpflichten, alle 120 Häuser mit den 25 000 Mitarbeitern zu erwerben und dauerhaft zu betreiben. Im Insolvenzplan war lediglich vorgesehen, für den Fall besonders ungünstiger wirtschaftlicher Umstände maximal 5 Prozent der Jobs streichen zu dürfen. Reduziert der neue Eigentümer vor Ablauf von drei Jahren mehr Jobs oder schließt er Häuser, läuft er Gefahr, die Millionen-Zugeständnisse der Arbeitnehmer zu riskieren.

Görgs Plan, Karstadt als Ganzes zu erhalten, war gut gemeint, aber schwierig umzusetzen. Das Prinzip »ganz oder gar nicht« war lange Zeit keinem ernsthaften Interessenten zu vermitteln. Der Verkaufsprozess zog sich deshalb immer mehr in die Länge.

Wie zuvor bei Quelle/Primondo war das Interesse zunächst recht groß: Sechs Finanzinvestoren – angeblich Blackstone, Permira, Apollo, Pamplona, Texas Pacific und Sun Capital – vertieften sich im Datenraum in Karstadts Umsatz- und Ergebniszahlen. Ein Angebot gab bis zur Deadline am 23. April 2010 allerdings keiner der sechs ab. Das war bereits bei der letzten Gläubigerversammlung am 12. April in der Karstadt-Hauptverwaltung abzusehen. Deshalb stimmte die Insolvenzverwaltung der Bitte eines Vertreters des Vermieters Highstreet zu, die Regelungen für den Einsendeschluss zu lockern. Damit verschwand der Automatismus, nach dem Karstadt zwingend abzuwickeln gewesen wäre, wenn sich bis Ende April kein Käufer gefunden hätte. Wenig später zeigte sich, dass Highstreet und die Muttergesellschaft Goldman Sachs selbst ein Notangebot vorbereiteten für den Fall, dass sich kein anderer Käufer fände. So wären den Goldman-Kunden, die die Highstreet-Anteile gekauft hatten, die Mieteinnahmen erhalten geblieben.

Auch Metro-Chef Eckhard Cordes tauchte wiederholt auf der Bildfläche auf. Die Vorstellung, dass mithilfe eines Investors möglicherweise doch der alte Rivale Karstadt erhalten bliebe, konnte nicht im Interesse der Metro sein. Das würde die Verkaufschancen oder zumindest den zu erzielenden Kaufpreis für Kaufhof deutlich drücken. Zwar verwies Cordes noch immer auf sein Angebot, einige Karstadt-Häuser zu übernehmen. Jetzt jedoch stellte er den Verkauf seiner eigenen Warenhauskette Kaufhof in den Vordergrund. Beinahe im Wochentakt wurden Wasserstandsmeldungen über die Vorbereitungen des Verkaufs lanciert – samt dem Vorschlag, dass die Karstadt-Interessenten doch gleich noch den Kaufhof für 2 bis 3 Milliarden Euro übernehmen könnten. Dann hätte der Investor praktisch den gesamten deutschen Warenhausmarkt in der Hand. Unklar ist jedoch, was das Bundeskartellamt zu dieser Monopolisierung gesagt hätte. Erste Namen angeblicher Kaufinteressenten sickerten durch: Fast alle Interessenten, die sich im Datenraum durch die Karstadt-Zahlen arbeiteten, redeten auch mit Metro. Besonders Blackstone schien an einem gemeinsamen Karstadt-Kaufhof-Geschäft, an dem zunächst wohl auch noch Metro und Goldman Sachs beteiligt gewesen wären, großes Interesse zu haben. Immer wieder beklagte sich die Metro-Seite jedoch, dass die Karstadt-Insolvenzverwalter das Gespräch mit ihnen ablehnten. Aber herrschte wirklich Funkstille? Balthasar lässt Raum für andere Interpretationen: »Wir haben mit jedem geredet, der mit uns reden wollte.« Und Metro wollte ja ganz offensichtlich reden.

Dass Görg quasi in letzter Sekunde doch noch eine Offerte auf den Tisch bekam, war eine Überraschung. Eine halbe Stunde vor Ablauf der Eingabefrist betrat die deutsch-schwedisch-amerikanische Investorengruppe Triton die Bühne, zum Glück für Görg.

Nach Triton legten noch der Investor Nicolas Berggruen und Highstreet Angebote auf den Tisch – da hatte der Insolvenzverwalter in der Verlängerung doch noch eine Auswahl von Bietern, auch wenn alle neue Zugeständnisse forderten. Die Gläubigerversammlung schließlich entschied sich für Berggruen als neuen Karstadt-Eigentümer. Anders als bei Quelle hatte es Görg bei Karstadt also doch noch geschafft, einen Käufer zu finden.

Hat sich das Mandat für Görg gelohnt? In finanzieller Hinsicht sicherlich, auch wenn die Höhe des Honorars nicht bekannt ist. Andere Insolvenzverwalter, die Erfahrung mit solchen Großverfahren haben, halten eine Honorarsumme in der Größenordnung von rund 50 Millionen Euro für wahrscheinlich. Die Summe wird aus der Masse entnommen, sie entgeht also den Gläubigern. Bei der Beurteilung der Summe ist zu bedenken, dass die Kanzlei Görg – gerade am Anfang des Verfahrens – einen Großteil ihrer Aktivitäten auf das Arcandor-Mandat verlegt hat, andere Mandate also nur noch eingeschränkt annehmen konnte. Zudem wird die Summe für die Gesamtdauer des Verfahrens gezahlt. Zieht sich die Abwicklung also noch zehn Jahre hin – was bei solchen Verfahren nicht ungewöhnlich ist –, kann der Insolvenzverwalter keine neue Rechnung schreiben. Seine Forderungen muss Görg dem Amtsgericht Essen vorlegen. Letztlich entscheiden die Richter, wie viele Millionen die Kanzlei für ihre Tätigkeit bekommt.

Mai 2010

Auch der Mai bringt noch keine Entscheidung über die Zukunft von Karstadt und seiner 25 000 Mitarbeiter. Als der Gläubigerausschuss am 28. Mai um 11 Uhr in der Essener Konzernzentrale zusammentritt, ist schon klar, dass es eine weitere Vertagung geben wird. Am Morgen dieses Tages hatte das Vermieterkonsortium Highstreet tatsächlich sein Angebot eingereicht. Somit gibt es jetzt drei Bieter. Goldmans Deutschlandchef Alexander Dibelius trägt dem elfköpfigen Gremium die Offerte eine Stunde lang vor, ebenso wie es zuvor Hans Maret für Triton und Nicolas Berggruen getan haben. Der Sohn des verstorbenen Berliner Kunstsammlers Heinz Berggruen ist vor allem im Immobiliengeschäft tätig. Er hat eine Woche zuvor sein Angebot abgegeben.

Jetzt beschließt der Gläubigerausschuss, bis zum 7. Juni alle Angebote – vor allem das neue von Highstreet – zu prüfen.

Triton etwa will sowohl deutliche Mietsenkungen durch Highstreet als auch weitere Zugeständnisse durch die Mitarbeiter. Während die Vermieter noch einen gewissen Verhandlungsspielraum einräumen, macht die Gewerkschaft Ver.di komplett dicht, denn die Forderungen sind zu weitgehend. Und ohne Ver.dis Zustimmung scheint kein Verkauf möglich.

Die Gewerkschaft findet den Vorschlag Berggruens attraktiver. Denn Berggruen will es nur von den Vermietern nehmen und den Mitarbeitern keine weitere Lasten – über die 150 Millionen Euro Urlaubs- und Weihnachtsgeld hinaus – aufbürden. Die Mitarbeiter hätten schon genug Beiträge geleistet, lässt er mitteilen. Das Angebot wird in der Branche lange als Exot gehandelt, seine operativen und strategischen Pläne bleiben unklar, zudem ist Berggruen in Deutschland vor allem als Immobilieninvestor bekannt. Aber mit deutschen Warenhäusern hat er keine Erfahrung.

Weit besser kennt dagegen Highstreet als Vermieter das Unternehmen und interne Daten wie die Umsätze. Zudem macht Dibelius seit Jahren mit Karstadt Geschäfte. Die Eigentümer der Highstreet-Fondsanteile sind jetzt bereit, innerhalb der nächsten fünf Jahre auf weitere 230 Millionen Euro zu verzichten, zusätzlich zum Verzicht auf die 150 Millionen Euro Mietsteigerung. Die Mitarbeiter sollen ebenfalls Zugeständnisse machen. Als herauskommt, dass Gesamtbetriebsratschef Patzelt mit Highstreet-Vertreter Kebekus schon über eine unbezahlte Anhebung der Wochenarbeitszeit gesprochen hat, gibt es Ärger mit der Ver.di-Zentrale in Berlin. Sie befürchtet einen Präzedenzfall für die gesamte Branche, wenn sich die Arbeitnehmervertretung bei Karstadt auf unbezahlte Mehrarbeit einlässt.

Für alle Interessenten gilt, dass der Kaufpreis in zweistelliger Millionenhöhe wohl nur das Eintrittsgeld für die Karstadt-Sanierung ist. Entscheidend und weitaus schwieriger zu stemmen ist die weitere Finanzierung. Ein hoher zweistelliger Millionenbetrag wird sofort für die nahezu überfällige Bestellung der Waren für das Herbst- und Wintergeschäft gebraucht. Görg will von den Interessenten die Zusage, dass jährlich mindestens 80 Millionen Euro investiert werden. Diese Summen – bei ungewissem Ausgang des Abenteuers Karstadt – in wirtschaftlich schwierigen Zeiten aufzubringen gilt bereits als mühevoll.

Noch während der Sitzung des Gläubigerausschusses trifft in Essen per Fax die Offerte eines russischen Konsortiums unter der Leitung des Petersburger Immobilien- und Hotelbetreibers Artur Pachomow ein, der Karstadt kaufen und Warenhäuser in Russland und früheren Sowjetrepubliken eröffnen will. Doch eine unterschriebene Version des lediglich fünfeinhalb Seiten langen, nicht bindenden Angebotes gibt es nur in russischer Sprache, die englische und die deutsche Fassung tragen keine Unterschrift.

Pachomow fordert keine großen Zugeständnisse von Vermietern und Mitarbeitern – er sieht vor allem Chancen durch die Expansion nach Russland. Der Petersburger hat einen hochinteressanten Berater an seiner Seite – Helmut Merkel, der während des Abstiegs lange Karstadt-Chef und Arcandor-Vorstand war. Die Russen bieten 60 Millionen Euro Kaufpreis und damit doppelt so viel wie Triton. Pachomow aber kann nicht alle geforderten Unterlagen präsentieren und darf deshalb nicht am Bieterwettbewerb teilnehmen.

Auch ist noch immer nicht klar, ob genügend Kommunen auf die Besteuerung der sogenannten Sanierungsgewinne verzichten, wie Görg es beantragt hat. Sie entstehen, indem Gläubiger auf Ansprüche in Millionenhöhe verzichten. Dadurch kommt Karstadt wieder in die schwarzen Zahlen und ist somit theoretisch gewerbesteuerpflichtig – für Gewinne, die nicht durch das operative Geschäft erzielt wurden.

Die meisten der 94 Karstadt-Kommunen verzichten auf ihren Teil an den rechnerisch 140 Millionen Euro. Einige Städte zögern, der Duisburger Rat lehnt den Verzicht sogar ab – bis der Stadtrat auf einer kurzfristig anberaumten Sondersitzung Mitte Mai die Ablehnung des Verzichts wieder zurücknimmt. Schließlich hätte Duisburg mit diesem Beschluss der Sargnagel für Karstadt werden können. Denn wenn die Kommunen auf weniger als 98 Prozent der Steuer verzichten, kommt der Insolvenzplan nicht zustande. Dann müssten Gläubiger, Vermieter und Mitarbeiter ihre Verzichtszusagen zurücknehmen. Karstadt würde zerschlagen werden und nie wieder Gewerbesteuer zahlen. Ein Nein aus Duisburg hätte dafür möglicherweise bereits ausgereicht.

Juni 2010

Die Sitzung des Gläubigerausschusses am 7. Juni, bei der über den Käufer entschieden werden soll, zieht sich in die Länge. Sie wird fast den ganzen Tag dauern. Es ist beim Dreikampf geblieben, denn Pachomow hatte es nicht geschafft, noch als offizieller Bieter akzeptiert zu werden. Überraschend wird Highstreet als Erstes aussortiert. Karstadts Gesamtbetriebsrat Patzelt kann seinen Lieblingsbieter also nicht durchbringen. Angeblich sind vielen Gläubigern die Finanzierungszusagen des Fonds von Goldman Sachs, Deutsche Bank Rreef, Pirelli, Generali und Borletti zu wackelig. In der letzten Auswahlrunde schließlich setzt sich Berggruen gegen Triton durch. Den Arbeitnehmervertretern und vor allem Ver.di scheint Berggruen die unproblematischere Wahl. Sie wollen auf keinen Fall Triton den Zuschlag geben. Schließlich hatte der Finanzinvestor – im Gegensatz zu Berggruen – nie bestritten, dass er Jobs abbauen und schlecht laufende Geschäftseinheiten bis hin zu ganzen Karstadt-Häusern abgeben wollte. Das Triton-Konzept betrachten viele Beobachter allerdings als jenes, das Karstadt die besten Überlebenschancen sichern würde. Doch es ist wegen der darin enthaltenen Härten nicht durchsetzbar.

Gleich am nächsten Tag unterschreibt Berggruen den Kaufvertrag – genau einen Tag, bevor sich Piepenburgs Gang zum Insolvenzgericht zum ersten Mal jährt.

Doch die Unterschrift ist für die Karstadt-Mitarbeiter noch immer kein Grund zum Feiern. Denn der Kaufvertrag tritt nur dann in Kraft, wenn mehrere Voraussetzungen erfüllt sind. Die wichtigste: Berggruen und Highstreet müssen sich über die Höhe der Miete für die Warenhausgebäude einigen. Doch darüber, was eine marktgerechte Miete ist, gehen die Meinungen weit auseinander. Highstreet bietet dem potenziellen Karstadt-Betreiber Berggruen neben dem schon bekannten Verzicht auf 160 Millionen Euro Mieterhöhungen eine Reduzierung der Miete um 230 Millionen Euro über die nächsten Jahre. Genau diesen Rabatt hätte nach eigenen Angaben der Haus-Eigentümer Highstreet intern auch dem möglichen Karstadt-Eigentümer Highstreet eingeräumt, wenn das Konsortium den Zuschlag bekommen hätte. Aber Berggruen, der sich im Immobiliengeschäft auskennt, ist der Preis noch immer zu hoch. Die Forderungen seien »nicht marktgerecht«, sagt er mir im Interview. Er appelliert an Highstreets Verantwortung für die Arbeitsplätze und erklärt, dass Highstreet ohne Einigung mit ihm noch weniger Miete bekäme, weil die Warenhauskette in diesem Fall zerschlagen würde. Schließlich bietet Highstreet tatsächlich weitere Mietreduktionen um knapp 30 Millionen Euro, will dafür aber eine Beteiligung von 32 Prozent an Karstadt. Berggruen lehnt sofort ab.

Mehrmals treffen sich die Parteien zu Verhandlungen in London. Die Gespräche sind kompliziert, weil Highstreet für jedes Zugeständnis die Zustimmung von fast 100 verschiedenen Fonds-Investoren braucht, die zum Teil widerstreitende Interessen verfolgen. Ihr Dilemma: Sie wollen die Mietabschläge möglichst gering halten, damit die Finanzierung ihrer Kredite für die Highstreet-Anteile nicht völlig unter Wasser gerät. Bieten sie jedoch zu geringe Abschläge, droht der Mietvertrag mit Berggruen für alle 120 Häuser zu platzen. Dann könnte Karstadt zerlegt werden – und zumindest für die schlechteren Standorte drohten Schließung und damit Mietausfall.

Über die Medien wird eine mittelgroße Schlammschlacht angezettelt: Beide Seiten werfen sich – teils offen, teils verdeckt – fehlende Kompetenz zur Führung eines Warenhauskonzerns in Deutschland sowie Finanzierungsschwierigkeiten vor. Investitionszusagen von Berggruen seien juristisch nicht wasserdicht, er könne sein Geld jederzeit wieder aus dem Unternehmen herausziehen, verbreiten Highstreet-Kreise. Zudem will Berggruen den Konzern in mehrere rechtlich eigenständige Sparten – Premium-, Sport- und Normal-Häuser – untergliedern, nach eigenen Aussagen, um beim Management und der Schaffung von Kooperationen mit anderen Unternehmen der jeweiligen Sparte flexibler zu sein. Für jede Unterorganisation fordert Berggruen einen eigenen Mietvertrag. Highstreet wertet dieses Ansinnen als Vorbereitung auf einen späteren Unternehmensverkauf per Salami-Taktik, den der Vermieter auf jeden Fall verhindern will – aus Sorge um die Mieteinnahmen.

Besonders der Chef des Konsortiumsmitgliedes Borletti, Maurizio Borletti, und Gesamtbetriebsratschef Patzelt, der – ohne Erfolg – eine erneute Beratung des Gläubigerausschusses fordert, tun sich als Berggruen-Skeptiker hervor. Der neue Eigentümer habe kein Erfolg versprechendes Konzept, schreibt Borletti an Bundesarbeitsministerin Ursula von der Leyen. Die CDU-Politikerin führt daraufhin einige Gespräche und schreibt Briefe – und verkündet zur Überraschung aller Beteiligten am 25. Juni vor der Presse in Berlin, dass sich beide Seiten geeinigt hätten. Nur noch ein paar »interne technische Probleme« bei Highstreet seien zu lösen. Sowohl Vermieter als auch der potenzielle Mieter jedoch sind überrascht von der Aussage, dass sie sich bereits geeinigt haben sollen – denn sie wissen nichts vom Durchbruch. Die Ministerin war zu schnell. Die Verhandlungen laufen in den nächsten Tagen weiter.

Was zu diesem Zeitpunkt noch nicht öffentlich ist: Mit den meisten Konsortiumsmitgliedern gibt es in einem Eckpunkte-Papier tatsächlich bereits eine Einigung – aber noch nicht mit allen. In dem Papier finden sich die gestaffelten Jahresmieten für die Highstreet-Immobilien, die 2011 rund 210 Millionen Euro betragen und bis 2018 auf 240 Millionen Euro ansteigen sollen. Mit diesen Summen erreicht Berggruen hohe Abschläge gegenüber jenen Summen, die im Jahr 2006 Thomas Middelhoff mit Highstreet vereinbart hatte.

Berggruen schließt in dem Papier zudem aus, bis Ende 2012 Geld oder sonstige Werte aus Karstadt zu entnehmen. Sollte die Kette Dividenden zahlen können, werde er diese Summen ebenfalls bis 2012 wieder ins Unternehmen stecken. Falls sich Anteilsverhältnisse im Unternehmen – etwa durch Partnerschaften mit anderen Firmen – ändern sollten, bedürfte es während dieses Zeitraumes ebenfalls der Zustimmung von Highstreet. Die Standorte, die Jobs und die Mitbestimmung sollen bestehen bleiben. Sofort nach der Übernahme werde er 65 Millionen Euro in die Kette investieren. Dafür zahlt er nur einen symbolischen Kaufpreis von einem Euro.

Während des wochenlangen Mietstreits kritisiert vor allem Highstreet die Insolvenzverwaltung: Sie habe sich der Verantwortung für die Mietfrage entzogen und diese einfach an die beteiligten Unternehmen weitergeschoben, heißt es.

Die Verwaltung jedoch verteidigt sich, dass es auch beim Verkauf an jeden anderen der Interessenten noch große Probleme und weitgehenden Verhandlungsbedarf gegeben hätte. Wäre Highstreet Eigentümer geworden, hätten unterschiedliche Vorstellungen über weitere Zugeständnisse der Mitarbeiter – etwa unbezahlte Mehrarbeit – mit Ver.di geklärt werden müssen. Triton hätte sowohl mit Ver.di als auch mit den

Vermietern in harte Verhandlungen einsteigen müssen. Görg-Mitarbeiter Hans-Gerd Jauch: »Es war von vornherein klar, dass immer ein wesentliches Element fehlen würde, damit ein Kaufvertrag gleich wirksam würde – egal für welches Angebot sich der Gläubigerausschuss entscheiden würde. Der eine hatte das Kamel, der andere den Sattel und der Dritte das Zaumzeug. Stets musste also irgendwer etwas abgeben, damit der auserwählte Reiter ins Ziel kommen konnte.« Ein idealer Käufer hätte somit gar nicht zur Wahl gestanden.

Ausblick

Es ist nicht viel übrig geblieben von den Handelssegmenten des Konzerns KarstadtQuelle, der später Arcandor hieß. Quelle Deutschland wurde vom Insolvenzverwalter abgewickelt und geschlossen, samt Quelle-Shops und Technikcentern. Lediglich Quelle Russland sowie die Markenrechte für quelle.de, Privileg und Universum haben unter dem Dach der Hamburger Otto-Gruppe eine Chance auf Wiederbelebung. Kleinere Einheiten wie Küchen-Quelle, Foto-Quelle und der Homeshoppingsender HSE 24 fanden ebenfalls Käufer. Und der konzerneigene IT-Dienstleister Itellium gehört jetzt früheren Managern.

Als einziger großer Block blieb bisher Karstadt erhalten. Doch ob sich die Traditionskette auf Dauer eigenständig am Markt behaupten wird, ist ungewiss. Viele Kenner des deutschen Einzelhandels erwarten, dass Karstadt mittelfristig wieder dort ankommt, wo es Mitte 2009 schon stand – nämlich am Abgrund. Es soll Investoren geben, die sich ihre Überlegungen zu Karstadt bereits unter »Wiedervorlage 2011/2012« abgespeichert haben.

Dafür spricht etwa die Tatsache, dass sich der Verkauf aus der Insolvenz heraus lange verzögerte. Anfang August 2010, mehr als drei Monate nach dem ursprünglich geplanten Verkaufstermin, war noch immer nicht klar, wer die Kette übernimmt und ob sie überhaupt als Ganzes fortgeführt wird.

Denn tatsächlich wollte niemand das Unternehmen zu den Konditionen übernehmen, die der Insolvenzverwalter vorgegeben hatte – obwohl viele namhafte Interessenten wochenlang die Zahlen geprüft hatten. Nur unter der Bedingung weiterer Abschläge kamen überhaupt Kaufangebote herein – nach dem Motto: Wenn wir diesen und jenen Millionenrabatt noch bekommen, können wir es ja mal probieren. Das galt auch für Nicolas Berggruen, der Anfang Juni nur unter Vorbehalten einen Kaufvertrag unterschrieben hatte.

Die Verzögerungen und die Vorbehalte sind alles andere als Hinweise darauf, dass der Markt Karstadt trotz der üppigen finanziellen Erleichterungen durch das Insolvenzverfahren und nach dem Ende des lähmenden Arcandor-Verbundes jetzt als einen Rohdiamanten sieht, der sich mit ein paar Schliffen zum Schmuckstück machen lässt. Im Gegenteil: Bis Karstadt wieder strahlt – falls Karstadt jemals wieder strahlt –, ist viel Arbeit nötig. Und auch Glück.

Denn die Trends der Einkaufsvorlieben der Deutschen laufen weiterhin gegen die Warenhäuser, aber für deren Konkurrenten von den Fachmarktketten und immer stärker für das Internet. Der Marktanteil der Kaufhäuser sinkt schon seit Jahren. Sie wirken – besonders auf die konsumfreudige junge Kundschaft – angestaubt. Das gilt für Karstadt noch mehr als für den Konkurrenten Kaufhof. Das Warenhaus muss – im Idealfall – von einer Abverkaufstelle für Alltagswaren zu einem Ort der Unterhaltung werden, an dem sich die Kundschaft gerne aufhält. Und an dem sie gerne Geld ausgibt.

Dafür sollte sich Karstadt endlich vom Einerlei der Konkurrenz abheben und den Mut haben, auf wenig lukrative Artikel zu verzichten, um bei anderen – margenträchtigeren – Sortimenten Stärke zu zeigen.

Vor allem muss das neue Karstadt-Team der Kundschaft schnell ein neues Bild der Warenhauskette vermitteln. »Pleite«, »Immobilienpoker« oder »Thomas Middelhoff« dürfen nicht mehr die Begriffe sein, die dem Kunden als erstes einfallen, wenn er »Karstadt« hört. Ähnliches indes haben zuvor schon viele angekündigt. Doch dann beschränkte sich das Erlebnis Karstadt für die Kundschaft doch zumeist darauf, nach den immer höheren Rabatten zu jagen. Das jedoch kann kein Rezept für Zukunft sein. Statt sich selbst mit immer neuen Preisaktionen zu entwerten, muss das Management den Mut und die Kraft haben, seine Konzepte und Preisniveaus durchzuziehen, selbst wenn die Geschäfte zeitweise nicht so gehen, wie sie sollten. Nur dann kann sich bei den Verbrauchern im Laufe der Zeit ein Image dessen festsetzen, wofür Karstadt tatsächlich und verlässlich steht.

Soll die Rettung dauerhaft gelingen, ist es zudem erforderlich, dass Ver.di und die Betriebsräte aus ihren Fehlern der Vergangenheit lernen.

Viel zu lange haben die Arbeitnehmervertreter eine Klientelpolitik betrieben, die vor allem die Interessen der Mitarbeiter, nicht aber die des Unternehmens sah. Diese Rücksichtslosigkeit, die zur Karstadt-Katastrophe beitrug, darf es nicht mehr geben. Positive Anzeichen in dieser Richtung sind zu erkennen. Diese Einsicht ist jetzt mit weiteren Entscheidungen zu unterfüttern. Das Ende des Widerstandes gegen die Einführung eines Anreizsystems, das Verkäufer mit besseren Umsätzen auch besser verdienen lässt und das bei der Konkurrenz längst üblich ist, dürfte dazugehören. Auch der begrenzte Einsatz von Billigkräften zum Einräumen der Regale kann künftig kein Tabu mehr sein, ebenso wenig wie eine weitere Flexibilisierung der Mitarbeiter-Einsatzzeiten.

Doch nicht nur bei der Masse der Mitarbeiter gibt es viel zu tun. Der künftige Betreiber wird sich auch einiges überlegen müssen, um gute Führungskräfte nach Essen zu holen. Denn wechselwillige Warenhaus-Experten, die bereits Erfolge in anderen Unternehmen vorweisen können, sind rar. Warum sollten sie ausgerechnet beim Problemfall Karstadt anheuern?

Wer sich als neuer Eigentümer mit all diesen Problemen beschäftigen muss, stand, wie erwähnt, Anfang August noch immer nicht fest. Das drohte nicht nur den unmittelbar Betroffenen wie Mitarbeitern, Lieferanten oder Dienstleistern den letzten Nerv zu rauben, sondern auch mir als Autor dieses Buches. Immer wieder ging es hin und her zwischen Annäherung der streitenden Parteien und neuer Eskalation, zwischen der Hoffnung auf Fortführung der 120 Häuser und der Befürchtung einer Zerlegung der Kette mit ungewissem Ausgang.

Bis in den Juli hinein gab es zudem im Verborgenen noch Gespräche zwischen Highstreet und den Betreibern der spanischen Warenhauskette El Cortes Inglese, einer der besten in ganz Europa. Die Spanier prüften sogar, Highstreet die Immobilien abzukaufen. Die spanische Lösung hätte vor allem deshalb Charme gehabt, weil die Fähigkeiten der Manager von El Cortes Ingles zur Führung von Warenhäusern unumstritten sind – der Umsatz pro Quadratmeter ist dort nahezu doppel so hoch wie bei Karstadt. Hinzu wären die finanziellen Vorteile eines gemeinsamen Einkaufs und die verbesserte Risikostreuung gekommen – und die Option der Erweiterung des Duos zum Trio, wenn Metro seinen Kaufhof beigesteuert hätte. Auch über diesen Punkt gab es bereits Gespräche. Doch letztlich beendeten die Spanier das Projekt, das ihnen offenbar zu kompliziert erschien für die wenige Zeit, die zur Verfügung stand. Erst als die Verhandlungen geplatzt waren, kam diese Option an die Öffentlichkeit. Im Karstadt-Umfeld blieb allerdings die Hoffnung, diese spanische Dreier-Lösung irgendwann doch noch zu realisieren.

Sehr spät – erst Ende Juli – zog plötzlich Borletti ein eigenes Kaufangebot für Karstadt aus dem Hut, losgelöst von seinem Highstreet-Konsortium. Auch mit ihm wäre die Schaffung einer starken europäischen Warenhaus-Gruppe möglich, betreibt er doch mit La Rinascente in Italien und Printemps in Frankreich bereits zwei derartige Ketten. Kaufhof könnte auch hier hinzukommen.

Zumindest mittelfristig spricht wegen der oben genannten Mengen-, Kosten- und Risikovorteile einiges für eine wie auch immer geartete multinationale Warenhausgesellschaft, in der Karstadt-Häuser – vor allem die Premium-Filialen – wichtige Bestandteile sind.

Mit derartigen Überlegungen dürfte sich auch Nicolas Berggruen beschäftigt haben. Anfang August sah es so aus, als sei er derjenige, der Karstadt bekommen und zunächst als eigenständige Kette betreiben würde – wenn auch vielleicht nur als Zwischenschritt auf dem Weg zum Europa-Warenhaus. Was erwartete Karstadt mit dem Eigentümer Berggruen? Garantiert nicht der immer wieder beschriebene Kunstliebhaber, der sich einen Teil seiner Zeit in der Wirtschaft vertreibt. Berggruen ist ein knallharter Geschäftsmann, der bei einem Deal vor allem auf seinen eigenen Vorteil bedacht ist, auch wenn er sich anderntags wieder als Sponsor und Gönner von Künstlern und Bedürftigen gibt. So hat er sich in den vergangenen zwei Jahrzehnten schon in die unterschiedlichsten Wirtschaftsbereiche eingekauft und sich darin zurechtgefunden, etwa in Immobilien, Kraftwerke, Landwirtschaft, in Brillen und Möbel, in Kunst ohnehin. Und mehrfach waren Firmen dabei, an die niemand mehr glaubte – außer Berggruen. Zumeist hatte er mit seinen Unternehmungen Geduld und bewies einen langen Atem. Und oft war er damit finanziell erfolgreich. So entstand sein Milliarden-Imperium.

Doch weder er noch sein Mann fürs Alltagsgeschäft, der amerikanische Textilunternehmer Max Azria, haben ernst zu nehmende Erfahrung im deutschen Einzelhandel. Und schon gar nicht im Warenhaus, der schwierigsten Disziplin dieser Branche. Der operative Plan Berggruens und Azrias dürfte sein, gemäß der Branchenweisheit »retail is detail« zu versuchen, zahlreiche Stellschrauben neu zu justieren. Die Aufteilung in Segmente wie Sport-, Premium- oder Standardhäuser jedenfalls lässt die Strategie erwarten, aus dem schwerfälligen Tanker Karstadt eine kleine Flotte flexibler Schnellboote zu machen. Die Manager dieser Teilsegmente könnten dann eher so agieren wie die Konkurrenten der Fachmarktketten und sich stärker fokussieren. Kooperationen mit Spezialisten sollen zudem forciert werden.

Dabei kann es nur von Vorteil sein, dass die Kette mit Nicolas Berggruen einen Eigentümer hat, der so etwas wie das Gesicht des Aufbruchs werden könnte. Der ebenso schillernde wie geheimnisvolle Milliardär, den auch die Leserinnen von *Bunte*, *Gala* oder *Cosmopolitan* attraktiv finden, kann den klassischen Warenhauseigentümer weitaus besser verkörpern als die anonymen Aktionärspools der Vergangenheit.

Doch schon oft haben Investoren, die in anderen Branchen zuvor Großes geleistet hatten, unterschätzt, wie wenig planbar das Geschäft mit dem Endverbraucher im Einzelhandel ist. Im Industriegeschäft mit Firmenkunden etwa ist der zeitliche Auftragsvorlauf relativ lang, das Management kann Absatzschwächen früh erkennen und Gegenmaßnahmen einleiten. Im Einzelhandel mit einem Konsumenten, der sich einer riesigen Auswahl aus Händlern, Handelsformen und Angeboten für weitgehend dieselben Produkte gegenübersieht, ist das anders: Wenn den Kundinnen etwa Karstadts Herbstkollektion nicht gefällt, wenden sie sich ohne Vorankündigung davon ab und der Konkurrenz zu. Von heute auf morgen ist dann die »Laufkundschaft« weggelaufen. Dann lässt sich die Ware allenfalls noch mit hohen Abschlägen loswerden, was jede Gewinnkalkulation zerschießt.

Berggruen dürfte gewarnt sein: Selbst internationale Branchengrößen haben sich auf dem deutschen Einzelhandelsmarkt schon übel die Finger verbrannt. Das britische Warenhausunternehmen Marks & Spencer oder die US-Supermarktkette Wal-Mart etwa – immerhin der größte Einzelhändler der Welt –, zogen sich vor wenigen Jahren nach Millionenverlusten aus dem Markt zurück, der als der wettbewerbsintensivste in Europa gilt. Sie hatten unterschätzt, dass Erfahrungen aus anderen Ländern nur teilweise auf Deutschland zu übertragen sind. So wollen viele Konsumenten im Karstadt-Land vor allem billig einkaufen und fordern gleichzeitig guten Service. Der allerdings darf nichts kosten. Konsumenten in anderen Ländern sind deutlich spendabler.

Karstadts Zukunft ist also alles andere als gesichert. Kurzfristig gibt es aber – wie gerade dargestellt – Alternativen zum Schreckensszenario der Zerschlagung. Bevor es tatsächlich zum Einzelverkauf der Häuser und somit zum Ende der Marke käme, würde wohl eher Highstreet seine Übernahmepläne für die gesamte Kette wiederbeleben, um die Mietflüsse zu sichern. Sobald sich anschließend jedoch Gelegenheiten ergeben würden, dürfte das Vermieter-Konsortium Häuser anderen Nutzern anbieten. Und das käme letztlich dem Verschwinden von Karstadt auf Raten gleich.

Noch spricht jedoch einiges – nicht zuletzt die akzeptable Umsatzentwicklung während der Insolvenz – dafür, dass die Konsumenten bereit sind, Karstadt eine letzte Chance zu geben. Wenn der neue Betreiber diese Chance nutzt, wenn er nicht mehr verspricht als er einzulösen in der Lage ist, wenn er mehr Eigenständigkeit im Sortiment schafft und die Kundschaft neugierig auf die kommenden Kollektionen und Präsentationen hält, kann trotz aller negativen Vorzeichen die Rettung zumindest des Großteils der Karstadt-Häuser gelingen.

Dann würde Arcandors Absturz wenigstens nicht in einer vollständigen Katastrophe enden.

Die Lehren aus dem Debakel

Die Lehren, die man aus Arcandors Absturz für andere Unternehmen ziehen kann, scheinen eher schlicht. Sie sind jedoch keinesfalls banal. Denn dass diese Grundsätze der Unternehmensführung bei Arcandor allzu oft nicht beachtet wurden, ist ein wesentlicher Grund dafür, dass es den Konzern heute nicht mehr gibt. Hätten sich Management und Eigentümer stärker an klassischen Kaufmannstugenden orientiert, wären die Überlebenschancen von Arcandor deutlich größer gewesen. Wahrscheinlich hätte der Konzern gar – in kleinerer Form – überlebt. Was lässt sich also aus Arcandors Absturz lernen? Es sind zehn schlichte Weisheiten – und eine Anregung:

1. Eigentümerschaft an einem Unternehmen darf sich nicht auf Gewinnentnahmen in guten oder finanzielle Unterstützung in schlechten Zeiten sowie die gelegentliche Bestellung oder Entlassung von Vorstandsmitgliedern beschränken. Eigentum verpflichtet auch dazu, die langfristige Richtung des Unternehmens vorzugeben und die Umsetzung dieser Vorgaben durch das Management zu kontrollieren, um einen dauerhaften Bestand der Firma als Erzeuger von Kaufkraft sicherzustellen. Dabei ist es neben der Personalauswahl entscheidend, dem Management gegenüber das richtige Maß zwischen kurzem Zügel und langer Leine zu finden. Sich dem jeweils amtierenden Vorstand mit Haut und Haaren auszuliefern und ihn bei Misserfolg einfach auszutauschen, ist dagegen zumeist substanzverzehrend und immer verantwortungslos – auch denen gegenüber, die wirtschaftlich von dem Unternehmen abhängen.
2. Wenn das Kerngeschäft auf Dauer nicht erfolgreich ist, macht Kosmetik in Randbereichen keinen Sinn. Dann muss das Unternehmen komplett auf andere Füße gestellt werden.

3. Kontinuität beim Grundkonzept und beim Führungspersonal ist ein Erfolgsfaktor für Unternehmen. Wer bei jedem Gegenwind Strategie und Verantwortliche wechselt, verunsichert Kundschaft und Personal und verspielt seine Unverzichtbarkeit am Markt.
4. Trotz der Kontinuität beim Grundkonzept muss das Management auch in guten Zeiten den Mut haben, Sparten abzustoßen, zu schließen und – so weit wie nötig – Arbeitsplätze abzubauen, wenn sich diese Sparten als unsanierbar erweisen. Sie mit immer neuen Konzeptversuchen durchzuschleppen birgt nur das Risiko, dass aus dem Feuerchen in Sparte A ein Flächenbrand für den Gesamtkonzern wird. Dann droht die Gefahr, dass die Verschuldung so weit um sich greift, dass das Unternehmen vollständig in die Abhängigkeit von Banken und anderen Fremdkapitalgebern gerät. Die zu erwartende Kritik von Gewerkschaft, Öffentlichkeit und Politik an unpopulären Maßnahmen zur Sicherung des Gesamtunternehmens haben Manager und Eigentümer zu ertragen.
5. Übernimmt ein Unternehmen ein anderes, müssen schnell und ohne Rücksicht auf Besitzstände neue Strukturen geschaffen werden, die aus beiden Teilen eine neue Firma machen. In weiten Teilen des Unternehmens Doppelstrukturen zu erhalten führt jeden Zusammenschluss wirtschaftlich auf Dauer ad absurdum. Eine Fusion kann nicht gelingen, wenn die Mitarbeiter in diesen Prozess nicht einbezogen werden und sie für sich keine Vorteile oder zumindest langfristige Chancen durch die Umstrukturierung erkennen können.
6. Probleme, Risiken und Kosten in die Zukunft zu verlagern, um wirtschaftlich den Tag oder das nächste Jahr zu überstehen, ist kein Management, sondern der Missbrauch von Vertrauen und – im nicht juristischen Sinne – ein Betrug am Unternehmen.
7. Manager und Eigentümer sollten regelmäßig ihre Kunden – und vor allem solche, die es noch werden sollen – fragen, was das Unternehmen besser machen kann. Auch Vorstände müssen bisweilen undercover – oder vertreten durch ehrliche Freunde, Bekannte oder professionelle Testkäufer – die Leistungsfähigkeit des eigenen Hauses prüfen. Sie sollten möglichst viele Standorte von persönlichen Besuchen und nicht nur durch Vorstandsvorlagen kennen. Gleiches

gilt für das Wissen über die Konkurrenz. Konkrete und durch Erfahrung gewonnene Kenntnisse der gesamten eigenen Branche sind eindeutig von Vorteil.

8. Gewerkschaften und Betriebsräte sind unverzichtbar für den sozialen Frieden im Unternehmen. Ein Management darf sich zum Erreichen eigener, kurzfristiger Ziele aber niemals auf ein Geschachere einlassen, das letztlich auf Kosten der Firma geht. Eine Mitarbeitervertretung hat sich am Interesse des Gesamtunternehmens zu orientieren und darf nicht danach streben, eine Art Gegen-Management zu installieren, das ohne Rücksicht auf die wirtschaftliche Leistungsfähigkeit des Unternehmens nur die Interessen der eigenen Klientel berücksichtigt.

9. Spürt ein Vorstand, dass er zwischen offenbar unverrückbaren Besitzständen einzelner Gruppen im Unternehmen – etwa wichtiger Eigentümer und den Arbeitnehmervertretern – eingemauert ist und sich als Unternehmensführer nicht mehr ausreichend bewegen kann, muss er sein Amt niederlegen. Sein persönliches Millionengehalt kann kein Grund dafür sein, weitgehend wirkungslos einfach irgendwie weiterzumachen und das Unternehmen sehenden Auges in den Abgrund zu wirtschaften.

10. Auch ein Handelsunternehmen ist kein Selbstbedienungsladen für die Entscheidungsträger. Kostendisziplin gilt somit – gerade in schwierigen Zeiten – für alle Hierarchieebenen eines Unternehmens. Wenn die einfachen Mitarbeiter ihre Sanierungsbeiträge leisten, müssen es die höheren Hierarchieebenen in noch stärkerem Ausmaß tun, sowohl bei der eigenen Bezahlung als auch bei den Kosten der Unternehmensführung.

Abschließend noch eine Anregung: Ein Aufsichtsrat muss tatsächlich Aufsicht führen können. Bei Arcandor war das Kontrollgremium erschreckend hilf- und wirkungslos. Viele Entscheidungen, die das Unternehmen Millionen gekostet haben, lagen unterhalb des Radars dieses Gremiums. Das wirft die dringende Frage auf, ob das in Deutschland praktizierte System der Aufsichtsräte mit der Teilung in Mitarbeiter- und Kapital-Bank nicht reformiert werden muss. Die Mitarbeiter-Vertreter sind den Tricks und Schlichen ausgekochter Manager in aller Regel nicht gewachsen, auch wenn sie sich in ihrer Arbeit inzwischen von Experten wie Wirtschaftsprüfern oder Unternehmensberatern unterstützen lassen. Die Vertreter der Eigentümer bekleiden zumeist zahlreiche Aufsichtsratsposten, sind selber noch in Vorständen oder Geschäftsführungen aktiv oder umgekehrt seit Jahren aus dem operativen Geschäft ausgeschieden. Das schränkt ihr effizientes Engagement für das einzelne Unternehmen naturgemäß ein. Daher ist die Überlegung angebracht, ob nicht ein Teil der Kontrollposten mit Profi-Aufsichtsräten besetzt werden sollte. Sie müssten deutlich besser bezahlt werden als die bisherigen Nebenbei-Aufsichtsräte, hätten aber die Zeit und die Kompetenz, heikle Konzepte, Darstellungen oder Kostenflüsse des Vorstandes sehr viel gründlicher nachzuprüfen, als es derzeit der Fall ist. Diese Profi-Kontrolleure könnten durchaus für eine überschaubare Zahl von zwei oder drei Unternehmen tätig sein. Solche Aufsichtsräte wären wirklich auf Augenhöhe mit dem Management. Sie könnten helfen, in Zukunft den Absturz traditionsreicher Unternehmen zu verhindern.

Quellen

Die meisten Quellen für dieses Buch bilden Gespräche des Autors mit den Verantwortlichen sowie Pressekonferenzen, Hintergrundgespräche und Hauptversammlungen, bei denen der Autor persönlich anwesend war. Sofern nicht gesondert als Fußnote angegeben, wird aus Gründen der Lesbarkeit auf den detaillierten Beleg dieser Quellen, der über die im Text bereits gegebenen Hinweise hinausgeht, verzichtet.

Dank

Ich danke allen, die geholfen haben, dass aus einer Idee dieses Buch wurde.

Das sind zum einen jene Protagonisten aus dem Unternehmen Arcandor und seinem Umfeld, die mir während der Recherche – oft mehrfach – Rede und Antwort standen.

Daneben bin ich den Kollegen der WELT-Gruppe zu tiefem Dank verpflichtet, die zum einen meine Auszeit für die Arbeit an diesem Buch ermöglicht haben und zum anderen während dieser Phase meine Arbeit in der Redaktion übernommen haben – und wertvolle Tipps gaben.

Dank auch an die Mannschaft bei Campus und die Medienagentur Wilhelmi, die mir die Welt des Bücherschreibens nahebrachten.

Großen Dank schulde ich vor allem Freunden und Verwandten, die meinen Absage-Spruch »Tut mir leid, ich muss am Buch arbeiten« irgendwann nicht mehr hören konnten.

Register

Abschriftenartikel 75
Abwanderungsbewegung 47
Achenbach, Christoph 40, 51, 58–60, 62–64, 66f., 70, 79, 83–86, 89–91, 93f., 96f., 99, 171, 232f., 237
Aktienkurs 12, 32, 59f., 63, 73, 100, 114, 118, 124, 128, 131, 133, 137, 141, 149, 154, 200, 207, 230, 240, 243, 249
Aktionäre 22, 24, 38–40, 57, 66, 72f., 84, 86, 98, 110, 114f., 116, 125, 130, 133, 186, 196, 209, 215, 241, 243
Alleinschuldthese 10
»Alles unter einem Dach« 25, 47
Analysten 24, 37f., 59, 154f., 178, 181f.
Analystenkonferenz 96, 181
Anteilseigner 38–40, 115, 150, 225, 266
Arbeitnehmervertreter 27, 60, 71, 157, 242, 246f., 255, 280, 291
Arbeitsplatz/-plätze 9, 15, 64, 71, 74, 138, 158, 185, 190, 195, 202, 207, 213, 215, 217, 219, 222, 236, 243, 245, 270, 281, 290
Arbeitsplatzabbau 211
Arrangement Fee 268
Aufarbeitung 9, 262
Aufsichtsrat/-räte 12, 20–22, 24, 31, 34, 38, 40, 44, 56–62, 64, 67f., 71, 80, 86, 89, 91, 93, 96, 98, 107, 110, 121, 127, 130, 137, 141, 143, 145, 150, 156, 158, 162f., 165, 168–172, 174, 176f., 184f., 188–192, 197, 199, 204, 224,
227–229, 232–234, 244, 246–248, 254, 291f.
Ausgabeverhalten 26
Auszehrung, finanzielle 45
Axa Private Equity 256, 272

Baby Walz 13, 15, 27
Bankenprovisionen 67
BayernLB 69, 110, 134, 139f., 157, 238, 253, 268f.
BDO 56, 174
Berger, Roland 64, 72, 81, 83, 95, 99, 136, 162, 174, 192, 197, 219, 252, 262, 269
Berggruen, Nicolas 274, 276–278, 280–282
Beschäftigungspakt 72
Betriebsrat/-räte 21, 43–45, 60, 70, 99, 124, 142, 157, 169, 172, 184, 193, 198, 204, 218, 236, 247f., 255, 271, 291
Bettelbriefe 48
Bilanzkosmetik 20
Bilanzpolitik 115
Billigkonkurrent 27
Blackstone 70, 161, 257f., 275f.
Bundesanstalt für Arbeit 77, 218f., 242, 253, 255

Commerzbank 21f., 31, 69f., 134, 139f., 157, 238, 253, 268f.
Condor (& Neckermann, C&N) 26, 50, 102, 119, 127, 135f., 188

296

Cordes, Eckhard 127, 134, 188, 201–207, 209–214, 216, 245f., 251, 258, 276
Corporate Governance 169, 174
DAX 44
Defizite
– operative 273
– strategische 273
Deuss, Walter 18–27, 41, 44f., 48, 58, 73, 77f., 86, 102f., 105, 171, 184, 186, 227, 229f., 232, 237, 255
Deutsche Bank 21f., 98, 128, 132, 134, 136, 147, 156, 161, 166, 280
Deutsche Schutzgemeinschaft für Wertpapierbesitz (DSW) 32, 40, 125, 137, 254
Deutsches Sportfernsehen (DSF) 27, 29, 48, 50, 64, 74f., 90
Dezentralisierung 49
Diversifikation 30
Doppelstrukturen 23, 290
Drei-Klassen-Gesellschaft 104
Dresdner Bank 66, 69f., 110, 134, 139

Eick, Karl-Gerhard 14, 81, 130, 154f., 158f., 170, 174, 189, 195–208, 210–218, 221f., 229, 237–252, 268
Eigenkapital 61, 66, 84f., 87, 112f., 135, 150, 153, 163, 200
Eigenmarken 39, 47, 75, 113, 123
Einkaufskonditionen 19, 27, 46
Einkaufsstrategie 46
Einkaufsvorlieben 18
Einkaufszentren 18, 52
Endverbraucher 26, 113
Entschuldung 109–112, 168, 187
Erbhöfe 97
Ergo Versicherung 134f., 217, 258
Esch, Josef 33, 43, 52, 55, 151–153, 160f., 173, 189, 231f.

Euler Hermes 137f., 143f., 156
Expansion 19, 25, 103, 279

Fachmärkte 18
Factoring 220–222, 250, 253, 265, 267f., 270, 272
Familienerbe 32, 227, 232
Fehleinschätzungen 16
Fehlentwicklungen 237
Finanzämter 15, 255
Finanzinvestoren 100f., 153, 257f., 261, 269f., 275, 280
Flächenvermietung 48
Führungskräfte 9, 62, 91, 94, 97, 182–184, 191, 229, 244
Führungsstil 251f.

Gefälligkeitskauf 49
Gehaltsverzicht 102, 258
Geldvernichter 63
Gesamtbetriebsrat/-räte 31, 42, 70, 81, 141, 157, 203, 208, 253f., 262, 271, 278, 280f.
Gesetzesverstöße 130, 263
Gewerbesteuer 275, 279
Gewinnabführungsvertrag 193
Gier 10, 61
Gläubigerausschuss 253, 277, 279–281, 283
Gläubigerversammlung(en) 238, 254f., 259, 262, 265f., 271–273, 275, 277
Glaubwürdigkeit 32, 67, 141, 145, 176, 191
Görg, Klaus Hubert 76, 154, 171, 218–221, 237f., 250, 253, 255–267, 269f., 272–279, 283

Handelsketten 46, 185
Happy Digits 13, 39
Hassfiguren 164, 166
Hauptversammlung 24, 34, 38, 40, 58,

66, 84f., 97, 114f., 125, 133, 175, 195, 202, 228, 293
Herl, Leo 31, 55, 98, 112, 115, 118, 167, 186, 204, 225, 227f., 231–234, 277
Hertie-Stiftung 21f.
Hess Natur 13, 15, 27, 46, 51
Highstreet 107–109, 112, 168, 171, 173, 181, 185, 211, 216, 246, 258f., 264, 273f., 276–278, 280–282
HSE 24 13, 15, 50, 64, 126, 237, 252, 256, 270, 272

Innenstadt-Warenhäuser 19
Insolvenzexperten 241, 264
Insolvenzplan 259, 266, 273–275, 279
Insolvenzverschleppung 216, 221, 251, 263
Insolvenzverwalter 15, 67, 76, 126, 153f., 157, 171, 196f., 200, 218, 220, 237, 243, 250, 253–255, 257f., 260f., 264, 267f., 272, 276f.
Instandhaltungsrücklage 53
Interessenkollision 54, 89
Interessenkonflikt 98
Internethandel 44, 236
Inventur 38, 62, 166, 263
Investitionsstau 20, 52
Investorensuche 265, 267, 271

Jahresgehälter 171

KaDeWe 17, 19, 66, 77, 104f., 115f., 192, 199
Kapitalerhöhung 62, 67f., 70f., 73, 83–87, 93, 125, 134, 142–144, 173, 187, 208, 215, 217, 226, 228, 231, 235
Karstadt-Fonds 53, 152
Karstadt-Immobilien 13, 52f., 151f.
KarstadtQuelle 12f., 17, 19, 22f., 25–30, 32, 34–40, 43–46, 48f., 51–53, 55–58, 60f., 63, 65–73, 77, 84–90, 94–96, 98–101, 103–115, 117–135, 148f., 161–163, 166f., 169f., 172f., 184–186, 189, 191, 197f., 217, 225, 228, 230–232, 234–236, 258f., 265
Kataloggeschäft 18, 104
Kerngeschäft 19, 30, 37, 44, 47
Kleinaktionäre 39f., 86, 133
Kontinuität 290
Konzernmarken 45, 50, 113, 193
Kostendisziplin 136, 174, 291
Kundengeschmack 84

Ladenvarianten 18
Leichenfledderei 76
Lieferanten 9, 15, 27, 48, 76, 138, 156, 165, 198, 206, 208, 213, 220, 238, 242, 252, 270, 273
Lufthansa 26, 31, 50f., 102, 111f., 114, 118–121, 187f.
Lüge 10

Managementfehler 10, 60, 70, 148, 206f., 269
Massekredit 222, 266, 268
Massenanbieter 18
Masterplan 35, 103, 186, 188, 248
M-DAX 44, 114, 162, 170
Meinhardt, Hans 12, 21f., 22, 31, 33f., 40, 58f., 61, 63, 96, 163, 227, 229f., 232f.
Meinungsmacherei 184
Mertens, Hans-Joachim 56f.
Metro 25f., 30, 37, 41–43, 46, 59, 94, 103, 105, 126f., 131, 134, 162, 186, 188, 200–207, 209f., 212–214, 216, 221, 224, 243, 245f., 251, 257f., 276
Middelhoff, Thomas 10, 23, 33–35, 40, 47, 53–57, 59–62, 64–68, 71f., 75, 77, 80, 83, 85f., 91, 93, 95–121, 123–137, 139–145, 148, 152–156, 158–193, 195f., 198–200, 204, 212f., 219,

227–229, 232f., 236f., 241f., 247f., 250, 252, 254f., 263, 282
Misstrauen 43, 147
Mitschuld 9, 237
Mitspracherechte 21, 198
Multi-Channel-Strategie 43, 45f.
Multimanager 31
MyTravel 120f., 180, 187

Neckermann 13, 17–19, 23, 26, 30, 37, 39, 44f., 51, 63, 65, 73, 89f., 96, 101, 104, 113, 118f., 121–124, 126–128, 131, 176, 181, 185–188, 193, 227, 257, 273
Negativschlagzeilen 71, 83, 167
Neugliederung 105
Notverkauf 50, 64f., 140, 235

Oberpollinger 33, 104, 117, 192f.
Offensivstrategie 37
Onlinehandel 13, 101, 104
Oppenheim-Esch-Fonds 33, 53f., 56–58, 95, 98, 109, 117, 142, 151f., 169, 189, 191, 213, 216, 221, 258
Otto 23, 71, 90, 227, 256, 272

Personalauswahl 97
Pflichtverletzung 56
Piepenburg, Horst 14, 197, 200, 206, 208, 216–219, 221–224, 239, 242f., 250f., 262, 264, 267, 280
Preisverfall 36
Premium-Offensive 192
Prestigeverlust 90
Primondo 14, 91, 110, 123, 126f., 129, 132, 134, 154, 217f., 237f., 240, 248f., 253, 257f., 262f., 265, 269f., 272, 275
Private-Equity-Gesellschaften 257
Privatvermögen 235, 237
Profitabilität 27

Qualifizierungsgesellschaft 238
Rabattaktionen 27, 48
Rabattitis 35
Randgeschäfte 30, 48
Reinwaschung 10
Reklamationen 77
Rentabilität 51, 271
Restrukturierungsprogramm 37, 39, 85
Rettungskredit 14, 211, 241, 250
Rettungspaket 66, 157
Rettungsplan 67, 155, 200

Sal. Oppenheim 33, 53, 55, 67, 142–151, 153–159, 161f., 170, 172f., 190f., 195, 198, 201, 208, 212, 214f., 219, 221–224, 229, 231f., 234f., 240–243, 251, 254, 257, 259
Salami-Taktik 281
Sale-and-lease-back-Geschäfte 20, 103
Sanierungsgewinne 275, 279
Sanierungstarifvertrag 70–74, 87, 186, 200
Schadenersatz 56, 143
Schickedanz, Grete 226f., 230, 235
Schickedanz, Gustav 17f., 63, 225–227, 230, 235
Schickedanz, Madeleine 12, 22, 31f., 33f., 40, 53, 61–63, 66, 87, 93, 95, 98f., 101, 114f., 124f., 142, 145, 148f., 151–153, 158, 162f., 169, 173f., 186, 208, 212, 214, 220, 224–233, 235–237, 241, 244, 249, 254, 257, 259
Schnäppchenjäger 51
Schrottmanager 77
Selbstbedienungsladen 236, 291
Selbstbedienungsmentalität 10
SinnLeffers 13, 26, 29, 37, 44f., 48f., 64f., 75, 100f., 135, 185, 197, 200, 218
Solidarpakt 64, 86

Sonderaktionen 51
Sortimente, nicht wettbewerbsfähige 273
Sozialpläne 62, 76
Sozialprestige 10
Spezialversender 13, 15, 27, 51, 110, 193, 252, 265, 272
Staatsbürgschaft 81, 205–207, 211, 219, 268
Staatshilfen 202f., 206f., 210, 212, 235
Steuerzahler 70, 166, 204, 208f.

Thomas Cook 13, 15, 26f., 30, 32, 50, 69, 75, 87, 102, 111f., 114f., 118–121, 124f., 127–129, 134f., 139–143, 145, 154, 168, 171f., 178, 180f., 185–188, 195, 203, 219, 238, 240, 249, 262f., 265
Tietz, Oscar 17
»Todeszone« 54, 109
Traditionsmarken 201
Transparenz 107, 181

Überlebenskampf 14, 85, 106, 138
Überschuldung 62, 64
Umstrukturierung 104, 290
Universalversender 13, 17, 19, 26, 51
Unternehmensberater 45, 136, 162, 233, 292
Unternehmenskultur 45
Unternehmenswert 104, 142, 273
Urban, Wolfgang 12, 23f., 26, 31–33, 35, 37–59, 64, 67f., 75, 77–79, 84, 86, 94–96, 125, 182, 184, 186, 200, 232, 237

Verbesserungsvorschläge 81
Versäumnis(se) 23f., 44, 46, 269
Veschwiegenheitserklärungen 11
Verzettelung 27
Verzichtszusagen 279
Vorfeldaufklärung 201
Vorsichtsmaßnahmen 150

Wachstumsmärkte 90
Warenhausimmobilien 98
Warenkreditversicherer 83, 137, 140, 143, 156, 273
Weihnachtsgeschäft 35, 130, 135, 258, 273f.
Wettbewerbsvorteil 27
Widerstand 45, 71, 97, 102, 144, 199, 205, 229, 243, 247
Wir-Gefühl 23, 45, 248
Wühltischladen 31

Zahlmoral 267
Zahlungsunfähigkeit 138, 213
Zentralisierung 49
Zerschlagung 35, 63, 95, 98, 119, 223, 240, 258f., 273
Zielstrebigkeit 43
Zulieferer 48, 209, 222, 237
Zusammengehörigkeitsgefühl 45
Zwangsvollstreckung 235
Zwei-Marken-Strategie 26, 44, 118

Johan Stenebo
Die Wahrheit über IKEA
Ein Manager packt aus

2010. 256 Seiten, gebunden
ISBN 978-3-593-39246-2

E-Book:
ISBN 978-3-593-40912-2

Das große Enthüllungsbuch über IKEA

IKEA ist eines der verschwiegensten Unternehmen der Welt. Für sein gutes Image tut es fast alles, mit Erfolg. Ist wirklich alles sauber bei den freundlichen Schweden? Nein, sagt Johan Stenebo, der Topmanager bei IKEA war. Er zeigt, dass sich hinter der Fassade des Konzerns Abgründe auftun. Stenebo berichtet offen und schonungslos von seinen 20 Jahren im innersten Machtzirkel des Möbelgiganten. Sein Buch ist das erste Enthüllungsbuch über IKEA aus der Feder eines Insiders. Wer es liest, wird die blau-gelbe Fassade zukünftig mit ganz anderen Augen betrachten.

»Johan Stenebo war der engste Mitarbeiter von IKEA-Gründer Ingvar Kamprad, jetzt erhebt er in einem Enthüllungsbuch schwere Vorwürfe gegen seinen früheren Mentor.« **Spiegel online**

Mehr Informationen unter
www.campus.de

Frankfurt · New York

Nouriel Roubini,
Stephen Mihm
Das Ende der Weltwirtschaft und ihre Zukunft

2010. 352 Seiten
ISBN 978-3-593-39102-1

Der neue Superstar der Ökonomie

Nouriel Roubini ist der neue Superstar der Ökonomie. Kein anderer Ökonom hat so frühzeitig und präzise vor der Wirtschaftskrise gewarnt wie er. Zunächst von Fachkollegen ungläubig bestaunt, haben sich seine Prognosen als äußerst treffsicher erwiesen. In seinem Buch liefert er eine große und fundierte Analyse der Krise und beantwortet die wichtigsten Fragen, die Wirtschaft, Politik und Gesellschaft aktuell bewegen, wie: Wer ist schuld an der Krise, die Märkte oder der Staat? Was ist die Zukunft des Kapitalismus? Wie können wir das globale Wirtschaftssystem reformieren, um zukünftige Krisen zu verhindern? Roubini erklärt die globalen wirtschaftlichen Zusammenhänge ganz neu. Er schaut für uns in die Zukunft und sagt, wie die Weltwirtschaft aus der Krise herauskommen kann und draußen bleiben wird.

**Mehr Informationen unter
www.campus.de**

Frankfurt · New York